ས་དགའི་ལོ་དེབ་མེ་ལོང་།

萨嘎年鉴

SAGA NIANJIAN

（2018）

中共萨嘎县委员会
萨嘎县人民政府　主办
萨嘎县地方志办公室　编

方志出版社
Publishing House of Local Records

图书在版编目（CIP）数据

萨嘎年鉴（2018）/ 萨嘎县地方志办公室编. -- 北京 : 方志出版社，2018.12

ISBN 978-7-5144-3431-6

Ⅰ. ①萨… Ⅱ. ①萨… Ⅲ. ①萨嘎县－2018－年鉴 Ⅳ. ①Z527.544

中国版本图书馆 CIP 数据核字(2018)第 267024 号

萨嘎年鉴（2018）

编　　者：萨嘎县地方志办公室
责任编辑：高孟君

出 版 人：冀祥德
出 版 者：方志出版社
地址　北京市朝阳区潘家园东里 9 号（国家方志馆 4 层）
邮编　100021
网址　http://www.fzph.org
发　　行：方志出版社发行中心
电话（010）67110500
经　　销：各地新华书店
印　　刷：四川科德彩色数码科技有限公司

开　　本：889×1194　　1/16
印　　张：14.5
字　　数：482 千字
版　　次：2018 年 12 月第 1 版　　2018 年 12 月第 1 次印刷
印　　数：0001～1000 册

ISBN　978-7-5144-3431-6　　定价：298.00 元

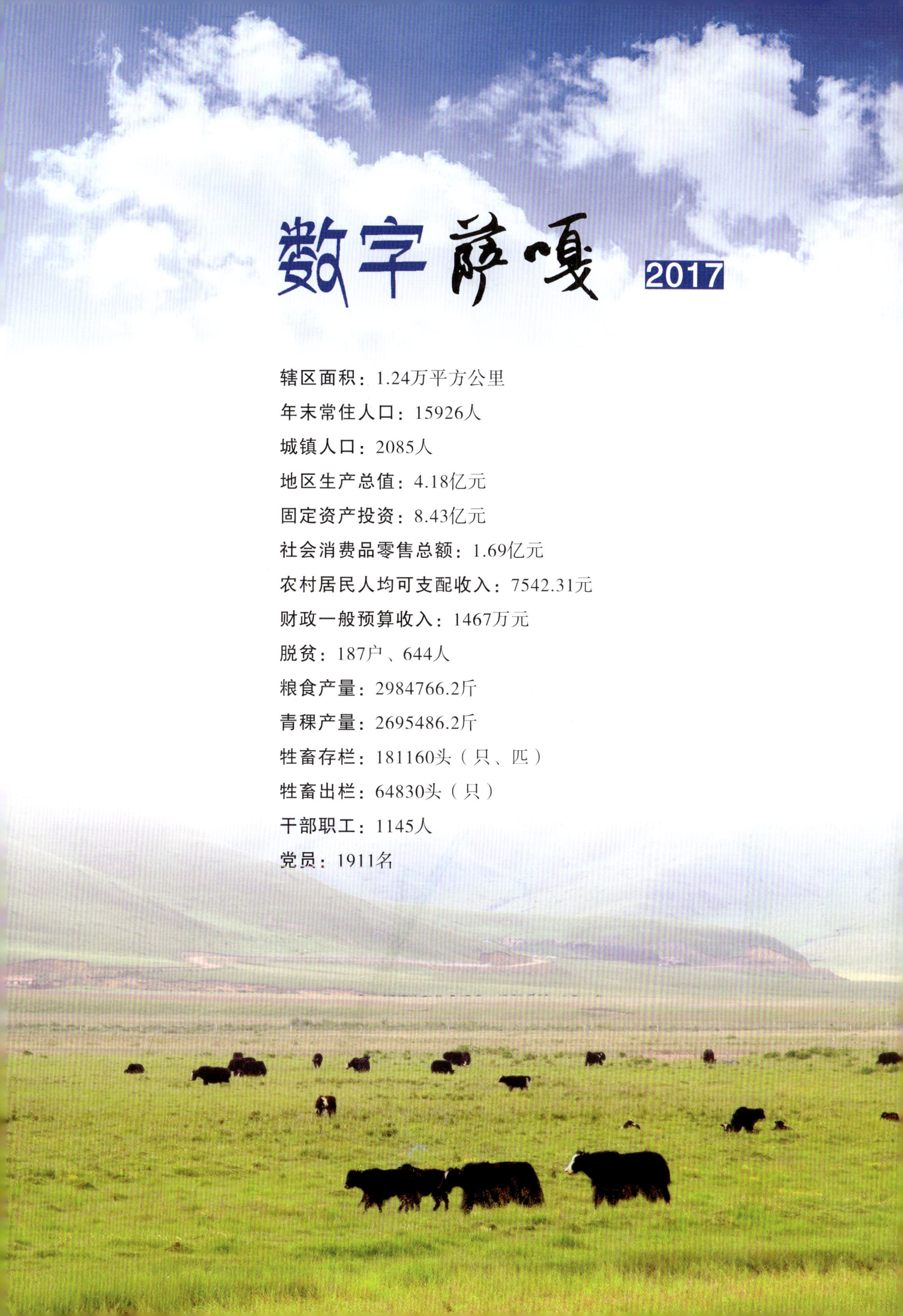

数字萨嘎 2017

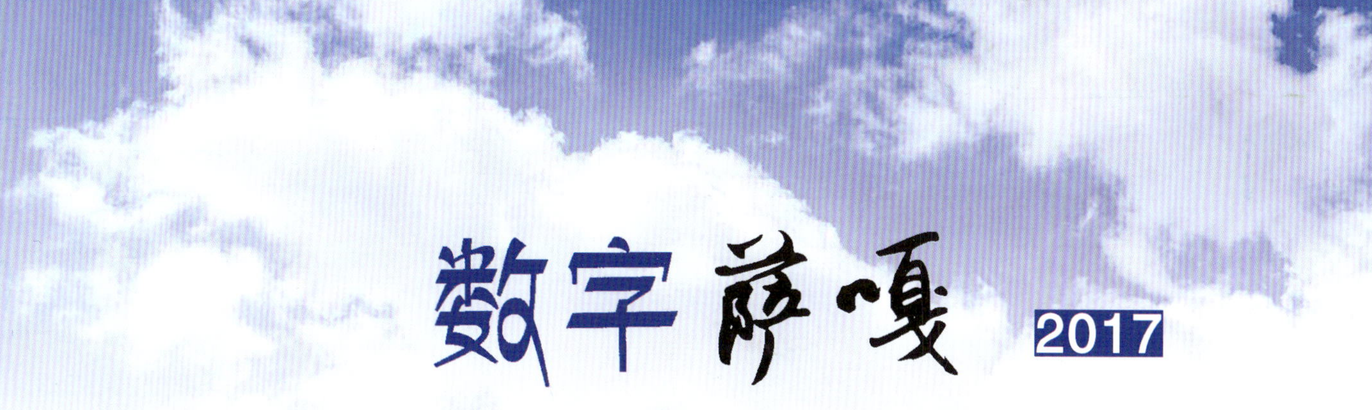

辖区面积：1.24万平方公里

年末常住人口：15926人

城镇人口：2085人

地区生产总值：4.18亿元

固定资产投资：8.43亿元

社会消费品零售总额：1.69亿元

农村居民人均可支配收入：7542.31元

财政一般预算收入：1467万元

脱贫：187户、644人

粮食产量：2984766.2斤

青稞产量：2695486.2斤

牲畜存栏：181160头（只、匹）

牲畜出栏：64830头（只）

干部职工：1145人

党员：1911名

2017年2月9日，自治区高院党组书记、院长索达（中）到县慰问村“两委”班子成员

2017年3月12日，自治区巡回检查组副组长林芝市政协副主席崔晓东（左一）到县检查指导驻村工作

2017年3月15日，县委书记顿珠（中）主持召开2017年第一季度脱贫攻坚指挥部第一次会议

2017年3月30日，市政协副主席边巴（右三）到县检查迎接中央环境保护督察问题整改落实情况

2017年4月3日，萨嘎县国家税务局举办第一届国税杯足球赛

2017年4月25日，广大农牧民群众自发组织开展“家家挂国旗、户户挂领袖像”活动

2017年5月4日，自治区疾控中心主任李斌（右排中）到县调研指导包虫病防治工作

2017年5月7日，市政府副市长李玉建（右二）到县检查雅鲁藏布江源头国家级生态功能保护区（二期）项目进展情况

2017年5月9日，市政府副市长李玉建（右二）到县中小学检查指导工作

2017年6月2日，举办喜迎日喀则市首届“民族团结进步日”文艺汇演

2017年6月13日，“马背宣讲员”深入加加镇达琼村那当顶草组进行宣讲

2017年6月20日，马背宣讲员到牧场宣讲

2017年6月26日，吉林省四平市援藏工作队向县中小学生捐赠物资

2017年6月29日，市发改委主任拉巴次仁（右二）到县检查特色小城镇建设工作

2017年6月30日，举办“四讲四爱、喜迎党的十九大”安康杯知识竞赛

2017年7月1日，开展庆“七一”系列活动

2017年7月6日，区政协民族宗教委副主任、市政协副主席尧西·索朗扎巴（中）到县调研指导工会工作并慰问困难职工

2017年7月10日，旦嘎乡举行庆祝建党96周年暨“四讲四爱“主题教育实践系列活动

2017年7月10日，摩托车联防宣讲队深入牧区宣讲

2017年7月20日，摩托车联防宣讲队队员在放牧点宣讲

2017年7月25日，自治区科技厅厅长赤列（中）到县检查指导科技工作

2017年7月28日，市小康办负责人达春（左三）到县调研小康村建设情况

2017年8月5日，自治区人大常委会副主任李文汉（二排中）到县调研深度贫困地区精准扶贫精准脱贫工作

2017年8月27日，我县参加第十五届珠峰旅游文化节18县区文艺主题日演出

2017年8月31日，中国科学院地理科学与资源研究所高级工程师王景升（中）到县检查指导防沙治沙工作

2017年9月6日，举行教育圆梦基金发放仪式

2017年9月8日，自治区政协党组成员、副主席，自治区总工会主席洛桑久美(右二)到县卫生服务中心调研传承和发展民族传统藏医药工作

2017年9月10日，旦嘎藏戏艺术队正式成立

2017年9月11日，自治区党委宣传部副部长嘎玛旦巴（左二）到县检查指导“四讲四爱”主题教育实践活动开展情况

2017年10月7日，市委副书记、政府常务副市长王相民（左二）到县检查安全生产工作

2017年10月7日、自治区林业厅副厅长索朗旺堆（左二）到县检查指导高原气候栽树及管护工作

2017年10月8日，自治区副主席、市委书记张延清（左三）到旦嘎乡看望慰问基层干部群众

2017年10月10日，自治区副主席、市委书记张延清（前排中）视察县边防大队

2017年10月23日，市委常委，统战部部长巴桑（前排一）到昌果乡完小检查指导工作

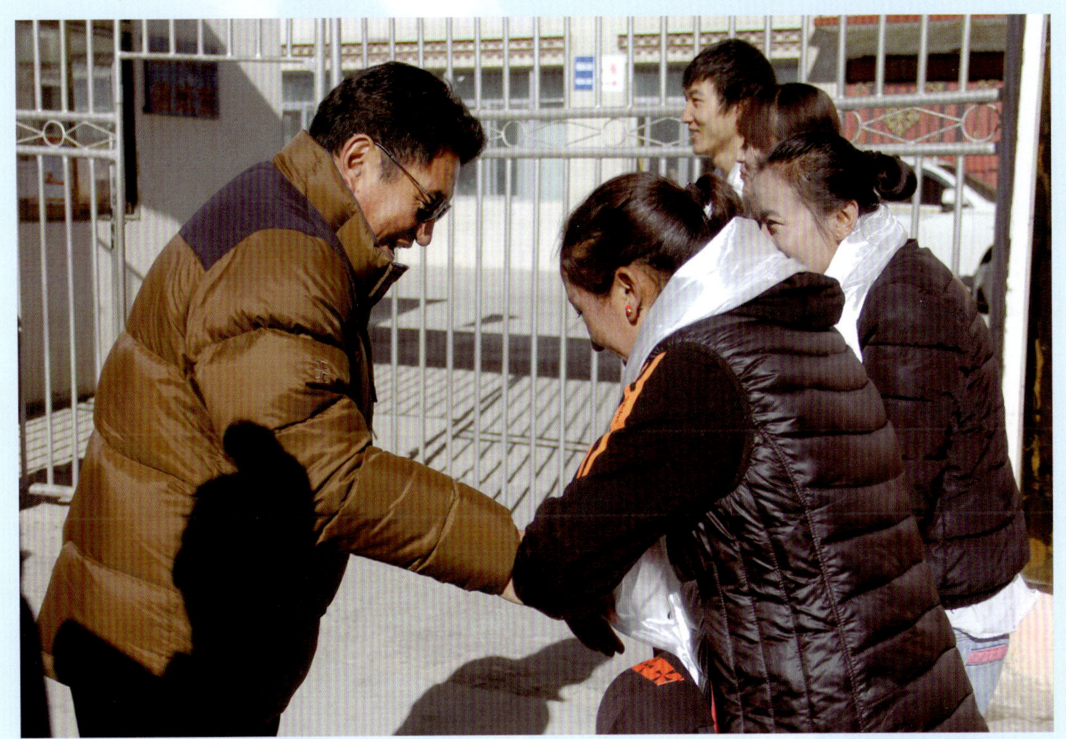

2017年10月30日，市委常委、统战部长巴桑（左一）到县检查指导工作并看望干部职工

2017年11月3日，县政协委员考察拉萨市堆龙德庆区羊达乡农业科学技术孵化基地

2017年11月6日，县政协委员考察拉萨市第二中等职业技术学校

2017年11月13日，区商务厅副厅长次仁扎西（左二）到县调研边贸工作

2017年12月14日，自治区妇联主席江措拉姆（右二）到县调研妇联工作

2017年12月25日，市中级人民法院党组书记、代院长李世蓉（左一）到县调研法院工作

昌果乡温室蔬菜大棚种植的蔬菜

抗洪抢险救灾现场

溪果村党群综合服务中心

如角乡嘎琼温泉

夏如乡群众积极开展春种春播

亚卡亚村易地搬迁安置点

萨嘎年鉴（2018）编辑说明

一、《萨嘎年鉴》是萨嘎县委、政府主管，县委办公室主办的综合年刊，2017年创刊。

二、《萨嘎年鉴》作为权威的地情信息载体，以马克思列宁主义、毛泽东思想、邓小平理论、“三个代表”重要思想、科学发展观和习近平新时代中国特色社会主义思想为指导，坚持“实事求是、质量第一、存史资政、服务大众”办鉴宗旨，全面、系统、准确地记述全县自然、政治、经济、文化、社会等方面的综合情况，为广大读者了解和研究萨嘎提供基本资料。

三、本卷年鉴共设21个栏目，具体为特载、综述、大事记、党政政务、人民团体、法治、军事、综合经济管理、交通通信、农牧业水利、商贸旅游、城建环保、教育、文化、卫生、社会民生、对口援藏、乡镇、先进名录、人物、附录等，主体内容划分为栏目、分目、条目。

四、本卷年鉴所载内容及数据，来自于全县各有关单位和乡镇，但由于口径与统计方法不同，恐有不一致之处，使用时应以县统计局数据为准。

五、本卷年鉴的编纂出版工作得到全县各部门的大力支持和通力协作，谨此致谢。

《萨嘎年鉴》编纂委员会

《萨嘎年鉴》编辑部

目 录

特 载

砥砺奋进 铿锵前行
开启美丽萨嘎幸福家园建设新征程 …… 1
不忘初心 牢记使命
高举习近平新时代中国特色社会主义思想伟大旗帜 加快建设美丽萨嘎幸福家园 …… 11
政府工作报告 …… 22

大事记

1 月 …… 33
2 月 …… 33
3 月 …… 34
4 月 …… 35
5 月 …… 36
6 月 …… 38
7 月 …… 39
8 月 …… 41
9 月 …… 42
10 月 …… 43
11 月 …… 44
12 月 …… 44

综 述

县情概述
历史沿革 …… 46
地理概况 …… 46
行政区划 …… 47
民族与人口 …… 47
土地资源 …… 47
矿产资源 …… 47
水利资源 …… 47
主要物产 …… 47
民风民俗、风土人情 …… 47
旅游资源 …… 47
宗教情况 …… 47

党政 政务

中国共产党萨嘎县委员会
概况 …… 48
脱贫攻坚 …… 48
产业发展 …… 49

维稳综治 …… 50
统一战线与民族宗教 …… 50
基层党建 …… 51
党风廉政 …… 52
意识形态 …… 52

县委办公室工作

概况 …… 53
政务工作 …… 53
机要保密工作 …… 53
信息工作 …… 53
深化改革 …… 53
史志工作 …… 54

组织工作

概况 …… 55
干部队伍建设 …… 55
基层组织建设 …… 55
强基惠民工作 …… 56
党员队伍建设 …… 56
推进“两学一做”学习教育常态化制度化 …… 56
完成村组织换届选举 …… 57
壮大党务工作者队伍力量 …… 58
抓党建促脱贫 …… 58

宣传工作

概况 …… 58
舆论引导 …… 58
理论宣传 …… 58
开展“四讲四爱”主题教育实践活动 …… 59
文化发展 …… 59
精神文明建设 …… 60
中共十九大精神宣讲 …… 60

纪律检查

概况 …… 61
落实“两个责任” …… 61
作风检查 …… 61
执纪审查 …… 62
廉政教育 …… 62
体制改革 …… 63
巡察工作 …… 63
队伍建设 …… 63

统一战线

概况 …… 63
服务经济发展 …… 63
党外代表人士队伍建设 …… 64
宗教领域工作 …… 64
寺庙管理工作 …… 64
非公经济人士培养 …… 65
新的社会阶层人士 …… 65
藏胞工作 …… 65

萨嘎县人民代表大会

概况 …… 65
重要会议述要 …… 65
依法监督 …… 65
代表工作 …… 65
选举任免 …… 66
代表之家 …… 66
重要决定 …… 66
自身建设 …… 66

人大办公室工作

概况 …… 67
文稿起草 …… 67
会务工作 …… 67
督办代表建议 …… 67

配合上级部门 …… 67

萨嘎县人民政府

概况 …… 67
灾后重建 …… 68
脱贫攻坚 …… 68
公共服务 …… 68
生态建设 …… 69
招商引资 …… 69
安全生产 …… 70
信访工作 …… 70
法治政府 …… 70

政府办公室工作

概况 …… 71
政务服务 …… 71
信息工作 …… 71
政务督查 …… 71
机要保密工作 …… 72
机关事务管理 …… 72

藏语言及编译工作

概况 …… 72
规范藏语文社会用字 …… 72
编译工作 …… 72
培训指导 …… 72

中国人民政治协商会议萨嘎县委员会

概况 …… 73
重要会议 …… 73
政治协商 …… 73
民主监督 …… 73
调查研究 …… 74
自身建设 …… 74

政协办公室工作

概况 …… 74
综合服务 …… 74
结对帮扶 …… 74
文史资料 …… 74
自身建设 …… 75
主题活动 …… 75

人民团体

工会工作

概况 …… 76
组织建设 …… 76
帮扶救助 …… 76
维护职工权益 …… 76
工会经费收缴管理 …… 76
职工之家 …… 77
文体活动 …… 77

共青团工作

概况 …… 77
青少年思想工作 …… 77
青年志愿者服务 …… 77
服务青少年工作 …… 77
组织建设 …… 78
经费管理 …… 78
对口援助 …… 78
预防未成年人犯罪 …… 78
党建带团建 …… 78
队伍建设 …… 78

妇女工作

概况 …… 78
妇女维权 …… 78
民生项目 …… 78

“会改联” …………………………… 79
系列活动 …………………………… 79

法 治

政法委与综治工作

概况 …………………………… 80
维护社会稳定 …………………………… 80
综治双联户工作 …………………………… 81

公 安

概况 …………………………… 81
刑事侦查 …………………………… 81
社会治安防控 …………………………… 82
油品管理 …………………………… 82
网络管控 …………………………… 82
治安管理 …………………………… 82
交通管理 …………………………… 82
监管场所管理 …………………………… 82
执法服务 …………………………… 82
“两限一警” …………………………… 82
“四项建设” …………………………… 82
从优待警 …………………………… 83
值班备勤 …………………………… 83
消防 …………………………… 83

检 察

概况 …………………………… 83
刑事检察 …………………………… 83
预防职务犯罪 …………………………… 84
诉讼检察 …………………………… 84
司法责任制改革 …………………………… 84
“一院一品” …………………………… 84
自身建设 …………………………… 84

法 院

概况 …………………………… 84
审判执行 …………………………… 84
审判管理 …………………………… 85
基础设施建设 …………………………… 85
司法改革 …………………………… 85
队伍建设 …………………………… 85

司法行政

概况 …………………………… 86
人民调解 …………………………… 86
社区矫正 …………………………… 86
安置帮教 …………………………… 86
法律服务 …………………………… 86
“法律七进” …………………………… 86
“七五”普法 …………………………… 87

军 事

人民武装

概况 …………………………… 88
政治建设 …………………………… 88
战备演练 …………………………… 89
队伍建设 …………………………… 89
安全管理 …………………………… 89
后装保障 …………………………… 90
征兵工作 …………………………… 90
民兵组织调整 …………………………… 90
边防巡逻 …………………………… 90
民兵训练 …………………………… 90
支持地方建设 …………………………… 91

边境管控

概况 …………………………… 91
组织建设 …………………………… 91

边境管控 …… 91
军事训练 …… 92
部队管理 …… 92
后勤保障 …… 92
群众工作 …… 92

综合经济管理

发展与改革

概况 …… 93
参谋服务 …… 93
经济调节 …… 93
项目建设 …… 93
灾后重建 …… 94
改革开放 …… 94
小康村建设 …… 94
民生事业 …… 95
监督管理 …… 95

统 计

概况 …… 95
内部管理 …… 95
统计服务 …… 95

国土资源管理

概况 …… 96
耕地保护 …… 96
土地制度改革 …… 96
发展用地保障 …… 96
矿产资源管理 …… 96
地质环境工作 …… 97

安全生产监督管理

概况 …… 97
隐患排查 …… 97
重点领域监管 …… 97
职业健康监管 …… 98
应急管理 …… 98
安全生产宣传教育 …… 98

食品药品监管

概况 …… 98
食品安全监管 …… 98
药品医疗器械监管 …… 99
全口径大稽查制 …… 99
宣传教育 …… 99

工商行政管理

概况 …… 99
商事制度改革 …… 99
服务经济发展 …… 100
监管执法 …… 100
消费维权 …… 100
打击传销 …… 100
白色污染治理和环境保护 …… 100

财 政

概况 …… 101
财政收支 …… 101
财政保障 …… 101
服务支持经济发展 …… 102
财政改革 …… 102
公示公开 …… 102

国家税务

概况 …… 102
组织收入 …… 102
税收法治 …… 103
纳税服务 …… 103
税制改革 …… 103

内部管理 ………………………… 103

烟草管理

概况 ………………………… 104
卷烟销售 ………………………… 104
市场监管 ………………………… 104

金融服务管理

概况 ………………………… 104
存贷业务 ………………………… 104
服务经济 ………………………… 105
内部运营 ………………………… 105

交通　通信

交通运输管理

概况 ………………………… 106
公路建设 ………………………… 106
公路养护 ………………………… 106
抢险保通 ………………………… 107

公路养护与管理

概况 ………………………… 107
公路养护 ………………………… 107
路政管理 ………………………… 107
安全生产 ………………………… 108
内部管理 ………………………… 108

邮　政

概况 ………………………… 108
金融业务 ………………………… 108
邮政业务 ………………………… 108
内部管理 ………………………… 109

电　信

概况 ………………………… 109
网络建设 ………………………… 109
客户服务 ………………………… 109
内部管理 ………………………… 109

移　动

概况 ………………………… 109
通信网络 ………………………… 109
通信服务 ………………………… 110
内部管理 ………………………… 110

农牧业　水利

农牧业

概况 ………………………… 111
种植业 ………………………… 111
畜牧业 ………………………… 111
农牧业产业化 ………………………… 111
农牧业项目 ………………………… 111
强农惠农政策 ………………………… 112
防抗灾工作 ………………………… 112
科技服务保障 ………………………… 112
动物疫病免疫 ………………………… 112
农牧区改革 ………………………… 113

林　业

概况 ………………………… 113
造林绿化 ………………………… 113
城区绿化 ………………………… 113
生态效益补偿政策 ………………………… 113
野生动物保护工作 ………………………… 113
防沙治沙 ………………………… 113
“五消除” ………………………… 114
湿地保护 ………………………… 114

集体林权制度改革 …………………… 114
资源林政管理 ………………………… 114

水 利
概况 …………………………………… 114
重点项目建设 ………………………… 114
防灾减灾工作 ………………………… 115
工程监督检查 ………………………… 115
水资源管理 …………………………… 115
“河长制” …………………………… 115

电力工业
概况 …………………………………… 115
农电体制改革 ………………………… 116
工程建设 ……………………………… 116
安全生产 ……………………………… 116

商贸旅游

商 务
概况 …………………………………… 117
市场运行 ……………………………… 117
对外贸易 ……………………………… 117
招商引资 ……………………………… 117
市场秩序 ……………………………… 117
成品油监管 …………………………… 117
商品监管 ……………………………… 118
旅游经济 ……………………………… 118

城建环保

住房和城市建设
概况 …………………………………… 119
保障房建设 …………………………… 119
城市管理 ……………………………… 119
建筑业监管 …………………………… 119
住房登记管理 ………………………… 120
“三书一证” ………………………… 120

环境保护
概况 …………………………………… 120
环保宣传 ……………………………… 120
监督执法 ……………………………… 120
环保监测 ……………………………… 121
项目建设 ……………………………… 121
生态文明建设 ………………………… 121
迎检工作 ……………………………… 121

教 育

教育管理
概况 …………………………………… 122
招生考试 ……………………………… 122
教育投入 ……………………………… 123
基础设施建设 ………………………… 123
学前教育 ……………………………… 123
教学与科研 …………………………… 123
教育惠民 ……………………………… 124
教学安全 ……………………………… 124

县中学
概况 …………………………………… 124
队伍建设 ……………………………… 124
学生管理 ……………………………… 125
教学管理 ……………………………… 125
教师培训 ……………………………… 126
后勤管理 ……………………………… 126

县完小
概况 …………………………………… 126

安全工作 …… 126
教育教学 …… 126
文化生活 …… 126

文　化

文化管理

概况 …… 127
文化活动 …… 127
艺术创作 …… 127
文化遗产 …… 127
新闻出版管理 …… 128
广播电影电视 …… 128

科技管理

概况 …… 129
项目建设 …… 129
科技精准扶贫 …… 129
科技成果转化 …… 130
科技交流与合作 …… 130
科技特派员 …… 131
安装地震烈度仪 …… 131

卫　生

卫　生

概况 …… 131
卫生服务体系 …… 131
疾病控制 …… 131
基层卫生工作 …… 132
妇幼卫生 …… 132
包虫病筛查救治 …… 132
全民健康体检 …… 132
健康精准扶贫 …… 133
家庭签约服务 …… 133
项目建设 …… 133

医　疗

概况 …… 133
综合服务 …… 133
学科建设 …… 133
妇幼保健 …… 134
基础建设 …… 134
对口帮扶 …… 134

社会民生

人力资源和社会保障

概况 …… 135
社会保障 …… 135
技能培训 …… 135
劳务输出 …… 136
大学生（中职生）就业创业工作 …… 136
工资福利 …… 136
政策宣传 …… 136
劳务监督 …… 136
劳动维权 …… 137
平台建设 …… 137

民族与宗教事务

概况 …… 137
民族工作 …… 137
宗教工作 …… 138

民　政

概况 …… 139
应急救灾 …… 139
社会救助和社会福利 …… 140
双拥优抚安置 …… 140
城乡低保 …… 140

"双集中"工作 …… 141
基层政权建设 …… 141
婚姻登记 …… 141

强基惠民

概况 …… 141
注重宣传教育 …… 141
建强基层组织 …… 142
强化维稳措施 …… 142
办实事解难事 …… 142
拓宽致富门路 …… 142
落实惠民政策 …… 143
助力脱贫攻坚 …… 143

扶贫开发

概况 …… 143
易地搬迁 …… 143
产业项目 …… 143
结对帮扶 …… 143
培训创业 …… 144
社保兜底 …… 144
教育医疗 …… 144
生态补偿 …… 144
"百企帮百村" …… 145
监督管理 …… 145

对口援藏

概况 …… 146
抓班子带队伍 …… 146
补短板破难题 …… 146
重实际惠民生 …… 146

乡 镇

加加镇

概况 …… 148
"两学一做" …… 148
队伍建设 …… 148
村组织换届 …… 148
"四讲四爱" …… 149
党风廉政 …… 149
作风建设 …… 149
群团建设 …… 149
教育卫生 …… 149
农牧林业 …… 150
脱贫攻坚 …… 150
社会保障 …… 150

达吉岭乡

概况 …… 150
干部队伍 …… 150
政权建设 …… 150
基层党建 …… 150
作风建设 …… 150
脱贫攻坚 …… 151
农林 …… 151
安全生产 …… 151
教育文化 …… 151
社会事业 …… 151
干部驻村 …… 151
群团工作 …… 151

如角乡

概况 …… 152
机构编制 …… 152
基层党建 …… 152

人大工作 …………………………… 152
四讲四爱 …………………………… 152
党风廉政 …………………………… 153
教育工作 …………………………… 153
畜牧业 ……………………………… 153
脱贫攻坚 …………………………… 153
社会事业 …………………………… 153

拉藏乡

概况 ………………………………… 154
经济发展 …………………………… 154
牧业生产 …………………………… 154
教育工作 …………………………… 154
社会事业 …………………………… 154
脱贫攻坚 …………………………… 154
产业项目 …………………………… 155
安全生产 …………………………… 155
党建工作 …………………………… 155
党风廉政 …………………………… 155
精神文明 …………………………… 156

雄如乡

概况 ………………………………… 156
脱贫攻坚 …………………………… 156
畜牧业 ……………………………… 156
基建项目 …………………………… 157
基层党建 …………………………… 157
人大工作 …………………………… 157
教育工作 …………………………… 158
医疗卫生 …………………………… 158
国土资源 …………………………… 158
商务工作 …………………………… 158
民政工作 …………………………… 158

昌果乡

概况 ………………………………… 158
党风廉政 …………………………… 159
基础党建 …………………………… 159
统战民宗 …………………………… 159
文化宣传 …………………………… 159
脱贫攻坚 …………………………… 159
农牧工作 …………………………… 160
教育工作 …………………………… 160
群团工作 …………………………… 160
民生保障 …………………………… 160
村实体经济 ………………………… 161

夏如乡

概况 ………………………………… 161
队伍建设 …………………………… 161
脱贫攻坚 …………………………… 161
主题活动 …………………………… 161
村集体经济 ………………………… 161
群团工作 …………………………… 162
党风廉政 …………………………… 162
农牧业 ……………………………… 162
环境整治 …………………………… 162
劳务输出 …………………………… 162
社会事业 …………………………… 162

旦嘎乡

概况 ………………………………… 163
经济发展 …………………………… 163
农牧林业 …………………………… 163
民生事业 …………………………… 163
道路交通 …………………………… 163
村级集体经济 ……………………… 163
脱贫攻坚 …………………………… 163
基层党建 …………………………… 164

妇联工作 …… 164
团委工作 …… 164
工会工作 …… 164
党风廉政 …… 165
宣传思想 …… 165
精神文明 …… 165

先进名录

受市级（含）以上表彰先进集体名录

国家级奖励 …… 166
自治区级奖励 …… 166
市级奖励 …… 166

人 物

县政权机关、群众团体、垂直领导单位、直属事业单位及乡镇领导（负责人）…… 167

附 录

萨嘎县县委领导班子年度工作总结 … 170
萨嘎县人大领导班子年度工作总结 … 182
萨嘎县政协领导班子年度工作总结 … 187
萨嘎县2017年目标绩效争先进位考核汇报材料 …… 194
萨嘎县2017年目标绩效争先进位考核自查报告 …… 198

索 引

彩页目录

中共萨嘎县委员会 …… 217
萨嘎县人民代表大会常务委员会 …… 218
萨嘎县人民政府 …… 219
中国人民政治协商会议萨嘎县委员会 … 220
中共萨嘎县纪律检查委员会（监委）… 221
中共萨嘎县委办公室 …… 222
萨嘎县人民代表大会常务委员会办公室 …… 223
萨嘎县人民政府办公室 …… 224
中国人民政治协商会议萨嘎县委员会办公室 …… 225
中共萨嘎县委组织部（编办）…… 226
中共萨嘎县委宣传部 …… 227
中共萨嘎县委统战部 …… 228
中共萨嘎县委政法委员会 …… 229
萨嘎县人民法院 …… 230
萨嘎县人民检察院 …… 231
萨嘎县总工会 …… 232
萨嘎县妇女联合会 …… 233
共青团萨嘎县委员会 …… 234
萨嘎县发展和改革委员会 …… 235
萨嘎县商务局 …… 236
萨嘎县财政局 …… 237
萨嘎县交通运输局 …… 238
萨嘎县科学技术局 …… 239
萨嘎县教育（体育）局 …… 240
萨嘎县司法局 …… 241
萨嘎县公安局 …… 242
萨嘎县民政局 …… 243
萨嘎县民族宗教事务局 …… 244
萨嘎县人力资源和社会保障局 …… 245
萨嘎县国土资源局 …… 246

萨嘎县环境保护局 …………………… 247
萨嘎住房和城乡建设局 ……………… 248
萨嘎县水利局 ………………………… 249
萨嘎县农牧局 ………………………… 250
萨嘎县文化广播电影电视局 ………… 251
萨嘎县卫生局 ………………………… 252
萨嘎县卫生服务中心 ………………… 253
萨嘎县食品药品监督管理局 ………… 254
萨嘎县藏语文工作委员会办公室 …… 255
萨嘎县安全生产监督管理局 ………… 256
萨嘎县林业局 ………………………… 257
萨嘎县扶贫开发领导小组办公室 …… 258
萨嘎县创先争优强基础惠民生活动领导
小组办公室 ………………………… 259
萨嘎县加加镇 ………………………… 260
萨嘎县夏如乡 ………………………… 261
萨嘎县旦嘎乡 ………………………… 262
萨嘎县达吉岭乡 ……………………… 263
萨嘎县如角乡 ………………………… 264
萨嘎县拉藏乡 ………………………… 265
萨嘎县雄如乡 ………………………… 266
萨嘎县昌果乡 ………………………… 267
萨嘎县电力有限公司 ………………… 268
萨嘎县中学 …………………………… 269
萨嘎县完全小学 ……………………… 270
萨嘎县公安边防大队 ………………… 271
萨嘎县公安消防大队 ………………… 272
萨嘎县国家税务局 …………………… 273
萨嘎县工商行政管理局 ……………… 274
日喀则市交通运输局加加公路段 …… 275
中国邮政集团公司西藏自治区萨嘎县
分公司 ……………………………… 276
中国移动通信集团西藏有限公司萨嘎
县分公司 …………………………… 277
中国电信集团公司日喀则分公司萨嘎
县电信局 …………………………… 278
西藏自治区烟草公司日喀则市公司萨
嘎配送中心 ………………………… 279
中国农业银行股份有限公司萨嘎县支行
……………………………………… 280
萨嘎机关后勤服务中心 ……………… 281
西藏军区日喀则市萨嘎县人民武装部 … 282
萨嘎县统计局 ………………………… 283

特 载

砥砺奋进 铿锵前行
开启美丽萨嘎幸福家园建设新征程

——在中共萨嘎县第九届委员会第二次全体会议上的报告

（2017年8月13日）

顿 珠

在全县上下矢志不渝、负重奋进，爬坡过坎、不甘落后的特殊期；在加快推进灾后重建、脱贫攻坚、产业发展，决胜全面小康的关键期；在紧跟市委弯道超车、提速发展要求，全力推动各项工作换挡转型的机遇期，召开县委九届二次全会，意义重大、影响深远。本次会议的主要任务是，深入贯彻落实以习近平同志为核心的党中央治国理政新理念新思想新战略，贯彻落实习近平总书记系列重要讲话精神特别是治边稳藏重要战略思想，贯彻落实自治区第九次党代会精神，贯彻落实市委“6677”总体工作思路，认真回顾总结上半年工作，科学安排部署下半年任务，动员全县党员干部和广大群众，凝心聚力、艰苦奋斗，转变作风、真抓实干，奋力开启美丽萨嘎幸福家园建设新征程，以优异成绩迎接党的十九大胜利召开。

一、策马扬鞭、奋起直追，不忘建设美丽萨嘎、幸福家园初心

市委一届五次全会以来，我们紧紧围绕市委“6677”工作思路，始终坚持以人民为中心的发展思想，坚持稳中求进、进中求好、补齐短板的工作总基调，千方百计补短板、优结构、促转型、提速度、强导向，齐心协力稳增长、促改革、调结构、惠民生、防风险，统筹推进经济、政治、文化、社会、生态文明和党的建设，取得了经济发展稳中有进、进中向好，社会大局安全和谐、持续稳定，民生事业明显进步、温暖人心，生态保护不断提升、成效显著，党的建设全面加强、政权巩固的喜人局面，发展新态势加速形成、发展新动能加速转化、发展新成果加速惠民、发展新合力加速凝聚，各项事业取得新进步，美丽萨嘎、幸福家园建设迈上新台阶，较好地完成了2017年度经济社会发展目标责任书中的指标任务。截至7月底，实现地区生产总值23988万元，完成年初目标的54.39%；完成全社会固定资产投资3.47亿元，完成年初目标的43.38%；完成地方财政收入1164万元，完成年度目标的56.50%；农村居民人均可支配收入达到4198元，完成年初目标的52.27%；实现社会消费品零售总额7766万元，完成年度任务目标的50.10%。

半年里，全县上下把主要精力、主要时间用于党的建设、维护稳定上，把主要资金、主要资源用于发展经济、改善民生上，重点做了10个方面工作。一是把项目建设作为推动发展“第一抓手”。立足投资拉动型经济实际，牢固树立抓项目就是抓机遇、增投资、扩内需、促发展、谋跨越思想，坚持千方百计抓项目、不遗余力抓项目、规划引领抓项目、无中生有抓项目、突出特色抓项目，紧紧扭住项目建设这个“牛鼻子”，解放思想、更新观念、自我加压、抢抓机遇，突出项目谋划，做深做细项目前期，完善项目储备库。上半年开复工项目53个（其中新建30个，续建23个），总投资6.80亿元，完成投资3.47亿元，同比增长194%。重点实施了灾后重建、易地扶贫搬迁、县城供排水工程、G349线至旦嘎乡公路和33条农村公路等建设项目。二是把三农工作作为农民增收“第一目标”。深入推进农牧业供给侧结构性改革，深入落实“青稞增产行动”，外调推广“喜马拉22号”“藏青320”“藏青2000”青稞良种。转变畜牧生产经营方式，提升规模水平，上半年牲畜存栏总数23.69万头（只、匹），短期育肥6500只，出口活羊3200只。加强农牧民技能培训，加大劳务输出，上半年全县劳务输出4751人次，实现劳务创收1489.08万元，人均增收4431.80元。及时兑现“草奖”、种粮直补、良种推广补贴等强农惠农政策资金6019.02万元，增加群众现金收入。实施农业技术推广站建设项目、天然草原退牧还草工程、农牧业防抗灾物资储备库等基础设施项目，增强农牧业发展后劲。三是把灾后重建作为群众福祉“第一之急”。强抓施工建材备料，认真做好建材需求统计，积极与日喀则珠峰城市投资发展有限公司签订5000吨水泥采购合同，督促各承建单位备工备料。加快解决拓展区民房电线入户问题，扎实推进杰村民房重建施工进度。不遗余力推进6个整村推进及2个小城镇建设，统筹推进非住宅维修加固建设项目，加强项目监管，狠抓项目质量与进度。四是把脱贫攻坚作为改善民生“第一工程”。紧盯187户、617人脱贫摘帽和昌果乡、如角乡整乡摘帽、达吉岭乡热嘎村整村摘帽任务，扎实推进398户、1392人易地搬迁。多方争取生态岗位3655个，实现贫困户增收致富。重点实施“圆梦助学活动实施方案”“健康扶贫实施方案”，解决贫困学生家庭后顾之忧，从源头上杜绝因病致贫、因病返贫。加大结对帮扶力度，在送温暖、送政策、送技术同时，从思想上筑牢脱贫致富意识。加大资金整合利用，充分发挥金融撬动作用，大力实施扶贫产业项目，上半年整合实施总投资1445万元的蔬菜大棚温室、萨嘎拓展区扶贫物业楼建设项目；贷款实施1600万元在雄如乡麻亚村推进农牧民建材运输供应合作社。五是把产业发展作为脱贫攻坚“第一要务”。突破资金资源瓶颈、突破思想理念藩篱，统筹“七大”产业发展，全面完成产业发展总体规划和有机种养加业、特色文化旅游业2个专项规划。积极融入“霍尔巴羊”经济圈，大力推进“霍尔巴羊”产业发展，投资5000万元建设“霍尔巴羊基地”、人工种草4000亩，打造以农户+合作社+基地养殖经营格局，力争到2018年9月全面建成集人工种草、牲畜繁育、活畜出口、短期育肥、产品加工、商品销售“六位一体”霍尔巴羊产业基地，实现养殖规模达5000只、年销售3万只。大力发展特色文化旅游业。推进旅游服务业与伦布岗日神山、如角温泉等自然景观和“甲谐”非遗文化、“铁姑娘”发源地文化联动发展，打响“甲谐之乡、西部驿站”品牌，打造“观雅江、赏甲谐、品羊肉、宿驿站”文化旅游发展格局，上半年接待国内外游客4.39万人次，实现旅游收入245.50万元。六是把强化征管作为税收工作“第一使命”。主动适应税收改革新常态，积极落实各项税收政策，主动应对“营改增”，积极引导县域施工企业在我县注册或设立分公司，强化税源管理。着力实施非税收入管理改革，强化征管监督，确保非税收入及时入库。上半年，组织税收收入656万元，同比增收98万元，增长17%。七是把守住底线作为事业发展“第一保障”。牢固树立“底线”思维和“红线”意识，坚守党风廉政、社会稳定、生态环保、安全生产“四条底线”。以中央环保下沉督查为契机，全力做好环保问题查找整改工作，圆满完成42项环境问题整改和迎检资料收集整理。严格落实维稳措施，加大信访和司法调解工作力度，及时处理解决人民群众的合理诉求。扎实做好生产经营领域、工程建设领域、农畜产品质量安全和食品药品安全监管，重点整治道路交通、油站气站、消防等领域安全秩序。八是把维护稳定作为长治久安“第一责任”。坚持属地管理和异地联管相结合，依托便民警务站、公安（边防）派出所、基层组织、驻村驻寺干部、“双联户”等群防群治力量，依法加强对11类重点人员特别是邻省藏区进藏人员、四省藏区学经返回人员、重点僧尼、流动从事宗教活动人员、与境外通联频繁人员等重中之重人员分级分类管控和属地联保帮教。加强对邻省藏区进藏人员、异地活动重点人员动态跟踪服务管理，严密掌控各类重点人员活动轨迹和行动动向，及时通报预警、果断防范处置异动迹象，落实“一对一、人对人、点对点”“日报告、日见面”措施，做到心中有数、全部管住。始终保持各类矛盾纠纷隐患排查化解不放松，特别重视利用敏感时段、重要会议择机上访和进京上访问题，严防敌对势力插手利用，最大限度减少社会不和谐因素、降低矛盾纠纷对社会稳定的影响。九是把党的建设作为全部工作“第一支撑”。大力实施“党建珠峰”战略，坚决做到对党绝对忠诚、坚决巩固党的执政基础、坚决打造过硬队伍。推进“两学一做”学习教育常态化制度化，出台关于进一步加强干部职工政治理论和业务知识学习相关意见，让党员干部在思想上“回回炉”、理论上“加加课”、精神上“补补钙”、信念上“充充电”，以上率下，营造灯火通明、人人学习浓厚氛围。加快推进“三会一课”清单化，着力解决制度执行空转、组织生活不经常不认真不严肃等问题。严把发展党员“程序关”“质量关”，开展“组织关系集中排查”，适当畅通“出口”，整改未缴纳或不按期缴纳党费问题，完善党费标准和党费专项账户。坚持“选育管用”并重，深入实施村干部素质能力提升工程，严格落实村干部报酬待遇。全面推行机关党建规范化建设，开展“三亮三比”、党员志愿服务等活动。持续加大基层基础投入，实施乡镇“六小二化”工程。狠抓村级组织活动场所标准化建设，精心实施8个村级组织活动场所标准化建设。认真贯彻落实干部教育培训工作条例、2013—2017年西藏自治区干部教育培训规划，大规模培训干部。制定完善驻村管理和考核两项制度，持续加大驻村工作督促指导与驻村队员管理。深入推进抓党建促脱贫攻坚，选好配强县乡村扶贫工作力量。聚焦村“两委”换届，开展村干部任期考核、村级财务清查审计、考察考核换届初步人选，全面摸排影响换届矛盾隐患。推广村集体“统购统销”模式，解决买难卖难问题。试点改零星散养为定点集中放牧，采取“统一放牧、统一查治病”方式，带动群众增收和贫困户脱贫。“四讲四爱”主题教育实践活动扎实推进，广泛开展形式多样实践活动，推出“马背上的宣传员”“摩托车宣讲队”“七宣法”等特色亮点，被上级有关部门在全区、全市进行推广，区级刊发简报11期、市级刊发15期，“讲党恩爱核心”道理更明、心里更亮，思想更自觉、行动更主动，决心更大、信心更足，形成人人说“四讲四爱”、人人参与“四讲四爱”的浓厚氛围。十是把从严治党作为管党治党“第一要求”。完善党风廉政建设和反腐败工作责任机制，着眼抓早抓小抓常，严格落实中央“八项规定”精神，严禁公款吃喝、公款旅游、公车私用，禁赌禁酒，强化日常教育、提醒、警示。进一步健全查办案件组织协调机制，规范财务管理，严肃财经纪律。设置举报箱、开通举报电话、下访询问干部群众，拓展和畅通信访举报渠道，多途径挖掘和捕捉案件线索。建立健全县委巡察工作党政“一把手”负总责制度机制，巡察加加镇和县农牧局，发现边巡边改问题12个，党的领导弱化问题5个，党的建设缺失问题5个，全面从严治党不力问题9个。牢固树立“打铁还需自身硬”思想，配齐配强班子力量，强化纪检监察干部党性党风党纪教育。

县委常委会一直以来坚持实事求是、走中国特色、西藏特点、符合日喀则实际的发展路子；一直以来大力继承和弘扬坚韧不拔、巍峨不屈、感恩向上、敢为人先的珠峰精神；一直以来始终坚持以人民为中心的工作导向，时时刻刻把实现好维护好发展好最广大人民根本利益作为一切工作的出发点和落脚点。实践已经并将不断证明，只有认真贯彻落实党中央治藏方略和习近平总书记治国理政新理念新思想新战略，才能保障我们的事业不断取得一个又一个胜利；只有深入学习贯彻落实自治区第九次党代会精神，贯彻落实市委“6677”总体工作思路，正确处理好“十三对关系”，才能实现弯道超车、提速发展，才能建设美丽萨嘎、幸福家园；只有解放思想、改革创新，敢于担当、主动作为，才能推动经济社会持续健康发展；只有全县上下同心同德、真抓实干，才能取得各项事业新胜利。

“砥砺前行、不忘初心”。上半年工作成效明显、成绩喜人，这归功于以习近平同志为核心的党中央亲切关怀、英明决策，归功于区党委和市委的坚强领导、大力支持，归功于吉林省的真诚关心、无私援助，归功于全县各级党组织、广大党员干部和各族群众的努力拼搏、苦干实干，归功于驻军部队、武警官兵的支持参与、同心协力。在此，我代表县委常委会，向同志们、朋友们们表示衷心的感谢并致以崇高的敬意！

二、直面问题、保持定力，凝聚建设美丽萨嘎、幸福家园人心

上半年，有关区市领导先后深入我县开展督导检查、实地调研，并发表一系列重要讲话、作出一系列重要指示，充分肯定了我县的工作思路、工作举措、奋斗目标和取得的成绩，同时对我县发展现状进行了深刻剖析，对我县县情作出科学判断，特别是6月20日市委副书记程四曲同志带队的市委督导调研组反馈出我县8个方面存在的薄弱环节和突出问题，为我们进一步做好各项工作指明了方向、提供了遵循。贯彻落实区市领导系列重要讲话和指示批示精神，必须满怀激情、鼓舞斗志，进一步坚定做好各项工作的信心和决心，必须坚持问题导向，透过现象看本质，切实把改革发展稳定中的问题找实、症结找准，分析透彻、研判到位。市委一届七次全委会认真分析梳理了我市存在的“四个不够”突出问题，具体到我县，也不同程度地存在。

（一）*缺乏学思践悟的真精神*。一些党组织和党员干部学习松懈问题较为严重，学风不正，存在上热下冷、上紧下松现象。一是学习制度不落实。关于进一步加强干部职工政治理论和业务知识学习的意见等相关制度落实差，思想“总开关”找不到“把手”、政治理论和业务知识学习流于形式，要求不高、学风不浓，安排不当、计划不周，形式单一、读读文件，上上电视、拍拍照片，凑凑次数、应付了事。二是学习效果不明显。学习效果不明显，甚至没有学习效果，“见缝插针赶笔记、胳膊酸来手也疼”，但真要问到党的路线方针、政策理论、会议精神、重大决策、市委“6677”工作思路和“珠峰精神”“七大产业”“八有工程”“四讲四爱”及个人应缴纳党费数额、具体缴纳党费时间等相关内容时，却是知之甚少、含糊不清，说不出、答不上。三是学习领会不深刻。满足于一知半解、浅尝辄止，把学习与工作割裂开来、与解决实际问题脱离开来，结合需要学习不够、理论联系实践不够，为什么、学什么、怎么学、何时学的问题长期得不到解决，虽然读了、听了、看了、写了，但关键时候还是缺少“两个笔杆子”，常说的字忘了笔画、常干的活不会总结，导致亮点推不出、典型抓不住，“自己的金点子在别处开了花”“自己建的跑道被别人超了车”。

（二）*缺乏干事创业的真本领*。部分党员干部特别是领导干部适应新形势、迎接新挑战、探索新路子、谋求新发展的能力不足，影响事业顺利发展，无法担当弯道超车、提速发展的历史使命。一是思考领会能力不强。对重大方针政策、重大决策部署、重大工作思路把握不深刻、研究不充分、理解不透彻、认识不到位、感知不敏锐，想不到美好前景，没有发展信心，工作打不开局面，总是失去机遇、晚了一步。二是解决问题能力不强。工作中分不清轻重缓急，没有主次、不加区别，抓不住重点、抓不住关键。对重点问题和关键环节，不肯下功夫、不肯花力气，不揽责、不碰硬，私心太重，怕这怕那，把任务交给时间、交给下一任。三是创新求变能力不强。有的思想不够解放，工作不够大胆，不求有功、但求无过，怕出问题、怕担责任，本领恐慌、消极畏难，凡事找依据、等上面、看外边，文件没说的不敢说、外边没干的不敢干。在面对和处理复杂局面时，临时抱佛脚，知识储备不足、思维不开拓、视野不开阔。缺乏法律敬畏意识，法治观念淡薄，法律知识缺乏，对“法不溯及既往”“法无授权不可为”等法律原则“不知有汉，无论魏晋”。

（三）*缺乏求真务实的真作风。*作风不严不实的现象仍然比较普遍。一是不担当。有的怕决策失误，不敢大胆拍板，工作节奏慢。有的干部对一些过去正常办理的事项，怕出问题、不敢办。有的干部怕得罪人，爱惜羽毛、明哲保身，明知有问题也不敢讲、不敢拦。二是不作为。有的存在“鸵鸟”心态，遇到问题绕着走、碰到矛盾躲着走、看见难点低头走，“不为成功想办法、只为推脱找理由”。有的干部怕干得多出错多，不敢主动干事。有的干部等靠要思想严重，等文件、会议纪要，等上级调度，等兄弟县区先行。有的干部工作标准不高，满足于一般化，自我感觉良好，守着自己的一亩三分地甘当“太平官”，只要不出事，宁愿不做事，无所作为。有的干部过于看重个人待遇，甘当“滑头官”，抢着做容易出成绩的事情，不愿做艰苦细致的工作。三是不自律。有的有令不行、有禁不止，不仅不担当、不落实、不作为，反而在背后发牢骚、说怪话，甚至妄议中央、妄议区党委、妄议市委、妄议县委。有的干部喜欢指手画脚、评头论足，只当评论员、不当战斗员。有的甚至乱作为，“四个意识”特别是核心意识、看齐意识不强，缺乏集体决策观念。

同时，我县公共基础设施建设仍然落后。基础设施承载能力不足，交通、水利、能源、环保等基础设施落后，瓶颈制约未能得到根除。城乡统筹发展缓慢，城镇化率较低，乡村建设缓慢，路、水、电、讯远不能满足群众生产生活需求。拴心留人工作环境仍然缺乏。缺少专项配套资金，“八有”工程等有利于改善干部职工工作生活条件、有利于保护干部职工身心健康、有利于稳定干部队伍、有利于促进基层发展稳定项目进展缓慢，干部职工工作生活条件仍有待改善。基层党建维稳压力仍然较大。维稳形势依然严峻，因地处边境，同时也是往来于阿里地区的交通要塞，地域广，外来人员多，地形复杂，管控难度大。党建工作基础薄弱，村级“两委”班子履职能力有待提升，个别基层组织软弱涣散，战斗堡垒和党员先锋作用发挥不好。实现弯道超车动力仍然不足。总体经济实力较弱，财源匮乏、财政增收乏力，自我积累、自我发展能力弱。农牧业基础薄弱，区域发展不平衡，城乡差距大，贫困人口多。经济发展方式粗放，属于投资拉动型经济，缺乏资源能源，产业结构单一，可持续发展能力严重不足，一产水平不高、二产规模太小、三产经营分散，对财政贡献率低。精准脱贫难度大，贫困面广，贫困程度较深，发展基础条件差，推进精准扶贫、打赢扶贫攻坚战任务十分艰巨，等等。

“砥砺前行、凝心聚力”。“千难万难，只要重视就不难；大路小路，只有行动才有出路”。在弯道超车、提速发展、争先进位的过程中，要逐一克服困难、解决问题，必须始终保持坚韧不拔的毅力、巍峨不屈的品格、感恩向上的情怀、敢为人先的锐气，解放思想、开拓创新，担当作为、干事创业。

三、迎难而上、永不退缩，坚定建设美丽萨嘎、幸福家园信心

做好全县各项工作，以建设美丽萨嘎、幸福家园的优异成绩向党的十九大献礼，是全县各级党组织和全体党员干部义不容辞的责任。全县上下要高举中国特色社会主义伟大旗帜，全面贯彻党的十八大和十八届三中、四中、五中、六中全会精神，以邓小平理论、“三个代表”重要思想、科学发展观为指导，深入学习贯彻习近平总书记系列重要讲话精神，特别是治国必治边、治边先稳藏重要战略思想和加强民族团结、建设美丽西藏的重要指示精神，以“6677”总体工作思路为统领，贯彻落实市委一届七次全委会精神，坚定建设美丽萨嘎、幸福家园信心，为建设和谐文明幸福美丽日喀则贡献萨嘎力量。

*（一）落实“党建珠峰”战略要求，维护边疆稳固。*萨嘎地理位置特殊，面临的执政考验、改革开放考验、市场经济考验、外部环境考验长期存在、更为严峻复杂，面对的精神懈怠危险、能力不足危险、脱离群众危险、消极腐败危险更加尖锐突出，经受考验、化解危险，最根本的是要加强党的自身建设，始终保持党的先进性和纯洁性。一要明晰战略定位。实施党建珠峰战略，就是要以开展“两学一做”学习教育制度化、常态化为主线，以“讲学习、讲忠诚、转作风、正风纪、提效能”主题活动和“四讲四爱”喜迎党的十九大主题教育实践活动为抓手，不断夯实党员干部的思想定力、政治定力，确保党员干部把牢政治方向和政治立场，牢固树立“四个意识”，坚定理想信念，始终在思想上政治上行动上同以习近平同志为核心的党中央、同党的核心保持高度一致。二要找准战略对标。要对标党的十九大精神，迅速掀起贯彻落实十九大精神热潮，做到家喻户晓、人人皆知。要对标马列主义、毛泽东思想、邓小平理论、“三个代表”重要思想、科学发展观、习近平总书记系列重要讲话精神，掌握马克思主义基本原理，掌握党的最新理论成果，掌握马克思立场、观点、方法。要对标“老西藏精神”“两路精神”，特别是“坚韧不拔、巍峨不屈、感恩向上、敢为人先”的珠峰精神，争做忠心对党、纯洁无瑕、立志高原、扎根边疆的“高原红”。三要贯彻战略举措。坚持把抓好党建作为最大政绩，坚定不移推进全面从严治党，努力营造雪域高原风清气正政治生态。要加强和规范党内政治生活，形成严肃认真的党内政治生活环境。要突出领导干部这个“关键少数”，用好巡察这把利剑，对违反政治纪律、政治规矩的“不忠诚”，对目无法纪、以权谋私的“不干净”，对庸懒散、失职渎职的“不担当”等行为，发现一起、查处一起。要加强队伍建设，优化领导班子配备和干部队伍结构，大力选拔有强烈事业心责任感、坚守岗位、务实肯干、实绩突出的干部，积极作为、迎难而上、拼搏进取的干部，扎根基层、不畏艰辛、无私奉献的干部，在反分裂斗争一线、驻村驻寺工作、艰苦边远乡村、急难险重岗位勇挑重担的干部。要加强基层党建，精心组织开展好村“两委”换届，建造坚强战斗堡垒。要强化民主政治建设，坚持和完善人民代表大会制度，坚持和完善中国共产党领导的多党合作和政治协商制度，加强和改进党对群团工作的领导，大力支持国防和军队改革建设，最广泛地把群众组织起来、动员起来、团结起来，把各族人民群众紧密团结

在党的周围，为建设和谐文明幸福美丽日喀则、建设美丽萨嘎幸福家园奠定坚实基础。

（二）落实“生态珠峰”战略要求，确保生态良好。“最大的价值在生态、最大的潜力在生态、最大的责任也在生态”，以迎接中央环保督察工作为契机，着力打造绿色家园，为建设美丽西藏、美丽日喀则和美丽萨嘎注入生机和活力。一要树牢绿色发展理念。绿色是西藏发展的健康底色，只要发展不要绿色，不是绿色发展的理念，绿色是西藏发展的最大的价值。绿色发展不是降低发展，恰恰是升华发展，是“绿水青山是金山银山、冰天雪地也是金山银山”的发展，是“经济要上台阶，生态文明也要上台阶”的发展，是“望得见山，看得见水，记得住乡愁”的发展，是“生产发展、生活富裕、生态良好”的发展。二要加强生态环境建设。积极参与“奋力建设美丽日喀则、筑牢生态安全屏障”重大生态工程，实施庭院增绿、拆违建绿、见缝插绿、退地还绿“四绿工程”，严格执行禁绝一次性塑料袋行政命令，重点整治交通要道、人口聚居区、河道沿线白色垃圾、建筑垃圾，珍惜好萨嘎的每一座山、每一条河、每一块湿地、每一片草原，努力打造“绿意盈野、生机勃勃”的农区美景、“一碧千里、牧歌悠扬”的草原美景。三要查处环境违法行为。萨嘎的发展容不下任何污染，坚持重典治乱、铁规治污，驰而不息打好“治脏”“治乱”“治差”、白色污染、黑臭水体等环境治理组合拳，“绝不把违法建筑、污泥浊水、脏乱差环境带入全面小康”。认真落实河长制，确保水净、岸绿、景美、河畅。

（三）落实“文化珠峰”战略要求，传承甲谐文化。文化是城市的根与魂，一座没有文化内涵、没有文化积淀的城市，是没有魅力、没有品位的城市。甲谐作为中国璀璨民族文化中的杰出代表之一，不仅是一种舞蹈，更是一部史诗，是一个时代的符号，是藏汉人民友好、团结的象征。要传承弘扬甲谐文化，增强文化软实力，掌握意识形态领域话语权，筑牢各族干部群众反对分裂、维护稳定的思想基础，塑造萨嘎新形象。一要保护好。要加强研究甲谐文化等文化遗产、文物和自然遗产的历史价值、科学价值和社会价值，加大保护力度。要加快发展基层文化事业，持续推进公共文化基础设施建设，健全公共文化服务体系，不断满足各族群众日益增长的精神文化需求。二要利用好。要不断激发甲谐文化内在活力，深度挖掘其中蕴藏的历史文化、宗教文化、服饰文化、饮食文化、教育文化等，对其进行横向拓展，延长经济产业链，扩大经济收益面。三要发展好。要“成风化人”，不要“娱乐至死”。深入开展公民思想道德建设，大力开展群众性精神文明创建活动，持续深入开展好“四讲四爱”主题教育实践活动，教育引导各族群众知党恩、感党恩、报党恩，继承和弘扬爱国主义传统，自觉将民族团结的生命线融入灵魂、融入血脉。要淡化宗教消极影响，教育引导群众“惠民资金不要刻在玛尼石上”“救命钱不要花在求神拜佛上”，把更多精力用在发展生产、改善生活上，过好和谐文明幸福今生。

（四）落实“产业珠峰”战略要求，助推经济腾飞。发展产业，可以培养一批能人、带动一方发展、搞活一方经济、富裕一方群众；发展产业，可以产生后发赶超、弯道超车、争先进位的“蝴蝶效应”；发展产业，可以解决发展中面临的各种困难和问题，为建设和谐文明美丽日喀则、建设美丽萨嘎、幸福家园提供强大能量。一要抓好规划设计。加快编制、实施各项产业规划，不搞大水漫灌、遍地开花，不搞“大而全、小而散”，当前重点发展有机种养加业、特色文化旅游业。把灾后重建、易地扶贫搬迁和边境小康村建设与产业布局有机结合起来，让广大群众不离乡不离土就近创业就业。二要抓好特色产业。把特色作为优势、作为资源、作为生命力，坚持草畜、文化、地理等优势资源优先发展，把有限的人力财力物力集中起来，培育壮大市场发展前景好、辐射带动能力强、财政税收贡献大的重点产业项目。三要抓好产业支撑。创新产业发展模式，打造“农户+合作社+基地养殖”模式，加强各级各类合作经济组织建设，不断提高产业组织化程度。四要抓好产业辐射带动。大力实施“六城共建”，深入开展城市环境综合整治，加强基础设施建设。深入推进产城融合，以城市为基础，承载产业空间、发展产业经济，以产业为保障，加快完善各项基础配套、实现产城深度融合发展。要高度重视项目储备，主动找项目、找大项目。要根据规划建设项目，不能“本末倒置”，不能先建项目再设计规划或因为项目而更改规划，项目要跟着规划“走”，绝不能规划跟着项目“跑”，避免多部门重复建设和浪费。

（五）落实“幸福珠峰”战略要求，持续改善民生。要始终坚持以人民为中心的工作导向，谋民生之利、办民生之事、解民生之忧。一要不断增强宗旨意识。“人民对美好生活的向往，就是我们的奋斗目标。保障和改善民生是一项长期工作，没有终点站，只有连续不断的新起点。要把做好民生工作、让人民群众满意作为最大的政绩，为群众办好事、办实事、解难事。二要着力解决人民最关心最直接最现实的利益问题。“抓民生要抓住人民最关心最直接最现实的利益问题，抓住最需要关心的人群，一件事情接着一件事情办、一年接着一年干，锲而不舍向前走。”要进一步加大对教育、科技、文化、卫生等社会事业的投入力度，深入实施重大民生工程，不断增加公共产品和服务供给。三要用心用力用情做好群众工作。要大力发扬钉钉子精神，真正把民生实事办到群众心坎上，做到民生件件有着落、事事有回音，集中力量做好普惠性、基础性、兜底性民生建设。

（六）落实“法治珠峰”战略要求，推进依法治县。法者，治之端也。要弯道超车、提速发展，就必须充分发挥法治的引领和规范作用，为经济社会长足发展和长治久安提供公平正义的法治环境。一要坚持党的领导。认真贯彻依法治国基本方略，深入推进依法治县，加强党对法治建设的领导，做到党保证执法、支持司法、带头守法。信仰法律、敬畏法律，带头尊法学法守法用法，确保各项工作在宪法和法律框架内规范运行。二要严格依法执政。抓住依法执政这个关键，坚持依法治县、依法执政、依法行政共同推进，坚持法治萨嘎、法治政府、法治社会一体建设，努力实现严格执法、公正司法、全民守法。三要创新社会治理。深入推进社会治安综合治理，健全落实领导责任制。对危害食品药品安全、影响安全生产、损害生态环境等重点问题依法治理，强化法律在维护群众权益、化解社会矛盾中的权威地位。善于运用法治方式研究、解决群众合法权益保护问题，引导群众自觉把法律作为指导和规范自身行动的基本行为准则，以理性合理的方式主张权利、表达诉求、维护权益，让群众在自身权益的有效保障中切身感受到法律的尊严和公平。依法严厉打击一切损害人民利益、扰乱社会秩序的违法犯罪行为，绝不姑息。依法处理民族宗教问题，深入揭批十四世达赖集团政治上的反动性、宗教上的虚伪性、手法上的欺骗性，教育引导各族干部群众自觉与十四世达赖集团划清界限，严密防范和依法打击十四世达赖集团各种分裂渗透干扰破坏活动。

“砥砺前行、信心满怀”。各位委员、同志们，让我们更加紧密地团结在以习近平同志为核心的党中央周围，在市委、市政府的坚强领导下，真抓实干、担当负责，全力以赴、攻坚克难，以更加坚定的信心、更加昂扬的斗志、更加务实的作风，加快美丽萨嘎、幸福家园建设，为建设和谐文明幸福美丽日喀则作出新的更大的贡献，以优异成绩迎接党的十九大胜利召开！

不忘初心　牢记使命
高举习近平新时代中国特色社会主义思想伟大旗帜
加快建设美丽萨嘎幸福家园

——在中共萨嘎县第九届委员会第三次全体会议上的报告

（2018年12月28日）

顿　珠

在市委的坚强领导下，中国共产党萨嘎县第九届委员会第三次全体会议今天隆重召开了。下面，我代表县委常委会向全会作报告。

会议的主题是：高举习近平新时代中国特色社会主义思想伟大旗帜，深入学习、宣传、贯彻党的十九大精神，贯彻落实习近平总书记治边稳藏重要战略思想和加强民族团结、建设美丽西藏的重要指示以及给隆子县玉麦乡群众的回信精神，贯彻落实区党委九届三次全会精神、市委一届八次全会精神，不忘初心、牢记使命，以加快建设美丽萨嘎幸福家园为目标，持之以恒、坚决落实市委“6677”工作思路，开拓进取、真抓实干，奋力推进长足发展和长治久安，为和全国全区全市一道夺取新时代中国特色社会主义伟大胜利不懈奋斗。

10月18日至24日，中国共产党第十九次全国代表大会在北京胜利召开。习近平总书记代表第十八届中央委员会向大会作了报告，明确了中国特色社会主义新时代的新思想、新论断、新举措、新矛盾、新目标，为党和国家各项事业发展擘画了宏伟蓝图，是我们党在新时代开启新征程、续写新篇章的政治宣言和行动纲领。党的十九大是一次高举旗帜、继往开来、团结奋进的大会，是一次给中国共产党人长精神、给中华民族长志气的大会，是一次指导我们党和国家从胜利走向更大胜利、以辉煌铸就更大辉煌的大会。习近平总书记的报告系统回顾总结了党的十八大以来的历史性进程、历史性成就、历史性变革。5年来的工作实践、理论积淀、发展成就、宝贵经验，是继承，是创新，是开启，是奠基，我们的党、国家、人民、军队、民族从来没有像今天这样充满自信，从来没有像今天这样展现前所未有的盛世气象，从来没有像今天这样走近世界舞台的中央。取得这样历史性的成就、发生这样历史性的变革，最重要、最根本的是我们党有习近平总书记这个核心掌舵领航，有以习近平同志为核心的党中央坚强领导，有习近平新时代中国特色社会主义思想科学引领。

11月6日至7日，中国共产党西藏自治区第九届委员会第三次全体会议在拉萨召开。全会总结回顾了自治区第九次党代会以来的工作，重点总结了习近平总书记治边稳藏重要战略思想在西藏的成功实践，对深入贯彻落实党的十九大精神作出了全面部署，为我们推进当前和今后一个时期各项事业指明了方向、提供了遵循。

11月10日，中国共产党日喀则市第一届委员会第八次全体会议召开。全会充分肯定市委一届五次全会以来市委常委会的工作，并对2018年工作从“大力实施党建珠峰战略、大力实施美丽珠峰战略、大力实施文化珠峰战略、大力实施产业珠峰战略、大力实施幸福珠峰战略、大力实施法治珠峰战略”等六个方面提出新目标、明确新举措。

全县各级党组织和各族干部群众，要始终牢固树立“四个意识”，不断增强“四个自信”，把学懂弄通做实党的十九大精神、区党委九届三次全会精神、市委一届八次全会精神，作为当前和今后一个时期的头等大事、首要任务、政治大纲，以更加坚决的态度、更加有力的举措、更加严明的纪律、更加务实的作风，深入学习、深刻领会、广泛宣传、认真贯彻、全面落实，用学习宣传的实际行动体现我们对党的核心、军队统帅、人民领袖的无比爱戴，用贯彻落实的实际成效回报习近平总书记的关怀厚爱。

一、凝心聚力高举“伟大旗帜”，切实增强学习宣传贯彻党的十九大精神的自觉性坚定性

回望党的十八大以来极不平凡的5年，以习近平同志为核心的党中央坚强领导、习近平总书记系列重要讲话精神和治国理政新理念新思想新战略的科学指引，是发生历史性变革、取得历史性成就的根本原因，是奋力开创新时代中国特色社会主义美好未来的根本保证。旗帜引领方向，道路决定命运。高举习近平新时代中国特色社会主义思想伟大旗帜，确保党和国家事业始终沿着正确方向前进，是实现民族复兴伟大梦想的根本保证。一代人有一代人的使命，一代人有一代人的担当。我们一定要始终高举习近平新时代中国特色社会主义思想伟大旗帜，主动看齐、自觉对标，与时俱进、攻坚克难，牢牢把握人民群众对美好生活的向往，加快建设“美丽萨嘎、幸福家园”。

必须认识“新时代”、学习“新思想”。党的十九大报告作出中国特色社会主义进入新时代的重大政治论断，清晰标定我国发展所处的历史方位，是一项关系全局的战略考量，是确立新目标新任务新战略新举措的总依据，是基于对党的十八大以来历史性飞跃的准确认识，基于对党所处发展阶段、发展环境的科学分析，基于对新的伟大实践的正确反映。伟大的时代呼唤伟大的思想，伟大的实践需要伟大的理论。确立习近平新时代中国特色社会主义思想的指导地位，是党的十九大最大亮点、最大贡献、最重要成果。习近平新时代中国特色社会主义思想的创立者是习近平总书记，习近平总书记对这一理论的创立作出了重大贡献。充分体现了习近平总书记深沉的忧患意识、强烈的使命担当和真挚的为民情怀，充分体现了习近平总书记天下为公、苍生为念的伟大品格，充分彰显了强大的思想力量、精神力量、人格力量，这种为民族伟大复兴计、为国家长远发展计、为党长期执政计，一往无前的政治勇气、舍我其谁的政治担当和自加压力的奋斗激情，为全党树立了光辉榜样。我们要始终高举习近平新时代中国特色社会主义思想伟大旗帜，深入学习、深刻领会、广泛宣传、坚决贯彻习近平新时代中国特色社会主义思想，争当坚定者、奋进者、搏击者，以实际行动让习近平新时代中国特色社会主义思想在萨嘎落地生根、开花结果。

必须紧跟“新时代”、开启“新征程”。我们必须深刻理解“新时代”的新内涵、新要求，精准把握开启“新征程”的新目标、新任务，准确定位、明确方向，努力谱写好“新时代”“新征程”“美丽萨嘎、幸福家园”建设的绚丽篇章。迈进“新时代”、开启“新征程”，是决胜全面小康的“新时代”“新征程”，要在市委的坚强领导下，用绣花功夫全力做好深度乡、深度村、深度户、深度人的脱贫工作，确保如期实现“贫困户脱贫、贫困村退出、贫困县摘帽”，确保与全国全区全市一道全面建成小康社会；是实现长治久安的“新时代”“新征程”，要进一步强化忧患意识、提高政治警觉，增强工作预见性，不断创新理念思路、体制机制、方法手段，全面提升防范应对各类风险挑战的能力水平，确保社会安定有序、人民安居乐业；是创造幸福生活的“新时代”“新征程”，要谋民生之利、办民生之事、解民生之忧，确保人民幸福、家庭和睦；是建设美丽家园的“新时代”“新征程”，要把生态文明建设放在突出地位，融入经济建设、政治建设、文化建设、社会建设各方面和全过程，建设美丽萨嘎、实现永续发展。

必须无愧“新时代”、践行“新使命”。十九大报告明确提出新时代党的建设总要求和8个方面重要任务，这是我们党96年来管党治党艰辛探索特别是党的十八大以来推进全面从严治党非凡实践经验的深刻总结和集中概括。新时代的新特征是我国社会主要矛盾发生变化，新时代的新使命是进行伟大斗争、建设伟大工程、推进伟大事业、实现伟大梦想，新时代的新目标是分两步走全面建设社会主义现代化国家。“中国梦是历史的、现实的，也是未来的。”萨嘎人民的“中国梦”是与全国全区全市一道全面建成小康社会。要实现“新使命”“中国梦”，我们必须始终坚持党对一切工作的领导，旗帜鲜明加强党的全面领导、落实党的全面领导，确保党始终总揽全局、协调各方；必须始终坚持全面从严治党永远在路上，确保我们的党员干部永远做人民公仆、时代先锋、民族脊梁；必须始终坚持把党的政治建设摆在首位，坚定对党、对党中央、对习近平总书记绝对忠诚的政治品格，永葆共产党人政治本色；必须始终坚持把加强群众思想教育引导放在重要位置，教育引导广大群众“惠民资金不要刻在玛尼石上”“救命钱不要花在求神拜佛上”，把更多精力用在发展生产、改善生活，过好和谐文明幸福今生上。

必须服务“新时代”、回应“新期盼”。改善民生是我们党永恒不变的价值追求，我们党不懈努力让改革发展成果更多更公平惠及全体人民，朝着实现全体人民共同富裕的目标不断迈进，努力实现人们对美好生活的向往。1981年，党的十一届六中全会首次提出社会主义初级阶段主要矛盾是人民日益增长的物质文化需要同落后的社会生产之间的矛盾。经过30多年快速发展，我们告别了紧缺年代，人民群众温饱问题得到解决，全面小康即将建成，随之而来的是对更高生活质量的追求。党的十九大报告指出，“要抓住人民最关心最直接最现实的利益问题，既尽力而为，又量力而行，一件事情接着一件事情办，一年接着一年干。坚持人人尽责、人人享有，坚守底线、突出重点，完善制度、引导预期，完善公共服务体系，保障群众基本生活，不断满足人民日益增长的美好生活需要，不断促进社会公平正义，形成有效的社会治理、良好的社会秩序，使人民群众获得感、幸福感、安全感更加充实、更有保障、更可持续。”目前，全县仍有740户、2557人没有脱贫。有疾，方觉苦。人民之疾苦、干部之责任。我们要精准把握萨嘎各族群众的新期待、新要求，抓住关键，聚力攻坚，努力使群众获得感、幸福感、安全感更加充实、更有保障、更可持续；要坚持发展第一要务，坚持问题导向、效果导向，突出抓重点、补短板、强弱项，坚决打好防范化解重大风险、精准脱贫、污染防治的攻坚战；要着力解决好发展不平衡不充分的问题，更好满足各族群众在经济、政治、文化、社会、生态等方面日益增长的需要，努力让发展更有温度、让幸福更有质感。

必须直面“新时代”、解决“新问题’’。在实现中华民族伟大复兴的历史征程中，我们站在了一个新的历史起点上。但是，实现“中国梦”不可能一帆风顺，越接近目标，面临的风险就越大，遇到的问题就越复杂。当前，我们既面临大量的新情况新问题，同时又面临长期努力解决但还没有解决好的老问题。具体到我县而言，我县社会局势总体稳定可控，但稳中有变数、稳中有风险、稳中有隐患、稳中有警情，仍然面临着各族人民同以达赖集团为代表的分裂势力之间的特殊矛盾，面临着“后达赖”向“达赖后”转变的重大挑战，反分裂斗争和维稳形势更加严竣复杂；经济发展进入快车道，但投资拉动现状没有改变、经济下行压力较大、改革发展成本上升等问题依然存在；生态保护与环境治理明显加强，但抵御自然灾害能力仍然不强，等等。同时，有的党员干部“四个意识”不强，不听指挥、不听招呼，挑战组织、挑战制度、挑战规矩，重要会议、重要场合不但不参加反而“带头跑”“跟着跑”，当滑头、要小聪明，拿政治纪律和政治规矩当儿戏，毁坏干部形象、造成恶劣影响；有的党员干部脑子不想事、心里不装事、成天不干事，不服从领导安排，“当刺头”“要赖皮”，成天怨天尤人、松松垮垮、萎靡不振，还对一心干事创业的同志评头论足、怪话连篇，等等。有的党组织和党员干部在直面“四大考验”“四大危险”“三个不纯”时，站位不高、领会不深、定力不够；有的党员干部理想信念动摇，不与党和人民一条心、民族观不正确，等等。

总之，我们要深入学习宣传贯彻落实党的十九大的新战略、新部署，贯彻落实自治区党委九届三次全会的新任务、新要求，贯彻落实市委一届八次全会的新目标、新举措，把握形势变化，明确目标任务，持续用力、一以贯之地坚决落实市委“6677”总体工作思路，扎实推进发展稳定生态各项工作，努力实现争先进位、提速跨越，确保与全国全区全市一道全面建成小康社会。

二、攻坚克难推进“伟大事业”，不断提升美丽萨嘎的县城吸引力承载力

2017以来，县委常委会以喜迎党的十九

大为主线，团结带领全县上下各族干部群众，紧紧围绕建设和谐文明幸福美丽日喀则奋斗目标，紧扣市委“6677”工作思路，紧跟市委提速跨越、弯道超车、争先进位要求，全力推动各项工作换挡提速。经济发展稳中加速、快中见好，社会大局安全和谐、持续稳定，民生事业明显进步、温暖人心，党的建设统筹推进、守正出新，生态保护全面加强、成效显著，人民群众团结协作、积极向上，美丽萨嘎、幸福家园建设迈上新台阶。回顾总结一年来的工作，最显著的变化是民生改善、最鲜明的特点是提速发展、最强大的力量是感恩奋进、最宝贵的收获是群众满意，人民群众日益增长的美好生活需要得到不断满足，人民群众的“三感一度”显著提升。

一年来，我们始终坚持经济发展第一要务，综合实力不断攀升。“不以海拔高而降低标准，不以气压低而放松要求”。紧紧抓住争先进位、提速发展的大好机遇，以“功成不必在我、功成一定有我”的境界，以“抓铁有痕、踏石留印”的劲头，以“行百里路半九十”的清醒，绵绵用力、久久为功。积极引导全县上下在实现弯道超车、加速发展的实践中，始终保持敢于争先、懂得感恩、顽强拼搏的冲劲，始终保持吃苦耐劳、勇于奉献、孜孜不倦的干劲，始终保持勤俭节约、艰苦奋斗、朴实无华的韧劲，广大党员干部忠诚干事、科学干事、依法干事、团结干事、务实干事、担当干事、创新干事、干净干事，你追我赶、竞相提速、百舸争流、千帆竞发的良好态势已然形成。经济发展态势喜人，预计实现地区生产总值4.56亿元，同比增长27%，完成指标任务的103%。固定资产投资增速加快，开复工项目127个，完成固定资产投资8.43亿元，同比增长58%，完成指标任务的105%。市场经济繁荣稳定，消费品市场保持持续旺盛良好态势，社会消费品零售总额1.69亿元，同比增长37%，完成指标任务的109%。农牧民收入稳步提高，农村居民人均可支配收入达到8227元，同比增长23%，完成指标任务的102%。

一年来，我们始终坚持维护稳定第一责任，社会建设更加和谐。牢牢把握西藏社会的特殊矛盾，坚持总体国家安全观，坚持国家利益至上，围绕维护祖国统一、加强民族团结这个着眼点和着力点，以人民安全为宗旨、以政治安全为根本、以防患于未然为原则、以防止出大事为基础，创新完善社会治理，切实维护边境安全，推动社会治理由“要我稳定”向“我要稳定”转变，确保持续稳定、长期稳定、全面稳定。全面推进依法治县，政协协商民主建设不断加强，基层群众自治制度不断健全，司法维护社会公平正义功能充分发挥，依法严厉打击一切损害人民利益、扰乱社会秩序的违法犯罪行为，依法处理民族宗教问题。社会大局和谐稳定，全面落实维稳“十项措施”，认真落实宗教“十导”工作法，不断细化信访“八化机制”，创新实践民族团结“十个一”“十个结合”特色载体，丰富完善“平安萨嘎”建设内容，狠抓安全生产事故隐患排查整治，深入开展双拥共建活动，忠诚履职、强化措施，坚决打赢了十九大维稳安保攻坚战。主题教育实践活动有声有色，全心全力、真情真意抓好“四讲四爱”主题教育实践活动，创新打造“马背宣讲队”等特色宣讲法，服务“最后一公里”、温暖“最远一家人”，以人性化、亲情化、公仆化服务赢得支持，全县齐心协力保稳定、促和谐的人心基础更加牢固。

一年来，我们始终坚持生态保护第一底线，环境卫生保持良好。坚决贯彻落实习近平总书记关于第二次青藏高原综合科考和那曲依靠科技种树的重要指示精神，实行最严格的生态环境制度，坚定不移推进绿色发展，着力打造绿色家园，为建设美丽萨嘎注入生机和活力。坚守生态环保底线，严格项目准入，严把生态环境关、产业政策关、资源消耗关，严格落实“环保第一审批权”，加大环境保护督查力度。积极创建自治区级生态村，完成雅鲁藏布江源头国家级生态功能保护区（二期）建设工程、完成加加镇自来水厂集中饮用水源保护区和饮用水源点环境保护工程项目。全力做好迎检中央环境保护督察工作，完成42项问题整改和“回头看”，实现环境督察零举报。加强公益林管护、森林防火与病虫害防治，及时兑现草原生态保护补助奖励机制、森林生态效益补偿资金，顺利通过自治区级草奖验收，大力实施封山育林、防沙治沙项目。

一年来，我们始终坚持党的建设第一支撑，基层基础全面加强。严格落实党建工作责任制，印制党组织书记抓基层党建工作责任清单，构建党建工作“明责、亮责、查责、述责、评责、问责”的责任落实链条。推进党组织标准化建设，严格党组织“改、组、建”程序。加强基层干部队伍建设，高标准高质量完成村组织换届选举。加强党员队伍建设，培养和发展97名党员。认真落实“三个走遍”要求，加强调研走访。完善党风廉政建设和反腐败工作责任机制，严格落实中央“八项规定”、区党委“约法十章”“九项要求”，坚决反对“四风”，强化日常教育、提醒、警示。多途径挖掘和捕捉案件线索，正确运用监督执纪“四种形态”，把问题消除在破纪之初、违法之前。建立健全县委巡察工作党政“一把手”负总责制度机制，抓牢抓实区党委巡视一组反馈意见整改工作。认真学习宣传、贯彻落实党的十九大精神，强化党的十九大召开前社会氛围营造，做好党的十九大开幕式盛况收听收看，编撰党的十九大精神学习宣传读本，大力开展党的十九大精神系列宣讲，邀请专家学者开展专题辅导讲座等。规范驻村干部考勤与请销假制度和驻村工作周抽查、月普查、季考核制度，探索“帐篷驻村点”“临时帐篷驻村办公点”等驻村工作新模式，在各草组、放牧点搞调研、做宣讲、办培训、送温暖。

一年来，我们始终坚持民生改善第一使命，社会保障健全完善。始终坚持以人民为中心的工作导向，不断满足人民日益增长的美好生活需要，使广大农牧民群众拥有更好的教育、更稳定的工作、更满意的收入、更可靠的社会保障、更高水平的医疗卫生服务、更舒适的居住条件、更优美的环境、更丰富的精神文化生活。开展劳动技能培训，加大劳务输出力度。实施就业动态清零行动，对未就业大学生（中职生）进行结对帮扶。及时足额发放城镇低保金、农村低保金、五保金，开展城乡医疗救助。养老、医疗、失业、工伤、生育五大保险参保人数稳步提升，基金征缴率达100%。做好医疗卫生服务、妇幼保健、重大疾病筛查、健康精准扶贫等多项工作，有效解决群众看病报销难等问题。开展全民健康体检、重大疾病筛查，把全民健康体检与包虫病、结核病、骨关节疾病、先心病筛查和出生缺陷干预、孕前健康检查等同步开展。及时落实住院分娩补贴等各项计生惠民政策，乡级卫生院接生能力不断提高。开展帮扶、救助为主要内容的健康扶贫，逐步消除因病致贫。补齐教育这块最大短板，加大投入力度、年度本级财配资金达到26%，提高教师待遇、设立50万元专项教育奖励资金，开展教育扶贫、用好用活教育圆梦基金，完善基础设施、完成乡完小附设幼儿园和乡完小改扩建等项目，巩固入学成果、中考升学率翻倍增长。

一年来，我们始终坚持改革创新第一动力，深化改革蹄疾步稳。深化经济体制改革，推进扶贫领域改革，制定《萨嘎县统筹整合涉农资金推进精准扶贫的实施方案》；开展土地制度改革，制定《萨嘎县开展农村土地（耕地）承包经营权确权登记颁证工作的实施方案》。深化文化体制改革，加强民族团结，制定《萨嘎县喜迎日喀则市首届“民族团结进步日”活动实施方案》；强化公共文化服务，制定《萨嘎县加快构建公共文化服务体系建设实施方案》。深化社会体制改革，开展医疗卫生体制改革，制定《萨嘎县新型农牧区医疗管理办法实施细则（2017年)》《萨嘎县包虫病综合防治工实施方案(2017—2020年)》《萨嘎县家畜包虫病防治工作方案（2017年—2020年)》。深化生态文明体制改革，加强环境综合整治，制定《萨嘎县2017年环境综合整治工作方案》《萨嘎县全面推行河长制工作方案》；加强地质灾害防治，制定《萨嘎县2017年地质灾害防治工作方案》；强化生态奖励机制，制定《萨嘎县建立草原生态保护补助奖励机制政策实施方案》。深化民主法治领域改革，加强普法教育，制定《2017年普法依法治理工作要点》。深化纪律检查体制改革，推进监督体制改革，制定《中共萨嘎县委巡视工作五年规划》。深化党的建设制度改革，加强基层党建工作，制定《萨嘎县关于贯彻落实“党建珠峰”战略加强和改进基层党建工作的意见》；加强党员思想教育，制定《萨嘎县关于进一步加强干部职工政治理论和业务知识学习的意见》。

三、万众一心实现“伟大梦想”，坚决把市委“6677”总体工作思路贯彻到底

2018年是全面贯彻落实党的十九大战略部署的开启之年，是决胜全面建成小康社会的关键一年，是坚决打赢脱贫攻坚战的重要一年，工作的指导思想是：高举中国特色社会主义伟大旗帜，以马克思列宁主义、毛泽东思想、邓小平理论、“三个代表”重要思想、科学发展观、习近平新时代中国特色社会主义思想为指导，深入贯彻落实党的十九大和中央第六次西藏工作座谈会精神，贯彻落实习近平总书记治边稳藏重要战略思想，贯彻落实自治区第九次党代会和自治区党委九届三次全会精神，贯彻落实市委一届八次全会精神，坚持“五位一体''总体布局和“四个全面''战略布局，坚持新发展理念，正确处理“十三对”关系，紧紧抓住发展、稳定、生态三件大事，大力弘扬“珠峰精神”，坚决把市委“6677”总体工作思路贯彻到底，加快建设和谐文明幸福美丽日喀则、建设“美丽萨嘎、幸福家园”。

奋斗目标是：确保地区生产总值同比增长16%，达到5.29亿元，地方一般公共预算收入增长45%，达到2985万元，全社会固定资产投资增长50%，达到12.58亿元，社会消费品零售总额增长25%，达到2.11亿元，农牧民人均可支配收入增长20%，达到9883元，城镇登记失业率控制在2.5%以内，基础设施条件明显改善，人民生活水平不断提升，生态文明建设取得更大成效，特色文化得到更好保护传承，民族团结巩固发展，社会局势和谐稳定，边境一线更加稳固，党的全面领导和党要管党、全面从严治党更加有力。

（一）坚决实施党建珠峰战略。以加强党的长期执政能力建设、保持党的先进性和纯洁性建设为主线，大力实施党建珠峰战略，着力营造党内良好政治生态。要讲政治。坚持把党的政治建设摆在首位，牢固树立“四个意识”，坚决在政治立场、政治方向、政治原则、政治道路上同以习近平同志为核心的党中央保持高度一致；严格执行新形势下党内政治生活若干准则，不断增强党内政治生活的政治性、时代性、原则性、战斗性；严格执行重大事项请示报告制度，严格执行“三重一大”决策制度、县委工作规则、县委常委会议事规则等制度，坚决杜绝不执行、部分执行、变相执行等现象，坚决防止和反对个人主义、分散主义、自由主义、本位主义、好人主义、宗派主义、圈子文化、码头文化。要抓思想。坚持把坚定理想信念作为党的思想建设的首要任务，着力解决好党员世界观、人生观、价值观这个“总开关”问题；深入推进“两学一做”学习教育常态化制度化，积极筹备开展“不忘初心、牢记使命”主题教育；坚持用习近平新时代中国特色社会主义思想武装头脑、指导实践、推动工作。要强队伍。严格落实“好干部”标准和“三个特别”要求，着力打造一支引领萨嘎各项事业发展进步的高素质专业化干部队伍；提拔重用政治标准突出、“四个意识”牢固、忠诚干净担当的干部；大力选拔使用在反分裂斗争一线、驻村驻寺工作、乡村基层、艰苦边远地区、急难险重等岗位勇挑重担、积极作为的干部；坚持严管和厚爱结合、激励和约束并重，完善干部考核评价机制；加强党建带团建、带妇建、带工建，突出政治性方向、先进性本质、群众性基础，防止“机关化”“行政化”“贵族化”“娱乐化”，争做教育引导群众、促进“双创”工作、促进民族团结、促进脱贫攻坚、促进文明风尚的生力军。要打基础。以提升组织力为重点，把农牧区、机关、学校、企业等基层党组织建设成为党的坚强战斗堡垒；以提升生命力为抓手，深入推进基层党建“六化”；以提升凝聚力为根本，严格落实好“三会一课”、主题党日、领导干部双重组织生活等制度，着力扩大基层党组织覆盖面。要正风纪。严格执行中央“八项规定”，严格落实自治区“约法十章”“九项要求”和市委《党员干部百项行为严禁规定》；深入推进“讲学习、讲忠诚、正风纪、转作风、提效能”主题活动；强化纪律建设，让党员干部习惯在受监督和约束的环境中工作生活。要反腐败。坚持重遏制、强高压、常震慑，重点围绕打赢脱贫攻坚战，坚决查处侵害群众利益的腐败问题；突出政治巡察，紧扣“六项纪律”，紧盯“三大问题”，紧抓“三个重点”，高举巡察利剑，形成强大震慑；强化党内监督，综合运用监督执纪“四种形态”，重点监督党的领导机关和党员领导干部、特别是“一把手”这个关键少数；打造纪检监察铁军，严防“灯下黑”，加强监察委员会建设，实现对所有公职人员的监察全覆盖。

（二）坚决实施美丽珠峰战略。牢固树立生态文明观，坚持人与自然和谐共生，大力实施“美丽珠峰”战略，自觉推进绿色发展、循环发展、低碳发展，切实保护好萨嘎的山山水水、一草一木。要推动绿色发展。深入贯彻新发展理念，坚决摒弃损害甚至破坏生态环境的发展方式，加快形成节约资源和保护环境的空间格局、产业结构、生产方式、生活方式，加快构建绿色循环低碳发展的产业体系、约束和激励并举的生态文明制度体系、政府企业公众共治的绿色行动体系。要解决突出问题。加大交通要道、居住区、河道沿线废弃物、生活垃圾、餐厨垃圾、建筑垃圾、粪污等整治力度，珍惜好萨嘎的每一座山、每一条河、每一块湿地、每一片草原，营造舒适、干净的生活、旅游环境。严格贯彻落实好“大气十条”“水十条”“土十条”，严格落实“河长制”，着力加强水污染防治，坚决打赢大气、水、土壤污染防治“三大战役”。要筑牢安全屏障。大力推进国土绿化行动，逐步在有条件的地方消除无树户无树村；积极参与“奋力建设美丽日喀则、筑牢生态安全屏障”重大生态工程，实施庭院增绿、拆违建绿、见缝插绿、退地还绿“四绿工程”，治理草场沙化，坚决摒弃以牺牲生态环境换取一时经济增长的做法，确保萨嘎蓝天常驻、绿水长流、空气常新。

（三）坚决实施文化珠峰战略。坚持马克思主义指导地位，牢牢掌握意识形态工作领导权、管理权、话语权，锲而不舍、一以贯之地抓好社会主义精神文明建设，为不忘初心、牢记使命、永远奋斗、不断前进提供坚强的思想保证、强大的精神力量、丰润的道德滋养。要把牢正确方向。深刻领会、坚决贯彻习近平总书记治国理政新理念新思想新战略特别是治边稳藏方略，认真学习、广泛宣传习近平新时代中国特色社会主义思想，加强教育、积极引导各族党员干部群众知党恩明白“惠在何处惠从何来”、感党恩永远铭记党的恩情、报党恩坚定不移跟党走，旗帜鲜明地反对和抵制各种错误观点，坚决反对达赖集团一切图谋“西藏独立”、分裂祖国、破坏民族团结的言论和行为，在思想上政治上行动上始终同以习近平同志为核心的党中央保持高度一致，牢牢掌握意识形态工作领导权，确保意识形态领域绝对安全。要增进文化共识。深入实施公民道德建设工程，持续开展“五下乡”活动，继续办好“道德讲堂''。广泛开展理想信念教育，深化中国特色社会主义和中国梦宣传教育，积极培育和践行社会主义核心价值观。继续深化“四讲四爱”主题教育实践活动、对外宣传、文化队伍阵地建设等各项工作，努力在全县上下形成最大公约数、画出最大同心圆，淡化宗教消极影响，放大“与其苦熬消耗生命、不如苦干燃烧青春”的正能量，做神圣国土的守护者、幸福家园的建设者。要坚持文化惠民。加快推进数字电视覆盖工作，加快广播电视“户户通”建设步伐，提高广播电视覆盖率，不断丰富各族群众文化生活。大力开展“书香萨嘎、全民阅读”活动，推进文化志愿者服务，拓展优秀传统文化进校园、进机关、进牧区和送文艺、送电影下乡活动。免费开放“五室一厅一基地”公共文化设施，继续开展文化遗产日免费参观等活动。

（四）坚决实施产业珠峰战略。按照群众熟悉、就近就便、能干会干的原则，围绕增强造血功能、增加群众收入、促进群众就业，提质发展产业项目，把独特的区位优势转化为产业竞争优势、经济发展优势。要抓项目。牢固树立抓项目就是抓发展、抓大项目就是抓大发展的思想，坚持规划引领抓项目、无中生有抓项目、突出特色抓项目、千方百计抓项目、竭尽全力抓项目，积极争取项目资金，扎实做好前期工作，全力补齐基础设施短板。要抓重点。紧紧围绕“草”“畜”做文章，积极发展品质优良、特色明显、附加值高的优势农畜产品，加快推进农牧业向机械化、集约化、规模化、专业化、组织化方向发展。全力推进霍尔巴羊产业发展，加快建成集人工种草、牲畜繁育、活畜出口、短期育肥、产品加工、商品销售“六位一体”有机种养加业霍尔巴羊产业链。要抓特色。深度开发旅游市场，吸引自驾游、骑行游、徒步游等游客。加大职业技能培训，提升从业人员业务素质，提高接待服务水平。着力延伸旅游服务业链条，大力推进旅游服务业与伦布岗日神山、如角温泉等自然景观和“甲谐”非遗文化、“铁姑娘”发源地文化产业联动发展，打响“甲谐之乡、西部驿站”品牌。要抓统筹。坚持有所为有所不为，统筹推进其它产业发展。加快发展天然饮用水业，力争早日实现开发利用、投产增收；提质发展特色手工业，加快打造产业集聚平台，不断提高氆氇、羊毛被等特色产品集聚效应、经济效益；积极发展清洁能源业，最大限度地减少城乡群众对木柴、牛羊粪、草根等传统薪柴能源的依赖；大力发展南亚物流业，牢牢把握国家“一带一路”战略部署和吉隆跨境经济合作区建设机遇，巩固拓宽与尼泊尔边民互市贸易。

（五）坚决实施幸福珠峰战略。始终把人民利益摆在至高无上的地位，坚持人人尽责、人人享有，坚守底线、突出重点，坚持把主要精力、主要时间、主要资金、主要资源用于改善民生上，不断提高保障和改善民生水平，让改革发展成果更多更公平惠及各族群众，不断满足群众日益增长的美好生活需要。要打赢脱贫攻坚战。始终把脱贫攻坚作为重大政治工程、重大战略工程、重大基础工程、重大民生工程，按照“集中优势兵力，集中优势火力，坚决打赢脱贫攻坚战”的工作要求，坚持“十个突出”工作导向，立足“六个精准”，大力实施“九个一批”，结合各乡镇自身优势特长重点发展见效快效益好的“短平快”产业项目，“扶智”与“扶志”相结合，下大力气解决部分群众“蹲在墙根晒太阳、等着党委政府送小康”等内生动力不足问题，用绣花功夫全力做好深度乡、深度村、深度户、深度人的脱贫工作，确保468户、1540人如期脱贫。要加快边境建设。抢抓全区边境工作会议重大历史机遇，主动汇报沟通、积极争取支持，结合边境小康村建设，重点抓好路网、电网、互联网等基础设施建设，突出以人民为中心的发展思想，改善居住条件，解决饮水安全，改善和保护人居环境，大力发展教育文化、医疗卫生事业，提高社会保障水平，引导支持边民就近就地就业，着力增进边民福祉，让山这边与山那边形成强烈对比，坚决维护边境地区和谐稳定、民族团结。要改善民计民生。优先发展教育事业，改善办学条件，加强师资队伍建设，发挥教育组团式援藏优势，提升教育教学质量。落实创业就业扶持政策，重点援助“零就业”家庭、残疾人、刑满释放人员、“低保”家庭等重点对象就业创业，大规模开展职业技能培训，深化大学生（中职生）就业动态清零行动。加强医疗卫生基础设施建设，改善医疗设施，完善医疗体系建设，提高基层医疗卫生服务能力。完善城乡基本养老保险、医疗保险、生育保险等保险体系和城乡困难群体、优抚对象、弱势群体、残疾人和流浪儿童救助体系，加快构建覆盖城乡居民的社会保障体系。抓好最低生活保障，扩大城乡居民最低生活保障覆盖范围。

（六）坚决实施法治珠峰战略。坚持用法治思维和法治方式推动发展、化解矛盾、维护稳定，为建设和谐文明幸福美丽日喀则、建设“美丽萨嘎、幸福家园”提供有力法治保障。要增强法治观念。坚持党的领导、人民当家作主、依法治国有机统一，全面加强党的集中统一领导，支持人大、政府、政协和法院、检察院依法依章履行职能、开展工作、发挥作用。树牢法纪意识、恪守党员本分，大力推进“七五”普法工作，深入开展法治宣传教育，带头尊法学法守法用法，努力形成办事依法、遇事找法、解决问题用法、化解矛盾靠法的浓厚氛围。要提高法治水平。牢固树立稳定压倒一切思想，不断强化忧患意识和看家意识，强化边境管控，严格执行“两个一律”，严把“五个关口”，确保边境安宁。扎实开展平安萨嘎建设，重点抓好驻村驻寺、城镇网格化管理、先进双联户创评等工作，确保社会局势持续和谐稳定。强化社会面管控，抓好城镇人口服务管理，加强单位内保工作，加强社会治安巡逻，加强“护城河”检查。强化社会治安综合治理，提高社会治理化、法治化、智能化、专业化水平，维护公共安全。依法管理宗教事务，积极引导宗教与社会主义社会相适应。大力开展民族团结教育和民族团结进步创建活动，引导各族群众像糌粑和糍粑那样捏成团、聚成团、抱成团，营造全县各民族“共同团结进步、共同繁荣发展”浓厚氛围和良好环境。要打造法治信访。坚持重点问题要防、难点问题要盯、热点问题要疏、一般问题要复的原则，建立完善矛盾纠纷排查调处机制和信访联席会议制度，充分调动各部门参与信访、化解纠纷的积极性、主动性；全面落实信访工作“八化机制”，逐步推动信访工作制度化、规范化、法治化。

同志们，让我们更加紧密地团结在以习近平同志为核心的党中央周围、团结在党的核心周围，高举习近平新时代中国特色社会主义思想伟大旗帜，不忘初心、牢记使命、永远奋斗，为和全国全区全市一道夺取新时代中国特色社会主义伟大胜利不懈奋斗。

政府工作报告

——在萨嘎县十三届人大三次会议上

（2017年12月19日）

郭光成

各位代表：

现在，我代表县人民政府向大会报告工作，请予审议，并请县政协各位委员和其他列席人员提出意见。

一、2017年工作回顾

2017年，既是经济发展上的动能转换之年,也是生态环境上的系统治理之年,更是实现发展实效较好的一年。在区党委、政府，市委、市政府和县委的坚强领导下，在县人大、政协的监督支持下，在吉林省无私援助下，深入贯彻落实区、市的决策部署，紧扣市委“6677”总体工作思路，紧紧围绕年初既定目标，全力推动各项工作提速跨越，经济社会发展稳中加速、快中见好，社会大局安定和谐、持续稳定，民生事业明显进步、温暖人心，生态保护全面加强、成效显著，人民群众团结友爱、积极向上。

——经济发展持续健康。预计实现地区生产总值4.56亿元，同比增长27%，人均生产总值达到28834.5元，同比增长25.57%；地方一般公共预算收入达到2059万元（其中，税收收入820万元），同比增长45%；完成全社会固定资产投资8.39亿元，同比增长57.41%；社会消费品零售总额达到1.69亿元，同比增长36.93%；农村居民人均可支配收入达到8227元，同比增长23%，完成指标任务的102%；各项存款余额达到11.7亿元，金融贷款余额3.3亿元。

——基础设施不断完善。2017年，开复工项目127个（新建104个、续建23个），计划投资15.47亿元，目前完成社会投资8.39亿元，同比增长60个项目、3.01亿元。提前谋划萨嘎县并入藏中电网、县中学前期工作，重点推进县城供水（二期）工程、萨昌公路、G349线17道班至夏如乡公路、县城干部职工周转房、县城市政道路建设工程、加加镇、拉藏乡特色小城镇、易地扶贫搬迁民房建设等一大批涉及交通、水利、城镇基础设施等民生项目，加快推进农村公路、乡村幼儿园、整村推进、薄弱学校改造、小型农田水利设施建设、垃圾无害化处理设施场所标准化建设和加布村整村改造项目，实现了农牧区基础设施和县域经济快速发展。

——产业结构不断优化。三大产业分别达到0.79亿元、1.92亿元、1.85亿元，同比分别增长27%、55%、7%；国内生产总值占比为18：41：40，三产结构更趋合理。农牧业基础地位不断巩固，今年按照市“青稞增产行动”目标任务，推广青稞种植面积6000亩，其中推广青稞良种面积2448亩，实现粮食产量1347.74吨（顺利完成“青稞增产行动”每亩增长25公斤的任务）、油菜产量50.78吨、蔬菜产量298.84吨、青饲料产量144.5吨；牲畜存栏总数181164头（只、匹）、出栏64830头（只、匹）。第三产业显著提高，共接待过往游客7.8万人次，实现旅游总收入1209万元，同比增长30%；边境贸易平稳恢复，进出口总额实现9100多万元，同比增长19%。非公经济加快发展，市场主体发展到1184家，注册资金4.43亿元，从业人员4528人，同比分别增长15%、142%、23%。加快“霍尔巴羊”经济圈建设。投资5300万元，实施了有机种养加业霍尔巴羊基地建设、藏系绵羊短期育肥基地建设、人工种草项目及农产品质量安全监测站建设等项目，打造“企业+合作社+基地+农户”的养殖经营模式。

——灾后重建基本完成。紧紧盯住既定目标，强化人力、物力、财力保障，扎实推进灾后重建各项工作。灾后重建项目开工17个，项目总投资3.34亿元，已完成投资3.243亿元。其中民房重建724户（自筹4户），总投资1.09亿元，已全部搬迁入住；整村推进项目6个，总投资5151.49万元，完成率100%；建设加加镇、拉藏乡特色小城镇项目2个，总投资1.208亿元，完成投资1.121亿元，完成总工程量92.80%。

——脱贫攻坚扎实推进。抓好易地搬迁，合理规划迁入地配套设施及产业依托，完成551户、1873人的易地搬迁任务，努力实现搬迁户搬得出、稳得住、有事做、能致富。抓好生态补偿，通过多方争取，全县生态岗位达到4846个，其中具备劳动能力的建档立卡1834名生态岗位实现全覆盖，确保生态环境得到保护的同时实现贫困户增收致富，让贫困户感受到劳有所得，实现有尊严有幸福感的脱贫。抓好教育医疗。依托“圆梦助学基金”“健康扶贫”，采取提高贫困户医疗救助补贴标准、建立医疗救助基金等措施对92户、97人建档立卡贫困户实施医疗救助，解决10名贫困大学生和低保户大学生全额学杂费，落实477户、712人教育脱贫对象扶贫资金25.81万元，从根本上解决贫困学生家庭后顾之忧，从源头上杜绝因病致贫、因病返贫。抓好转移就业，全力争取更多扶贫资金、扶贫项目，积极组织贫困户就近参与工程项目建设，增加劳务收入。加大技能培训和资金扶持力度，充分发挥县域区位优势，大力发展特色旅游服务业、有机种养加业等第三产业，鼓励贫困户进城务工、经商，实现“不离乡不离土”就近就业创业。抓好多方帮扶，加大结对帮扶力度，在送温暖、送政策、送技术同时，从思想上筑牢脱贫致富意识，树立以贫困为耻、以致富为荣思想观念。

——公共服务全面提高。始终坚持以人民为中心的发展理念，谋民生之利、办民生之事、解民生之忧，坚持把主要精力、主要时间、主要资金、主要资源用于改善民生上，不断满足人民日益增长的美好生活需要，使广大农牧民群众拥有更好的教育、更稳定的工作、更满意的收入、更可靠的社会保障、更高水平的医疗卫生服务、更舒适的居住条件、更优美的环境、更丰富的精神文化生活。投入培训资金123.9万元，开展劳务技能培训460人次，实现劳务输出8511人次，创收2354.2万元；完成15559名城乡居民、干部职工的电子信息录入登记工作，完成率达100%；对53名未就业的大学生（中职生）进行结对帮扶，实施就业动态清零目标。累计为25户33人城镇低保对象，发放低保金27.56万元；为488户1670人农村低保对象，发放低保金350.42万元；为98个“五保”对象，发放五保资金48.41万元；城乡医疗救助1156人次，累计支出救助资金50万元。不断增加参合人数，参合率达99.1%；重点做好全民健康体检、重大疾病筛查，把全民健康体检与包虫病、先心病筛查、孕前健康检查等同步开展，共筛查12359人，检查出包虫病阳性188例并实施药物治疗93例、手术治疗95例，住院分娩率达98%。本级财政配套教育资金达到26%，同比提高4%，经费预算达369.2万元，改善办学条件资金单列预算120万元，援藏资金预算投入910.88万元，调整临时工工资及中职毕业生学前教育岗位工资，分别从1400元提升到2000元、3000元；大力表彰优秀毕业生、优秀教师、优秀班主任和优秀教育工作者；投入教育项目资金9277万元，完成投资3515万元，实施了新建教学楼、9所乡村级幼儿园、薄弱学校改造等基础设施建设，小学、初中巩固率分别达到98.05%、96.13%，学前教育入园率、中考升学率分别达到42.22%、68%，教育教学质量明显提高。持续加强文化基础设施建设，县城数字电视、数字影院投入使用，积极开展文化下乡活动，深挖“甲谐”“铁姑娘”文化内涵，扎实做好文物保护，成功申报达吉岭寺和布扎寺为自治区级文物保护单位，实现全县38个行政村、3561户的“户户通”直播卫星全覆盖，9座寺庙的“舍舍通”全覆盖，广播和电视覆盖率分别达到99.7%和99.8%。

——生态屏障深入构建。坚决贯彻落实习近平总书记关于第二次青藏高原综合科考和那曲依靠科技种树的重要指示精神，实行最严格的生态环境制度，坚定不移推进绿色发展，以迎接中央环保督察为契机，着力打造绿色家园，为建设美丽萨嘎注入生机和活力。坚守生态环保底线，严格项目准入，严把生态环境关、产业政策关、资源消耗关，严格落实“环保第一审批权”，切实加大环境保护督查力度。积极创建自治区级生态村，及时监测生态村环境质量。全面推行河长制，打好治水攻坚战。完成雅鲁藏布江源头国家级生态功能保护区（二期）建设工程、完成加加镇自来水厂集中饮用水源保护区保护项目和饮用水源点环境保护工程项目。认真开展县城自来水厂、雅江县城段水质及县城空气监测工作，全面做好42项问题整改和“回头看”，实现环境督察零举报，切实改善县城环境，提升县城形象。加强公益林管护、森林防火与病虫害防治，兑现2016年-2017年草原生态保护补助奖励机制资金5993.28万元、2016年-2017年森林生态效益补偿资金1129.78万元。大力实施封山育林、防沙治沙等项目，全县植树造林207.8亩、封山育林2000亩。

——社会治理不断创新。牢牢把握西藏社会的特殊矛盾，坚持国家利益至上，坚决贯彻落实习近平总书记“治国必治边、治边先稳藏”的重要战略思想和中央第六次西藏工作座谈会精神，围绕维护祖国统一、加强民族团结这个着眼点和着力点，以人民安全为宗旨、以政治安全为根本，认真落实维稳“十项措施”，积极创建民族团结“十个一”“十个结合”活动，完善“平安萨嘎”社会视频监控系统和便民警务站管理，切实维护边境安全，推动社会治理由“要我稳定”向

"我要稳定"转变。全面推进依法治县各项工作，加强对法治政府建设的领导，制定出台《萨嘎县关于贯彻落实〈法治政府建设实施纲要（2017–2020年）〉的实施方案》，做到保证执法、支持司法、带头守法、信仰宪法、敬畏法律，确保各项工作在宪法和法律框架内规范运行。正确履行行政职能，扎实推进行政体制改革和管理创新，深化简政放权工作，调整政府权责清单，稳步实施政府机构改革，新设1个单位，合并2个部门，实现部门职能规范化。重点对危害食品药品安全、影响安全生产、损害生态环境、扰乱建设领域秩序等问题依法治理，强化法律在维护群众权益、化解社会矛盾中的权威地位。依法严厉打击一切损害人民利益、扰乱社会秩序的违法犯罪行为，依法处理民族宗教问题，健全完善寺庙管理长效机制，教育引导各族干部群众自觉与十四世达赖集团划清界限，严密防范和依法打击十四世达赖集团各种分裂渗透干扰破坏活动。深入开展双拥共建活动，军政军民团结进一步加强。人口和计划生育、审计、监察、统计、消防、民防、保密等工作取得新成效，青年、妇女儿童、科普、老龄、残疾人、气象、地震、地勘、档案等事业取得新进步。自觉接受各种监督，全年共办理人大议案和建议意见202件，政协提案75件。

各位代表！回顾过去一年的工作，我们深切感受到，与往年相比，发展形势更为严峻，发展环境更为复杂，成绩来得更为不易。这是以习近平同志为核心的党中央坚强领导的结果，是区党委政府、市委市政府以及县委科学决策的结果，是县人大、政协和社会各界监督支持的结果，是对口支援单位大力支持的结果，是全县各族人民齐心协力、奋力拼搏的结果。在此，我代表县人民政府，向付出辛勤劳动的全县各族干部群众，向对口支援单位，表示诚挚的感谢！向给予政府工作大力支持的人大代表、政协委员和退休干部职工，驻萨嘎人民解放军、武警官兵、政法干警，致以崇高的敬意！

各位代表！在充分肯定成绩的同时，我们也清醒地看到全县经济社会发展中仍然存在不少矛盾和问题：一是发展不平衡不充分的问题长期存在，城乡统筹发展缓慢，城镇化率较低，基础设施承载能力不足，交通、水利、能源、环保等基础设施落后，现有"水电路讯网、教科文卫保"远不能满足群众生产生活需求。二是总体经济实力较弱，财源匮乏、财政增收乏力，自我积累、自我发展能力弱，经济发展方式粗放，缺乏资源能源，产业结构单一，可持续发展能力严重不足，一产水平不高、二产规模太小、三产经营分散，地方财政贡献率低。三是脱贫攻坚形式还十分严峻，我县贫困面广，贫困程度较深，农牧民思想固化严重，更新观念难度大，资源禀赋差，产业发展基础薄弱，产业回报时限长，产业自我发展和招商引资能力不足，推进精准扶贫、打赢脱贫攻坚战任务十分艰巨。四是干部职工弯道超车、争先进位内力还不足，部分干部对新时代、新形势、新标准、新要求还不适应、不自觉、跟不上，存在不愿为、不敢为、不会为现象。针对这些矛盾和问题，我们要进一步增强忧患意识和担当精神，不回避，不懈怠，下更大力气推进解决。

二、2018年政府工作总体要求和目标任务

2018年是全面贯彻落实党的十九大精神的开启之年，是决胜全面建成小康社会的关键一年，是坚决打赢脱贫攻坚战的重要一年，我们工作的指导思想是：高举中国特色社会主义伟大旗帜，以习近平新时代中国特色社会主义思想为指导，深入贯彻落实党的十九大和中央第六次西藏工作座谈会精神，贯彻落实习近平总书记治边稳藏重要战略思想，贯彻落实自治区党委九届三次全会和市委一届八次全会精神，坚持“五位一体”总体布局和“四个全面”战略布局，坚持新发展理念，正确处理“十三对”关系，紧紧抓住发展、稳定、生态三件大事，大力弘扬“珠峰精神”，深入实施自治区“663”和市委“6677”发展战略，紧紧围绕决胜全面建成小康社会这一总目标，突出精准扶贫和小康村建设两个关键，统筹抓好发展、稳定、生态三件大事，精心组织实施脱贫攻坚、产业发展、项目拉动、金融撬动、补齐短板、依法治县、生态文明建设七大战略，努力建设和谐文明幸福美丽萨嘎。

奋斗目标是：确保地区生产总值同比增长16%，达到5.29亿元，地方一般公共预算收入增长45%，达到2985万元，全社会固定资产投资增长50%，达到12.58亿元，社会消费品零售总额增长25%，达到2.11亿元，农牧民人均可支配收入增长20%，达到9883元，城镇登记失业率控制在2.5%以内（以上经济社会发展指标待《日喀则市经济社会发展目标责任书》下达后及时进行调整），基础设施条件明显改善，人民生活水平不断提升，生态文明建设取得更大成效，特色文化得到更好保护传承，民族团结巩固发展，社会局势和谐稳定，边境一线更加稳固。

各位代表！实现上述目标，我们必须秉持正确的发展理念、发展战略和发展路径，在稳步推进的前提下奋发有为，努力推进萨嘎各项事业再上新台阶。

（一）牢牢把握投资这个基础，牢固树立创新发展理念，加快推进经济总量提升

突出质量效益，提高项目建设水平。立足我县投资拉动型经济实际，牢固树立抓项目就是抓发展、抓大项目就是抓大发展的思想，始终坚持规划引领抓项目、无中生有抓项目、突出特色抓项目、千方百计抓项目、竭尽全力抓项目，紧紧围绕交通、能源、水利等重大基础设施改善这一目标，扭住项目建设这个“牛鼻子”，按照“续建项目抓投产、在建项目抓进度、开工项目抓保障、前期项目抓落地”的要求，超前做好项目前期工作，切实做到“项目找资金”。加大项目全程精细化管理，努力实现“储备一批、开工一批、投产一批”的良性循环，力争2018年全社会固定资产投资突破十二亿元大关。把握加快建设“西部驿站”有利契机，抓住深度贫困县“十项提升”工程与边境小康村建设机遇，争取更多计划外项目，集中财力实施一批自筹项目，加快推进萨嘎县并入藏中电网进程、萨昌公路（雄如乡至昌果乡公路）和G349线17道班至夏如乡公路、农村人饮与乡村防洪堤建设，切实加大与区、市、援藏省市协调衔接力度，力争2018年建设完成拓展区大桥、物流中心、县城供暖供氧、市政道路规划建设、县城污水处理厂、草场灌溉、乡村公路通畅等一批重点项目，加紧建设一批事关群众切身利益的民生项目。进一步优化项目建设环境，加强项目后续管理，确保项目发挥最大效益。

撬动社会资本，为经济发展添动力。贯彻新发展理念，加快思想转变，全力调动社会资本投入，切实加大招商引资力度，落实招商引资优惠政策，创新以商招商、活动招

商、中介招商、代理招商、网络招商、援藏招商等灵活多样的招商方式，以资源换资金，以开放促开发，以让利推发展，着力形成引进一个大项目、解决一批群众就业、形成产业集群的良好格局。抢抓日喀则市鼓励招商引资时机，大力发展飞地经济，积极融入日喀则市产业园区建设，确保抢占一席之地。立足自身优势和发展实际，大力推进清洁能源产业发展，缓解能源瓶颈制约。

破除体制障碍，促进市场消费。坚持市场主导，尊重市场规律，围绕经济结构优化、支柱产业换挡、增长方式转变，加快推进供给侧结构改革，着力破除体制机制障碍，调整盘活国有资产，积极推进粮食公司、农电公司等国有企业改革，拓宽村集体经济，促进非公有制经济健康快速发展，加大对涉农、中小微企业以及重点工程建设项目的信贷投放力度，继续落实扶贫贴息贷款政策，认真落实强农惠农富农政策，落实好草原生态保护补助奖励机制、边民补助补贴机制、生态岗位补贴等政策措施，切实提高农牧民现金收入，稳步增加城乡居民可支配收入，努力提高困难群众基本收入，增强社会购买力，切实履行好政府调控责任，确保国民经济平稳发展，加大市场调控、监管和规范力度，严肃查处价格欺诈、哄抬价格行为，进一步规范市场秩序，创造良好的消费环境。

（二）牢牢把握产业这个核心，牢固树立协调发展理念，加快推进市场驱动创新

激活优势资源，推进农牧业转型。紧紧围绕“草”“畜”做文章，扎实做好良种推广，全面推进土地确权登记颁证工作，加快畜种改良步伐，改善农牧业生产基础条件。积极发展品质优良、特色明显、附加值高的优势农畜产品，因地制宜抓好牧业综合开发专项的试点辐射工作。加快推进农牧业向机械化、集约化、规模化、专业化、组织化方向发展。突破资金资源瓶颈、突破思想理念藩篱，坚持宜农则农、宜牧则牧、宜工则工、宜商则商、宜游则游，不搞大水漫灌、遍地开花，不搞“大而全、小而散”，全力推进霍尔巴羊产业发展，并将灾后重建、易地扶贫搬迁和边境小康村建设与产业布局有机结合起来，让广大群众不离乡不离土就近就便创业就业。大力推进“双十万”工程，力争2018年人工种草面积实现28800亩，全面建成集人工种草、牲畜繁育、活畜出口、短期育肥、产品加工、商品销售“六位一体”有机种养加业霍尔巴羊产业链，实现养殖规模达5000只、年销售3万只，到2020年全县霍尔巴羊养殖规模达到10万只，人工种草面积达到10万亩。

深度开发旅游市场，巩固和提升文化旅游业。围绕全区建立“重要的世界旅游目的地”和日喀则发展全域旅游目标，建设和规范农牧民家庭旅馆，搞活特色民族服务业，努力吸引自驾游、骑行游、徒步游等旅客驻足消费；加大职业技能培训，提升从业人员的业务素质，努力提高接待服务能力和水平。着力延伸旅游服务业链条，大力推进旅游服务业与伦布岗日神山、如角温泉等自然景观和“甲谐”非遗文化、“铁姑娘”发源地文化产业联动发展，打响“甲谐之乡、西部驿站”品牌，打造“观雅江、赏甲谐、品羊肉、宿驿站”文化旅游发展格局，力争2018年实现接待国内外游客10万人次以上，实现旅游收入1500万元以上。

借助区域特色资源，统筹发展其他优势产业。立足县域实际，坚持有所为有所不

为，统筹推进七大产业。做好拉藏乡、达吉岭乡流量大、交通位置便利、能源条件好、具有开发价值的2处泉水开发利用，及时列入招商引资项目，力争早日实现开发利用、投产增收。扩大雄如乡羊毛加工厂、夏如乡拉亚村编织合作社、如角乡擦让村妇女编织合作社、达吉岭乡氆氇编织合作社等现有民族手工业合作社规模，建设集产品展示展销大厅、手工艺加工厂房、民族手工业培训基地为一体的民族手工业产业基地。做强清洁能源业，深挖自身能源优势，大力发展沼气池、太阳能温室等产业，最大限度减少城乡群众对木柴、牛羊粪等传统薪柴能源依赖，走出一条符合我县实际的薪柴替代路子。牢牢把握国家“一带一路”战略部署和吉隆跨境经济合作区建设，立足我县区位优势，做大南亚物流业，大力开展与尼泊尔边民互市贸易，积极推进土巴荣边贸市场和通边道路建设，促使成为吉隆口岸的贸易补充。转变经营模式，改善基础设施，丰富交易品种，促进双边、区域开放合作，扩大进出口额，力争2018年外贸进出口总额达到9500万元以上。

（三）牢牢把握转型这个关键，牢固树立开放发展理念，加快推进功能升级转型

抓支援，促发展。全面调动援藏干部加快融入、参与建设的积极性，立足支援单位优质资源优势，充分发挥援藏干部先进的工作理念、管理经验和干事创业激情。加大援藏资金、项目的争取和落实力度，用活用好援藏资金，实施好加布村改造工程，推进基层组织及政权建设项目，完成县完小塑胶运动场、达琼村村级幼儿园建设项目，鼓励援藏干部吸引家乡企业落户日喀则、谋利萨嘎人民。

推改革，焕活力。坚持既抓重要领域、重要任务，又抓关键主体、关键环节。深化农牧区综合改革，深入落实草场承包经营责任制，探索农牧区耕地草场流转制度，深化农村宅基地制度，推进治理体系和治理能力现代化。严格落实行政审批制度，继续简政放权，推进政企、政资、政社分开，优化环境、高效服务、维护公平正义，实施权责清单、市场准入负面清单管理制度，推广政府和社会资本合作模式（PPP），不断释放经济发展活力。深化经济体制改革，全面落实非公有制经济发展的各项优惠政策，加大涉农资金整合力度，发挥政府产业引导资金的导向作用，鼓励更多的民营资本投入交通、市政、教育、卫生等领域和新兴产业。加强与援藏省市的经济技术合作交流，努力构建全方位、深层次、宽领域的对外开放新格局。

（四）牢牢把握生态这个主线，牢固树立绿色发展理念，加快推进美丽萨嘎建设

加强源头防控，优化生态环境。坚决贯彻习近平总书记“加快生态文明体制改革，建设美丽中国”的重要指示，牢固树立保护生态环境就是保护生产力、改善生态环境就是发展生产力、绿水青山就是金山银山、冰天雪地也是金山银山的理念，坚守生态保护底线。认真贯彻“大气十条”“水十条”“土十条”，严格落实“河长制”“湖长制”，全力保护好江河、草原、湿地、水生态等各类生态空间，坚决打好打赢大气、水、土壤污染防治“三大战役”。做好600万亩草原鼠害治理工程和天然草原退牧还草工程，开展人工种草及饲草基地建设，加大草场灌溉建设力度。加强采石、采砂项目审批和管理，开展防沙治沙植树造林工程，力争2018年全县造林面积覆盖率达到10%以上。实施雅江

流域、多雄藏布流域、查西藏布流域综合治理水土保持项目，完成县城及乡镇冲砂沟治理工程。积极争取自治区级生态村创建工作，落实好森林生态效益补偿资金和野生动物肇事补偿资金。加强水文、灾害、环境、农牧业、旅游地质勘查和重大建设项目工程地质等基础性、公益性地质工作，提高环境监测能力，规范环境影响评价机构管理，坚决摒弃以牺牲生态环境换取一时经济增长的做法，确保萨嘎青山常在、绿水长流、空气常新。

改善基础设施，完善公共服务。按照“逐步改造旧城，加快建设拓展区，全面加强管理，打造精品驿站”思路，牢牢抓住国家“一带一路”战略布局和我县作为吉隆口岸仓储物流最大补充的有利机遇，加快推进拓展区建设，进一步抓好县城道路、供水、排污、绿化、美化、亮化、净化、休闲等市政公共设施建设，将县城建设成一个规划科学、设施完善、功能齐全、人居环境优美，集“吃住行游购娱”为一体的精品旅游服务驿站。

乘势而上，加快推进边境小康村建设。坚持屯兵与安民并举、固边与兴边并重，大力实施强基固边、民生安边、产业兴边、开放睦边、生态护边、团结稳边“六大工程”，加大基础设施投入，加快“水电路讯网、教科文卫保”等基础设施建设，合理安排产业布局，培育特色经济，力争到2020年我县3个边境乡的15个行政村基本实现“八、九、十”，建设成为设施完善、产业兴旺 、生态良好、环境优美、魅力独特的宜居宜业宜游边境小康村。确保2018年圆满完成昌果、日拉、亚卡亚、古郁、卓巴布、孜康、溪果、亚曲、久嘎、玛奇等10个边境小康村建设目标，让山这边与山那边形成强烈对比，不断增强边民作为中国人的自豪感，教育引导边民像格桑花一样扎根在雪域边陲，争做神圣国土的守护者、幸福家园的建设者。

（五）牢牢把握精准这个目标，牢固树立共享发展理念，加快推进社会事业发展

精准发力，持续实施脱贫攻坚。始终把脱贫攻坚作为重大政治工程、重大战略工程、重大基础工程、重大民生工程，按照“集中优势兵力，集中优势火力，坚决打赢脱贫攻坚战”的工作要求，紧紧围绕“六个精准”，扎实推进“九个一批”脱贫攻坚行动计划，在集力量、促联动、强保障上下功夫，在抓重点、破难点、补短板上求实效，确保2018年完成468户 、1540人的年度脱贫任务。加大易地搬迁基础设施投入力度，确保2018年完成17个易地扶贫搬迁安置点基础设施建设任务；进一步合理规划迁入地配套设施及产业依托，确保贫困群众搬得出、稳得住、有事做、能致富。在贫困群众中深入开展“十荣十不准”活动及“3211”结对帮扶行动，全方位帮助贫困群众脱贫。坚持因人因地、定岗定员、定责定酬，合理合规安排生态补偿岗位，完善岗位职责，确保作用发挥，切实增加贫困群众政策性收入，让贫困群众吃上脱贫“生态饭”。

精准施策，继续巩固灾后重建。紧紧围绕“两年基本完成、三年整体跨越、五年同步小康”的定位要求和“大干两年、三年见效、建设一个美丽萨嘎”的重建目标，加快推进加加镇、拉藏乡2个特色小城镇、达琼村等6个整村推进项目，同步实施蔬菜温室大棚、公共服务、重点产业、基层政权灾后重建项目。同时，严把灾后重建项目质量关，扎实推进重建点硬化、亮化、净化、美

化等基础设施配套工程，确保基础设施配套到位、公共服务健全完善。

精准投入，始终发展社会事业。优先发展教育事业，深化薄弱学科攻坚工程，推进全面改薄工作和义务教育均衡发展，努力实现“五个100%”目标；完成如角乡完小薄弱学校改造和3个村幼儿园建设项目，实施县中学新建项目；不断改善办学条件，加强师资队伍建设，充分发挥教育组团式援藏优势，着力提升教育教学质量，逐步落实适度集中到县城就读目标。积极推进大众创业、万众创新，千方百计扩大就业，大规模开展职业技能培训，大力开展大学生（中职生）就业动态清零行动，努力促进充分就业。坚决贯彻习近平总书记“坚定文化自信，推动社会主义文化繁荣兴盛”的重要指示，大力实施文化惠民工程，加大文化产业发展，加强文化文物保护力度，努力提升公共文化服务水平。落实推进健康日喀则工程，加强医疗卫生基础设施建设，着力改善医疗设施，完善医疗体系建设，提高基层医疗卫生服务能力，深入开展包虫病、结核病等传染病和地方病防治，不断提高人民健康水平。加强国防动员、民兵预备役工作，再创“双拥模范县”。

精准救助，切实加强民生保障。坚决贯彻习近平总书记“带领人民创造美好生活，是我们党矢志不渝的奋斗目标”的重要指示，始终把人民利益摆在至高无上的地位，落实创业就业扶持政策，重点援助“零就业”家庭、残疾人、刑满释放人员、“低保”家庭等重点对象的就业。加强就业再就业的技能培训，力争2018年实现劳务输出9500人次，劳务收入突破3000万元。进一步完善城乡基本养老保险、医疗保险、生育保险等保险体系，力争各险种参保率均达到100%。加快构建覆盖城乡居民的社会保障体系，深入落实劳动合同制度，提高农民工、城乡居民、非公有制经济组织及其从业人员参保率。抓好最低生活保障工作，扩大城乡居民最低生活保障范围，抓好“双集中”供养工作。落实好社会救助措施，完善城乡困难群体、优抚对象、弱势群体、残疾人和流浪儿童的社会救助体系，提高社会保障水平。完成县直周转房、非住宅用房维修加固，不断健全保障性住房体系，争取2018年建设完成县乡廉租房和公租房600套、干部职工周转房681套。扎实推进乡镇“八有”工程，切实改善干部职工工作生活条件，让改革发展成果更多更公平惠及各族群众，不断满足人民日益增长的美好生活需要。

（六）牢牢把握稳定这个前提，牢固树立底线思维，加快推进法治萨嘎建设

创新社会治理，保障人民安居乐业。牢固树立稳定压倒一切的思想，不断强化忧患意识和看家意识，强化边境管控，严格执行“两个一律”，严把“五个关口”，确保边境安宁。扎实开展平安萨嘎建设，重点抓好驻村驻寺、城镇网格化管理、先进双联户创评等工作，确保社会局势持续和谐稳定。强化社会面管控，抓好城镇人口服务管理，加强单位内保工作，加强社会治安巡逻，加强“护城河”检查。强化社会治安综合治理，抓好互联网、手机等媒体管理，提高社会治理化、法治化、智能化、专业化水平，维护公共安全。依法管理宗教事务，着力淡化宗教消极影响，积极引导宗教与社会主义社会相适应。大力开展民族团结教育和民族团结进步创建活动，努力创建民族团结示范县，引导各族群众像糌粑和糍粑那样捏成团、聚

成团、抱成团，努力营造全县各民族“共同团结进步、共同繁荣发展”浓厚氛围和良好环境。

狠抓责任落实，筑牢安全生产防线。牢固树立“底线”思维和“红线”意识，坚持“党政同责、一岗双责、齐抓共管、失职追责”，坚持专业查隐患、政府抓督查、部门抓监管、行业抓落实，对安全隐患“零容忍”，扎实做好生产经营领域、道路交通领域、工程建设领域、农畜产品质量安全和食品药品安全监管，重点整治道路交通、油站气站、消防等领域安全秩序，坚决遏制重特大安全事故。完善各领域应急预案，广泛开展群众性和专业队伍应急演练。

加强信访工作，切实做好信访维稳。坚持重点问题要防、难点问题要盯、热点问题要疏、一般问题要复的原则，建立完善矛盾纠纷排查调处机制和信访联席会议制度，充分调动各部门参与信访、化解纠纷的积极性、主动性；全面落实信访工作“八化”机制，逐步推动信访工作制度化、规范化、法治化。

三、全面加强政府自身建设

（一）努力建设学习型政府。始终把坚定理想信念作为政府思想建设的首要任务，进一步筑牢信仰之“基”、补足精神之“钙”，挺起共产党人的精神脊梁，守住共产党人的精神家园。严格落实政府党组学习制度，持续推进“两学一做”学习教育常态化制度化，深入学习宣传党的十九大精神，把坚定看齐追随的政治态度和政治责任摆在重要位置。按照习近平总书记“学懂、弄通、做实”指示要求，积极筹备开展“不忘初心、牢记使命”主题教育，精心筹划部署，强势强力推进，确保在统一思想，凝聚力量上取得实效，用党的创新理论特别是习近平新时代中国特色社会主义思想武装头脑、指导实践、推动工作。

（二）努力建设法治型政府。依法全面履行政府职能，推进科学民主决策，加强规范性文件管控，严格规范公正文明执法。坚持党的领导、人民当家作主、依法治县有机统一，自觉接受县人大及其常委会工作监督、法律监督和县政协民主监督，主动接受司法监督、舆论监督和社会监督，以及审计监督。坚持法治萨嘎、法治政府、法治社会一体建设，大力推进“七五”普法工作，深入开展法治宣传教育，努力形成办事依法、遇事找法、解决问题用法、化解矛盾靠法的浓厚氛围，实现严格执法、公正司法、全民守法的依法治县新格局。

（三）努力建设服务型政府。深入践行“两学一做”“三严三实”和党的群众路线教育，切实增强政治意识、大局意识、核心意识、看齐意识，加强作风和能力建设，优化经济社会发展环境。以“四讲四爱”主题教育实践活动、“深化五项教育、增进五个意识”主题活动感召群众，把市场主体满意、人民群众满意作为服务的最高标准，把服务市场主体、服务人民群众作为履职的根本责任，把安商、稳商、富商和便民、利民、惠民作为工作的第一要求，做到服务高效、工作快捷，形成诚心诚意办实事、尽心竭力解难事、坚持不懈做好事的良好风气。

（四）努力建设廉洁型政府。严格落实《中国共产党廉洁自律准则》《中国共产党纪律处分条例》，加大惩腐力度，坚持重遏制、强高压、长震慑，坚持无禁区、全覆盖、零容忍。强化作风建设，始终保持党同人民群众的血肉联系，真正做到凡是群众反映强烈的问题都要严肃认真对待，凡是损害群众利益的行为都要坚决纠正；严格执行中央八项规定实施细则，贯彻落实自治区“约法十章”“九项要求”和市委《党员干部百项行为严禁规定》。强化纪律建设，切实让政治纪律、组织纪律、廉洁纪律、群众纪律、工作纪律、生活纪律立起来、挺起来、严起来，让党员、干部习惯在受监督和约束的环境中工作生活。强化监督管理，加强对重点领域、重点工程和关键环节的监督管理，切实规范权力行使，着力从源头上预防和治理腐败；坚持严格要求、严格规范、严格管理，确保守住底线、不越红线、不触高压线，进一步树立政府良好形象，不断增强政府公信力；健全完善工作督办落实和效能问责机制，增强工作紧迫感和危机意识，强力推动各项工作落实。

各位代表，旗帜就是方向，使命引领未来，新征程任重道远，新目标催人奋进。让我们更加紧密地团结在以习近平同志为核心的党中央周围、团结在党的核心周围，高举习近平新时代中国特色社会主义思想伟大旗帜，在市委、市政府和县委的坚强领导下，不忘初心、牢记使命，放下架子、铺下身子，撸起袖子、甩开膀子，为早日建成和谐文明幸福美丽萨嘎而不懈努力！

大事记

1月

3日　加加养护段举办养护技能和机械操作培训班。

4日　县总工会驻擦让村工作队开展中共十八届六中全会、自治区第九次党代会精神系列宣讲活动。

7日　市人大常委会副主任辛春弟到加加镇督导检查维稳工作开展情况。

10日　县公安局开展“110宣传日”宣传活动；县委宣传部开展“日喀则市容和环境卫生管理条例”宣传活动。

11日　“西部驿站”建设新闻发布会在日喀则市举行。

12日　县强基办组织巡回检查组深入各驻村点检查指导驻村工作。

14日　如角乡纪委对惠民资金落实情况进行大检查。

16日　县公安局召开2016年度公安工作总结表彰大会；县强基办深入各驻村点对第六批驻村工作队进行“三大节日”前慰问。

21日—26日　县委宣传部、县文广局组织县民间艺术团开展“迎新春送文艺”主题慰问演出。

22日　县安全生产监督管理局联合有关单位对全县烟花爆竹销售点进行安全检查。

24日　县总工会对劳动模范及企业困难职工进行“三大节日”慰问；县普法办组织各普法成员单位和乡镇，开展法治安全宣传教育活动。

2月

6日　县交通局组织安排冬季公路抢险保通工作，加大病害危险路段和桥涵排查力度。

8日　团市委副书记巴顿一行到加加镇开展精准扶贫慰问工作；召开全县2017年第1次安全生产专题会议。

10日　县公安局组织民警深入辖区开展“深化五项教育、增进五个意识”宣传教育活动。

13日—14日　开展节前文化市场大检查。

14日　县人民法院组织开展法制宣传教育活动。

15日　县强基办深入各村检查悬挂国旗和领袖像情况。

20日　县法院成功审理一起盗窃案。

21日　县委书记顿珠主持召开迎接中央环境保护督察工作部署会议。

22日　县环境保护督察工作领导小组召开环境保护综合督察专项安排部署会议。

23日　县人大常委会班子成员赴各乡镇督察环境保护工作开展情况。

24日　县法院驻村工作队为群众成功追讨拖欠工资；县公安局加加镇派出所组织民警对辖区乡村道路和219国道沿线进行道路交通安全隐患排查专项整治；各驻村工作队组织开展建筑垃圾、生活垃圾等各类垃圾大扫除活动。

3月

1日　加加养护段组织人员对部分公路桥梁进行看守并加强公路日常巡查。

1日—4日　“白色污染”专项整治行动全面启动。

2日　县水利局、环保局、国土局等相关单位牵头，对县域内所有采砂场进行专项整治。

3日　市政协副主席边巴到萨嘎县督导检查环境保护及维稳工作开展情况。

4日　县公安局1号便民警务站对辖区液化气站进行消防安全隐患大检查。

5日　县妇联组织“巾帼志愿者”开展形式多样学雷锋活动；团县委以“青春演绎奉献、志愿传递和谐”为主题，组织青年志愿者开展“六城共建”环境卫生整治大扫除活动。

6日　县财政局对乡镇财务会计U8系统进行统一培训；县妇联组织召开庆祝“三八”国际劳动妇女节第107周年座谈会并与各乡镇签订2017年萨嘎县妇女联合会工作目标管理责任书；县司法局深入乡镇开展矛盾纠纷大排查，发现2起、调处2起；县妇联组织巾帼志愿者以“学雷锋、促巾帼”为主题在县中小学为280名学生进行理发。

7日　县妇联牵头组织开展以“巾帼心向党、喜迎十九大”为主题的“三八”维权法治宣传活动；县总工会组织开展女职工权益保护法律法规知识宣传活动。

8日　县公安局组织开展“3·8”妇女节暨“五五”法制宣传活动；县妇联组织妇女干部开展趣味性互动活动；县住建局慰问环卫队妇女职工。

9日　市政协副主席边巴一行到加加镇检查指导工作。

10日　县水利局开展县域河流普查；县司法局逐一上门走访刑满释放人员；团县委组织青年志愿者开展“弘扬雷锋精神你我传递·魅力萨嘎从我做起”签名活动；县司法局逐一上门走访我县刑满释放人员，开展慰问、交心谈心活动。

11日　雄如乡深入各村开展抗灾救助工作。

13日　县司法局带领工作人员深入拉藏乡久嘎村，对社区服刑人员次某进行摸底调查。

14日　县人社局、市交警支队考检科及达热瓦驾校等联合承办的农牧民汽车驾驶技能考试在昌果乡举行。

15日　县委书记顿珠主持召开2017年脱贫攻坚指挥部第一次会议；如角乡组织巾帼志愿者开展走访慰问单身母亲活动；团县委开展全国第54个学雷锋纪念日活动；县委副书记、政府县长郭光成主持召开迎接中央环境保护督察和做好环境保护工作专题会议。

17日 县藏语委办逐一对全县38个行政村山川地名进行核实。

19日 县教育局组织工作人员对全县各学校2017年春季开学情况进行检查。

20日 自治区人大常委会副主任维色一行到我县调研指导人大工作；如角乡开展安全隐患排查专项行动；县法律援助中心成功办理一起拖欠民工工资案件。

21日 县商务局召开光伏电站项目反馈意见推进会。

23—26日 县第十三届人民代表大会第二次会议、政协第二届萨嘎县委员会第二次会议成功召开。

24日 县级人大代表培训班开班。

25日 县环保局对环境保护系列文件进行专题学习。

27日 召开九届纪委第二次全会、“四讲四爱”主题教育实践活动专题研讨会。

28日 县人大召开“西藏百万农奴解放纪念日”座谈会；各乡镇开展庆祝西藏百万农奴解放五十八周年文体活动；县直各单位开展庆祝“3·28”百万农奴解放纪念日法治宣传活动；县委书记顿珠主持召开“四讲四爱”主题教育实践活动动员部署会；县文广局赴7乡1镇开展送文艺下乡演出；各驻村工作队组织开展形式多样、丰富多彩纪念活动。

29日 召开全县2016年脱贫攻坚表彰大会暨2017年工作安排部署会；市民政局局长吉律一行到萨嘎县检查指导防抗灾工作开展情况。

29日—30日 各乡镇、驻村工作队相继召开“四讲四爱”主题教育实践活动动员部署会。

31日 举行贫困户运输合作社产业项目签约仪式；市政协副主席边巴一行到萨嘎县检查迎接中央环境保护督察问题整改落实情况。

4月

1日 县安委会召开第二次安全生产专题会；昌果乡召开村“两委”换届工作安排部署会；县公安局召开2017年度公安工作安排部署会。

2日 县“四讲四爱”活动办召开第2次会议，专题研讨各专项小组工作方案。

2日—3日 县“四讲四爱”活动办宣讲组深入各乡镇开展“四讲四爱”主题教育实践活动巡回宣讲。

6日 如角乡召开2017年度党风廉政建设与反腐败工作安排部署会。

6日—7日 各乡镇相继召开第十四届人民代表大会第二次会议。

8日—9日 县“四讲四爱”活动办深入各乡镇和部分行政村检查指导“四讲四爱”主题教育实践活动开展情况。

9日 第一届“国税杯”足球赛开赛。

10日 召开全县义务植树动员部署会；县住建局对各施工单位进行安全生产宣传。

11日 各村统一开展包虫病防治工作，积极控制包虫病流行和发生，减轻包虫病危害。

12日 县总工会深入各乡镇对工会经费收支及资产管理情况进行检查指导；开展“爱护环境、低碳生活、从我做起”主题宣传活动；县公安局开展“预防包虫病、关爱生命健康”包虫病防控宣传活动；县委组织部依托“四大平台”开展党员干部教育培训；各驻村工作队开展“美丽萨嘎、幸福家园”系列活动助力“四讲四爱”主题教育实践活动。

13日 县委宣传部对2017年度文明乡镇、文明村、文明单位、文明户和文明商户进行表彰。

14日 县教育局召开2017年中职招生宣传动员座谈会。

15日 县普法办组织普法成员单位开展第二个全民国家安全教育日法治宣传活动。

16日—11月 村组织换届选举工作顺利推进，315名候选人高票当选。

17日 加加镇首堂“夜间学堂”开课；如角乡开展乡村两级群众性演讲比赛，丰富“四讲四爱”主题教育实践活动载体。

18日 县公安局组织民警深入辖区各施工单位进行拉网式安全检查；驻夏如乡达孜村工作队对村“两委”班子和后备干部进行考前强训。

19日 市人大副主任江措一行来县调研指导县乡人大代表之家工作开展情况。

20日—23日 县“四讲四爱”活动办以片区形式组织召开“四讲四爱”主题教育实践活动宣讲培训会；如角乡对易地扶贫搬迁工程进行实地监督检查。

21日 县公安局召开“强素质、讲文明、树形象、创满意”主题教育实践活动动员部署会；召开全县统战民宗工作暨创建民族团结进步示范县推进会和2017年统战民宗工作业务部署会。

22日 市宣讲团第五宣讲组深入旦嘎乡旦嘎村开展“四讲四爱”主题教育实践宣讲活动。

23日 如角乡召开基层党建工作部署会。

24日 县公安局2017年第一期业务培训班开班。

25日 团县委举办“践行四讲四爱、争做时代好青年”演讲比赛。

26日 县“四讲四爱”活动办召开2017年宣传思想文化工作暨“四讲四爱”主题教育实践活动座谈会。

27日 县扶贫办组织10名未就业大中专毕业生到高新雪莲公司参加招生体检；县国土局圆满完成地质灾害应急培训及应急演练；雄如乡召开党建工作会议暨党员大会。

28日 县总工会开展“喜迎党的十九大、工会服务在基层”暨“五一”劳动节送温暖活动；市宣讲团第四宣讲组来县召开“四讲四爱”主题教育实践活动巡回示范宣讲报告会；市委网信办主任高斌来县对“四讲四爱”主题教育实践活动开展及推进情况进行督导检查。

29日 县创建办赴各乡镇检查指导民族团结创建活动开展情况。

29日 精准扶贫技能培训学员统一到日喀则市参加培训。

30日 县民政局组织人员到新申请低保对象家中核查家庭经济状况。

5月

2日 县委副书记、政府县长郭光成主持召开产业发展规划（2017—2025年）成果汇报暨研讨会。

3日 县公安局3号便民警务站动员辖区流动人口开展环境卫生大扫除活动。

4日 团县委开展“不忘初心、激扬青春”迎接建团95周年主题活动。

5日 县安监局对乡完小开展安全生产

隐患排查；县公安局牵头对辖区219国道沿线开展道路交通安全隐患排查；县委副书记、政府县长郭光成主持召开萨嘎县城总体规划（2016—2035年）成果汇报暨修编研讨会。

6日 加加养护段加强管养两条线维护整治，对公路进行全面保养。

7日 副市长李玉建到萨嘎县检查指导环保工作和雅鲁藏布江源头国家级生态功能保护区（二期）项目进展情况；县藏语委办检查县城主要街道商店牌匾、宣传横幅等社会用字情况。

8日 县妇联向荣获2016年度萨嘎县“平安家庭”“最美家庭”“五好文明家庭”等共计78户群众颁发奖状、奖金。

9日 由农牧民宣讲员为主，驻村工作队员、村“两委”班子成员为辅的“马背宣讲队”正式组建，他们翻山越岭，时常行走在山间、河边、草原，沿着车辆无法通过的崎岖小路，将“四讲四爱”精髓、党的各项惠民政策以及法律法规等内容及时带到群众身边；县水利局邀请四川省峨眉山建南水轮机厂技术员对夏如乡达孜电站进行维修。

10日 县民间艺术团奔赴各乡镇开展“五下乡”活动；县政协组织中共界、农牧界、宗教界共8名政协委员，深入8个乡镇及驻村点开展“政协委员深入基层开展‘四讲四爱’主题教育实践活动”宣讲活动。

11日 县司法局邀请市司法局援藏律师汤杰到萨嘎县作法律讲座。

12日 县国土局完成永久基本农田划定工作，划定永久基本农田8209.29亩，占耕地总量的94.25%。

13日 县委常委、副县长次仁旺拉主持召开2017年易地搬迁工作推进会；县妇联到提卓村、达琼村、杰村开展“浓情五月天·感恩母亲节”走访慰问重度残疾母亲活动。

14日 县妇联联合县中小学组织学生开展“浓情五月天·感恩母亲节”主题活动，以给母亲写一封信等形式歌颂伟大的母亲，纪念母亲的恩情，提升家庭教育，传递正能量，共筑伟大中国梦。

15日 县交通局组织人员对全县辖区内列养的县道、乡道、村道养护情况进行检查考核。

16日 县法院召开执行案款集中兑现会；市民间艺术团来县开展“四讲四爱”主题教育实践活动文艺巡演；团县委召开2017年度工作表彰会议，与各乡镇团委签订2017年萨嘎县共青团工作目标管理责任书。

18日 如角乡召开在建项目专题工作部署会。

23日—24日 市“四讲四爱”主题教育实践活动第五督导联络组到萨嘎县开展督导检查工作。

24日 县民政局召开民政工作推进会议暨民政业务培训会，重点就社会救助、救灾工作、五保工作、财务业务、仓库管理、救灾物资相关工作进行培训。

25日 区党委组织部副部长祝良刚一行督导组到加加镇督导检查工作。

26日 县法院邀请县人大代表、政协委员旁听案件庭审；县公安局组织开展“践行‘四讲四爱’、争做爱家园生态环保卫士”活动；县完小运动会开幕。

27日 县委常委、人大主任阳艺就电话信号问题开展实地调研。

28日 县妇联结合“迎‘六一’·共‘童乐’”主题巾帼爱心礼物发放活动，为45

名贫困学生送去“六·一”儿童节礼物。

30日 县委副书记、常务副县长卢百超看望慰问重度残疾儿童。

6月

1日 县完小举行庆祝“六一”国际儿童节活动。

2日 喜迎日喀则市首届“民族团结日”主题文艺会演暨法制宣传活动顺利举行。

3日 召开招商引资工作上半年总结推进会；县供电公司组织技术人员对县城及有关乡镇用电户安全隐患进行检查并排除。

4日 政府副县长边巴罗杰主持召开“一证两卡三图四手册”培训暨工作安排部署会；县财政局到拉藏乡门曲村开展“四讲四爱”主题教育实践活动宣讲。

5日 县环保局开展“6·5”世界环境日环境宣传活动。

6日 如角乡开展党委书记讲廉政党课活动。

7日 县“四讲四爱”活动办组织召开“四讲四爱”主题教育实践活动第一节点工作总结暨第二节点安排部署会和第二节点“讲团结爱祖国”宣讲培训会。

8日 县国土局成立不动产登记中心、完成不动产登记首发仪式，完成矿产资源规划编制初稿，完成3618宗农村宅基地确权登记；加加镇召开2017年度党建工作部署会。

10日 县水利局完善河长制各项工作；县幼儿园与市实验幼儿园举行“情系西部、爱心支教”启动仪式。

11日 区民政厅副厅长江娟一行到萨嘎县检查指导优抚安置、救灾工作、社会救助、社会福利和社会事务等领域工作开展情况，走访慰问困难家庭；市上海实验中学副校长母顺水在县中学开展“四讲四爱”主题教育实践活动宣讲。

12日 县公安局开展系列法制宣传教育活动；县强基办召开2017年度上半年驻村工作考核部署会。

13日 县总工会、县中学联合举办“中国梦·教师志”师德师风演讲比赛；县级人大代表集中考察环保工作；市就业局局长马骥远来县检查指导基层劳动就业社会保障公共服务平台规范化建设情况。

14日—8月 加加养护段积极开展抗洪抢险保通工作，对受灾严重的加吉线G219国道线K12+50M处冲毁路段进行抢通，为司旅人员提供安全行车环境。

15日 县公安局举办“迎接党的十九大忠诚保平安”主题教育实践活动暨6月“忠诚教育月”系列文体活动；县委宣传部牵头，组织县“四讲四爱”活动办、县文广局、县妇联、县总工会、县司法局、县卫生局、县科技局等单位，深入旦嘎乡、夏如乡开展“四讲四爱”主题教育实践活动巡回宣讲暨“五下乡”活动。

16日 县直有关单位开展“安全生产日”“六月综治宣传周”集中宣传活动。

17日 团县委组织26名青年志愿者前往拓展区开展环境卫生整治活动。

18日 县藏语委办举办藏汉双语翻译和“四讲四爱”宣讲培训班。

19日 县教育局召开2017年中考考务会。

20日 市委副书记程四曲一行到萨嘎县检查指导工作；县强基办开始对全县38个驻村工作队进行半年考核；县民间艺术团赴各乡镇进行慰问巡演。

21日 县总工会组织农电公司员工参加“安康杯”电力业务知识考试；市委宣传部常务副部长普布次仁到县检查指导“四讲四爱”主题教育实践活动开展情况；市委政法委常务副书记王向虎来萨嘎县检查指导维稳各项工作。

22日 团县委组织青年志愿者开展中考季送爱心、送祝福活动，缓解考生紧张情绪。

23日 县强基办举办创先争优强基础惠民生活动第六批下半年驻村工作队长培训会；县政协组织部分政协委员协同县食药局、县工商局及县中学，开展“四讲四爱”主题教育实践活动之“民主协商”活动，对学校及学校周边食品安全隐患进行排查。

26日 第六批吉林省四平市援藏工作队向县中小学贫困生捐赠物资；县妇联开展“健康人生、绿色无毒”第30个“国际禁毒日”宣传活动。

27日 县法院兑现执行案款助力“雪域飘风”专项执行行动；县总工会开展“喜迎党的十九大·工会服务在基层”送医、送药、送健康义诊活动；县人大组织县级人大代表集中视察灾后重建、易地扶贫搬迁民房建设情况；县司法局在夏如乡坚巴夏村举办法律知识有奖竞答活动。

28日 县法院在赤姆村开展“四讲四爱”主题宣讲活动；县委常委、政法委书记、公安局长、督察长侯荣为县公安局民警讲授忠诚教育及庆“七·一”专题党课；市人社局公共职业技术服务中心校长来县检查指导工作，深入各乡镇开展公共职业技能精准扶贫培训现场宣讲活动；团县委为县财政局挂牌2017年度“县级青年文明号单位”；县妇联、团县委开展“关爱留守儿童·把爱送到家”主题慰问活动。

30日 县总工会开展“安康杯”知识竞赛活动；加加镇举办“党的恩情人人报、民族团结靠大家”“四讲四爱”主题演讲比赛；县水利局到各乡镇宣传河长制工作；团县委以“关爱留守儿童、把爱送到家”为主题，开展“小小愿望盒”活动，为30名留守儿童送去价值9000多元物品。

7月

1日 举行升国旗唱国歌、重温入党誓词活动。各乡镇组织乡干部、农牧民党员代表、群众代表、寺庙僧人及完小师生开展庆祝建党96周年升国旗、重温入党誓词活动；自治区人大民族宗教外事侨委副主任委员多吉次仁到县调研归侨侨眷权益保护工作开展情况；县住建局组织人员对街面冲砂石进行集中清理并对下水管道进行疏通。

2日 县财政局深入夏如乡达孜村开展结对帮扶慰问；县文广局赴各乡镇开展送戏下乡活动。

3日 县藏语委办开始对各乡镇村民委员会和支部委员会、村民监督委员会门牌用字进行统一整改、统一定制。

5日 县“四讲四爱”主题教育实践活动第二节点工作总结暨第三节点工作部署会和县“四讲四爱”主题教育实践活动第三节点“讲贡献爱家园”宣讲培训会在县小礼堂召开。

6日 市纪委常委、监察局副局长张春峰一行检查组到县督导检查执纪审查工作；县供电公司组织人员对自来水厂一号机水泵进行检修、更换二号机水泵，确保县城用水；县教育局核实适龄儿童数据及检查控辍保学工作。

7日 自治区政府副主席、市委书记张延清到萨嘎县检查指导工作；县总工会举办拔河、篮球、乒乓等“安康杯”系列文体活动。

8日 县法院开展党员干警“爱心助学”捐款活动。

9日 县民政局组织各乡镇民政专干举办防灾减灾专项业务培训会。

10日 县法院举行入额法官宣誓仪式；县妇联开展 “保护妇女权益·促进男女平等”主题宣讲活动；县水利局召开防汛抗旱部署会议；县妇联联合县农牧局组织妇联干部开展“土地确权颁证中为妇女维权的相关政策”宣讲活动。

11日 区政协民族宗教委副主任、市政协副主席尧西·索朗扎巴到萨嘎县检查指导工作；县公安局3号便民警务站组织全体民（辅）警开展学习贯彻习近平在接见全国公安系统英雄模范立功集体表彰大会时的重要讲话专题学习研讨交流会议。

12日 县公安局启动恶劣天气应急预案，积极应对恶劣天气；县强基办联合县“四讲四爱”活动办组成专项督查组，开始对各驻村工作队有关工作进行督导检查；加普村县级民族团结进步示范点举行揭牌仪式。

12日—15日 县纪委牵头，联合县财政局、县扶贫办、县发改委、县农牧局和县林业局等单位，对各乡镇扶贫领域资金使用兑现情况进行专项监督检查。

13日 市第三安全隐患排查整治工作组来县开展安全隐患排查。

14日 如角乡“夕阳红”老年宣讲志愿队开展“四讲四爱”及惠民政策宣讲活动。

16日 国家电网西藏电力有限公司日喀则分公司来县开展农电代管调研。

17日 县公安局夏如乡派出所组织民警开展法制宣讲送学校活动；县政协召开民心工程综合调研座谈会。

17日—25日 县交通局组织设计、监理、施工及乡镇负责人，对2017年第一批农村公路开工项目进行实地技术交底

18日 县人大班子成员赴各乡镇开展“四讲四爱”主题教育实践活动宣讲。

21日 县纪委开展参与赌博或带有赌博性质娱乐活动专项整治宣传活动。

23日 县人社局牵头组成联合工作组，对施工企业进行现场检查，防止拖欠工程款和民工工资事件发生。

29日 县妇联、县总工会深入如角乡擦让村开展“四讲四爱”主题宣讲活动。

24日 “儿童书信手拉手”平台创立。

25日 县公安局如角乡派出所民警深入辖区施工现场开展“四讲四爱”主题教育活动宣讲。

27日 区高院党组成员、副院长米玛次仁一行来县检查指导工作；雄如乡召开巡察工作汇报会。

28日 市宣讲团第二轮第四宣讲组深入拉藏乡溪果村、久嘎村，达吉岭乡萨嘎村开展“四讲四爱”主题教育实践活动宣讲。

30日 县妇联开展暑期儿童安全知识教育宣传活动。

31日 召开2017年度民族团结表彰大会；雄如乡卓巴布村发生水灾，县水利局及时组织人员发放防汛物资，开展抢险救灾工作。

8月

1日　县法院召开“规范执行行为”暨“雪域飓风”执行专项活动动员部署会；雄如乡组织全乡干部职工和农牧民群众开展为期8天的抗洪抢险活动。

2日　召开县“四讲四爱”主题教育实践活动第四节点“讲文明爱生活”宣讲培训会和“讲贡献爱家园”先进事迹报告会。

3日　召开“四讲四爱”主题教育实践活动第三节点工作总结暨第四节点工作部署会；县委宣传部统一更换喜迎中共十九大宣传标语（藏汉双语）。

4日　县公安局组织民警集中观看《将改革进行到底》第一集《时代之问》、第二集《引领经济发展新常态》；区民政厅党组书记李震一行来县检查2016年因灾倒损房屋恢复重建工作情况。

5日　区人大常委会副主任李文汉到萨嘎县调研深度贫困地区精准扶贫精准脱贫工作。

6日　县藏语委办对各乡镇公章文字汉译藏进行统一改错、统一定制。

8日　县安监局联合相关单位对县城拓展区、市政道路等进行安全隐患排查；市宗教领域宣讲组来县开展“讲团结爱祖国”宣讲活动。

9日　县纪委统一发放《党员干部廉洁自律手册》口袋书；区民政厅厅长嘎玛泽登、国土资源部地质环境司处长李晓春、国家扶贫办规划财务司处长鲁光军、国家减灾中心副主任张宝军一行到萨嘎县督导检查2016年因灾倒损民房恢复重建工作。

11日　市人大副主任辛春弟到萨嘎县检查指导工作。

12日　县水利局、县供电公司对加达电站大坝进行防汛应急抢险，确保电站正常运行。

13日　中国共产党萨嘎县第九届委员会第二次全体会议胜利召开。

15日　“萨嘎廉政——清风之声”版块在“萨嘎县发布”正式上线。

15日—11月8日　旦嘎乡开展“抢救旦嘎藏戏”活动。

16日　县公安局达吉岭乡派出所开展送法进校园活动；县国土局完成2016年度土地矿产卫片执法整改工作。

19日　市人大副主任辛春弟到萨嘎县检查指导环境问题整改情况。

20日　县普法办组织法治副校长在全县范围内各学校中开展开学法治第一课法治宣传活动。

22日　县公安局组织警力开展抗洪救灾抢险保通工作；举办文化市场经营单位安全生产知识培训班。

23日　加加镇举办“盛夏八月·舞动加加”传统游牧文化节。

25日　县总工会在已建档困难职工中举行全覆盖式生活救助资金发放仪式。

27日　县中学组织开展民族团结签名活动；我县参加第十五届珠峰文化旅游节18县区文艺主题日演出；县委宣传部在219国道沿线喷绘环保标语。

30日　市委常委、统战部长巴桑一行到萨嘎县调研统战民族宗教工作。

31日　如角乡召开乡第十四届人大三次会议。

9月

1日 昌果乡举办首届“加加孜民俗文化节”。

2日 举行农电代管签字挂牌仪式。

3日 举行教育“圆梦基金”发放仪式；

3日—9日 县交通局组织设计、监理、施工及乡镇负责人对2017年农村公路开工项目进行实地检查督导。

5日 县委宣传部开展乡镇理论学习中心组及舆论宣传问卷调查。

6日 县司法局开展“法律进寺庙”宣讲活动。

7日 加加养护段加大公路维修保养力度，协助做好两条线油路改建工程前期有关工作。

8日 县人大组织县级人大代表对环境保护和易地扶贫民房建设项目进行“回头看”视察；区人社厅副厅长邵昌一行到萨嘎县调研基层干部职工休假制度落实情况；县“四讲四爱”主题教育实践活动第四节点工作总结暨建章立制“回头看”工作安排部署会以电视电话会议形式召开，县“四讲四爱”主题教育实践活动“回头讲”宣讲培训会在党政综合楼五楼电视电话会议室召开；区政协党组成员、副主席、区总工会主席洛桑久美一行到萨嘎县调研藏医药传承和发展情况。

10日 召开庆祝第三十三个教师节暨表彰大会。

11日 县人大召开环境保护和易地搬迁民房建设项目“回头看”视察结果交流会；区党委宣传部副部长嘎玛旦巴到萨嘎县检查指导“四讲四爱”主题教育实践活动开展情况。

12日—14日 县“四讲四爱”活动办分两组对各乡镇及部分村“四讲四爱”活动开展情况进行督导检查。

13日 如角乡召开村组织换届选举动员部署暨培训会。

15日 县公安局开展整治酒驾夜间行动；县法院成功审理一起盗窃案件。

16日 县安监局开展“9·16”平安西藏日宣传活动；县法院开展党员生日服务活动。

17日—19日 县纪委组织纪检干部参观日喀则市反腐倡廉警示教育基地。

19日 县司法局组织各人民调解工作骨干人员集中召开培训会议。

22日 市“四讲四爱”主题教育实践活动督导组来县开展“四讲四爱”主题教育实践活动督导考核。

24日 县商务局推出招商引资环保优惠政策信息。

25日 县公安局驻村工作队积极联系县卫生局包虫病筛查小组到局驻村点开展包虫病筛查。

26日 启动《甲谐之乡·西部驿站》拍摄工作；县委宣传部牵头组织开展“赞颂辉煌成就、赓续红色基因、支持改革强军”主题国防教育宣传活动。

27日 区村组织换届第二指导检查组洛桑佳措一行来县检查指导换届选举工作。

30日 县妇联开展“迎国庆、送温暖”母亲邮包送给贫困母亲活动；县人社局委托日喀则市新兴职业技术学校举办为期3个月的装载机、挖掘机技能培训班，37名农牧民参加培训。

10月

1日 县民间艺术团赴各乡镇开展国庆文艺演出活动；县工商局“多证合一、证照分离”商事制度改革取得成效。

2日 区高院索达院长一行到萨嘎县检查指导工作。

3日 县法院举办“周末法官讲堂”；加加养护段积极备战全区公路互检。

4日 区政府副主席、市委书记张延清一行和自治区赴日喀则市维稳督导安保工作第三组到萨嘎检查指导工作，并慰问基层干部、公安干警、驻军部队和驻村工作队。

6日—7日 县财政局开展乡镇财务大检查。

7日 市委副书记、市政府常务副市长王相民一行到萨嘎县检查指导安全生产工作；区林业厅副厅长索朗旺堆来县检查指导高原气候种树及管护工作。

8日 市委常委、统战部部长巴桑一行到萨嘎县检查指导维稳和脱贫攻坚工作。

9日 县公安局召开治安系统“三个不发生创建活动”推进会议；县“四讲四爱”活动办协助西藏电视台驻日喀则记者站拍摄“马背上的宣讲员”典型事迹。

11日 县扶贫办组织开展“扶贫日”宣传活动；县“四讲四爱”活动办组织农牧民群众、僧人、师生、国企职工、流动人员集中观看“四讲四爱”主题教育实践活动优秀宣讲视频。

12日 昌果乡启动村组织换届选举工作；县供电公司组织技术人员对各宗教活动场所室内电线进行消防安全升级改造。

14日 县人社局开展养老金发放及待遇享受人员生存认证情况专项检查。

16日 县公安局获赠尼木县公安局“天下交警一家亲、互帮互助情长流”锦旗；为做好妇女组织换届选举及“会改联”工作，县妇联确定加加镇加普村为县一级“会改联”试点村。

17日 县妇联开展为贫困母亲发放“母亲邮包”活动。

18日 全县党员干部职工集中观看中国共产党第十九次全国代表大会实况直播。

20日 区人大副主任维色一行到萨嘎县检查指导工作。

21日 县林业局赴各乡镇检查林业直补资金落实情况；县民政局举行2016年退役士兵自主就业一次性经济补助及优待金发放仪式；县人大组织基层人大代表赴拉萨学习考察。

23日 县委宣传部制定全县学习中共十九大精神学习计划。

24日 区高级人民法院党组书记、院长索达一行到萨嘎县检查指导工作；县总工会在县文化广场开展“诚心诚信·为职工服务”主题法制宣传活动。

26日 县委宣传部制作并发放《中国共产党第十九次全国代表大会精神读本》；召开援藏项目工作领导小组办公会。

28日 县妇联看望慰问孤寡老人，为他们送去节日祝福与慰问。

29日 举办珠峰旅游文化节汇报演出系列活动。

31日—11月6日 县政协组织14名政协委员赴拉萨市城关区、堆龙德庆区、曲水县、当雄县，围绕产业发展、易地搬迁、维护稳定、创新寺庙管理、大学生“双创”、教育城发展等内容进行考察学习。

31日　县教育局召开2017年高级职称初级评审会。

11月

2日　电焊工培训班开班，有培训需求的30名建档立卡贫困户参加培训。

2日—3日　县交通局组织代建、监理和设计等相关单位对农村公路项目进度、质量、工地安全及停工情况进行全面排查。

2日—6日　县委宣传部、县文广局及县“四讲四爱”活动办在各乡镇开展巡回宣讲中共十九大精神暨文艺会演活动。

4日　县司法局联合县工商局、税务局开展“2017年度萨嘎县国（民）企业负责人（经营人）集中学法”培训会；举办学习宣传贯彻中共十九大精神文艺汇演活动；县完小组织第十二届冬季爬山活动；县妇联组织38名巾帼志愿者开展环境卫生整治活动。

6日　县民政局对全县范围内享受救助供养的特困人员开展入户摸底排查，逐一评估生活自理能力，确定救助供养形式。

8日　县法院开展2017年度案件质量评查工作。

9日　区藏语委办（编译局）主任（局长）洛布来县作中共十九大精神和区党委九届三次全会精神专题辅导讲座。

11日　县商务局召开招商引资培训会。

12日　乡镇防洪专干人员防汛应急常识培训班开班；8个团组织换届选举试点圆满完成。

13日　县林业局向雄如乡发放湿地保护设备；县水利局开展防汛、应急、救灾、转移演练；县交通道路纠纷行业性专业性人民调解委员会调解一起交通道路纠纷；县委宣传部印制《西藏自治区党的十九大精神宣讲提纲》。

15日　县法院召开家事审判方式和工作机制改革联席会议；县民间艺术团赴各乡镇开展巡演。

18日　区政府副主席、市委书记张延清来县宣讲中共十九大精神，看望慰问基层干部群众。

19日—23日　区中共十九大精神宣讲团日喀则分团赴各乡镇宣讲中共十九大精神。

20日　县总工会向6个寺管会工会小组、22道班公安一级检查站工会委员会、公安局便民警务站工会委员会发放办公设备；区高级人民法院党组书记、院长索达，市委常委、统战部长巴桑到萨嘎县宣讲中共十九大精神；县委宣传部发放学习宣传贯彻中共十九大精神宣传挂图。

24日　县妇联完成县级“会改联”试点工作；召开“四讲四爱”主题教育实践活动整体工作和业务工作总结会。

26日　县安监局联合相关单位开展危险化学品安全隐患排查；初审《甲谐之乡·西部驿站》宣传片。

12月

1日　县委宣传部在县城主要街道安装中共十九大精神路灯牌。

2日　县安监局开展安全生产宣传活动。

5日　县公安局举行向西藏自治区公安英烈基金会捐款仪式。

6日—8日　县委宣传部联合县纪委、县委组织部对学习宣传贯彻中共十九大精神情况进行督导检查。

8日　县域内4G信号正式商用。

12日　县委宣传部对建档立卡贫困户拥有电视数量开展问卷调查。

14日　如角电站发生前池溢水淹没厂房事故，县水利局、供电公司组织人员开展应急处置。

18日—20日　召开萨嘎县第十三届人民代表大会第三次会议、政协第二届萨嘎县委员会第三次会议。

19日　加加养护段开展冬季公路抢险保通准备工作。

20日　县民政局赴各乡镇对正在享受和新申请农村低保对象家庭收入、工资性收入、财产性收入、转移性收入进行核对。

23日　举行监察委员会成立揭牌仪式。

28日　中国共产党萨嘎县第九届委员会第三次全体会议胜利召开。

29日　市委2017年目标绩效争先进位考核组来县考核。

综　述

县情概述

【历史沿革】萨嘎县历史悠久，早在旧石器时代就有人类活动，公元1354年帕竹王朝统治者在西藏推行农奴主溪卡（封建庄园）制度的同时设立了地方行政单位“宗”（相当于现在的县），并派出一批上层僧侣担任地方行政官员，由此确立了“政教合一”的封建农奴制。当时的萨噶（嘎）宗取名为“萨噶（嘎）敦巴宗”。其宗本（僧官与俗官）由噶厦政府从蜇蚌寺、色拉寺和大昭寺任命派遣。西藏和平解放后的1960年4月，正式设立萨噶（嘎）县人民政府，由日喀则地区管辖，建制沿袭至今。旧萨噶（嘎）宗（县）政府驻地在萨嘎地方，后于1974年10月14日迁至加加地方（现县城驻地加加镇）。

【地理概况】位于喜马拉雅山北麓，冈底斯山脉以南，雅江上游。地处北纬28° 80′ ~29° 80′ 、东经84° ~86.3° 之间，东与昂仁县、西与仲巴县、北与措勤县、东南与聂拉木县、吉隆县为邻，西南与尼泊尔共和国接壤，边境线长约105公里。全县平均海拔4600米以上，最低海拔4300米、最高海拔7095米，县城驻地海拔4513米。全县总面积约1.24万平方公里，境内219国道贯穿全县东西，县城驻地加加镇距日喀则市约450公里，距拉萨市约720公里，是往来拉萨和阿里的重要节点，具有重要的政治、经济、军事和交通地位。

地貌类型属高原山地类，地势由北向东倾斜，西北有冈底斯山脉，南面有喜马拉雅山脉。全境被喜马拉雅山脉和冈底斯山脉环抱，夹隔强拉山、伦布康日、新摘拉山、旭尺拉、库拉山、擦角拉山、驼让拉山、查藏拉山等众多高山。

自然环境特殊，气候恶劣，高寒严酷，属内陆干燥高寒气候。空气稀薄，日照充足，昼夜温差大，既旱又寒，只有暖季、寒季之别，无明显四季之分。年平均气温零下3℃，1月平均气温在零下8℃~10℃之间、7月平均气温在10℃，5℃以上延续期120天左右；一般年份无霜期农区120天、牧区90天，无绝对无霜期。日照日数长，辐射强度大，年平均日照一般在3000~3400小时之间，日照率达70%~80%，辐射总量达180~200千卡/平方厘米。因地理地貌和大气环流作用，全县基本属干旱半干旱地区，尤其牧区降水少、蒸发量大，气候干燥。旱季与雨季分明，雨季集中在7、8、9月，平均年降水量200毫米左右，年相对湿度35%~45%。

【行政区划】下辖7乡1镇，即昌果乡、拉藏乡、如角乡、达吉岭乡、雄如乡、旦嘎乡、夏如乡和加加镇（雄如乡、拉藏乡、昌果乡为边境乡），共38个村委会。

【民族与人口】以藏族为主，总人口15926人。

【土地资源】天然草原面积1297.75万亩，可利用草原面积1257.51万亩。高寒草甸草原亚类草原面积1533105亩，占全县草原面积的12%，其中可利用草原面积1502415.3亩，占全县可利用草原面积的12%；高寒草原亚类草原面积6311122.5亩，占全县草原面积的49%，其中可利用草原面积6082987.9亩，占全县可利用草原面积的49%；高寒草甸草原4604405.7亩，占全县草原面积的35.89%，其中可利用草原面积4501872.2亩，占全县可利用草原面积的36.2%；低地高寒沼泽化草甸亚类草原面积377250亩，占全县草原面积的2.9%；全县森林面积116万亩（主要树种为爬地松），耕地种植面积7944.9亩，平均亩产粮食215.95公斤。

【矿产资源】自然资源丰富，矿产资源有铁、铜、铅、金、硝、硫磺、花岗石、水晶石、碳石等。

【水利资源】水利资源丰富，河网密集，湖泊星棋罗布。境内大小河流10余条，总长度5000公里。其中雅鲁藏布江流经境内320公里，年流量在120亿立方米左右，自西向东，弯曲伸延，纵贯全县。此外，尚有加达河、曼曲河、萨曲河、强雄河、吾木曲河、雪德河、查西河、如角藏布、虾给藏布、攫规藏布、洛雄藏布、拉纠普布等众多河流。年流量在1亿立方米以上的有，强雄藏布、年流量25亿立方米，加达河、年流量3.5亿立方米，曼曲河、年流量2.4亿立方米，萨曲河、年流量1亿立方米；发源于本县境内的有曼曲河、萨曲河、强雄藏布，水源为雪融流水及雨雪积水，带有明显的季节性。

【主要物产】农作物资源主要为青稞、小麦、豌豆、油菜、春小麦、土豆、萝卜、白菜等；动物资源主要为野牦牛、野驴、黄羊、羚羊、豺狼、猞猁、岩羊、马鹿、狐狸、草狐、獐子、狗熊、云豹、旱獭、水獭、鼠兔、黄鼠狼、温泉蛇、藏鹤、大雁、雪鸡、山鹰、野黄鸭、斑头雁、鱼鸥、红嘴乌鸦、鸽子等；水产资源主要为铲齿裂腹鱼、双须重唇鱼、裸裂尾鱼、斑切胸鱼等；植物资源主要为爬地松、雪莲花等。

【民风民俗、风土人情】民歌主要类别有拉伊（情歌）、祝酒歌、劝酒歌、洗衣歌、劳动号子、喜庆歌、放牧歌等，舞蹈以藏族舞为主，舞姿丰富多彩，活泼洒脱，气势粗犷。萨嘎甲谐于2008年6月入选国家级非物质文化遗产。

【旅游资源】如角雪山位于县城北部约60公里处，以其陡、峻、险、奇而饮誉区内外，素有“小冈仁波钦山”美誉。6处地热温泉主要分布于如角、卡古、嘎学、达孜、康来等处，尤以如角温泉最为著名。该温泉位于平顶山头上，形如碗口，泉池面积约30平方米，热气冲天，大团气雾犹如白色烟雾，映衬着蓝天，景色极为玄妙，有不少外地游人不辞辛劳慕名而至。

【宗教情况】信仰藏传佛教群众占全县人口绝大多数。现有5座寺庙、2座拉康、2座日追，其中格鲁派4座、嘎举派3座、宁玛派2座。

（朱孟超）

党政 政务

中国共产党萨嘎县委员会

【概况】2017年，县委团结带领全县上下各族干部群众，紧紧围绕建设和谐文明幸福美丽日喀则奋斗目标，紧扣市委“6677”工作思路，紧跟提速跨越、弯道超车、争先进位要求，深入贯彻新发展理念，坚持以人民为中心，坚持质量第一、效益优先，以供给侧结构性改革为主线，以创新驱动为引领，正确认识和处理好“十三对关系”，紧扣社会主要矛盾新变化，重点解决发展不平衡不充分的问题，大力推进乡村振兴战略，统筹城乡和区域协调发展，提高保障和改善民生水平，推动经济质量变革、效率变革、动力变革，加快建设现代化经济体系，让改革发展成果更多更公平惠及广大人民。经济发展稳中加速、快中见好，社会大局安全和谐、持续稳定，民生事业明显进步、温暖人心，党的建设统筹推进、守正出新，生态保护全面加强、成效显著，人民群众团结协作、积极向上，美丽萨嘎、幸福家园建设迈上新台阶。

经济发展态势喜人，实现地区生产总值4.56亿元，同比增长27%，完成指标任务的103%。固定资产投资增速加快，开复工项目127个，完成固定资产投资8.43亿元，同比增长58%，完成指标任务的105%。市场经济繁荣稳定，消费品市场保持持续旺盛良好态势，社会消费品零售总额1.69亿元，同比增长37%，完成指标任务的109%。农牧民收入稳步提高，农村居民人均可支配收入达到8227元，同比增长23%，完成指标任务的102%。

【脱贫攻坚】“扶贫开发贵在精准，重在精准，成败之举在于精准”，建档立卡贫困户动态调整后共1058户、3652人，贫困发生率为26.6%。广泛组织动员全县各级党政组织和全社会力量，用绣花功夫做好脱贫工作，发展优势产业脱贫、抓好易地搬迁脱贫、依靠生态发展脱贫、推进教育健康脱贫、促进转移就业脱贫，做到脱真贫、真脱贫，全年脱贫187户、644人。抓好扶贫产业，结合县域资源禀赋、区位特点、交通状况及产业基础，重点发展见效快、效益好的“短平快”产业项目。投资605万元新建23座温室大棚，投资5300万元实施“有机种养加业产业链”建设，投资3000万元保障“西部建材物流中心项目”周转，分两批实施投资1600万元的新建贫困户运输供应合作社（商砼搅拌站）项目，扩大羊毛加工厂、编织合作社等现有规模。抓好易地搬迁，将易地搬迁与边境小康村建设相结合，坚持集中为主、分散为辅，将“搬”和“富”作为重点来抓，抓好宣传教育、多做群众工作，让群众心甘情愿地搬，按时完成398户、1392人的易地搬迁任务，努力让搬迁户搬得出、稳得住、有事做、能致富。抓好生态补偿，通过多方争取，全县生态岗位达到4794个，其中具备劳动能力的建档立卡1608名生态岗位实现全覆盖，并重点将生态岗位与贫困户参与生态环境保护建设紧密结合起来，加强对生态岗位人员的管理、监督、考核，确保生态岗位人员想做事、有事做、能做事，确保生态环境在得到很好保护的同时实现贫困户增收致富，让贫困户感受到劳有所得、有尊严有幸福感的脱贫。抓好教育医疗，加大教育资金投入力度，落实好“十五年”免费教育、学前教育阶段农牧民子女补助、贫困家庭子女高等教育“三免一补”等政策，解决10名贫困大学生和低保户大学生全额学杂费，落实477户、712人教育脱贫对象扶贫资金25.81万元，从根本上解决贫困学生家庭后顾之忧；改善医疗卫生机构服务条件，加强医疗卫生服务体系建设。扩大重特大疾病医疗救助病种和救助对象范围，建立医疗救助基金、提高贫困户医疗救助补贴标准，对95户、97人建档立卡贫困户实施医疗救助，减轻患者负担，从源头上杜绝因病致贫、因病返贫。抓好转移就业，加大贫困人口职业技能培训和就业服务力度，推进就地就近转移就业，促进已就业贫困人口稳定就业，帮助有劳动技能和就业意愿未就业贫困人口实现就业。充分发挥“西部驿站”区位优势，大力发展旅游服务业等第三产业，鼓励贫困户进城务工、经商，“不离乡不离土”就近就业创业。与此同时，积极开展社会帮扶，建立健全社会组织参与扶贫开发协调服务机制，鼓励和支持社会组织参与扶贫资源开发。加大结对帮扶力度，送温暖、送政策、送技术，“扶智”与“扶志”结合，教育引导群众“惠民资金不要刻在玛尼石上”“救命钱不要花在求神拜佛上”，淡化宗教消极影响，把更多精力用在发展生产、改善生活，过好和谐文明幸福今生上。

【产业发展】充分认识发展产业可以培养一批能人、带动一方发展、搞活一方经济、富裕一方群众，发展产业可以产生后发赶超、弯道超车、争先进位的“蝴蝶效应”，发展产业可以解决发展中面临的多种困难和问题、为建设和谐文明幸福美丽日喀则、建设“美丽萨嘎、幸福家园”提供强大正能量的重大意义。2017年，三次产业产值分别达到0.79亿元、1.92亿元、1.85亿元，同比增长27%、55%、7%，三产结构更趋合理。特别是突破资金资源瓶颈、突破思想理念藩篱，坚持有所为有所不为，坚持宜农则农、宜牧则牧、宜工则工、宜商则商、宜游则游，梯次发展带动能力强、技术含量高、产品附加值高、市场占有率高的产业项目，推动经济发展。做好产业规划编制，不搞大水漫灌、不搞遍地开花、不搞“大而全、小而散”，重点发展有机种养加业、特色文化旅游业，并将灾后重建、易地搬迁和边境小康村建设与产业布局有机结合。重点发展有机种养加业，投资605万元新建23座温室大棚，发展小白菜、白萝卜、西红柿、黄瓜等蔬菜种植，缓解干部群众吃菜难、吃菜贵问题；

投资5300万元实施“有机种养加业产业链”建设，力争到2018年9月全面建成集人工种草、牲畜繁育、活畜出口、短期育肥、产品加工、商品销售“六位一体”有机种养加业霍尔巴羊产业链，实现养殖5000只、年销售3万只规模。重点发展特色文化旅游业，推进旅游服务业与伦布岗日神山、如角温泉等自然景观和“甲谐”非遗文化、“铁姑娘”发源地文化产业联动发展，打响“甲谐之乡、西部驿站”品牌，打造“观雅江、赏甲谐、品羊肉、宿驿站”文化旅游发展格局。农牧业基础地位不断巩固，实施“青稞增产行动”，实现粮食产量149.5万公斤、青稞产量134.5万公斤，完成指标任务的103%、108%，圆满完成“青稞增产行动”；牲畜存栏总数181164头（只、匹）、出栏64830头（只、匹）。第三产业快速发展，接待过往游客7.9万人次，实现旅游总收入1295万元；边境贸易平稳增长，进出口总额9689多万元；非公经济加快发展，市场主体发展到1184家、注册资金4.43亿元、从业人员4528人，同比分别增长15%、142%、23%。

【维稳综治】强化宗教领域管控，制定宗教领域排查整治行动方案，成立工作专班和涉宗领域督导检查组，采取明察暗访、突击检查等方式，不间断、全方位对辖区内各寺庙值班带班、在岗履职、僧人在位等情况进行督导检查。强化社会面管控，强化全天候视频监控，加强对重点场所重点区域车巡、步巡，做到“白天见警察、晚上见警灯”，震慑各类违法犯罪、捣乱破坏活动，维持良好社会治安秩序。强化公共安全管控，对加油（气）站、建筑施工、道路交通、食品药品、人员密集场所消防安全等重点行业和领域安全生产隐患进行不间断排查整治，重点防范易发事故类型，集中治理影响安全生产的突出问题。强化一线维稳管控，严格落实各项既定维稳措施，充分发挥联防队员、“双联户”等基层维稳力量，深入边境一线、通外山口不间断进行巡逻并及时上报有关情况，严密监控五个通外山口为主的105公里边境沿线一举一动。强化重点人群管控，坚持属地管理和异地联管相结合，依法加强对11类59种重点人员的分级分类管控和属地联保帮教，严密掌控各类重点人员活动轨迹和行动动向，及时通报预警、果断防范处置异动迹象，真正做到心中有数、全部管住。认真做好矛盾纠纷调处，始终保持各类矛盾纠纷隐患排查化解不放松，特别重视利用敏感时段、重要会议择机上访和进京上访问题，对可能引发群体性事件、越级上访、进京上访等矛盾纠纷隐患和可能引发社会炒作、形成热点的敏感问题，逐一落实工作专班和专项化解稳控措施，严防敌对势力插手利用，最大限度减少社会不和谐因素、降低矛盾纠纷对社会稳定影响。

【统一战线与民族宗教】依法管理宗教事务，不断巩固发展民族团结，着力促进长治久安。健全组织领导机构，成立县委统一战线工作领导小组和宗教工作领导小组，明确各职能部门工作职责，形成统一战线、民族宗教工作齐抓共管良好格局。积极落实主体责任，召开县委理论学习中心组、县委常委会等会议，传达学习有关统一战线会议及文件精神，听取统一战线工作情况汇报，研究部署统一战线、民族宗教工作中的重大问题，把统战民宗工作与发展、稳定、生态工作同部署、同检查、同考核。健全联系寺庙机制，制定县级领导干部联系寺庙僧尼制度，实行“1+1”模式，采取“123”措施，深入开展宗教领域专项排查整治，建立完善寺庙僧人“两迹两证六表”档案信息及社会流动从事宗教人员基本信息。深化法制宣传教育，把爱国法规宣传教育贯穿统战民宗工作全过程，分层次、有针对性地开展宣传教育活动。特别是结合“四讲四爱”主题教育实践活动，广泛开展党的民族宗教政策、有关法律法规和新旧西藏对比以及各项惠僧利僧政策宣讲活动，促进爱国守戒。配齐配强涉宗干部，从县直部门、乡镇骨干人员中选派一批政治素质好、工作能力突出、善于处理复杂问题、有一定宗教知识的干部充实到寺庙管理机构。调整充实驻寺干部7名，提拔重用3名，驻寺干部配齐率100%。落实转化安置政策，全面落实学经回流人员特殊安置帮扶政策，尽力解决他们在生产生活中的实际困难和问题，及时发放转化安置服务补助，确保“安得稳、留得住、不回流”。解决寺庙实际困难，本着“宗教工作无小事”理念，由县本级财政出资135万元解决寺庙饮水、消防、维修等困难，足额安排“六个一”专项活动经费。扎实开展创建活动，建立健全领导体制和工作机制，制定创建活动实施方案，将创建经费纳入财政预算，丰富宣传教育方式，召开民族团结表彰大会，拓展活动内容、创新活动载体、突出活动特色。

【基层党建】大力实施“党建珠峰”战略，坚持“三个牢固树立”，以加强党的长期执政能力建设、先进性和纯洁性建设为主线，以党的政治建设为统领，以坚定理想信念宗旨为根基，全面调动各级党组织和广大党员的积极性、主动性、创造性，坚决做到对党绝对忠诚、坚决巩固党的执政基础、坚决打造过硬队伍、坚决抓好从严治党，夯实基层党建基础。始终不忘组织建设这个重点，找准“工学矛盾突出”、机关党建“灯下黑”和党组织活动流于形式等问题根源，严格党组织“改、组、建”程序，设立或调整93个基层党组织。精心制定“三会一课”、组织生活、民主评议党员、谈心谈话、党员志愿服务活动等时间、任务、制度清单。每月安排“主题党日”活动和“党员活动日”，规范党费收缴、使用和管理，每月第一周的星期五固定为党费收缴日。始终不忘队伍建设这个关键，采取现场督导等方式，重点查找个别党组织党员发展程序倒置、环节缺失、突击发展、入口把关不严等问题。编印党员发展工作手册，明确发展党员程序步骤、材料要素、时间节点，全年培养和发展97名党员。规范和完善党员组织关系接转手续，从源头上杜绝“口袋党员”“失联党员”。开展党员信息采集工作，强化党员档案和个人信息管理。深化党员志愿服务活动，做到每月有主题、每个支部有活动。始终不忘基层基础这个前提，完善村“两委”班子争先进位考核奖励办法，严格落实村干部坐班考勤制度，稳步提高村干部报酬待遇。坚持“一村一策”“一村一图纸”，高水平高标准建好8个村级组织活动场所。采取村级夜校等方式，稳步提升村干部文化素质能力水平。始终不忘村级组织这个基础，严格按照自治区“六个凡是”、市委“三个十条”和我县“六种情形”标准，坚决落实区党委、市委既定环节、程序、步骤，县乡村三级方案做到统筹推进。从县乡机关选派8名优秀年轻干部到村任职，选配村“两委”班子成员203名、村监委成员111

名。

【党风廉政】持之以恒正风肃纪，以钉钉子精神落实各项任务，做到全面从严管党治党。强化体制机制，完善党风廉政建设和反腐败工作责任机制，及时安排部署全年党风廉政建设和反腐败工作重点任务，与全县7乡1镇负责人、县直机关各部门主要负责人签订党风廉政建设目标责任书。强化正风肃纪，着眼抓早抓小抓常，严格落实中央“八项规定”、区党委“约法十章”“九项要求”，坚决反对“四风”，严禁公款吃喝、公款旅游、公车私用，禁赌禁酒，强化日常教育、提醒、警示。加强监督检查，健全查办案件组织协调机制，采取自查自纠、明查暗访、专项检查和重点抽查等方式深入开展监督检查，规范财务管理，严肃财经纪律。严肃查办案件，设置举报箱、开通举报电话、下访询问干部群众，拓展和畅通信访举报渠道，多途径挖掘和捕捉案件线索。先后受理群众来信来电来访举报3件，自办4件，转办4件，其中了结5件、立案5件。强化纪律审查，转变理念、改进方式，正确运用监督执纪“四种形态”，特别是立足抓早抓小，对党员干部一般性、苗头性和轻微违纪问题，按照干部管理权限，进行谈话提醒、教育诫勉，把问题消除在破纪之初、违法之前，先后约谈5人、通报批评10人、谈话函询1人、诫勉谈话1人、党内警告处分3人。落实巡察制度，建立健全县委巡察工作党政“一把手”负总责制度机制，完成32家单位的政治巡察，巡察利剑作用得到有效发挥。强化巡视整改，抓牢抓实区党委巡视一组反馈意见整改工作，着重抓好党的领导弱化、党的建设缺失、从严治党不力三个方面30项整改事项，完善规章制度，用制度固化巡视整改成效。

【意识形态】充分认识进一步加强思想政治建设的至关重要。深刻领会、坚决贯彻习近平治国理政新理念新思想新战略特别是治边稳藏方略，对区党委九届三次全会审议通过的加快全面建设社会主义现代化西藏的意见、市委一届五次全会提出的“6677”工作思路，特别是十九大报告作出的“中国特色社会主义进入新时代”重大判断进行认真学习、广泛宣传，使会议精神真正深入基层、深入群众、深入人心，教育引导各族党员干部群众知党恩、明白“惠在何处、惠从何来”，感党恩、永远铭记党的恩情，报党恩、坚定不移跟党走，在思想上政治上行动上始终同以习近平同志为核心的党中央保持高度一致。年内县委理论学习中心组开展集中学习30次。自觉带头、广泛激励党员干部职工始终保持强烈的政治责任感和历史使命感，增强“四个意识”，坚定“四个自信”，大力弘扬“红船精神”“长征精神”“老西藏精神”“两路精神”和“珠峰精神”，登高望远、居安思危，勇于变革、勇于创新，在贯彻落实区党委“四个坚定不移”、市委“6677”工作总体思路、建设“美丽萨嘎、幸福家园”中提振精神、主动作为、敢于担当、争先进位，放大“与其苦熬消耗生命、不如苦干燃烧青春”的正能量，做神圣国土的守护者、幸福家园的建设者。提高认识、牢牢掌握思想工作领导权和主动权，全心全力、真情真意抓好“四讲四爱”主题教育实践活动、文明创建、对外宣传、文化队伍阵地建设等各项工作，创新打造“马背宣讲队”“边境摩托车联防宣讲队”“夕阳红老党员宣讲员”“致富能手宣讲员”等特色宣讲法，服务“最后一公里”、温暖“最远一家人”。学习宣传、贯彻落实中共十九大精神，强化中共十九大召开前社会氛围营造，做好中共十九大开幕式盛况收听收看，编撰中共十九大精神学习宣传读本，大力开展中共十九大精神系列宣讲，邀请专家学者开展专题辅导讲座。十九大代表、自治区副主席、市委书记张延清，区高法院长索达，市委常委、统战部长巴桑，市政府副市长李玉建等省厅级领导先后到我县开展中共十九大精神宣讲。2017年，全县各级各部门先后以各种形式组织学习、宣传中共十九大精神400余场次，实现全覆盖、无死角。

（董行）

县委办公室工作

【概况】县委办充分发挥参谋助手、督促检查、综合协调和后勤保障作用，全面提高办文、办会、办事水平，不断强化管理、转变作风、锐意进取，较好地发挥了以文辅政、参谋助手和综合协调作用。

【政务工作】紧紧围绕县委各项重大决策和部署，起草领导讲话、文件、汇报及调研材料等文稿，较好地发挥了参谋助手作用。日常工作中，将文字规范化作为提高素质重要方面，建立健全有关制度，建立规范、严格程序，保证发文用字规范化。

【机要保密工作】始终把机要保密工作摆在重要位置，落实保密责任，不断提高机要人员保密意识，时刻保持高度警惕，增强保密自觉性，自觉遵守党的保密纪律和国家保密法规。特别是做好要害部位、涉密文件、计算机、移动存储介质等方面保密工作，严格界定保密事项，加强保密管理。认真执行党的密码工作方针、密码编用原则和各项机要保密规定，严格按照保密规定使用密码机，根据保密规定开展保密自查，严格执行保密纪律，落实各项保密措施，杜绝泄密事件发生。严格机要文件审阅、回收、存档、注销等程序，始终做到密码电报在收发、传阅、保管等各个环节登记明确、交接清楚、专人负责，形成人防、物防、机防相结合综合防范体系，确保绝对安全、绝对畅通。

【信息工作】紧紧围绕县委中心工作，坚持及时、准确、全面原则，着力报送高质量信息，有力促进全县重大决策及重要工作部署的贯彻落实。将信息任务量化分解到每一名同志和信息工作人员手中，督促指导信息收集和编报工作，全面、客观反映全县社会情况，做到报送信息不片面、不遗漏，为上级统揽全局、科学决策、指导工作提供系统全面材料。在中央、自治区、市委重大决策出台以及重大事件发生后，及时了解广大干部群众反映，尤其是基层采取措施，努力做到在最短时间内把基层动态反馈给上级。

【深化改革】加强组织领导，及时调整充实深化改革工作领导小组和专项小组；加强调查研究，形成6篇调研报告；强化任务落实，制定《中共萨嘎县委全面深化改革领导小组2017年工作要点》，承接上级改革成果55项、本级成果13项；加强信息报送，报送改革信息62期、月报9期、季报3期、（半）年报2期，深化经济体制改革，推进扶贫领域改革，制定《萨嘎县统筹整合涉农资金推进精准扶贫的实施方案》《萨嘎县2017年财政涉农资金统筹整合使用实施方案》；开展土地制度改革，制定《萨嘎县开展农村土地（耕地）承包经营权确权登记颁证工作的实施方案》。深化文化体制改革，加强群众思想教育，制定《萨嘎县“讲党恩爱核心、讲团结爱祖国、讲贡献爱家园、讲文明爱生活”喜迎党的十九大主题教育实践活动社会面宣传工作方案》《萨嘎县开展“讲党恩爱核心、讲团结爱祖国、讲贡献爱家园、讲文明爱生活”喜迎党的十九大主题教育实践活动农牧民群众工作实施方案》。加强民族团结，制定《萨嘎县喜迎日喀则市首届“民族团结进步日”活动实施方案》。加强公共文化服务，制定《萨嘎县加快构建公共文化服务体系建设实施方案》。深化社会体制改革，开展医疗卫生体制改革，制定《萨嘎县新型农牧区医疗管理办法实施细则（2017年）》《萨嘎县包虫病综合防治工实施方案（2017—2020年）》《萨嘎县家畜包虫病防治工作方案（2017年—2020年）》。深化生态文明体制改革，加强环境综合整治，制定《萨嘎县2017年环境综合整治工作方案》《萨嘎县“白色污染”专项整治实施方案》《萨嘎县全面推行河长制工作方案》《萨嘎县关于推动形成绿色发展方式和生活方式宣传报道方案》。加强地质灾害防治，制定《萨嘎县2017年地质灾害防治工作方案》。强化生态奖励机制，制定《萨嘎县建立草原生态保护补助奖励机制政策实施方案（2016-2020年）》。深化民主法治领域改革，加强普法教育，制定《2017年普法依法治理工作要点》《萨嘎县普法办关于进一步加强领导干部学法用法工作的实施方案》。深化纪律检查体制改革，推进监督体制改革，制定《中共萨嘎县委巡视工作五年规划》。深化党的建设制度改革，加强基层党建工作，制定《萨嘎县关于贯彻落实“党建珠峰”战略加强和改进基层党建工作的意见》。加强党员思想教育，制定《萨嘎县关于进一步加强干部职工政治理论和业务知识学习的意见》。

【史志工作】年内，在县委县政府的坚强领导下、在市方志办的精心指导下、在县委办的强力推进下、在县志办的不懈努力下，全县修志工作逐渐走向规范化、科学化轨道，为实现“树立精品意识、提高志书质量、打造精品佳志”这一目标提供了坚强的保证。在“改”字上出实招。高规格配备组织领导。实行党政主要领导负责制，坚持并完善“一把手总体抓、分管领导专门抓、志办领导具体抓”责任制。及时调整充实县地方志编纂委员会，由县委书记任编委会主任，县委副书记、政府县长任编委会常务副主任，县委副书记、政府常务副县长任编委会副主任，有关部门负责同志任编委会委员。高起点成立办事机构。2月正式成立县方志办，配备独立办公室，并挂牌，实行独立办公。尽量配齐配全工作人员，现有专职负责人1名、工作人员1名。高标准强化办公保障。按照“修志经费由地方各级政府负责”原则，加大经费保障力度，除人头公用经费外，5万元办公室办公专项经费、20万元县志出版经费、28.5万元年鉴出版经费一并列入县财政预算，基本满足办公日常需求和出版费用。在“学”字上动脑筋。进一步提高政治能力，努力做政治上的“明白人”。认真参加各类政治理论学习，认真学习习近平系列重要讲话精神，认真开展“两学一做”学习教育活动，增强“四个意识”，做政治上的明白人。进一步提高专业能力，努力做业务上的“内行人”。加强自我学习，从网上等渠道购买相关书籍，精读、苦读，深入研究志书、年鉴编纂方式方法，总结经验、吸取教训，不断提高综合素质与业务能力。加强沟通联系，遇到疑难困惑及时请教市方志办，努力探索新思路、新途径、新举措。积极走出去，在区市两级上级部门的大力支持下，选派1人到山西晋城参加全国方志工作主编培训会，开阔眼界、增长知识。在“干”字上下功夫。积极配合完成上级供稿任务。按照区市方志办有关要求，把为上级供稿任务落实到人，制定编纂方案，精心收集、筛选、整理、撰写，圆满完成2017年区市年鉴萨嘎部分供稿任务。积极抓好方志资料开发利用。围绕县委县政府中心工作，充分发挥职能作用，积极开发利用方志资料，为县委县政府及有关部门提供参考，服务当地经济社会发展。千方百计搜集部分老旧照片。为系统全面记述萨嘎经济社会发展变化，真实反映近年来经济社会发展巨大成就，千方百计搜集部分老旧照片，增加文字表达广度深度和可读、可看、可用性。认真开展地方文献征集工作。向各乡镇、村广泛征集历史资料并归档，建立经常性业务联系。

（董行）

组织工作

【概况】县委组织部（编办）下设和管理县委党校、电子政务中心、老干局，现有科级干部7人，科员6人、事业单位人员7人。2017年，县委组织部以大力实施“党建珠峰”战略、夯实治边稳县基础为着力点和着眼点，全县组织编制老干工作聚焦薄弱问题抓整改、围绕重点工作求突破、抓牢基础工作出成效、深化亮点做法谋推广，为加快建设“美丽萨嘎、幸福家园”提供了坚强的组织保障。

【干部队伍建设】始终坚持“信念坚定、为民服务、勤政务实、敢于担当、清正廉洁”好干部标准和民族地区干部“三个特别”“六个绝不使用”“四用四不用”要求，努力把想干事、能干事、干成事、不出事的优秀干部选拔上来，注重对干部在特殊时期的政治态度、宗旨意识、工作作风、工作能力和群众评价的考察，坚持在维护稳定中检验干部、在急难险重一线考察干部、在解决民生问题中识别干部、在脱贫攻坚中发现干部、在基层一线培养干部，在驻村驻寺工作中锻炼干部，努力为优秀干部脱颖而出搭建平台。坚持“五湖四海、任人唯贤，德才兼备、以德为先，注重实绩、群众公认”原则，将民主推荐与平时考核、年度考核、一贯表现和人岗相适等情况综合考虑，充分酝酿，防止把推荐票等同于选举票、简单以票取人。2017年，县委共提拔调整干部80人，其中行政干部69人，事业干部11人。提拔科级干部共47人，其中正科级领导干部9人，副科级领导干部32人，正科级非领导职务干部3人，副科级非领导职务干部3人；平职调整共24人，其中正科级领导职务11人，副科级领导职务9人，正科级非领导职务干部4人；非领导职务干部转任实职5人，其中正科级2人，副科级3人；领导职务转任非领导职务2人；副县级领导职务兼任正科级领导职务1人；免去正科级领导职务1人。

【基层组织建设】规范支部设置。找准“工学矛盾突出”、机关党建“灯下黑”和党组织活动流于形式问题根源，经县委常委会研究及时下发《关于调整全县各党组织设置的通知》《关于调整设置全县各党组织后做好党组织班子推选工作的通知》，严格支部“改、组、建”程序，选优配强支部成员，共调整或设立党委1个、党工委2个、党总支1个、党支部125个，党小组35个。统筹抓好学校、企业、社会组织、离退休老干部等各领域基层党建工作，成立非公党工委1个、离退休党支部4个。规范政治生活。积极落实市委党建工作“六化”要求，制发《萨嘎县基层党组织规范化建设手册》，精心制定党组织“三会一课”、组织生活、民主评议党员、谈心谈话、党员志愿服务活动等时间、任务、制度清单，从严从实落实党建基础工作，全年全县各级党组织共召开组织生活会150余场次、撰写对照检查材料890余份。组织党员每周一常态开展“升国旗唱国歌”“国旗下学党章”等“主题党日”活动，做到每月有主题、每个支部有活动。

【强基惠民工作】严格队员管理，规范驻村干部考勤与请销假制度和驻村工作周抽查、月普查、季考核制度，下发《关于进一步规范驻村干部轮休休假有关事宜的通知》《萨嘎县驻村干部纪律要求》，制定《驻村干部考勤与请销假制度》《驻村工作周抽查、月普查、季考核制度》。年内周抽查37次、182个（次）驻村工作队；月普查10次、380个（次）驻村工作队；季考核3次、列出整改任务106条并全部整完成。打造特色载体，探索“帐篷驻村点”“临时帐篷驻村办公点”等驻村工作新模式，每月定期不定期到各草组和放牧点搞调研、做宣讲、办培训、送温暖。工作成绩突出，县强基办荣获2017年度“自治区级先进单位”荣誉称号。

【党员队伍建设】坚持程序步骤。找准发展党员工作程序步骤把关不严和发展党员质量不高两大突出“症结”，举办集中培训班，重点讲解发展党员程序步骤、规范化手册填写、党员信息采集注意事项、组织关系转接手续等有关业务知识。坚持“四不三硬两强”标准，从严从紧落实《党章》《中国共产党发展党员工作细则》要求，全面实行乡镇党委书记发展党员责任制，编印《萨嘎县发展党员工作手册》，明确发展党员程序步骤、材料要素、时间节点。2017年，共发展党员80名，其中农牧民党员40名、占50%，机关党员40名、占50%；大专及以上30人、占38%，初中以上大专以下27人、占34%，小学以上初中以下23人，占28%。强化日常管理。进一步规范和完善党员组织关系接转，加大流动党员管理服务，从源头上减少“口袋党员”“失联党员”。开展党员信息采集，强化党员档案和个人信息管理维护。开展共产党员不得信仰宗教承诺签名活动，引导党员始终坚定理想信念、增强政治站位。依托远程教育终端站点、农家书屋，大力实施“三个培养”工程。深化无职党员设岗定责。坚持“按需设岗、因事设岗、以岗定责、责任到人”，设置政策法规宣传岗等岗位，引导农牧民无职党员在岗在位、履职尽责。开展志愿服务活动。开展“弘扬珠峰精神、播撒爱心火种、共建西部驿站”“同心同德同建美丽萨嘎、群策群力群创幸福家园”“倾心呵护蓝天碧水、携手打造美丽萨嘎”“党员先锋林工程”“党员微心愿”“365民情直通日”等系列志愿服务活动，在建设“美丽萨嘎、幸福家园”中发挥先锋模范作用。

【推进“两学一做”学习教育常态化制度化】突出忠诚教育。坚持“三个坚持三个不”原则，党员干部深入学习中共十八届六中全会精神和《准则》《条例》320场次、8500人次；学习习近平系列重要讲话精神和治国理政新理念新思想新战略，特别是中共十九大精神530场次、1240人次；学习《中国共产党地方委员会工作条例》《中国共产党党组工作条例（试行）》《中国共产党机关工作条例（试行）》《中国共产党农村基层组织工作条例》《中国共产党党内监督条例》520场次、4860人次；学习自治区第九次党代会和市委一届五次全会精神140场次、10500人次。突出宣传引导。以“大水漫灌”和“精准滴灌”相结合方式，把牢“两学一做”学习教育主线关、主题关、对象关，特别是紧扣喜迎中共十九大主线，入草组、入牧场、入牧户、入机关、入学校，推出“边境摩托车联防宣讲员”“夕阳红老党员宣讲员”“致富能手宣讲员”等特色宣讲力量，把“两学一做”学习教育精神食粮送到农牧民党员家门口，先后开展宣讲86场次，参与党员2670余人次，打通学习教育“最后一米”。突出精神引领。大力弘扬长征精神、老西藏精神、“两路”精神和“珠峰”精神，激励广大党员干部在落实区党委“四个坚定不移”工作任务、市委“6677”总体发展思路和加快“美丽萨嘎、幸福家园”建设中提振精神、主动作为、敢于担当、争先进位，传播“与其苦熬消耗生命、不如苦干燃烧青春”的正能量，凝聚时不我待、大干快上的强大合力。突出作风整顿。继续深化“讲学习、讲忠诚、正风纪、转作风、提效能”主题教育活动，聚焦六大问题，开展“国旗下的讲话”“讲述我的勤劳致富路”“向习爷爷说句心里话”“参观爱国主义教育基地”等特色活动，推动学习教育入脑入心、学思践悟，力求实现六个更加。突出学习提高。明确学习重点、学习方式、学习次数、考核检查，充分调动党员干部参与学习的积极性，推动形成全县上下善于学习、勤于思考、刻苦钻研、拼搏实干的良好风气。

【完成村组织换届选举】抓实前期调查摸底。坚持摸底调研先行，在各乡镇党委初步调查摸底基础上，采取现场督查、座谈交流、走访群众、个别访谈、征求意见、民主测评等方式，全面了解掌握村组织班子、班子成员和党员队伍建设情况，认真排查各村是否存在“村霸”“蝇贪”、宗教宗族势力、境外关系等情况，排查梳理群众反映强烈、可能影响换届顺利进行的突出问题和隐患，做到底数清、情况明、了解透。营造浓厚换届氛围。组成巡回宣讲组，抽调精干力量，深入38个行政村，采取群众喜闻乐见、易于接受的方式，大力宣传换届选举的重要意义、方针政策、法律法规、方法步骤和党委、政府的部署要求。制作藏汉“双语”宣传单、明白卡，发放到198名村干部、114名村务监督委员会成员、880余名农牧民党员和9760余名群众手中，充分展示广大农牧民群众在党的坚强领导下，行使民主权利、当家做主的生动局面，形成强大宣传声势、营造良好换届选举氛围。严格人选标准条件。在自治区“六个凡是”、市委“三个十条”基础之上，提出“六种情形”标准，严把人选关口。研究制定《村组织班子及成员民主推荐、民主评议和考核工作方案》，认真汇总、综合分析民主测评结果和个别谈话结果，准确填写《村组织换届初步人选推荐表（汇总）》《村组织班子及成员民主测评及征求意见表（汇总）》，分别形成村组织班子及成员民主测评和考核情况报告，考核结果作为各乡镇研究确定村组织换届人事安排方案的重要依据。精准选派干部到村工作。严格落实《中共日喀则市委关于选拔机关优秀年轻干部到基层工作的通知》（日委〔2017〕144号）要求，从县乡机关选派优秀年轻干部8名，跨村任职2名。此次换届中，共选配村“两委”班子成员203人，选配村务监督委员会成员111名。

【壮大党务工作者队伍力量】年内，充实6人设立县党建办，各乡镇也相应设立不少于4人的党建办。配齐配强乡镇副书记、组织委员、组织员等党务工作者队伍，严格落实《县乡村三级书记抓党建工作责任清单》任务，引导党务工作者扛实主业主责。注重党建业务能力提升，举办党务知识培训2场次，开展党建知识测试1场次。制发《关于进一步完善组织员制度的通知》，明晰任务、落实责任，坚持真督真导，先后开展党建工作专项督查考核4次，当场下发整改清单、当面落实整改责任、当场明确整改时限。

【抓党建促脱贫】健全完善制度。牢树“抓脱贫是最大任务”理念，充分发挥牵头协调作用，扎紧织密“3343”抓党建促脱贫攻坚体制机制，做到无盲区、全覆盖。壮大集体经济。大力扶持壮大达吉岭乡鲁嘎采石场、加普村温室蔬菜大棚、旦嘎乡腌菜、拉藏乡曼曲村奶渣加工坊等原有规模村集体经济，运用“支部+合作社”“支部+贫困党员”“支部+贫困户”等模式，整合资金、技术、力量，新创办29家村集体经济实体，覆盖86.8%的行政村，有效解决村集体经济“空壳”问题，辐射带动72名贫困人口实现脱贫。抓好结对帮扶。建立“3211”结对帮扶机制，1000余名党员、152名驻村干部及全县所有农牧民建筑施工队参与结对认亲交朋友活动，以思想教育引导为主，物资帮扶为辅，先后开展各类帮扶活动1673场次。

（江巴）

宣传工作

【概况】2017年，全县宣传思想工作以深入学习宣传贯彻中共十九大精神为重点，唱响主旋律、打好主动战，积极为萨嘎长足发展与长治久鼓与呼，在全县上下营造良好社会舆论氛围。

【舆论引导】做好县“两会”宣传报道。在会议期间，及时播报人代会、政协会召开实况，及时将会议实况和相关报告登载在县政府网站，精心制作县经济社会发展五年回顾展和“两会”召开实况展，使广大群众及时了解掌握“两会”内容。宣传脱贫攻坚等重点工作。围绕脱贫攻坚等重点工作，及时撰写工作信息、总结宣传典型经验、组织策划宣传活动，积极营造全社会支持参与脱贫攻坚工浓厚作氛围。用好用活新媒体。充分运用政府网站、微博、微信公众号等新媒体传播平台，紧紧围绕县委、县政府中心工作，有计划、有重点地进行网上宣传，抢占网络舆论阵地。年内关注“萨嘎县发布”微信公众号达1948人，官方微博拥有粉丝1500余人，政府新闻网共上传新闻1586条，“萨嘎县发布”发布新闻4200余条，“驿站萨嘎”发布生活资讯、藏文信息500余条，“网信萨嘎”发布网络信息500余条。加强文化市场综合执法力度。不定期对网吧服务器、电脑磁盘和网页浏览进行检查，坚决杜绝未成年学生进入网吧现象，严密防范网上网下涉藏违禁和淫秽色情有害信息，依法打击有害青少年身心健康出版物及涉藏违禁非法书报刊、“三假”，确保网络和市场可管可控。

【理论宣传】扎实做好理论学习中心组有关

工作。做好学习资料收集。根据县委理论学习中心组学习需要，积极收集学习资料，经县委书记审核签字后，及时制定学习议程、印发学习资料，确保学习有计划、有安排、有资料。建立学习台账。每次学习结束后，及时整理归档，相关学习情况第一时间报送市委宣传部理教科，并通过“萨嘎县发布”将学习情况广而告之，扩大县委理论学习中心组辐射效应。年内县委理论学习中心组开展集中学习30次。完善学习制度。在原有年度总体安排计划基础上，制定《关于按季度制定理论中心组学习安排的工作办法（试行）》《中共萨嘎县委宣传部关于加强和改进理论学习中心组的实施方案》，进一步完善加强组织领导、丰富学习内容、强化督促落实等内容。规范乡镇理论中心组学习。针对各乡镇理论学习中心组标准不一、学习不规范等情况，制发《萨嘎县委宣传部关于做好乡镇理论学习中心组有关事宜的通知》，就成立理论学习中心组、建立学习制度、列出学习计划、建立学习台账、指定专人负责等事项进行明确，助推乡镇理论学习中心组规范化建设。强化对外宣传，投入50万元制作文化旅游宣传片，推广“甲谐”文化，提升知名度，助推旅游文化产业发展。

【开展“四讲四爱”主题教育实践活动】强化组织领导。成立由县委书记任组长的“四讲四爱”主题教育实践活动领导小组，领导小组下设办公室。从各乡（镇）抽调精干力量充实到办公室，有效确保组织领导到位、思想发动到位、工作举措到位、任务落实到位。创新活动载体。精心设计“美丽萨嘎、幸福家园”系列活动载体，以五项自选载体活动助推“四讲四爱”主题教育实践活动深入开展。强化舆论宣传。充分利用微信公众号、政府网站、手机媒体、文化墙、宣传单、县乡村广播等方式，加大社会面宣传。广泛宣传主题教育实践活动重大意义主要内容和实践要求，广泛宣传主题教育实践活动进展情况和成功做法，广泛宣传主题教育实践活动先进典型和生动故事。突出特色亮点。充分结合萨嘎县情县貌，推出“马背上的宣讲员”“夕阳红老年宣讲员”“边境摩托车联防宣讲员”“能人宣讲员”“少年宣讲员”“风采牧民宣讲员”等特色宣讲力量，入村入户入草组宣讲，面对面心连心宣讲。同时，采用“七宣法”“六重讲”等全覆盖宣讲模式，将全县所有单位负责人纳入宣讲队伍中。年内，共开展宣讲3896场次，受众268580余人次。群众广泛参与。群众自编自导歌舞《歌颂核心》《党的光辉下的幸福生活》等歌舞，进一步坚定广大群众感党恩、听党话、跟党走的决心信心。注重建章立制。修订完善村规民约、寺规僧约、学生守则、校规校纪等制度规范，特别是将“惠民资金不要刻在玛尼石上”“救命钱不要花在求神拜佛上”等相关要求充实到乡规民约、村规民约中，以长效化机制教育引导群众把更多精力用在发展生产、改善生活上，摒弃陈规陋习和封建迷信思想，过好和谐文明幸福今生。

【文化发展】开展国家级非物质文化遗产“甲谐”进学校进社区活动。以“甲谐”为题材编制舞蹈，深入各学校对广大师生教习“甲谐舞”。6—9月每天晚上19点至21点组织县民间艺术团演员教习全县干部职工和县城居民“甲谐舞”“锅庄”等舞蹈。开展“五下乡”活动。年内共开展“五下乡”相关活动78场次，实现乡镇全覆盖。开展乡村少年宫活动。以乡村少年宫为平台，根据学生爱好，结合本地特色文化，开设学生喜爱的器乐演奏、经典诵读、手工制作、绘画书法、音乐舞蹈等课程，挖掘学生潜能，为未成年人健康成长和全面发展创造条件，提高素质教育水平。

【精神文明建设】 加大社会主义核心价值观宣传力度。大力传播社会主义核心价值观，弘扬主旋律、传播正能量。制作发放社会主义核心价值观公益宣传册和宣传提示语，在县城219国道沿线设立核心价值观文化墙。发挥先进典型示范带动作用。结合“四讲四爱”主题教育实践活动中涌现出来的次巴夫妻、嘎次珠、嘎玛塔青、卫色等先进典型，把典型事例制作成藏语版宣传册，让广大群众以身边的先进为榜样，教育引导群众淡化宗教消极影响，教育引导群众通过勤劳的双手致富。开展2017年度文明评选工作。年内评选出1个文明乡镇、5个文明村、4家文明单位、45个文明户、5家文明商户。开展学雷锋活动。组织干部职工、中直企事业单位人员、驻军警部队官兵、县中学师生清扫县城街道，在县城格桑街和文化广场开展联合便民咨询服务活动。开展庆祝“西藏百万农奴解放纪念日”系列活动。组织县中小学学生在县文化活动中心参观新旧西藏对比图片展，进行爱国主义教育；在辖区各学校、寺庙放映爱国主义题材影片，播放优秀爱国主义影片、宣传标语以及新旧西藏对比专题视频；组织相关单位以悬挂横幅、设立宣传点、发放宣传单、悬挂新旧西藏对比图片展等形式，进行联合宣传。

【中共十九大精神宣讲】 抓好会前氛围营造。以迎接服务、学习宣传、贯彻落实中共十九大精神为主线，于年初着手谋划，及时开展营造中共十九大浓厚社会氛围各项工作。县广播电视台、县网信办等多家单位依靠各自优势力量，大力宣传《砥砺奋进的五年》辉煌成就；积极协调县城所在地有LED显示屏商户滚动播放《日喀则市迎接党的十九大宣传标语》；组织各乡镇、县直机关单位，悬挂横幅、张贴标语、更换国旗彩旗、印制宣传册；通过广播电视台频率、频道播放宣传标语，积极营造喜迎中共十九大胜利召开浓厚社会氛围。抓好会中宣传报道。10月18日，第一时间派出多路记者深入机关、乡村、学校、寺庙，采集社会各界集中观看中共十九大开幕盛况影像资料，第一时间播出社会各界学习中共十九大精神情况，通过“萨嘎县发布”等平台持续推送社会各界学习中共十九精神相关信息。抓好会后学习宣传。及时印制学习资料、工作方案。中共十九大结束后，立即着手整理编制《中国共产党第十九次全国代表大会精神读本》（藏汉双语）《萨嘎县关于学习宣传贯彻党的十九大精神工作方案》，汇编包括中共十九大报告、中国共产党章程等15件文件材料，并组织人员进行翻译，第一时间将中共十九大精神传送到广大党员干部群众。在县城主要街道、公路沿线、村民集中居住区悬挂横幅300余条，制作宣传栏21面，更换高炮18面。重点抓好理论学习中心组学习。坚持以上率下，抓好党员领导干部这一重点，党员领导干部先学一步、学深一层，为广大党员作好示范、当好表率，理论学习中心组专题学习3次，每名县级干部到所包乡镇宣讲达到3次以上。各级党组织紧跟县委步伐，组织专题学习400余次，每名党员干部抄写读书笔记5000字以上，撰写至少1篇心得体会。寓教于乐开展宣讲、组织文艺汇演。在县文化活动广场举办学习宣传贯彻中共十九大精神文艺汇演活动。与此同时，组建中共十九大精神宣讲及文艺会演队，深入8个乡镇，开展为期8天、16场次的中共十九大精神宣讲及文艺会演活动，以群众喜闻乐见、寓教于乐的形式宣讲中共十九大精神，5000多名农牧民群众受到教育；集中宣讲98场次，覆盖所有村（驻村工作队）、所有寺庙、所有学校、所有便民警务站、所有（公安）边防派出所。邀请知名专家开展专题辅导讲座，邀请区市领导为全县干部职工作中共十九大精神和区党委九届三次全会精神专题辅导讲座，对中共十九大报告的新思想、新论断、新提法、新特点、新目标、新使命、新举措进行深入分析和详细解读，对全面建成社会主义现代化强国、新时代中国共产党的新使命作系统讲解。认真组织学习总书记回信精神。深入学习贯彻总书记回信精神，始终牢记总书记嘱托，继续传承爱国守边精神，广泛发动人民群众，着力构建“支部是堡垒、党员是先锋、人人是哨兵、家家是哨所，生产是执勤、放牧是巡逻、处处有防范”的边境防控格局，做神圣国土的守护者、幸福家园的建设者，以边境地区和谐发展、持续稳定的实际成效，回报总书记的关怀厚爱。

（闫志惠）

纪律检查

【概况】县纪委、监委合署办公，现有科级干部4人、科员4人，员级1人。2017年，县纪委、监委认真贯彻落实习近平关于全面从严治党系列重要论述和讲话精神，贯彻落实区纪委、市纪委系列工作部署要求，坚持党要管党、全面从严治党，创新举措、狠抓落实，扎实开展监督执纪问责工作，各项工作取得明显成效。

【落实“两个责任”】明晰责任清单。配合县委对“两个责任”内容进行梳理，年初同县四套班子成员、乡镇党委书记、县直单位主要负责同志一一签订党风廉政建设目标责任书。按照县委要求制定党风廉政建设责任制分工，明晰县委领导班子、县委主要领导、县委领导班子其他成员和乡镇党委书记、县直单位负责同志责任。为更好落实责任，县纪委书记在县委理论中心组学习会上对“两个责任”内容进行专题辅导，详细讲解“两个责任”内容。强化责任考核。协助县委开展2017年度党风廉政建设责任制考核检查，制定2017年度乡镇和县直单位党风廉政建设责任制落实情况考核细则，由县委主要领导挂帅组成考核组，对各乡镇和县直单位落实“两个责任”情况进行重点考核，对考核结果在全县范围内通报。组织召开述责述廉会议，听取各乡镇党委书记和县直部门负责人述责述廉报告。坚持问题导向。对照区党委巡视一组巡视反馈意见，制定整改方案，明确责任单位、责任领导和整改期限，加强督查督办，确保逐项整改落实。针对党风廉政建设责任制考核和日常检查发现的问题，下发整改单，逐条提出整改意见建议，督促各乡镇和县直单位限期抓好整改落实并反馈整改情况。

【作风检查】“经常抓、深入抓、持久抓”，弛而不息纠“四风”。加大督查力度，健全常态化督查机制，持续对全县广大党员干部贯彻落实中央八项规定精神情况进行日常督查，防止“四风”反弹。围绕春节、藏历新年、林卡节、中秋节、国庆节等重要时间节点，开展7轮明察暗访，重点督查治理赌博、公款送节礼、公款吃喝、公款旅游、公车私用等“节日病”。围绕公车规范管理，对全县公务用车乱停乱放、公车私用等情况开展专项检查8次；围绕贯彻落实县委禁酒禁赌规定，严肃查处国家公职人员工作日期间饮酒和参与赌博或带有赌博性质娱乐活动，通报批评11人次；围绕巡视整改要求，开展办公室超标问题整改，全县清理腾退超标办公室22间；围绕3月敏感期，开展维稳纪律执行情况监督检查12次，通报批评2人次；围绕打赢脱贫攻坚战，开展扶贫领域专项监督检查2次，当面反馈、下发通报、限期整改；围绕推动干部作风转变，对公职人员遵守出操、上下班纪律、外出报批制度等情况开展专项检查7次，约谈3人次、通报批评3人次。强化源头防范，按照区纪委、市纪委要求，下发通知3份、转发通知4份，督促全县各级党组织履行主体责任，切实管好自己的人。制定出台《关于进一步深入贯彻落实中央八项规定和区党委“约法十章”“九项要求”精神的通知》《关于严肃干部“六项纪律”的暂行规定》《萨嘎县党员干部禁酒禁赌规定》《关于严禁领导干部借各种名义大操大办、收敛钱财、奢侈浪费的通知》等有关规定，用制度管人、管事、管钱。曝光违规行为，对典型问题集中通报、重点类型问题专题通报、问责案例专门通报，年内共下发本级通报5期，转发区市纪委有关通报28期。

【执纪审查】正确运用批评教育、党纪轻处分和组织处理等“四种形态”，开展监督执纪。加大信访初核力度，落实信访举报“零暂存”工作要求，对信访举办件做到即时签收、逐件处置。保持惩腐高压态势，围绕党员干部廉洁从政、作风建设等方面存在问题，重点查处党员干部违反中央八项规定精神和基层腐败问题、重点查处中共十八大后不收手不收敛顶风违纪行为。年内，先后受理群众来信来电来访举报3件，自办4件（检查中发现），转办4件（市纪委转办1件、市巡察办转办1件、县巡察办转办2件），其中了结6件，立案5件。正确运用“四种形态”，转变理念、改进方式，用好监督执纪“四种形态”，特别是立足抓早抓小，对党员干部一般性、苗头性和轻微违纪问题，按照干部管理权限，进行谈话提醒、教育诫勉，把问题消除在破纪之初、违法之前。年内，先后约谈5人、通报批评10人、谈话函询1人、诫勉谈话1人、党内警告处分3人。

【廉政教育】坚持把预防腐败作为反腐倡廉工作重点。加强廉政教育，县委理论学习中心组带头，全县各级党组织至少安排4次廉洁从政专题学习，深入学习党章党规和习近平关于全面从严治党系列重要论述和讲话精神、学习各级纪委查处的典型案件，及时发放《中国纪检监察》《党风廉政建设》《党员干部廉洁自律手册》《损害群众利益典型案例文件》等刊物资料，引导党员干部从思想深处树起拒腐防变意识，提升遵纪守法意识。加强警示教育，组织干部职工1500余人次集中观看《作风建设永远在路上》《我不是潘金莲》《贪欲黑洞》等警示教育片，组织14名乡镇长和管钱、管物、管项目领导干部参观日喀则市反腐倡廉警示教育基地，对80名新任领导干部进行任前谈话，筑牢拒腐防变思想基础。弘扬廉政文化，深入开展廉政文化进机关、进学校、进企业、进家庭、进社区、进农牧区“六进”活动，年内累计举办廉政党课50余场次、悬挂廉政标语20余条、上墙廉政警示语60余条，营造浓厚廉政氛围。强化风险防控，建立健全廉政风险防控机制，开展重点岗位廉政风险自查，对关键岗位人员加强廉政教育、制定风险防控措施，新建廉政档案58份。

【体制改革】成立县深化监察体制改革试点工作领导小组，制定实施方案；召开专题会议，研究县监察委员会主任、副主任、委员初步拟任人选，经县委常委会研究通过后确定县监察委员会主任1名、副主任2名、委员1名，并严格按照法定程序履行相关任职手续。12月23日，县监察委员会举行揭牌仪式，县监察委员会正式成立，

【巡察工作】县委第一轮巡察发现边巡边改问题6个、党的领导弱化问题9个、党的建设缺失问题10个、全面从严治党不力问题14个，县委巡察办向县纪委移交问题线索5件，其中立案1件、正在初核审查1件、向市纪委审理室移送协审1件。县委第二轮巡察发现边巡边改问题42个，第三轮巡察发现边巡边改问题23个，巡察利剑作用得到有效发挥，形成强力震慑。

【队伍建设】坚持严管就是厚爱，加强自身建设，强化内部监督，努力做到“自身硬”。主动争取支持，经常主动向县委、县政府汇报工作中存在的困难问题，在组织、人员、经费等方面争取最大支持。年内县委常委会研究纪委事项3次，为纪委和巡察机构配备干部7人，县委主要领导听取纪委工作汇报5次，县政府全面保障纪委和巡察机构所需公用经费和办公设备等，为监督执纪工作提供了强有力支持和保障。积极转变职能，坚持把工作重心聚焦到党风廉政建设和反腐败斗争上来，把主要精力集中到监督执纪问责上来，先后开展2轮议事协调机构清理，只保留7个工作机构。围绕乡镇纪检干部“兼职”问题，下发《关于重申推进落实“三转”要求进一步加强和改进乡镇纪检监察工作的通知》，明确乡镇纪委书记一律不能“兼职”乡镇其他工作，乡镇纪委专干原则上专人专用，保证基层纪检干部集中精力抓好主业。努力转变作风，年内组织集中学习活动22次，开展纪检监察干部落实禁酒禁赌规定自查活动，撰写个人对照检查材料24份，签订承诺书33份。制定《萨嘎县纪检监察干部管理办法》《萨嘎县纪委保密工作制度》《萨嘎县乡镇纪检监察干部外出报备制度》等规定，用铁的纪律、严的措施管住纪检监察干部。创新工作方式，召开全县纪检监察干部座谈会，加强业务交流，引导基层纪检干部改进工作方式。加强纪检监察干部培训，年内培训各乡镇纪委书记2轮次，参加上级调训12人次。在“萨嘎县发布”微信公众平台开辟“清风之声”专栏，通过现代信息化手段，不断提高监督执纪科技化水平。

（任小花）

统一战线

【概况】县委统战部下设工商联、宗教办，现有科级干部5名，科员1名。全县共有9个宗教活动场所，其中5座寺庙、2座拉康、2座日追，实有僧人45名；6个寺庙管理机构，其中3个寺庙片区管委会、3个专职特派员机构，共20名驻寺干部（含驻寺民警）。

【服务经济发展】积极组织引导工商联界别人大代表、政协委员紧紧围绕经济建设这个中心，为党和政府当好参谋、为人民群众多谋利益、为萨嘎发展多做贡献。议案、提案被县委、县政府和有关单位采纳6件，为

党和政府提供了可靠的决策依据。开展“百企帮百村”精准扶贫行动，帮助贫困农牧民群众脱贫致富，为打赢脱贫攻坚战贡献力量。组织致富能人宣讲致富经验，将“四讲四爱”主题教育实践活动融入企业文化中，教育引导非公经济人士感党恩、知党恩、报党恩，助力经济社会发展。

【党外代表人士队伍建设】年初召开党外人士迎新春座谈会，为12名党外代表人士送去慰问金，使党外人士深切感受到党和政府关心关怀。及时报送40名党外人士生活补助标准审批表，新推荐1名党外知识分子。联合有关单位，核查核实现有党外人士数据库，并将86名党外人士按年龄、性别、学历、民族等进行分类造册，进一步完善党外人士基本数据库，为进一步培养和任用党外人士提供基础数据和调查依据。

【宗教领域工作】健全联系寺庙机制。认真贯彻落实领导干部联系寺庙僧尼有关制度，制定《萨嘎县县级领导干部联系寺庙僧尼制度》，根据人事变动情况和工作需要及时调整充实人员。实行“1+1”工作模式，采取“123”工作措施，明细涉宗干部与寺庙僧人结对帮扶表，熟记所联系僧人基本情况，及时解决僧人在生活中遇到的各类困难，细化干部联系寺庙制度。深入开展宗教领域专项整治排查工作，建立完善寺庙僧人“两迹两证六表”档案信息及社会流动从事宗教人员基本信息。深化法制宣传教育。把爱国法规宣传教育贯穿宗教领域工作全过程，分层次、有针对性地开展宣传教育活动。在民族团结进步宣传月、3月综治宣传月、“12·4”法制宣传日及各敏感节点，特别是结合“四讲四爱”主题教育实践活动，组建县乡两级法制宣讲组深入各寺庙，采取召开宣讲会、现身说法、观看教育片等多种形式，广泛开展党的民族宗教政策、有关法律法规和新旧西藏对比以及各项惠僧利僧政策宣讲活动。年内累计举办各类宣讲活动150余场次，发放宣传材料1.2万余份。特别是开展反自焚宣传活动14场次，发放宣传资料250份，受教僧人46人，受教育率100%。制定僧人每周二、五集中学习党的民族宗教政策、科学文化和政策理论制度，促进爱国守戒。

【寺庙管理工作】配齐配强涉宗干部。针对近两年驻寺干部退休人员较多，特别是各寺庙管理机构负责人退休问题，经县委研究同意，从县直部门、各乡镇骨干人员中选派一批政治素质好、工作能力突出、善于处理复杂问题、有一定宗教知识的干部充实到各寺庙管理机构中。年内调整充实驻寺干部7名，提拔重用3名，2017年各寺庙管理机构共有编制18名，实有驻寺干部20名，配齐率达100%。研究解决近两年已退休但因工作需要返聘的4名驻寺干部返聘费。不断加大涉宗部门干部培养、教育、交流、选拔任用力度，提拔1名涉宗干部，交流1名驻寺干部到县宗教办担任实职领导职务，平调1名干部任县委统战部主任科员。解决寺庙实际困难。本着“宗教工作无小事”理念，下大力气解决宗教领域各类困难。由本级财政垫资100多万元为达吉岭寺实施寺庙饮水工程，解决饮水困难；投入寺庙维修补助资金13.69万元，解决达吉岭乡平送日追年久失修问题；投资24万元为9座寺庙实施电路改造工程，消除安全隐患。年内全县寺庙“九有”工程全部落实，明显改善了寺庙基础设施和服务条件；“六建”工程全面完成，在寺庙建立长期、稳定、有效的管理机构及党组织，牢牢掌握寺庙领导权，配齐配强寺庙管理机构班子，充实寺庙管理力量，完善寺庙管理体制机制，切实把寺庙管好、管稳定、管和谐，实现寺庙管理科学化、规范化、制度化、常态化。按照市委、市政府《关于加强和改进新形式下宗教工作的意见》，本级财政安排4.8万元寺庙“六个一”专项活动经费，开展形式多样、内容丰富的送温暖交心交友活动，与僧人、僧人家属，交心交友。

【非公经济人士培养】全面加强非公有制经济组织党建工作，2017年工商联7个非公会员企业中有3名以上党员的非公企业有5家。成立5个党支部，正式党员25名，年内转正4名、培养积极分子7名。以“两个覆盖”建设活动为平台，通过举办学习会等形式组织非公经济人士学习十八届历次全会、中共十九大精神和习近平系列重要讲话特别是习近平在全国政协十二届四次会议民建、工商联界别委员联组会上的重要讲话精神，教育引导广大非公有制经济人士始终做到对以习近平为核心的党中央绝对忠诚、对党的核心绝对忠诚。

【新的社会阶层人士】经严格审查，向市委统战部党外科，新推荐3名新的社会阶层人士，其中2名为“甲谐”文化传承人，1名为“格萨尔王”说唱家，均属新的社会阶层中自由职业人员范畴。按照区市两级业务部门有关要求，利用1个月时间，对全县新的社会阶层人士进行深入细致调研摸底，并形成调研报告，为深入开展此项工作提供原始材料。

【藏胞工作】组成藏胞工作宣讲组，深入昌果、雄如、拉藏三个边境乡，召集定居藏胞，以召开座谈会形式，宣传党的各项惠民利民政策和萨嘎县发生的翻天覆地变化；利用藏胞专项经费，对55名藏胞进行慰问。广大藏胞爱党爱国、遵规守法，心向伟大祖国。推荐评选1名政治表现好、文化水平较高藏胞，参加第二期全区国情教育活动藏胞代表人士培训班。

（加增）

萨嘎县人民代表大会

【概况】第十三届人大常委会于2016年9月换届产生，换届选举共产生县乡人大代表335名。现有区人大代表3名、市人大代表13名、县人大代表94名、乡镇人大代表241名。常委会现有主任1名，副主任3名；平均年龄46岁，大专学历3名、中专学历1名。

【重要会议述要】年内共召开人民代表大会2次，常委会议7次，主任会议11次，听取和审议专项工作报告15个，组织代表视察6次，开展专题调研5次，开展执法检查3次，办理代表意见建议202件，为全县经济社会发展稳定工作做出了积极贡献。

【依法监督】认真行使监督职权，始终坚持党的领导、坚持依法履职、坚持问题导向、坚持服务监督有机结合，紧扣全县中心工作和群众关心热点难点问题，不断强化监督职责。采取听取审议报告、调研视察、执法检查等监督形式，较好地促进“一府两院”工作顺利开展。特别是组织县级代表分别对灾后重建、易地扶贫搬迁、环境保护等民生工程进行视察监督，推进工程实施进程，确保工程建设质量。

【代表工作】充分发挥人大代表主体作用，不断提升代表履职能力、完善服务保障机制、创新服务载体，切实加强和改进代表工作。坚持人大代表列席人大常委会会议制度，组织乡镇人大代表对易地搬迁、灾后重建等项目建设情况进行交叉考察学习，先后邀请24名县乡人大代表列席县人大常委会会议，8名代表参加常委会组织的司法庭审现场观摩会，组织50余名代表参加执法检查和交叉考察学习，组织46名基层人大代表召开“3·28”西藏百万农奴解放纪念日座谈会。督促代表意见建议办理，坚持把办理代表建议作为支持和保障代表依法履职重要环节，安排专人专班梳理代表议案，及时做好建议、批评和意见的整理工作，并转交县人民政府，确保相关建议、批评和意见得到及时答复和落实。年内人大代表共提出意见建议202件，办理答复率达100%。组织代表学习培训。为增强人大代表履职能力，维护人大代表先进形象，组织21名县乡两级人大代表到堆龙德庆区、曲水县、达孜县、当雄县对产业项目、易地搬迁以及拉萨市空港新区和教育城发展现状进行考察学习。组织48名县级党政机关代表学习“守好纪律底线当好人民公仆”“依法履职做一名称职的人大代表”，同时就人大代表是什么、人大代表应该干什么、人大代表应该怎么干进行深入探讨。组织45名农牧民代表学习《党的十九大精神》《应用农牧业政策解读》《提高人大代表履职能力》《高原生态与生态保护农牧民健康三高症注意事项》《高原生态和生态保护》等相关内容，拓宽了知识面。

【选举任免】坚持党管干部和人大依法任免有机统一，讲政治、顾大局，充分发扬民主、严格依法办事，严格按照法律程序任免国家机关工作人员，年内依法任免国家机关工作人员31名，其中免职14名、任命17名。完善任免程序，对常委会任职人员颁发任命书、组织任职发言、举行宪法宣誓仪式，进一步增强被任命人员大局意识、公仆意识、担当意识和主动接受人大监督的自觉性。

【代表之家】制定“人大代表之家”“人大代表小组”学习计划方案，不断巩固拓展“人大代表之家”功能作用，积极为人大代表履职、学习培训、联系群众搭建平台，有效促进“人大代表之家”作用发挥。

【重要决定】严格法律程序，依法对县人民政府工作报告等重大事项做出12项决定，保证人大工作与县委决策部署同心、同向、同步。

【自身建设】按照“视学习为政治、视学习为大局、视学习为常态”要求，创新学习方式，充分利用常委会、主任会议和党组会议时间强化政治理论知识学习、解读相关方针政策，并积极引导代表不断提高政治理论学习意识，加强对习近平系列重要讲话精神，特别是治国理政新理念新思想新战略的学习，加强对中共十八大、十八届历次全会和中共十九大精神的学习，牢固树立“四个意识”特别是核心意识、看齐意识，坚定不移维护以习近平为核心的党中央权威，坚定不移贯彻落实习近平治边稳藏重要战略思想，坚持以习近平新时代中国特色社会主义思想为指导，坚持把党的领导贯穿人大工作始终，做到忠诚于党、忠诚于核心。全面系统学习新《党章》、准则条例等党纪党规，进一步统一思想，不断强化责任意识、担当意识，积极履行党风廉政建设责任制，严肃党内政治生活，锤炼广大党员党性修养，筑牢拒腐防变思想防线，促进人大机关纪律作风转变。

（杨佳）

人大办公室工作

【概况】县人大常委会办公室现有主任1名，副主任1名，科员2名，平均年龄31岁，本科学历2名、大专学历2名。办公室一班人牢固树立核心意识、看齐意识，自觉把办公室工作放到全县经济社会发展大局和县委重大决策部署中去思考、去谋划，紧扣县人大常委会年初确定的目标任务，充分发挥参谋助手作用。

【文稿起草】高度重视文稿起草工作，严格按照规范、精准、高效要求，认真把好文稿起草、审核关，对每一件公文的思想性、理论性、政策性和可操纵性进行反复审核，确保各类公文办理质量，充分发挥办公室参谋助手作用。认真起草常委会年度工作计划，力求常委会工作紧扣全县发展大局和中心任务，并按月份排好“工期”，为常委会充分行使监督、决定、任免等各项职权提供服务；认真起草常委会工作报告，全面客观准确反映常委会过去一年所作工作及提出今后一年工作思路，为常委会总结工作经验和谋划2018年工作提供有益参考；认真起草常委会举办的各类会议、活动所需文稿材料，早谋划、早安排、早落实，加强学习、深入研究，使文稿更加符合常委会工作实际，充分发挥“以文辅政”作用。

【会务工作】年内共为2次人民代表大会会议、7次常委会会议、11次常委会主任会议提供服务保障。具体工作中，明确分工、多方协调，主动与各有关单位沟通联系，及时完成各类文件和材料准备，提早做好会场布置，积极改进会务工作，抓早、抓实、抓快，对会议的每个环节进行仔细分析、详细安排，认真做好会前预备、会中服务、会后总结等各项工作，改进办会质量，确保各类会议顺利进行。同时扎实做好出席日喀则市人民代表大会萨嘎代表团服务工作。

【督办代表建议】加强与代表联系，发挥桥梁纽带作用，深入代表建议重点承办单位，通过走访、座谈、实地查看、电话催办等多种形式，加大代表建议督办力度，着力增强代表建议落实率。年内将代表所提202件建议、批评和意见转交县人民政府，并全部在规定时限内办理、答复代表，代表们对办理结果表示满意。

【配合上级部门】积极协助区市人大到萨嘎县开展调研、执法检查。年内协助区人大开展专题调研3次、执法检查2次，协助市人大开展专题调研3次、执法检查4次，并形成相关汇报材料5份。在全力配合区市两级人大过程中，积极借鉴上级部门先进经验，增强自身工作能力。

（杨佳）

萨嘎县人民政府

【概况】进一步提高萨嘎县对外开放水平，改善和优化投资环境，增强招商引资效果，推动萨嘎县经济和社会各项事业又好又快发展，制发《萨嘎县招商引资若干规定（试行）》；紧紧围绕“五位一体”总体布局和“四个全面”战略布局，牢固树立和自觉践行五大发展理念，将保障和改善民生、促进人的全面发展作为出发点和落脚点，不断提升服务能力和服务水平，制发《萨嘎县全民健身实施计划（2016–2020年）》《萨嘎县新型农牧区医疗管理办法实施细则（2017年）》；加强项目建设领域监管，规范项目建设市场秩序，保障“十三五”重大项目和恢复重建项目尽快落地、有序推进，切实将项目建设领域突出问题专项整治行动落到实处，彻底根治项目建设领域突出问题，确保各项目建设顺利实施，制发《萨嘎县项目建设领域突出问题打击整治工作行动方案》；进一步优化资源配置，充分发挥涉农资金使用效益，全力推进脱贫攻坚工作，制发《萨嘎县2017年财政涉农资金统筹整合使用实施方案》。

严格按照《萨嘎县人民政府规则》《萨嘎县人民政府会议工作制度》规定，紧紧围绕全县发展稳定各项工作，根据政府各阶段工作实际召开政府常务会议进行安排部署，年内共召开政府常务会议6次，研究各单位和乡镇重要请示事项104件，研究分析全县经济社会发展形势、研究讨论国民经济和社会发展规划、计划以及财政预算决算编制、重大财政资金安排6次。

【灾后重建】紧紧盯住既定目标，强化人力、物力、财力保障，扎实推进灾后重建各项工作。灾后重建项目开工17个，项目总投资3.34亿元，完成投资3.243亿元。其中民房重建724户（自筹4户），总投资1.09亿元，全部搬迁入住；整村推进项目6个，总投资5151.49万元，完成率100%；建设加加镇、拉藏乡特色小城镇项目2个，总投资1.208亿元，完成投资1.121亿元，完成总工程量92.80%。

【脱贫攻坚】抓好易地搬迁，合理规划迁入地配套设施及产业依托，完成551户、1873人易地搬迁任务，努力实现搬迁户搬得出、稳得住、有事做、能致富。抓好生态补偿，通过多方争取，全县生态岗位达到4846个，其中具备劳动能力的建档立卡1834名生态岗位实现全覆盖，确保生态环境得到保护同时实现贫困户增收致富，让贫困户感受到劳有所得，实现有尊严有幸福感脱贫。抓好教育医疗，依托“圆梦助学基金”“健康扶贫”，采取提高贫困户医疗救助补贴标准、建立医疗救助基金等措施对92户、97人建档立卡贫困户实施医疗救助，解决10名贫困大学生和低保户大学生全额学杂费，落实477户、712人教育脱贫对象扶贫资金25.81万元，从根本上解决贫困学生家庭后顾之忧，从源头上杜绝因病致贫、因病返贫。抓好转移就业，多方争取更多扶贫资金、项目，组织贫困户就近参与工程项目建设，增加劳务现金收入。加大技能培训和资金扶持力度，充分发挥县域区位优势，大力发展特色文化旅游服务业等第三产业，鼓励贫困户进城务工、经商，实现“不离乡不离土”就近就业创业。抓好多方帮扶，加大结对帮扶力度，在送温暖、送政策、送技术同时，从思想上筑牢脱贫致富意识，树立以贫困为耻、以致富为荣理念。

【公共服务】始终坚持以人民为中心的发展理念，谋民生之利、办民生之事、解民生之忧，坚持把主要精力、主要时间、主要资金、主要资源用于改善民生上，不断满足人民日益增长的美好生活需要，使广大农牧民群众拥有更好的教育、更稳定的工作、更满意的收入、更可靠的社会保障、更高水平的医疗卫生服务、更舒适的居住条件、更优美的环境、更丰富的精神文化生活。投入培训资金123.9万元，开展劳务技能培训460人次，实现劳务输出8511人次，创收2354.2万元。完成15559名城乡居民、干部职工电子信息录入登记工作，完成率达100%。对53名未就业大学生（中职生）进行结对帮扶，实施就业动态清零行动。累计为25户33人城镇低保对象发放低保金27.56万元；为488户

1670人农村低保对象，发放低保金350.42万元；为98名“五保”对象，发放五保资金48.41万元；城乡医疗救助1156人次，累计支出救助资金50万元。不断增加参合人数，参合率达99.1%。重点做好全民健康体检、重大疾病筛查，把全民健康体检与包虫病、先心病筛查、孕前健康检查等同步开展，筛查12359人，检查出包虫病阳性188例并实施药物治疗93例、手术治疗95例，住院分娩率达98%。本级财政配套教育资金占到财政收入的26%，同比提高4%，经费预算达369.2万元，改善办学条件资金单列预算120万元，援藏资金预算910.88万元，调整临时工工资及中职毕业生学前教育岗位工资，分别从1400元提升到2000元、3000元。大力表彰优秀毕业生、优秀教师、优秀班主任和优秀教育工作者，投入教育项目资金9277万元，完成投资3515万元，实施新建教学楼、9所乡村级幼儿园、薄弱学校改造等基础设施建设，小学、初中巩固率分别达到98.05%、96.13%，学前教育入园率、中考升学率分别达到42.22%、68%，教育教学质量明显提高。持续加强文化基础设施建设，县城数字电视、数字影院投入使用，积极开展文化下乡活动，深挖“甲谐”“铁姑娘”文化内涵，扎实做好文物保护，成功申报达吉岭寺和布扎寺为自治区级文物保护单位，实现全县38个行政村、3561户“户户通”直播卫星全覆盖，9座寺庙“舍舍通”全覆盖，广播和电视覆盖率分别达到99.7%和99.8%。

【生态建设】坚决贯彻落实习近平关于第二次青藏高原综合科考和那曲依靠科技种树重要指示精神，实行最严格的生态环境制度，坚定不移推进绿色发展，以迎接中央环保督察为契机，着力打造绿色家园，为建设美丽萨嘎注入生机活力。坚守生态环保底线，严格项目准入，严把生态环境关、产业政策关、资源消耗关，严格落实“环保第一审批权”，加大环境保护督查力度。积极创建自治区级生态村，及时监测生态村环境质量。全面推行河长制，打好治水攻坚战。完成雅鲁藏布江源头国家级生态功能保护区（二期）建设工程、完成加加镇自来水厂集中饮用水源保护区保护项目和饮用水源点环境保护工程项目。全面做好42项问题整改和“回头看”，实现环境督察零举报，切实改善县城环境，提升县城形象。加强公益林管护、森林防火与病虫害防治，兑现2016—2017年草原生态保护补助奖励机制资金5993.28万元、2016—2017年森林生态效益补偿资金1129.78万元。大力实施封山育林、防沙治沙等项目，全县植树造林207.8亩、封山育林2000亩。

【招商引资】高规格成立办事机构，成立招商引资工作专班，明确工作职责，做到专人专职。高度关切关注招商引资工作，先后召开4次招商引资项目专项会议，全力推动项目签约入驻、落地生根。高起点储备发展项目，结合经济发展规划、产业结构模式，积极谋划招商引资项目，对相关项目进行详细策划、论证，建立招商引资项目库，特别是对拉藏乡、达吉岭乡流量大、交通位置便利、能源条件好、具有开发价值的2处泉水，及时列入招商引资项目库，积极推动意向企业入驻，力争早日实现开发利用、投产增收。高标准强化办公保障，年初安排招商引资专项经费，并列入财政预算。印制招商引资服务指南、办事流程等相关资料，积极参加“央企助力活动”“招商引资洽谈会”等各类招商引资活动。根据落地项目建设推进情况，按月、季、年及时报送工作信息、统计报表。高质量签定投资协议，年内签约项目4家。重点围绕霍尔巴羊产业，引进养殖、畜产品加工和饲草种植项目；围绕易地搬迁和边境小康村建设，引进建筑建材项目；围绕改善服务民生，引进民用加气站项目。高效率推动资金落地，高速、优质推动项目落地、见效，项目资金落地金额总体保持稳中有升、持续向好。项目合同金额1.01亿元，实际到位资金0.92亿元，完成指标任务的106%。

【安全生产】始终以对人民极端负责的态度抓好安全生产工作，站在人民群众的角度想问题，把风险隐患当成事故来对待，守土有责、敢于担当、完善体制、严格监管，全县安全生产形势保持总体平稳态势，未发生安全生产事故。加强组织领导，成立政府县长任主任，分管安全生产的党政领导任副主任，相关单位主要负责人为成员的安全生产委员会。按照党政同责、属地管理原则，安委会统一组织领导全县安全生产监督管理工作，定期不定期召开安全生产工作会议。加强隐患排查，组织开展重点行业和重点领域安全生产隐患大排查，加大隐患整治力度，加强对重大危险源单位的安全监管。在国道沿线危险路段设立13个大型安全警示牌、1个交通安全事故警示台、16个爆闪灯；开展危险化学品及烟花爆竹领域检查，严格检查输气输油管道、报警器械监控器材、安全警示标志、单位日常管理、24小时值班制度等落实情况；开展建筑施工领域检查30次，发现安全隐患35处并全部整改完成；开展非煤矿山领域检查1次，发现隐患1处，当场整改1处；开展公共场所领域检查31次，下发整改文书6份并全部整改完成。加强职业病防治，统筹协调全县职业病防治工作，督促落实职业病防治有关规定，制定职业病防治工作联席会议制度，全面落实作业场所职业病危害监管和职业病防治政策措施，做好用人单位职业病危害项目申报工作。加强宣传教育，组织县城内重点场所作业人员举办安全生产培训班，开展“安全生产咨询日”“安全生产月”“安康杯知识竞赛”等活动。

【信访工作】以抓源头、常预防为重点，以强化服务意识、确立“群众利益无小事”为工作思路，实现2个月以内信访事项“零搁置”。健全体制机制，按照“三到位一处理”要求和“防盯疏复”原则，坚持一手抓信访事项解决，一手抓源头性、基础性工作，逐步推动信访工作步入规范化、制度化、法治化轨道。规范来访办理，年内共接待办理群众来访14批（件）次、47人次（集体访4批、25人次，个体访10件、22人次），无来信件。信访事项均在首办环节得到及时妥善有效解决，初访办结率达100%，杜绝信访事项“空转”“初转重”现象。加强源头治理，建立健全县乡村三级矛盾纠纷排查调处联动机制，建立矛盾纠纷排查化解动态台帐，坚持重大节日期间定期排查和日常不定期排查相结合、重点领域与全面排查相结合，对排查出的矛盾纠纷，明确责任领导和化解措施，坚决把矛盾纠纷解决在基层、消除在萌芽，切实做到各类矛盾纠纷发现在早、处置在小。先后开展矛盾纠纷集中排查53次，尤其突出工程建筑领域“双拖欠”隐患，排查矛盾纠纷31起，化解31起。

【法治政府】加强顶层设计，调整充实法治政府建设工作领导小组，制定《萨嘎县贯彻落实〈法治政府建设实施纲要（2016—2020年）〉实施方案》，印发《萨嘎县人民政府办公室关于印发〈萨嘎县2017年度依法行政工作要点〉的通知》《萨嘎县2017年度法治政府建设工作考核方案》。严格报告制度，依法按程序逐级进行报告，召开依法行政工作专题会议，专题研究部署全面推进法治政府建设具体任务措施，及时报送推进法治政府建设工作信息。科学民主决策，对政府重大行政决策的具体事项和量化标准进行细化，依法做好公众参与、专家论证、社会稳定风险评估和合法性审查；严格遵守重大行政决策程序，制定规范性文件、签署重大合同等一律坚持合法性审查制度；落实政府法律顾问制度，充分听取法律顾问法律意见。公正文明执法，强化对行政执法人员资格审查，没有取得执法资格的人员一律不准上岗执法。加强对重点领域执法工作的领导，对不作为、乱作为的行政执法行为加大教育惩处力度。建立健全并严格执行重大行政执法决定法制审核制度和集体讨论决定制度。

（朱孟超）

政府办公室工作

【概况】县政府办公室主动适应新形势新变化，秉承“和谐、严谨、实干、创新”工作方针，充分发挥参谋助手、督促检查、组织协调等职能，解放思想、开拓创新，较好地完成了“为领导服务、为基层服务、为群众服务”各项任务。

【政务服务】突出以文辅政，提高服务决策水平。坚持县情实际与上级政策、外地经验、发展形势相结合，力争做到撰写文稿立意新颖、主题突出、逻辑严密、层次清楚、语言精练，起草、修改、把关各类文字材料350余篇。围绕全县中心工作，深入一线调查研究，不断提高服务决策能力与水平，先后组织各类调研活动10余次，完成高质量调研材料7篇。突出协调服务，提高办文办会水平。严格按照精简、高效、规范要求，坚持可发可不发文件一律不发，对每一件公文认真把好政策关、文字关和程序关，确保各类公文办理质量，年内办理县政府各类文件325件、请示件284件。严格实行会议提报和呈报制度，大力精简各类会议，不断提升办会质量，全年共筹备组织县政府综合性、专项会议及电视电话会议150余次。认真做好政府各类电子公文网上办理事宜，促进政府网络平台高效运行，先后办理各类电子公文230余件。突出法制建设，提高依法行政水平。对政府重大决策事项进行合法性论证，对政府规范性、一般政策性文件进行可行性审查，年内共参与县政府重大决策事项59起，制订规范性文件一般政策性文件10件。

【信息工作】第一时间将重大决策、会议精神、重点工作以及政务信息、政府公文、政策法规等最新公开信息在网上发布，方便干部职工及群众查询，提高政务宣传透明度。年内主动公开政府信息583条，通过各类渠道和方式公开政府信息1102条。其中政府公报公开政府信息48条、政府网站公开政府信息321条、政务微博公开政府信息94条、政务微信公开政府信息453条、其他方式公开政府信息186条。加强与市政府电子政务科沟通联系，保证上报市政府信息质量与数量，年内上报市政府信息946条。

【政务督查】紧紧围绕县政府重大决策、重大部署、重大事项，逐一分解落实责任单位、责任人员，定期跟踪、逐项对账、及时通报，年内组织开展专项督查活动5次，发放督办单25份。严格规范批示件办理登记挂签、查办催办、反馈上报和整理归档等工作流程，对相关事项及时予以督查督办。组织召开人大代表建议、政协提案交办会，根据承办单位任务量和群众关注度，有针对性地催查、督办，及时掌握办理工作动态，年内共办理人大代表议案建议和政协提案件43件。

【机要保密工作】及时快速办理各类文件、电报，坚决做到不拖、不压、不误、不错，实现急件、特件快速流转和办理，年内共接收办理国家、省、市文件867件、县政府文件138件、党委文件34件以及各类电报538件。严格执行用印审批制度，加强印鉴管理与使用，做好各类文件编号及存档，年内接收各类机要信件256件。认真做好县政府办公网络计算机保密工作，实现政务内网与外网有效分离，确保不发生失泄密事故。

【机关事务管理】把作风建设作为提升工作质量、打造整体形象重要抓手，坚持从严抓作风、“开门”抓作风、细微之处抓作风，努力打造一支纪律严、业务强、服务优、效率高的优秀团队。增强优质服务意识。对各项工作不推不托、积极主动，努力实现全方位、全天候、全程式服务；牢固树立“立即办、马上办”观念，做到常事快办、急事急办、快事快办，办则从快、办则办好，全力全速落实好领导交办、部门提报和群众反映各类事项。强化工作责任落实。强化“责任重于泰山”意识，坚持一切工作具体化、图表化、责任化，对年初制定的全年重点工作计划，层层分解任务、明确责任主体、划定完成时限，保质保量抓好工作落实。实行责任追究倒查机制，一旦出现差错问题，进行逐个环节倒查追究。树立廉洁为公形象。认真落实“一岗双责”，从严管干部、从严带队伍、从严抓作风，对于发现的各类倾向性、苗头性问题，在第一时间予以纠正解决。

（朱孟超）

藏语言及编译工作

【概况】县藏语委办在编人员4名，其中主任1名、副主任1名、科员2名。2017年，县藏语委办认真贯彻执行新时期党和国家民族语言方针政策，围绕中心、服务大局、履职尽责，为维护语言文字形象和服务经济发展提供了有利保障和翻译服务。

【规范藏语文社会用字】年内，按照日喀则市藏语委办对各县藏语文社会用字检查整改情况要求，立即组织相关单位对社会用字方面进行清理整顿，巩固社会用字规范化成果。组建藏语文社会用字清理整顿工作领导小组，对各乡镇和县城各街道商店牌匾、宣传横幅等社会用字情况采取定期、不定期形式进行检查，共检查30多户，查出存在问题10户，其中藏汉比例失调12处、藏汉文字只有一种5处、错字2处、存有歧义1处，并现场责令限期整改，现已经全部整改完毕。

【编译工作】年内，圆满完成各类会议、活动以及宣传资料、横幅、门牌翻译任务，共翻译文字材料13份，横幅、门牌120个，字数34万字左右。编制《西藏日喀则市萨嘎县8个乡镇（38个行政村）山川、地名书刊》，收集和整理了38个行政村基本情况，翻译字数近45万字；编制《藏汉双语学习手册》，统一定制38个行政村支部委员会、村民委员会、村务监督委员会门牌，对8个乡镇公章汉译藏逐一改错、统一定制。

【培训指导】邀请自治区编译局驻加加镇甲村驻村工作队队长普布次仁利用一天时间为各单位、各乡镇藏汉双语翻译工作人员进行藏汉双语翻译培训和，并向各乡镇翻译人员发放《藏汉对照辞典》等价值2500余元的翻译书籍。

（潘多）

中国人民政治协商会议萨嘎县委员会

【概况】 萨嘎县政协于2012年7月成立，编制8人。实有主席1名，副主席3名。政协第二届萨嘎县委员会委员共65名，分8个界别。

【重要会议】 政协第二届萨嘎县委员会第二次会议于2017年3月24日至3月26日召开，应到65人，实到63人。会议听取并审议《政协第二届萨嘎县委员会常务委员会工作报告》《政协第二届萨嘎县委员会第一次会议以来提案工作情况的报告》；审议通过《政协第二届萨嘎县委员会第二次会议的政治决议》《常委会工作报告决议》《提案工作报告的决议》《政协第二届萨嘎县委员会第二次会议提案审查情况的报告》。共收到提案80件，立案75件。政协第二届萨嘎县委员会第三次会议于2017年12月18日至20日召开，应到65名，实到62名。会议听取并审议《政协第二届萨嘎县委员会常务委员会工作报告》《政协第二届萨嘎县委员会第二次会议以来提案工作情况的报告》；审议通过《政协第二届萨嘎县委员会第三次会议的政治决议》《政协第二届二次会议以来常委会工作报告决议》《政协第二届二次会议以来提案工作报告的决议》《政协第二届萨嘎县委员会第三次会议提案审查情况的报告》。共收到提案79件，立案75件。

【政治协商】 全委会整体协商。政协二届二次全会期间，全体委员围绕“一府两院”工作报告事关全县经济社会发展重大问题和重要工作，通过小组讨论会议、撰写提案等协商议政、献计献策，提出意见建议11条，提交提案75件，为县委、县政府决策和各项工作有序推进提供重要参考。年内政协班子带领全体政协委员，积极履行三大职能，先后组织召开常委会议3次、党组会议10次、主席会议6次。政协二届三次全会期间，共收到委员提案79件，经大会提案审查委员会认真整理和初步审查，确定立案75件，其余4件作为委员来信处理。委员提案涉及精准扶贫、经济、文化教育和社会事业多个方面，重点突出、针对性强，充分反映委员参政议政积极性。基层政协广泛协商。为顺利完成设立基层“政协委员联络办”各项工作。印发《政协萨嘎县委员会关于加强萨嘎县人民政协协商民主建设的意见》，挂牌成立各乡镇联络办，配备主任1名、副主任1名、成员1~2名。主任由乡镇党政领导班子中1名正科级领导干部兼任，副主任由1名乡镇副科级干部兼任，成员由本乡镇政协委员兼职。县政府为各乡镇联络办解决购置设备和业务经费共计15.32万元，为顺利开展各项工作提供物质保障。建立健全规章制度。建立健全《萨嘎县政协委员管理暂行办法》《萨嘎县政协委员行为准则》《萨嘎县政协委员调查视察工作制度》等各项规章制度及台账。

【民主监督】 组织委员开展视察活动。组织14名政协委员赴拉萨市城关区、堆龙德庆区、曲水县、当雄县，围绕产业发展、易地搬迁、维护社会稳定、创新寺庙管理、大学生“双创”、教育城发展等内容进行为期10天的考察学习，开拓视野、理清思路。主动参与村组织换届选举。全程参与换届选举工作的重点环节，加大民主监督力度，宣传相关政策，进一步加大村组织换届选举各环节民主监督力度。扎实推进提案办理工作。将《关于加强学校及周边食品安全隐患排查力度的提案》确定为2017年重点提案。组织部分委员联合县食药局、县工商局及县中学，对学校及周边食品安全隐患进行排查，召开协商座谈会，梳理出委员意见建议9条。各乡镇“基层政协委员联络办”组织各辖区政协委员，深入学校开展食品安全专题视察活动。年内，提案答复满意率、提案办复率分别达96%、100%。

【调查研究】把解决人民群众关心的热点难点问题作为出发点和落脚点，充分发挥政协协商民主作用。组织部分政协委员，深入6个乡镇开展专题视察活动；组织县扶贫办、县民政局、县食药局和县商务局，开展“易地扶贫搬迁推进情况”“产业发展情况”“城镇居民生活情况”“食品药品监督职能履行情况”“农牧民购买家电家具补贴惠农政策落实情况”专题调研；围绕偏远地区温泉资源合理利用和政协委员队伍建设现状等问题，形成《偏远地区如何合理利用好温泉资源的调研报告》《新时期如何加强政协委员队伍建设的调研报告》《关于萨嘎县涉宗领域的调研报告》等8份调研报告，为县委、县政府科学决策提供依据。积极配合区、市政协完成藏医药传承和发展、社会稳定、环境保护、“四讲四爱”主题教育活动开展情况调研任务。

【自身建设】加强理论学习。制定《学习贯彻十九大精神方案》，全体政协委员以支部集中学习和个人自学相结合方式，力求学懂弄通中共十九大精神和中共十九大提出的一系列新论断新举措，用习近平新时代中国特色社会主义思想武装头脑、指导实践；深入学习新修订的《中国共产党章程》，推动“两学一做”学习教育常态化制度化。党组成员人均撰写学习笔记2万字。狠抓党风廉政建设。坚持一把手负总责，分管领导各负其责，把主体责任落到实处，党风廉政建设责任制得到有效落实。召开政协党组2017年党风廉政建设专题部署会议，深入学习各级纪委重要文件精神，党组书记与党组成员和机关党员之间签订目标责任书，不断筑牢政协领导干部防腐拒变思想道德底线。

（白玛曲吉）

政协办公室工作

【概况】县政协办公室现有科级干部4人、科员1人。县政协办深入贯彻习近平新时代中国特色社会主义思想，坚持围绕中心、服务大局，推动各项工作在继承中发展、在发展中创新，为同全国、全区一道全面实现小康作出应有的贡献。

【综合服务】精心办文。对照《党政机关公文处理工作条例》等规定，严把起草关、审核关、收发关“三关”，确保办文质量。细心办会。年内，完成政协第二届萨嘎县委员会第二次第三次会议、常委会议、主席会议、党组会以及各类专题座谈会议组织筹备和服务工作，竭力做到细致周到，为会议顺利召开“保驾护航”。

【结对帮扶】认真落实结对帮扶“3211”措施，县政协办全体党员干部深入结对帮扶户开展思想教育工作的同时，送去慰问金和物资，切实帮助他们解决生活困难，提出致富意见建议15条。

【文史资料】组织部分政协委员深入4个乡镇，收集、整理温泉资源资料，经过近1个月的调研、收集、整理，圆满完成《后藏温泉》（双语版）文史资料汇编。

【自身建设】组织办公室全体党员认真学习《中国共产党廉洁自律准则》《党内政治生活若干准则》《中国共产党纪律处分条例》《中国共产党问责条例》《中国共产党党内监督条例》和习近平系列重要讲话精神、中共十九大精神以及区市县重要会议精神。不断增强全体党员党性，提高党员履行义务能力，提升履职为民服务意识。

【主题活动】年内组织中共界、农牧界、宗教界共8名政协委员，深入8个乡镇及驻村点开展“政协委员深入基层‘四讲四爱’主题教育实践活动”宣讲活动12次，受教育群众达8000余人次，收集社情民意7条。

（白玛曲吉）

人民团体

工会工作

【概况】2017年，县总工会紧紧围绕县委、县政府工作大局和市总工会重点工作部署，以改革创新为动力，以服务发展为主线，以加强基层工会规范化建设为目标，以构建和谐劳动关系为根本，加强维权服务、夯实基层基础、强化作风建设，狠抓总工会各项工作开展。

【组织建设】按照“哪里有企业，哪里有职工，哪里就要建立工会组织”原则，创新思路、强化措施，把壮大组织队伍、加快标准化建设作为重要内容。全县工会组织达到49个、会员957人，基层农牧民工会委员会达到5个、会员1596人。完成三个寺管会、三个特派员机构工会组建工作，完成便民警务站、22道班公安一级检查站以及环卫工人建会入会工作，不断壮大工会组织规模和覆盖，实现建会工作稳中有进、数质并重发展，2017年荣获自治区总工会模范职工之家称号，并在2017年度县（区）总工会目标责任考核中获得第二名。

【帮扶救助】开展送温暖活动。“三大节日”期间，对各乡镇公安派出所、公安便民警务站、寺管委会、治安巡逻大队、22道班公安一级检查站、加达电站、如角电站以及在档困难职工、劳动模范、环卫工人进行走访慰问，切实把党和政府温暖、工会组织关心送到职工心中。进一步做好困难职工帮扶工作，举行“已建在档困难职工发放中央财政专项帮扶资金发放仪式”，为19户已建档困难职工家庭，兑现帮扶资金1.9万元。开展医疗救助活动，兑现2017年患病职工医疗救助金0.3万元，缓解生活压力。

【维护职工权益】切实做好安全生产月、女职工维权行动月、法治宣传等各项工作，分别于3月、6月、10月在县文化广场采取悬挂宣传横幅、发放《中华人民共和国劳动合同法》《中华人民共和国工会法》相关法律法规等形式，进一步增强广大职工法律意识和法律观念，提升自我维权意识。加强禁毒宣传教育，以“6·26”禁毒日为契机，开展禁毒宣传教育活动，增强拒毒防毒自我防范意识，并把预防毒品教育列入工会宣传教育课程。

【工会经费收缴管理】进一步提升基层工会财务管理规范化建设水平，深入各乡镇对基层工会规范化建设进展情况尤其是经费收支及资产管理情况进行调研，对发现的问题限期整改，加强工会经费管理，提高工会经费利用率。及时拨付旦嘎乡、如角乡、雄如乡“八有”达标补助经费6万元，向各乡镇发放2017年乡镇工会活动经费12万元；为6个寺管会工会小组、22道班公安一级检查站工会委员会、便民警务站工会委员会发放价值8.6万元一体机电脑、打印机、文件柜、照相机等办公设备，改善基层工会办公条件。

【职工之家】紧紧围绕“把基层工会建设成为组织健全、维权到位、工作规范、作用明显、职工信赖的职工之家”目标，组织县农电公司、加加镇加布村扶贫施工队工会委员会、夏如乡农牧民建筑施工队工会委员会及加加镇扎西康桑农牧民施工队工会委员会等40余人在职工之家开展“四讲四爱”宣讲活动

【文体活动】联合县妇联、团县委，在妇女节期间组织女干部职工举办篮球、拔河等比赛活动和踩气球等趣味活动，展示女干部职工健康、文明、积极向上的精神风貌；联合县中学举办“中国梦·教师志”师德师风演讲比赛，12名选手参加比赛；联合县安监局，开展“安康杯”系列职工活动，活跃职工文化生活，增强职工集体荣誉感。

（米玛普尺）

共青团工作

【概况】2017年，团县委现有副书记2名，科员2名。全县28岁以下青年3250人，团员人数672人，全县设团总支2个，团支部42个。

【青少年思想工作】围绕“为党政中心工作服务、为青少年成长成才服务、为共青团事业发展服务”工作主线，按照学习型团组织建设要求，积极开展团员教育活动，在团员最集中的学校开展“学理论、讲党性、知团情”团员意识教育活动。采取重温入团誓词、回顾团的发展历程、学习团史、学习党的方针政策和讲党课、讲团课等形式，对广大团员和青少年进行教育，引导广大团员青年争先锋、做模范。围绕青少年成长成才、权益维护、素质提升等方面需求，帮助解决青少年最关心、最直接、最现实问题。集中宣传《中华人民共和国未成年人保护法》《中华人民共和国预防未成年人犯罪法》《中小学生守则》《小学生日常行为规范》等与青少年学习生活息息相关法律法规知识，让青少年知法、懂法、守法，提高青少年法律法规意识和自我保护意识。

【青年志愿者服务】开展“不忘初心、激情飞扬”主题纪念建团95周年系列活动，举办“驿站青年”篮球足球比赛、开展“四讲四爱”签名活动、开展“撸起袖子加油干”拔河比赛、召开年度表彰大会、与各乡镇签订年度目标责任书、举办“退团不褪色、离团不离心”暨超龄团员退团仪式。开展“弘扬雷锋精神、青年志愿者与你同行”主题志愿者服务系列活动，组织志愿者打扫公共场所卫生、为学生理发，开展“弘扬雷锋精神你我传递、魅力萨嘎从我做起”签名活动、开展“走进敬老院、送去春日关怀”服务活动。

【服务青少年工作】据初步统计，全县现有30名留守儿童，其中年龄最小的2岁，最大的17岁。开展“关爱留守儿童·把爱送到家”活动，推出“小小愿望盒”爱心计划（满足孩子们小小心愿、生活所需、心里辅导、法制教育），把关爱留守儿童、情系贫困学生

作为常态化工作开展，向加加镇、夏如乡、旦嘎乡、雄如乡及昌果乡留守儿童送去价值9000多元物品。

【组织建设】按照《中国共产主义青年团基层组织选举规则》，切实抓好村级团组织换届选举，建立健全村级团组织。13个村设团支部，设书记1名；25个村设团支部委员会，设书记1名、副书记1名、委员3~5名。

【经费管理】制定《萨嘎县基层团建经费使用管理办法（试行）》，进一步明确经费使用规范，严格经费审批程序，加大监督力度，发放乡镇团建经费10.4万元。

【对口援助】创建校园“儿童书信手拉手”平台，充分发挥校园之间互通有无、取长补短优势，由县完小三、四、五年级64名学生与吉林省四平市第二实验小学三、四、五年级64名学生开展书信交朋友结对子活动。

【预防未成年人犯罪】联合有关单位开展“青春自护，暑（寒）期安全”暨“未成年保护法”“预防青少年违法犯罪”“青少年预防及权益保护”青少年自护教育活动，发放宣传单550多本，把安全教育贯穿整个学期，帮助学生了解和掌握更多安全常识，学习自护本领，提高安全防范意识和自护自救能力，杜绝安全隐患发生。

【党建带团建】积极同县委组织部汇报协商，把团建纳入党建工作总体部署，完善党建带团建制度机制，把党建带团建列入党建工作责任制考核内容。整顿一批组织涣散、班子老化团组织，建立民间艺术团团支部一批高标准团建示范点，主动适应青年群体结构变化，不断扩大团建覆盖面。

【队伍建设】积极发展团员，借助农村专业合作社负责人、民营企业负责人、大学生村官和青年致富带头人等力量广发倡议书，走村入户、入校，大力宣传和鼓励14周岁至28周岁青年入团，不断发展壮大团员力量，年内共发展40名团员，力争实现哪里有青年、哪里就建立团组织的“两个全体”目标。完善入团手续、规范入团程序，建立团员青年数据库，整理和规范团员青年名册，进行动态管理。规范组织关系转接，严把团员“推优入党”。

（德西娜姆）

妇女工作

【概况】2017年，县妇联现有科级干部2名，科员2名。县妇联立足基本职能、发挥特殊优势，切实维护好妇女儿童合法权益，富有创造性地开展了系列工作。

【妇女维权】在“3·8”妇女维权周、“9·16”平安西藏日、“12·4”法制宣传日、“民族团结进步日”期间，以“关爱妇女、关爱儿童”为主题，采取悬挂横幅、展出图板、播放录音等形式，开展宣传活动，并向群众发放《中华人民共和国妇女权益保障法》《中华人民共和国反家庭暴力法》《中华人民共和国未成年人保护法》等法律法规宣传单。组建宣讲队，深入38个行政村，开展为期10天的法制宣讲进乡村活动，讲解妇联工作有关业务知识，重点介绍讲解农村妇女小额信贷财政贴息政策和《反家庭暴力法》。充分发挥妇女儿童维权“12338”受理热线作用，严厉抨击一切形式的性别歧视行为和损害妇女利益的丑恶现象，为妇女提供法律援助，推动男女两性协调发展，促进社会和谐进步，营造男女平等良好社会风尚。

【民生项目】想方设法解决农村妇女儿童饮水问题，多次组织人员联合县水利局对麻亚村、唐如村等“母亲水窖”供水点项目工程进行实地检查。并要求施工方要本着高度负责的态度，完成好各项施工作业，确保施工质量，保障群众安全饮用水；要在保质保量保安全前提下，加快施工进度，确保如期全面完成，让农牧民群众喝上安全干净的饮用水；要强化安全管理，做好防护措施，杜绝发生各类安全事故；要加强与乡政府沟通联系，及时汇报工程进展和施工中遇到的问题，确保项目施工顺利进行。落实好“母亲邮包”项目，在如角乡擦让村开展为贫困母亲发放“母亲邮包”活动，受益贫困妇女16人。

【“会改联”】妇代会改建妇联，是新形势下推进妇联组织改革创新、夯实妇联基层基础，增强妇联组织凝聚力、战斗力的重要举措。萨嘎县首个试点村妇代会改建妇联会议，在加加镇加布村成功召开，以此拉开村妇代会改建妇联工作序幕。会议听取加布村上届村妇代会三年工作报告，选举产生5名村妇联新一届执委成员。通过妇联选举，把一批政治素质好、工作能力强、热爱妇女工作，群众口碑好、群众威信高的妇女选进妇联班子，使基层妇女组织充满生机和活力。按照哪里有妇女就哪里有妇联干部的工作要求，使基层妇联组织在推动经济社会发展中更好地发挥半边天作用。

【系列活动】组织“寻找”身边“最美家庭”“五好文明家庭”“平安家庭”“四世同堂家庭”，共评选县级79户、推荐市级5户，并颁发奖状及奖金。开展学雷锋活动，走访慰问县敬老院孤寡老人，为寡孤老人免费健康体检、洗衣整理内务、打扫卫生。开展“巾帼志愿者”活动，组织巾帼志愿者对伦珠街、格桑路、县直机关大院周边环境死角进行卫生整治；为45名贫困学生捐赠价值9871元生活用品及学习用品，开展为86名学生洗、理、编辫子送爱心活动，慰问残疾母亲及儿童35名折合人民币10500元。按照上级要求，在驻村点如角乡察让村开展两次“四讲四爱”主题教育宣讲活动。组织妇女干部及妇女群众观看“十九大”开幕式，先后4次深入结对帮扶户中，送去相关政策及慰问品折合人民币3600余元。国庆节期间为加加镇贫困妇女送去“母亲邮包”36包，折合人民币10800余元；弘扬社会美德，重阳节期间为孤寡老人送去慰问金，送去党和政府关心关爱。

（姜佳威）

法　　治

政法委与综治工作

【概况】 2017年，县委政法委以“为十九大召开创造和谐稳定社会环境、为转型跨越发展提供有力法治保障，加强社会管理创新、提高政法队伍素质、推进政法委自身建设新突破”为抓手，积极为全县经济社会转型跨越发展创造和谐稳定的社会环境和公正高效法治环境。

【维护社会稳定】 制定维稳方案和预案。制定并完善《党的十九大维稳安保工作总体方案》《萨嘎县党的十九大维稳安保工作应急处突预案》《萨嘎县党的十九大维稳安保誓师动员大会暨实战演练实施方案》《十九大开闭幕执勤活动方案》《萨嘎县五大领域排查整治方案》《萨嘎县包乡领导督导方案》等，制作《萨嘎县党的十九大维稳安保工作手册》，强化组织领导、细化工作措施、明确工作责任，确保维稳工作全面覆盖、无缝衔接。传达维稳会议精神。认真学习传达区市两级关于中共十九大维稳安保工作总体方案，传达区市两级系列维稳指挥部视频会议精神特别是书记吴英杰、主席齐扎拉、常务副书记邓小刚、副主席张延清等领导在维稳视频会议上的重要讲话精神及指示批示精神，全面安排部署萨嘎县在中共十九大期间维稳安保各项工作，确保全县社会局势全面稳定、持续稳定。加强社会面管控。按照区市两级维稳安保总体要求，严明属地责任、严格戒备等级，坚持整体联控、强化系统治理，充分发挥网络化服务管理、公安武警联勤巡逻、重点目标定点驻防、单位内部安全防范、涉稳隐患主动治理、社会治安清查整治、视频系统动态监控等社会治安防范机制作用，分片划区落实防控责任和防控措施，坚持“宁可备而不用、不可用而无备”，做好“要出事、出大事”准备。强化公共安全管理。突出县城驻地、边境沿线乡村、219国道沿线乡村等重点区域，突出党政军警机关、学校、医院、金融单位和油气站等要害部位，突出寺庙、桥梁等敏感区域，突出通信设施等重要民生目标，突出酒店、娱乐场所、打字复印、汽车修理等特种行业，启动公安武警24小时巡逻联防、安全守护、便衣侦控、常态安检、治安清查、反恐防暴等综合防范措施。抓好重点物品管控。突出油气和管制刀具、枪支、弹药等危险爆炸物品，严格落实销售审批和实名登记制度，及时督促群众办理加油卡，严厉打击非法储存、销售、倒卖行为，严管运输、使用等各个环节，坚决堵住管理漏洞，坚决防止易燃易爆、危险物品流散社会甚至流入不法分子手中，坚决做到不流入、不丢失，不炸响。

【综治双联户工作】工作推进机制不断完善。坚持区市县乡村“五级联动”，把创建活动与中心工作同研究、同安排、同推进，形成一级抓一级、层层抓落实工作格局，推动创建活动持续深入开展，下发关于精准扶贫、流动人口、精神障碍患者纳入综治、双联户服务管理方案，实现全县所有村、学校和寺庙创建活动全覆盖。平安和谐环境不断改善。坚持把“先进双联户”创建活动与群防群治、城镇网格化管理结合起来，深入开展矛盾纠纷调解、安全隐患整治，从源头上消除各类矛盾隐患，严格防范各种违法犯罪行为，织密城乡维稳防控网络。年内，全县联户单位参与治安巡逻360余人次，排查化解矛盾纠纷53起，消除安全隐患25起，协助联管联教重点人员20余人次。社会文明新风不断弘扬。大力开展社会主义核心价值观，家庭美德、社会公德、职业道德和讲文明、树新风宣传教育活动，引导群众注重家庭家教家风、爱国守法、明礼诚信、团结友善、勤俭自强、睦邻友好、守望相助，形成良好乡风民风。基层基础不断加强。坚持把联户促党建工作作为“先进双联户”创建活动重要内容，完善村党支部为核心、联户单位党小组为基础的基层组织体系，基层党组织建设不断加强。认真落实“先进双联户”家庭各项优惠政策，联户群众参与村务管理积极性主动性不断提高。打造“六个工程”。进一步提高“双联户”服务管理工作水平，不断延伸社会管理工作触角，全面提升网格化管理水平，在积极实施“13联”任务等基础工作的同时按照“规定动作不走样、自选动作有创意”要求，出资30万元推行“六个一”先进典型工程，提高联户工作水平。做好“联户增收”。把“联户增收”作为双联户工作重中之重，按照“宜农则农，宜牧则牧，宜工则工，宜商则商”原则，继续加大对农牧民便民超市、羊毛加工厂、扶贫采沙场、馒头店等扶贫点注资力度，继续执行联户单位承包制和户长首任制，建立一套完善有效的准入、培训、资金使用、考核和淘汰制度。制定《联户单位增收致富管理办法》《联户单位增收致富经营工作职责》《联户单位增收致富经营工作纪律》等规章制度，实行绩效考核和优胜劣汰制。

（达娃扎西）

公 安

【概况】2017年，县公安局牢牢把握全面推进依法治国总要求，全面深化公安改革、人力推进“四项建设”，着力构建“三大防控体系”，进一步健全维稳安保机制、深化打防管控措施、打牢素质能力基础、提升执法执勤形象，切实担负起维护社会大局稳定职能使命，确保各项工作任务圆满完成。

【刑事侦查】坚持打防结合、积极预防，保持严打、严控、严防高压态势，确保人民群众安全满意。围绕打击“盗抢骗”专项行动，重点打击网络电信诈骗、打击农村黑恶势力，重点解决工程项目领域突出问题，保持对刑事犯罪活动的凌厉攻势。年内，刑事案件立案12起，破案6起，未破案件6起（电信诈骗）。

【社会治安防控】紧紧围绕自治区十项维稳措施，从县域实际出发，以“三无”“三不出”“三稳定”为目标，紧紧围绕“三节”“两会”敏感期间及中共十九大维稳安保工作，全警动员、全力以赴，高度警惕、高度警觉、连续作战、持久备战，切实筑牢维稳安保铜墙铁壁，圆满完成全年维稳安保任务，确保辖区绝对安全、万无一失。期间，共出动警力2963人次、警车450余台次。发挥“护城河”工程，消除输入型安全隐患。22道班公安一级检查站严格按照“四必查”“五不分”要求，坚持24小时对219国道过往车辆、人员进行盘查验证，坚决做到“来知去向、动知轨迹”，确保不漏检、不失管，充分发挥“护城河”过滤网作用。期间，检查过往人员365800余人次，检查过往车辆135590余台次，检查物品86268件。

【油品管理】严格落实《西藏自治区零散成品油销售管理办法》等相关规定，派驻加油站安全员监督加油站车辆“三证”实名制登记工作。加强督导检查，采取明察暗访方式不定时、不定点对加油站落实实名制加油制度情况和安全员值班情况进行督导检查，加强油品源头管理，确保油品不出任何问题。

【网络管控】网上网下联动，建立24小时网上巡查制度，明确专职巡查民警，与相关单位建立网上巡查联动机制，及时发现上报和处置涉警、涉军、涉党和负面炒作舆情信息，加强互联网、手机短信、微博微信等信息平台监管力度。

【治安管理】年内，共受理治安案件48起，查处48起，行政拘留19人。补办居民身份证676张，发放安全许可证32张。健全流动人口服务管理机制，完善“一卡通”制度，办理居住证173张，并与出租房屋签订相关责任书，全面落实“以业管人、以房管人、以证管人”要求。

【交通管理】开展营运客车、旅游车辆、农用拖拉机、摩托车、危险品运输车等车辆专项整治行动，严厉打击酒驾、醉驾、毒驾、“三超一疲劳”、乱停乱放等交通违法行为。年内，查处交通违法行为640余起，受理道路交通事故79起），对我县境内219国道沿线及乡村道路进行隐患排查32场次，开展交通法律法规宣传25场次。

【监管场所管理】坚持教育引导为先，经常性开展在押人员思想道德、法律法规教育。年内，看守所共关押人员17名，其中刑事拘留3人，行政拘留19人，全部实行异地关押。

【执法服务】推进执法规范化建设，坚持把不严格执法办案、不公正执法办案、不文明执法办案、随意执法、乱作为不作为办案作为查处重点，严格规范接处警、立案、侦查、涉案财物、执法办案场所管理、窗口服务等工作，有效推进执法规范化建设，提高执法办案水平。从规范礼貌用语、严肃工作纪律着手，认真落实接处警规范，建立健全完善接处警回访制度，全面推进规范化建设。

【“两限一警”】严格落实“五个抓”要求、认真履行“五项职责”规定，全程跟车监督客运车辆运行途中安全技术状况、驾驶人安全驾驶情况以及道路情况。坚决落实“两限”和“四查”，实现“定人、定岗、定车”，确保“两限一警”工作高效、规范运转。

【“四项建设”】推进基础信息化建设。树立情报信息主导警务理念，紧紧抓住基础建设和信息采集这一源头，积极组织网安、治安、指挥中心等部门对视频监控探头、旅馆业系统、网吧管理进行督导检查，对各业务大队信息综合平台信息采集录入规范化开展推进性督察，促进信息采集率提升，推进信息化建设。公安三级网络实现100%覆盖，四级网络覆盖率达100%。推进警务实战化建设。通过实地检查、突击督察、模拟设置警情等多种形式，强化指挥调度、快速指挥处置、动态化巡防等方面实战检查，完善应急处突预案，加强合成作战、提升实战能力。结合实战训练三年目标，积极协调上级业务部门参加业务培训、晋升培训和轮值轮训。同时开展以加强纪律为主的作风专项整顿，以提升形象为主开展的队列训练，以提升实战能力为主的武器警械训练，以反恐处置为主的技战术训练，以提高体能为主的早操训练等实战训练。推进执法规范化建设。围绕执法重点领域和关键环节，以执法活动的重点环节、重点场所、重点单位为切入点，进行适时督察、重点督察、现场督察，进行专项治理与突击检查，强化事前、事中监督检查和案件倒查，坚决整治有案不立、违规立案、隐案瞒案、立而不侦等问题。推进队伍正规化建设。配齐配强二级班子，加强相关规章制度、条例条令学习，严格落实纪律作风各项制度，深入开展督导检查。采取作风整顿、思想教育、养成训练、业务练兵、送学送教、考核评比等方式推进队伍建设。

【从优待警】总投资630万元的看守所、拘留所建设项目基本竣工，公安局办案区、加加镇派出所办案区投入使用，协调落实民警异地交流学习、选派5人到内地参加学习培训，全面落实年度休假制度。

【值班备勤】严格落实24小时值班带班制度，做到人不离岗、岗不离人、昼夜值班，确保关键岗位始终有人、通信联络随时畅通、上传下达及时高效，并严格落实安全保卫工作零报告制度，做到有事报事，无事报平安。加强党政机关驻地、通信机构、金融机构、学校、重要民生设施、城乡结合部、边境一线安全保卫工作，强化陌生出入人员和车辆管理，严格出入认证、登记检查、登记询问制度。组织局警务督察大队，以明察暗访方式，对局属各部门、驻村、驻寺民警在岗在位、维稳工作措施落实情况进行督导检查，对发现的隐患和漏洞及时责令整改。

【消防】2017年，县公安消防大队紧密围绕《军队基层建设纲要》《公安消防部队基层建设标准》要求，全面加强基层基础建设，圆满完成防火灭火、应急救援、维稳处突等各项任务，确保年内辖区无亡人火灾事故发生。

（张腾蛟）

检 察

【概况】2017年，县检察院以服务全县发展为己任，以提高法律监督能力为核心，以检察体制改革为动力，积极转变执法司法理念，推进依法治县战略，为县域经济发展提供了坚实检察保障。

【刑事检察】认真履行审查批捕职能，充分行使公诉权。年内，受理公安机关提请批准逮捕案件6件7人，其中批准逮捕5件6人、不批准逮捕1件1人；受理公安机关移送审查起诉案件6件6人，其中提起公诉4件4人、不起诉2件2人。

【预防职务犯罪】从保障民生、服务民众角度出发，将查办和预防职务犯罪作为服务民生重点工作来抓。积极预防职务犯罪。对县人社局近两年来民工工资保证金收缴和县住建局公租房、廉租房缴费及施工许可办理程序等进行调查摸底，对存在问题及时提出整改建议，并反馈相关单位。开展生态保护监督。对县域内医疗卫生机构废物管理、医疗废物集中处置情况、医疗机构资质和医护人员证件是否齐全等进行系统检查。加大警示教育力度。年内，开展职务犯罪警示宣传教育10次，咨询人数达100余人，发放各类法律宣传资料600余份，受教育群众1000余人次。

【诉讼检察】加强刑事诉讼监督。强化侦查机关刑事立案和侦查活动监督，对侦查机关出具法庭所需证据和视听材料、办案风险评估社会调查报告及侦查活动过程存在的问题提出检察建议3件次。加强民事行政诉讼监督。完善办案机制、充实办案力量、细化专业分工，加大民事行政诉讼监督力度，审查16件民事调解结案调解书。

【司法责任制改革】紧扣“选人、授权、明责”三个环节，全面推行检察官员额制改革，顺利完成首批入额、人员定岗定位和内设机构改革工作。严格考试和审查，遴选出4名员额制检察官。按照“谁办案谁负责、谁决定谁负责”原则，制定检察官权力清单，检察官在授权范围内独立办案，对案件质量终身负责。推进司法人员分类管理，建立检察官惩戒制度、逐级遴选制度。与县委组织部、人社局等有关单位共同推进职业保障改革，保障检察官依法履职。开展内设机构改革，优化精简内设机构。

【“一院一品”】利用驻村工作队贴近群众优势，因地制宜，开展四省藏区学经返回人员“五个三”（“三查”“三协”“三育”“三帮”“三管”）活动，对夏如乡所辖3个村4名学经返回人员开展经常性思想转化教育工作，大力开展“知党恩、跟党走”“新旧西藏对比”等爱国宣传教育，及时了解学经返回人员思想动态和行动情况。

【自身建设】以“两学一做”学习教育常态化制度化、规范司法行为专项整治和“四讲四爱”主题教育实践活动为抓手，牢固树立党章党规党纪意识，强化宗旨观念，改进司法理念和司法作风。坚持从严治检，主动压实“两个责任”，严守政治规矩和“六大纪律”，严守“八项规定”精神，坚决反对“四风”。进一步提升干警政治素质和业务能力，先后选派9人次分别参加林芝检察官分院、市院等各类培训，不断提高干警理论、业务水平。

（孔晓丹）

法　院

【概况】2017年，县法院以“努力让人民群众在每一个司法案件中感受到公平正义”为目标，坚持司法为民、公正司法，狠抓案件质效，严格规范管理，推进各项工作有序开展。

【审判执行】年内，共受理各类案件42件（含旧存2件），审执结40件，结案率95.24%。依法履行刑事审判职责。受理刑事案件4件4人，审结4件4人，无超期羁押、上诉、抗诉案件。严格遵循刑事司法理念，贯彻“打防并举”方针、贯彻“宽严相济”政策，坚持罪刑法定、罪刑相适。依法履行民商事审判职责。受理各类民商事案件34件，诉讼标的235.09万元，审结32件，其中调解结案25件、撤诉4件，已结案件调撤率90.63%。认真学习贯彻新《中华人民共和国民事诉讼法》规定，妥善审理婚姻家庭、道路交通等事关民生案件，加强案件调解，引导当事人达成庭外和解。依法履行执行工作职责。受理执行案件4件（含旧存2件），执结4件，执结标的127万余元。深化主动执行改革，准确利用执行查控平台，及时查询被执行人财产信息，强化被执行人财产申报，完善内外联动机制，组织开展专项行动，突出执行工作实效。

【审判管理】完善便民诉讼。提升诉讼服务水平，引导当事人依法提起诉讼和申请，在立案大厅张贴立案登记流程图、案件审理流程图、诉讼风险提示等内容，方便当事人了解立案登记及审判流程等事项，并提供相关诉讼材料供当事人取阅。继续贯彻落实变立案审查制为立案登记制，对人民法院依法应当受理的案件，“有案必立、有诉必理”，依法保障当事人诉权。加强涉诉信访工作，落实信访工作责任制，从源头上预防涉诉信访发生。推进司法公开，加快推进审判流程公开、裁判文书公开、执行信息公开三大平台建设，推进审务、立案庭审、裁判文书、执行等公开。增强司法民主，充分发挥陪审员作用，邀请人民陪审员参加案件陪审32件次。拓宽审判职能，创新基层社会治理方式，充分发挥“车载流动法庭”方便快捷优势，开展巡回办案14场次，就地审结案件14件。推广“驻村法官”，促进基层矛盾预防和化解，把矛盾纠纷化解在萌芽状态。落实司法人文关怀，依法实行缓交、减交和免交诉讼费措施，保护困难群众合法权益。健全法律援助机制，依法为经济困难当事人缓减免交诉讼费。

【基础设施建设】加快人民法庭建设，顺利完成昌果乡派出法庭建设任务，夯实审判前沿阵地。加快法院信息化建设，推进法院内网建设及应用，实现审判流程透明化、审判活动网络化、人事管理信息化、办公流程自动化无纸化。推进数字法庭建设改造升级，为法庭举证质证提供科学化现代化平台。年内运用科技法庭公开开庭并全程同步录音录像审理案件8件，提高办案质效。

【司法改革】坚持将思想引导工作贯穿司法改革始终，采取全覆盖谈心谈话、全院干警座谈等形式，认真学习领会改革文件精神和要求，引导全体干警准确把握中央、区党委以及上级法院关于司法改革重大部署要求，增强大局意识、责任意识，充分认识司法改革的重要性、紧迫性，坚守法治信仰，保持改革定力，正确对待改革中出现的问题和困难。积极引导干警正确认识和适应员额制改革要求，正确对待改革中可能带来的职务调整、岗位变化。顺利完成法官员额制改革，入额法官7名，司法辅助人员8名，司法行政人员1名，完成三类人员分类定岗，组建审判团队5个。

【队伍建设】加强政治理论业务知识学习，坚持每月至少一次党组理论中心组学习和每半月一次业务知识学习，充分利用“夜间党课”平台开展形式多样集中学习。重视和加强教育培训，提高干警综合素质，组织开展“周末法官讲堂”12场次，开展全员岗位大培训、练兵活动，着力提升法官把握运用法律政策、做好群众工作、应用信息化、处置突发事件等能力，年内有20人次赴区内外参加培训，自行组织培训68人次。加强法院文化建设，建设文化长廊。

（西热白玛）

司法行政

【概况】2017年，县司法局核定编制10个（含乡镇司法助理员编制5个）。实有人数7人，其中正科级1人、副科级3人、科员3人。

【人民调解】各级人民调解组织不断规范、调解员队伍不断壮大、调解员业务素质不断提高，充分发挥出人民调解在化解矛盾纠纷、维护社会稳定“第一道防线”作用，全县现有61个调委会、460名调解员。制定《2017年萨嘎县人民调解工作安排》，加大经费投入支持力度，实现各级人民调解委员会“六统一”。对各乡村人民调解委员会调解员进行补充更新，进行业务培训。充分发挥人民调解员贴近群众、熟悉情况优势，尽力做到纠纷早发现、原因早查明、情况早控制、矛盾早化解。加强矛盾纠纷大调解信息化建设，按月季年将人民调解案件进行统计建档。开展“矛盾纠纷集中排查化解月”活动，在3月和从6月开始，每半月进行一次矛盾纠纷集中排查整治，确保辖区内安定和谐。

【社区矫正】调整充实社区矫正工作领导小组，成立工作专班，保证机构、人员、设施“三落实”。完善社区矫正人员档案卷宗，逐一建档。严格日常管理，社区服刑人员每月14、15日来萨嘎县公安局报到，进行每月思想、生产生活情况汇报。同时接受一天法律法规学习教育和一天公益劳动教育。10月13日，由县检察院、县公安局等单位联合在社区矫正宣告室举行在册1名社区服刑人员社区矫正期满解除矫正宣告仪式，矫正小组成员、服刑人员所在乡负责人、村主任、家属等全部在场，顺利完成解矫宣告仪式。宣告仪式后，暂无在册服刑人员。

【安置帮教】加强刑满释放人员法律政策及思想教育，做到生活上关心、政治上教育、精神上鼓励，并力所能及解决一些生产、生活上的困难，消除其抵触情绪和失落感自卑感，帮助重新树立起生活勇气和信心。严格落实刑满释放人员安置帮教“无缝对接机制”，做到对刑满释放人员“必接必送”，将刑满释放人员“接送率”纳入社会治安综治治理目标考评重要内容。与监所保持联系沟通，确保不遗漏、不脱节，“无缝对接率”达到100%，减少重新犯罪率。年内，新接收2名安置帮教对象，全县在册安置帮教人员共6人。

【法律服务】县法律援助中心始终以“应援尽援、应援优援”为目标，始终坚持法律援助与法治宣传同步进行，不仅为弱势群体撑起一片正义蓝天，并把案件原由、过程、发展、结案当成一种不可替代的法治宣传载体，向申请人、被申请人进行以案说法。年内，县法律援助中心共受理法律援助案件33件，成功结案33件，其中非诉讼32件、诉讼调解案件1件，解答法律咨询40人次，代写法律文书42份，挽回经济损失1596231元。

【“法律七进”】法律进机关，利用“县委理论中心学习”“政府理论中心学习”等平台，举办学法课堂；年终对全县领导干部进行法律知识测试考试。法律进学校，充分发挥法治副校长作用，积极预防青少年犯罪；开展青少年学生“开学法治第一课”“放学法治一课”活动，开展“无毒青春、健康生活”主题法治宣传活动。法律进乡村，组建讲师团深入各村以法律知识抢答奖励竞赛等形式助推法治宣传教育活动，激发群众学法热情。法律进企业，组织企业负责人举办“诚信守法、依法经营”主题法律知识培训会议，进一步增强企业诚信经营、依法管理、守法运营法治意识。法律进工地，深入各施工场地，采取悬挂横幅、发放宣传材料、讲解法律知识，教习签订劳动合同书等方式进行法律宣传。法律进寺庙，制定寺庙僧人学法计划，发放学法笔记、材料；组建讲师团深入各宗教活动活动开展“送法进寺庙、提高僧人法治意识”主题宣讲活动。

【“七五”普法】按照“党委领导、人大监督、政府实施、部门负责、动员和发动全社会力量广泛参与”领导机制和工作机制以及“谁执法、谁普法”“谁执法、谁首先要守法”工作原则，建立健全县“七五”普法领导小组及成员单位工作职责。制定《2017年全县普法依法治理工作计划》，为“七五”普法规划开局明确任务；制定《萨嘎县“七五”普法规划实施意见》，明确指导思想、总体目标、普法对象、主要内容及具体实施工作步骤。

（边次）

军　事

人民武装

【概况】1967年3月6日，经西藏军区党委批准，于同年10月成立县人民武装部，隶属于日喀则军分区。1976年10月至1987年10月先后设立政工科、后勤科、军事科。1984年，全县四个区均配备武装部专武部长1人，并按同级副职待遇。区、乡人武部长均由县委和县人武部党委审定，由地区党委、军分区党委任命。1986年，中央军委决定精简整编，县人武部撤销军事、政工两科编制，保留参谋及干事编制。1988年，根据上级党委决定，开展“撤区并乡”工作，取消专职人武干部，转为兼职人武干部。1992年，恢复政工科、军事科编制，并批准成立后勤科。2017年因军改需要，经上级党委决定成立军事科、政治工作科、保障科。

2017年，县人武部坚持政治建军、改革强军、依法治军，着力举旗铸魂、聚力备战打仗、强力整风整改、合力固边稳藏，始终坚持党管武装制度，自觉接受“双重”领导，狠抓思想政治教育、党委班子建设、军事斗争准备、安全稳定工作、后装综合保障和拥政爱民工作，圆满完成年度工作任务。

【政治建设】始终把思想政治建设摆在首位。认真学习贯彻两级军区、分区党委全体（扩大）会议精神，组织全体官兵认真学习领会会议精神，明确年度工作思路、把握年度工作重点、筹划年度工作安排，做到年度工作纲举目张，稳步推进。强势推进“三严三实”教育整顿活动，深入进行动员，严密制定教育活动实施计划，人人填写问题自查对照表，明确整改措施和时限，在理论辅导和集中自学环节严格考勤，认真检查学习笔记，确保教育活动有力有效开展。采取悬挂横幅、更新橱窗、走廊励志文化、学习笔记和心得体会展评等形式丰富教育实践活动，强化官兵高举旗帜、听党指挥、履行使命思想根基。扎实开展改革强军主题教育和“两学一做”学习教育活动，严格按照分区计划安排，突出教育重点，结合形势战备教育、安全警示教育、防间保密教育搞好主题教育与日常教育，切实打牢官兵听党指挥、能打胜仗、作风优良思想政治基础。扎实开展“四进入”活动，着力抓好民兵组织建设和预备役人员思想教育，及时把党的最新理论成果通过民兵预备役人员带到牧区、乡村、寺庙、学校，为群众宣讲党的路线方针政策20余场次，700余名民兵及农牧民受到教育。

【战备演练】结合防区实际，按照能打仗、打胜仗要求抓好军事工作和民兵后备力量建设。严格落实战备制度，加强形势战备教育，及时修订各类战备方（预）案，突出元旦、春节、藏历新年等重大节假日和敏感日期间的应急维稳准备，组织战备方案实案化演练，县应急民兵连紧急集合及维稳处突演练6场次、400余人次，对县城主要街道和县政府等重要目标进行巡逻执勤及警戒警卫演练，有效提升应急民兵处突能力，确保了辖区社会稳定。狠抓基础训练，围绕“能打仗、打胜仗”要求，扎实开展军事理论学习、武器操作训练，强化“三能”训练，积极与边防五团挂靠训练，圆满完成共同课目训练和实打实投训练，组织基干民兵580余人次进行基础训练，打牢军事斗争准备基础。扎实抓好人才队伍培养，狠抓乡镇专武干部队伍建设，及时配齐配强乡镇专武干部，组织专武干部及民兵干部骨干集（培）训4期、80余人（次），选送2名骨干民兵参加分区武器装备操作集训，培养一批懂政策、会组织、明法规、精训练的带头人，有力有效促进了军事训练落实。认真开展党政领导军事日活动，通过“八·一”主题军事日活动，给地方党政领导开展形势战备教育，严密组织党政机关人员和县应急民兵连进行武器操作训练、防暴处突训练，增强地方各级干部忧患意识和国防观念，为进一步推进国防后备力量建设提供有力保障。

【队伍建设】调整健全各级各类组织，加强培养帮带，交任务、压担子，充分发挥组织功能，严格落实民主集中制原则，党委班子的凝聚力、创造力、战斗力不断增强。狠抓党风廉政建设，认真贯彻落实中央八项规定精神和中央军委十项规定，以开展“三严三实”教育整顿专题民主生活会为契机，揭短亮丑、红脸出汗，深入查找单位和个人在作风建设方面存在的问题，切实纠治“四风”，保持党员干部思想纯洁、清正廉洁。狠抓干部队伍和党员队伍建设，积极开展“三互”“三责”活动，指定专人负责年初以来因干部转复、调整而导致思想波动干部的谈心交心，做好思想引导工作，从纯洁干部“三圈”入手，强化干部队伍管理教育。注重岗位实践锻炼，先后安排3名干部到乡镇调研帮带，1名干部参加驻村活动，提升了干部队伍综合素质。

【安全管理】加强安全教育这个根本，坚持安全工作各项制度，树牢安全稳定工作忧患意识和“零意识”，不断强化官兵“我的安全我负责，他人安全我有责，单位安全我尽责”安全理念。严格落实“六个管好”这个关键，加强两个经常性工作力度，认真落实各项管理规定，确保了人、车、枪弹、营区、信息、经费安全。突出信息保密这个难点，加强防间保密教育，坚决克服“无密可保”错误认识，提高官兵主动防范意识和防范技能，严格落实保密工作各项制度规定。深入扎实开展复退人员涉密载体清退、集中文印室建设、文件资料登记造册集中销毁、及时升级办公电脑三套安防系统等活动，严格落实手机、网络使用管理规定，进一步打牢了官兵保密意识，确保信息安全。紧紧扭住专项教育整治活动这个抓手，在分区机关统一安排部署下，深入开展“条令学习月活动”“安全隐患排查治理”“半年安全大检查”等专项整治活动，不断查找整治各类安全隐患，时刻强化官兵安全意识，进一步夯实安全稳定基础。

【后装保障】严格执行后勤管理规定，不断提高后装综合保障能力。坚持党委集体理财，杜绝了经费超支，严格落实记价挂账制度，营产营具使用管理正规有序。严格伙食管理五项制度，在保证伙食费不超支基础上想方设法让全体官兵吃饱、吃好；主副食管理出入有登记，做到不浪费、无霉烂变质；经费管理上严格按照财经纪律“十不准”要求，严格落实“一支笔”审签制度，严把经费开支及实物购买“经办、验收、审核”三关，提高经费使用效益。大力抓好农副业生产种植，种植蔬菜20余个品种，自产各类蔬菜2000余公斤，改善官兵生活。严格落实民兵武器装备管理制度，严格落实干部值班、住库制度和节假日部领导值班制度，加强民兵武器仓库管理。组织民兵军械保管人员进行业务培训，熟悉职责，掌握业务技能；加强民兵军械保管人员思想教育，定期进行政审，确保军械保管员思想纯洁稳定；坚持民兵武器装备擦拭保养，民兵武器装备保持良好战备状态，实现“无锈蚀、无损坏、无霉烂变质”。开展民兵武器及枪支弹药专项清理，武器装备保持良好性能，确保安全无事故。

【征兵工作】把征兵工作作为阶段性中心工作，把兵员质量放在第一位，把发动适龄青年应征入伍重点放在基层，认真搞好宣传教育，提高国防观念，增强广大适龄青年参军报国意识。宣传形式多样。采取张贴标语、通知、通告、下乡指导等方法，进行宣传教育，激发广大青年踊跃报名参军热情。县征兵办共发放宣传单7000余份、下发两办标语50份、下发并张贴通知10次、编写并下发宣传教育提纲3份、实施计划26份、下乡检查指导工作20人次。充分发挥基层人武部长作用。重点突出基层这个重点，特别是在报名期间，各乡人武部长亲自带队，组织本乡青年报名，积极为应征青年办手续、开证明、当翻译，特别是基层人武部长通过大量宣传，组织本乡适龄青年踊跃报名参军，为征兵工作顺利进行打下良好基础。严格把关确保报名质量。严格把关，确保报名工作严肃性，杜绝假户口、假文凭。以确保兵员质量为核心，周密计划、精心安排、密切配合、深入宣传，严把“报名、体检、政审”三道关口。

【民兵组织调整】严格按照“任务牵引、平战结合、突出重点、建用一致”原则，严肃认真进行民兵组织调整，调整民兵出入队20人，健全应急分队、边防执勤分队、作战勤务保障分队和情报侦察分队4个分队，并按要求增加作战勤务分队。全县基干民兵367人，普通民兵200人。

【边防巡逻】根据年度边防巡逻计划安排，采取乘车、骑马、徒步巡逻相结合方式，周密部署、严密组织，6次对防区内中尼边境的马墩拉、铁巴马龙、博尔杰加拉、大布惹戈扎拉4个通外山口进行武装巡逻、勘察和界桩维护，出动民兵90余人次，行程1800余公里，圆满完成年度巡逻任务，确保边境稳定。

【民兵训练】根据民兵实际情况，把全面提高民兵整体素质为目标，把以训促管、以训促战斗力作为根本出发点，“突出重点，兼顾一般”，严格按照新的《民兵军事训练大纲》施训，对应急民兵和基干民兵采取不同训练方式。坚持以管促训。在组织民兵训练的同时，加大民兵管教力度，要求民兵严守操作规程和安全规定，严守训练场纪律，爱护武器装备，防止武器装备丢失等现象发生，确保安全无事故。严格奖惩。训练中实行训练成绩与经济奖惩挂钩办法，对训练不认真、不刻苦、成绩差的民兵，采取扣发误工补贴，并进行复训补考等办法；对训练成绩好，表现突出的民兵，给予适当物质奖励。同时，尽最大努力搞好生活保障，从民兵事业费中挤出一部分经费，从市场上购买砖茶、蔬菜解决民兵生活问题，安排好民兵食宿，充分调动广大民兵参训积极性。坚持干部带头，部领导带头参训，跟班作业，深入训练场，处处做表率，以自身行动有效促进训练工作开展。

【支持地方建设】组织重点民兵应急连125人，参与维稳执勤。每逢重大节日、敏感日，适时组织应急民兵进行演练，对县区2条主要街道进行治安巡逻和重要目标警戒警卫，确保边防和县城安全稳定。配合有关部门，开展卫生整治等活动，先后组织应急民兵分队300人次参加打扫卫生等义务助民活动。开展军地联创共建基层党支部活动，在加加镇甲村建立帮建点。春耕农忙时节，及时组织技术民兵指导农牧民进行畜牧种养殖，提高生产效益。

（洛桑尼玛）

边境管控

【概况】2017年，县边防大队坚决贯彻落实自治区边境防控总体部署和总队、支队两级党委（扩大）会议精神，以创造和谐稳定边境环境为中心，牢牢把握辖区和谐稳定和部队安全稳定这两个关键，扎实完成上级赋予的各项工作任务，全力确保边境辖区安全稳定，被自治区公安厅授予集体三等功一次。

【组织建设】严格落实民主集中制，及时将重大任务、安全工作、中心工作和队伍建设等内容纳入大队党委议事日程。于7月及时对支部班子成员进行改选、增补，并紧紧围绕基层党组织建设“六项工程”活动方案，从提升党务工作人员能力素质入手，依托“公安边防网上党校”“喜马拉雅网上党校”“精英讲堂”等平台，以《党务工作实用手册600问》《中国共产党章程》为主要学习内容，开展专题教育活动，并重点对党组织落实党的七项组织生活、民主集中制等进行集中排查整改。特别是在十九大安保工作期间，大队为执勤点官兵配备5套太阳能移动电视机，保障了执勤点官兵能够及时了解到中共十九大精神，迅速掀起学习中共十九大精神热潮。与此同时，在单位内部借助“书记讲堂”和“学党章、用党章、守党章”活动，开展“小课堂”“小展板”“小广播”等形式多样的学习形式，积极营造浓厚的学习氛围。扎实开展“五进三深入”活动，印发各类宣传册，制作宣传音视频资料、悬挂横幅，利用下乡走访、营区广播形式在辖区驻地开展宣讲工作，开展专题宣讲4次、深入学校宣讲4次、寺庙宣讲10次。

【边境管控】年内大队多次组织人员前往边境一线及通外山口通道进行实地踏查，结合边境管控形势，充分发挥人防、物防、技防措施保持对各类重点场所管控力度不减，突出打防并举工作思路，有针对性地开展相关活动，全力确保了边境辖区安全稳定。结合新版《西藏自治区边境管理条例》宣传活动，向广大群众广泛宣传新版《西藏自治区边境管理条例》及党中央、自治区兴边富藏边防政策，激励农牧民群众在保障边境安全、打击违法犯罪、促进民族团结中发挥作用。

【军事训练】紧紧围绕警务实战化要求，牢牢把握总书记“能打仗、打胜仗”强军思想，以任务需求为牵引，立足现代边防执法执勤工作需要，着眼“一线”部队特点，加强部队警务实用技能和处置突发事件训练，使每名官兵熟练掌握各类武器警械装备性能、操作和使用规程。同时以基层训练实战化、日常训练规范化为目标，加强实战训练，提高官兵战斗力，增强大队处置各类突发事件能力和应对恐怖袭击、打击分裂破坏活动的快速反应和处置能力。

【部队管理】始终将队伍正规化建设作为推动部队各项工作全面进步的重要途径，深化部队管理工作。大队严格要求所属各单位以条令条例和规章制度精细管理部队，紧紧围绕思想政治建设、干部（士官）综合能力素质养成、部队管理规范化建设、官兵日常习惯养成等方面，强化官兵执行力、优化队伍建设、固化日常养成，狠抓制度落实，确保部队正规化建设稳步向前推进。同时狠抓安全工作不放松，深刻汲取各类案事件教训，“一案一析”，在汲取教训的同时，进行安全形势分析，定期在单位内部开展警示教育、法纪教育、保密教育。

【后勤保障】以提高部队战斗力为根本任务，不断改进工作模式，增强后勤服务意识，重点改善基层一线单位官兵生活与工作环境，紧密依托“后勤业务大会战、国有资产大清查、八项教育”等活动，稳步有序推进后勤正规化建设。结合单位自身实际，稳步推进现代化后勤建设，积极做好主副食、被装、应急物资配发工作，防止断供、缺供、漏供等现象发生。针对卫勤保障任务特点，足额将日常药品、器械以及相关物品分发至各单位，并组织官兵学习自救及互救技能12课时、救护演练3次，并及时做好日常疾控工作。协调日喀则市人民医院巡诊队及县卫生服务中心为官兵开展体检1次，并与县卫生服务中心建立警民共建关系，建立绿色就医通道。

【群众工作】扎实推进稳边固防工作，不断提升警民双向熟悉率，各派出所民警采取分批走访、全面走访方式，深入辖区开展走访工作，采集辖区各类信息，及时补充完善民情档案，并在走访中及时了解掌握辖区群众存在困难，积极为辖区群众排忧解难，使辖区群众做到安心屯边守边。8月县委、县政府授予“民族团结进步先进集体”荣誉称号。同时，为切实做到“进藏家门、说藏家话”，各单位采取每日学一句藏语形式，将藏语学习贯穿日常工作、学习、训练之中，切实提升官兵学习成效。

（邓彬）

综合经济管理

发展与改革

【概况】县发展和改革委员会下设工业和信息化局、粮食局、物价局，现有科级干部3人，科员4人。2017年，全县经济总体运行平稳，各项经济指标完成情况良好，主要经济指标均达预期目标，各项社会事业保持良好发展趋势，全县经济社会呈现提质增效发展势头。全县实现地区生产总值4.18亿元，同比增长16.4%；全社会固定资产投资完成8.34亿元，同比增长56%；地方一般公共财政预算收入完成2051万元，同比增长45%；社会消费品零售总额达1.69亿元，同比增长36%；农牧民人均可支配收入达到8235.77元，同比增长23%。

【参谋服务】认真制定计划草案。充分发挥发改委经济综合管理职能作用，根据经济运行情况，密切关注宏观经济政策变化，分析国家宏观经济政策调整对经济社会发展的有利方面，精心编制全县2017年国民经济和社会发展计划执行情况，科学制定2017年国民经济和社会发展年度计划目标，合理确定2017年预期目标和工作任务。认真做好主要经济指标监测分析。加强经济运行监测、调度和分析，做到月分析、季报告，形成季度经济运行分析材料和各种经济调研报告，找准经济社会发展中存在的问题和薄弱环节，及时提出对策和建议，为县委、县政府科学决策提供依据。

【经济调节】坚持“增一产、保二产、提三产”经济发展方式，大力发展优势特色产业，不断调整产业结构，2017年一、二、三产业生产总值分别达到0.8亿元、1.45亿元、1.93亿元，占比19.1∶34.7∶46.2，三产结构更趋合理，二、三产业带动经济发展能力显著增强。切实加强市场价格监管，以群众生活必需品、液化气等重要商品和服务价格为重点，严厉打击价格欺诈、价格串通、囤积居货、牟取暴利、捏造散布涨价信息、哄抬价格等违法行为，维护市场价格稳定。以明码标价为突破口，与县工商局开展联合执法，对商品价格进行全面检查，保持物价、服务收费价格等相对稳定。及时受理价格咨询、投诉和举报，做到事事有回音、件件有结果，切实维护广大消费者合法权益。

【项目建设】始终把加快推进项目建设作为当前经济工作重点和抓手，紧紧围绕“投资拉动”战略总体目标，主动作为、积极争取，狠抓项目建设工作前期和落地。年内开复工项目127个（续建项目23个、新建项目104个），总投资15.47亿元，完成投资8.34亿元，全社会固定资产投资同比增长56.47%，其中招商引资类项目5个，总投资1.04亿元，完成投资0.917亿元；新建项目总投资在500万元以上的重大建设项目38个，占年内投资总数的29.69%，占年内项目建设总投资的70.54%。简化项目审批程序，强化招投标管理，提高审批透明度，履行承诺公开制，提高窗口服务形象及办事效率。严格遵守行政服务审批行为规范，认真行使行政审批权。制定服务方案，全身心投入、全方位服务，“马上就办、办就办好”，所有审批事项审批时限压缩至法定时限的40%以内。同时，简化审批流程，减少审批环节；强化招投标管理工作，严格履行招投标核准审批制，做好招投标指导与协调工作。

【灾后重建】为保证灾后民房重建施工进度，规范民房重建施工作业，确保灾后民房重建按期完成，县重建办先后与各施工单位签订萨嘎县灾后重建民房建设施工进度目标责任书、萨嘎县灾后重建民房建设安全责任书，制定萨嘎县灾后重建施工倒排工期，同时在各重建点设立施工鸟瞰图、灾后重建项目电话举报牌、施工公告牌及各种安全警示牌，进一步明确目标责任，灾后重建各项工作进展有序。年内灾后重建开复工项目17个，项目总投资33390.1万元，完成投资31901.35万元。其中民房重建724户（自筹4户），总投资10860万元，全部搬迁入住；6个村整村推进项目全部完成（达桑村、提吾卓纳村、达琼村、甲村、萨嘎村、溪果村）；特色小城镇建设项目2个，拉藏乡特色小镇镇建设项目总投资3321万元，已完工待验收，加加镇特色小城镇建设项目总投资8764.14万元，完成投资7449.5万元，完成总工程量的85%。

【改革开放】加快税收制度改革，加强统筹协调，解决征管中存在的突出问题。落实征管责任，创新征管机制，加强税收分析预测，扩大联合办税范围，挖掘增收潜力。严厉打击偷税、逃税、漏税等违法行为，切实做到应收尽收。强化非税收入征管，规范征管行为，加大非税收入源头控管力度，“以票管收”，催收促缴，非税收入实现稳步增长，地方一般公共财政预算收入完成1467.51万元。不断加强金融市场监管，确保金融市场健康发展，全县金融机构各项存款余额达11.7亿元，金融贷款余额3.3亿元。健全社会主义市场经济体制，鼓励、支持各类微小企业、个体工商业等实体经济发展。年内市场主体发展到1184家、注册资金44375.79万元、从业人员4528人，同比增长15%、142%、23%。其中个体工商户1098户，注册资金6461.82万元，从业人员2287人；私营企业62家，注册资金31348万元，雇工人数1657人；内资企业12家，注册资金6115.97万元；农牧民专业合作社12家，注册资金450万元，社员504人；农牧民经纪人80人，经济业务量200万元。

【小康村建设】至年初开展小康村建设以来，按照到2020年边境村基本实现“八到村”（硬化路到村、班车到重点村、用电到村、光纤宽带到村、科技服务到村、邮政服务覆盖到村、“三农”金融服务覆盖到村、垃圾转运设施覆盖到村）、“村九有”（重点村有幼儿园、每村有卫生室和医护人员、每村有综合服务中心、每村有科技特派员、每村有温室大棚、每村有便民超市、每村有致富产业、每村有农牧民专业合作室、每村有治安联防队)、“十到户”(户户有安全舒适住房、硬化道路、安全饮水入户、清洁能源入户、移动宽带入户、广播电视户户通、户户有路灯、户户有浴室、户户有卫生厕所、户户连接排水管沟)、人人享受补贴和建设成为设施完善、安居乐业、生态良好、环境优化、魅力独特的宜居、宜业、宜游、幸福、文明小康村要求,科学制定、完善小康村规划编制工作。县域内边境小康村建设实施范围为3个边境乡,其中一线昌果乡4个村、二线拉藏乡5个村和雄如乡6个村,涉及1330户5188人,总投资5.54亿元。其中住房建设投资29300万元,占总投资的38%;基础设施建设投资27507万元,占总投资的35%;公共服务设施建设投资7513万元,占总投资的10%;产业建设4615万元,占总投资的8%,生态与人居环境建设投资8426万元,占总投资的11%。按照建设任务,2017年计划实施2个村、2018年计划实施8个村、2019年计划实施2个村,2020年巩固建设任务。2017年计划实施的昌果乡昌果村、雄如乡孜康村小康村建设规划已通过自治区审核,预计2018年上半年开工建设;昌果乡亚卡亚村、雄如乡卓巴布村建设规划已通过市级审核,其它11个村规划编制工作已基本完成。

【民生事业】以“十项提升工程”(水电路讯网、科教文卫保)为重点,充分考虑交通、能源、水利、通信等基础设施方面的互联互通,考虑教育、卫生、文化等基本公共服务方面的均衡发展,考虑特色优势产业方面的链条衔接,大力提升基本公共服务能力,不断加快特色产业优势发展,持续加大生态环境保护力度,不断改善群众生产生活条件。

【监督管理】工程项目管理方面,实行建设项目法人终身制,严格执行招投标制,实行监理旁站制,根据施工合同,确保工程质量的前提下,抢工期、抢进度。建筑材料使用方面,按国家建筑行业有关标准要求进料,严把质量关,所有材料必须有出厂“三证”,必须有监理验收签字并经甲方同意后方可使用。积极协调重点项目建设,参与重点项目的立项、可行性研究、初步设计的审批、核准、备案、审查等,建立项目工作定期联席会议制度,会同相关部门和有关方面对每个项目实施情况进行一月一督查、一月一汇报、季度一通报、半年一总结、一年一评审。

(余泽东)

统　计

【概况】2017年,县统计局以提高统计数据质量为宗旨,进一步加强统计法制建设,加强党风廉政建设,改进机关工作作风,提供优质统计服务,全县统计事业取得较好成效。

【内部管理】制定《统计局内部管理制度》,完善业务工作职责、保密工作制度、职业道德和行为规范、工作人员考勤制度、值班制度等,做到工作有目标、有具体内容、有保障措施、有责任领导、有责任人。

【统计服务】严把源头数据质量关,从规模总量、增长速度、比例结构、人均水平、历史资料、逻辑关系、相关单位资料等方面入手,运用纵横向对比、科学评估等方法,圆满完成2017年农牧业、固定资产投资、38个行政村人口调查基本情况的整理、审核和上报工作；完成全县农业普查工作，完善人口、牲畜、耕地、林业等基础数据。

（扎西）

国土资源管理

【概况】县国土资源局主管全县国土资源规划、保护、管理、合理利用及地质环境和测绘工作，内设不动产登记中心和农宅办公室，现有工作人员9人，其中科级2人、科员3人、事业编制4人。

【耕地保护】认真落实耕地保护目标责任制，结合土地利用规划修编和二调工作，对全县基本农田布局进行重新调整与划定，将基本农田保护面积落实到图斑和农户，确保基本农田面积不减。健全耕地保护共同责任机制，从严控制建设占用耕地，严格落实占补平衡和先补后占制度。认真组织实施农村土地综合整治项目，全年实施各级投资项目8个。建立《萨嘎县基本农田目标管理保护考核奖惩制度》，加大耕地宣传保护力度，努力提高全民耕地保护意识，利用“4·22”世界地球日、“5·12”防灾减灾日、“6·25”全国土地日，通过多种形式宣传耕地保护重要性和必要性。落实责任，严格检查执法，层层鉴定耕地保护责任书，做到面积、制度、责任、标志“四落实”，通过12336举报电话和动态巡查机制，实现全年无违法占用耕地案件发生。实现日喀则市下发的不低于8615.00亩的耕地保有量，基本农田面积不少于8209.25亩，基本农田保护率为94.25%，达到“耕地总量不减少，质量有提高”要求。

【土地制度改革】深化农村土地制度改革。坚守土地公有性质不改变、耕地红线不突破、农民利益不受损“三条底线”，落实集体所有权、稳定农户承包权、放活土地经营权。深化农村土地承包经营制度改革，坚决落实中央关于稳定农村土地承包关系并保持长久不变重大决策，适时就二轮承包期满后耕地延包办法、新的承包期限等内容提出具体方案。健全耕地保护和补偿制度，严格实施土地利用总体规划，加强耕地保护，全面开展永久基本农田划定工作，实行特殊保护。

【发展用地保障】完成43个项目用地预审和初审工作，确保项目开工落地。按照自治区政府专题会议纪要《研究处理全区土地管理领域专项整治工作中违规用地有关事宜》有关要求，认真统计相关数据，积极组件报件。优先做好保障性安居工程用地供应，做到应保尽保，年内为建设乡镇干部职工周转房和公安业务用房、拘留所等8个项目征地30.81亩。

【矿产资源管理】《国土资源部关于开展第三轮矿产资源规划编制工作的通知》《西藏自治区国土资源厅关于开展矿产资源规划编制工作的通知》《西藏自治区国土资源厅关于做好矿产资源规划编制工作的通知》等相关文件要求，要切实组织做好各地（市）和县级矿产资源规划编制各项工作，有矿业活动的地（市）和县都要编制矿产资源规划，位于国家级整装勘查区内的地（市）、县要加快规划编制工作。县级矿产资源总体规划于6月底之前报国土厅审核。据统计，县域内有金属矿探矿权1个，拟设金属探矿权4个；已有金属采矿权2个，拟设非金属采矿权13个。

【地质环境工作】根据《地质灾害防治条例》《西藏自治区地质灾害防治管理暂行办法》《西藏自治区地质环境管理条例》《日喀则市地质灾害防治规划》，结合县域地质灾害实际情况和2017年降水趋势预报，制定《萨嘎县2017年地质灾害防治方案》。在汛期来临之际，认真落实各项防灾减灾预案和措施，做到早发现、早避险、早处理，保障人民群众生命财产安全。5月份，对各乡镇政府主要负责人和分管国土工作同志进行地质灾害防治和农村宅基地登记发证相关业务知识培训，签订2017年地质灾害防治目标责任书，落实地质灾害防治工作责任制。年内排查发现各类地质隐患点50处，主要以泥石流为主，其中涉及威胁住户隐患点4处、威胁道路交通25处、威胁工矿企业6处、威胁旅游景点15处，发生地质灾害灾情险情15起。做好避险搬迁工作，按照灾后恢复重建规划，避险搬迁安置20余户。实施地质灾害治理工程8个，其中应急治理工程2个、应急排危除险工程2个、泥石流治理工程4个，涉及130余人。

（黄萌）

安全生产监督管理

【概况】2017年，县安全生产监督管理局实有7人，其中局长1人、副局长1人、主任科员1人、科员2人、事业技术员2人。2017年，目标责任落实、安全生产大检查、事故隐患排查整改、安全生产宣传教育、职业培训以及安全专项整治等方面工作取得明显成效。

【隐患排查】重点对建筑工地、危险化学品、烟花爆竹和人员密集场所（藏餐、寺庙、朗玛厅、学校、酒店等）进行安全隐患排查治理。年内共出动车辆127台次、人员757人次，排查安全隐患 153条，治理147条，下发22份整改督办书。

【重点领域监管】危险化学品领域。根据季节特点，严管严控油气领域各个环节，从源头上严把数量关、去向关。对液化气站、加油站进行定期或不定期检查和隐患排查专项整治，严格检查输气输油管道、压力测试、报警器械及监控器材、重大危险源场所安全警示标志设置，强化危险化学品生产、储存、经营、运输安全监管，积极配合公安、消防等部门，重点检查危化经营场所“三违”“三证”登记制度。烟花爆竹。加强烟花爆竹领域安全监管，严格控制烟花爆竹经营（零售）许可准入，年内办理烟花爆竹经营（零售）许可证商户3家。在“三大节日”期间进行专项检查，联合公安、消防等职能部门，针对烟花爆竹经营、销售、贮存、运输等环节，加强烟花爆竹批售仓储环节检查力度，督促商户严格执行库房定量、定员规定，认真落实配货、搬运、装卸等安全操作规程，严禁超量储存，超许可范围经营。人员密集场所领域。充分结合元旦、春节、藏历新年、“两会”、汛期、旅游高峰期以及中共十九大召开前后等重要时期，对全县各类酒店、家庭旅馆、朗玛厅、KTV、超市、餐馆、学校、医院等人员密集场所进行安全生产大检查。重点检查各经营企业或用人单位制定消防安全制度、消防安全操作规程情况，从业人员经消防培训教育上岗情况，自动消防系统操作人员持证上岗情况，经营企业或用人单位厂房、库房、员工或学生集体宿舍是否违规采用易燃可燃材料为芯材的彩钢板搭建，经营企业或用人单位火灾自动报警系统、自动喷水灭火系统、室内外消防栓等消防设施正常运行情况，灭火器压力是否正常、安全出口、疏散标志是否完好有效，制定初期火灾扑救预案、组织人员进行业务培训和消防演练情况。建筑工地领域。定期不定期对全县所有建筑施工单位进行现场监督检查，重点检查按照专项施工方案组织实施情况，是否建立健全日常安全检查及严格执行隐患排查治理制度情况，制定安全生产应急救援预案、配备必要救援器材装备并定期演练情况，在主要施工区域、危险部位作业是否规范情况，是否配备安全生产管理人员和保障安全投入等情况，全面排查治理各类事故隐患，切实消除安全隐患，有效防范和遏制重特大事故发生。道路交通领域。结合安全生产“百日扫雷”行动及安全生产专项检查，加大道路交通隐患排查整治力度，重点整治客运车辆和客运驾驶人，防止客运车辆“带病”上路。坚决打击货运车非法载客、农用拖拉机客货混装、报废车和非法拼装车上路行驶、超速驾驶、疲劳驾驶、无证驾驶、酒后驾驶、客货混载、超载等危及道路安全违法行为。严格查禁乘客携带易燃、易爆、剧毒等危险物品乘坐交通工具，开展危险路段排查治理，严厉查处各类道路交通违法行为，及时消除隐患。

【职业健康监管】加大企事业单位负责人和管理人员职业健康专业培训和安全技能培训力度，督促县城内非煤矿山、危化品企业、建筑施工等主要负责人和管理人员参加上级职业健康培训。

【应急管理】针对工作实际，调整完善安全生产目标管理责任书，并同各乡镇、安委会成员单位及地方企业签订目标责任书，为2017年安全生产目标的完成提供有力保障。

年内县域范围内非煤矿山领域、危险化学品和烟花爆竹领域、建筑领域、消防火灾领域、道路交通领域、特种设备领域均无事故发生。

【安全生产宣传教育】加大学习宣传力度，把安全生产宣教工作纳入重要议事日程，在主要街道、人员密集区定期开展安全生产宣传活动，大力宣传《中华人民共和国安全生产法》《职业病防治法》《西藏自治区安全生产条例》，营造“安全生产人人有责”“安全生产从我做起”良好社会氛围。利用电视台、板报等宣传工具广泛深入宣传新《中华人民共和国安全生产法》《生产安全事故报告调查处理条例》，提高全民安全意识和安全文化水平，营造人人参与安全生产良好氛围。组建宣传队伍，深入辖区施工地、危化品企业等重点领域，开展安全生产宣传活动，引导各类企业牢固树立安全生产理念，坚守发展决不以牺牲安全为代价红线意识。制定“安全生产月”工作方案，组织20多家安委会成员单位，集中举办“6.16”安全生产宣传咨询日活动和安全生产“七进”活动。

（王松峰）

食品药品监管

【概况】县食品药品监督管理局认真落实“四有两责”，把食品药品安全工作放在优先发展地位，认真开展各项专项整治活动，切实维护和保障人民群众的饮食用药安全和身心健康。

【食品安全监管】进一步增强食品安全工作责任感和使命感，建立健全13项食品安全规章制度，开展食品安全监管，保障公众饮食安全。换证工作井然有序开展，截止12月15日，304家餐饮店、295家商店申请办理新食品经营许可证，换发证书152家，全面消除“无证经营”行为，县城辖区所有餐饮店、商店、超市以及药品经营企业和使用单位实现基本资料立档全覆盖。把辖区范围内各所学校、幼儿园食堂食品安全工作作为重点，定期或不定期深入实地进行监督指导。同时，以人员密集场所、副食品批发店、超市、农贸市场、食品小作坊、学校周边为重点区域，对与人民群众身体健康和生命安全息息相关的粮油、肉类、蔬菜、饮品、保健品、水产品、酒类、奶制品、儿童食品进行检查，先后执法检查食品批发店5家、餐饮店362家、学校食堂11家，没收“三无”食品和已过保质期食品21种，取缔餐饮业无证经营4户。

【药品医疗器械监管】对辖区内1所卫生服务中心、8所乡镇卫生院、1家个体诊所、2家药品经营单位全面排查药品、药械安全隐患、对检查中发现问题，督促进行整改。加强“药化械不良反应、事件”报告的收集、核实、反馈、统计、上报等相关工作，严格按照“药械管理法”相关规定认真检查县卫生服务中心、乡镇卫生院、药店、诊所不良反应上报情况，检查购销药品、医疗器械进货渠道是否完整、进货商资质证是否齐全等情况，并留底备案供药方资质证、许可证。

【全口径大稽查制】认真落实“四个最严”“四有两责”要求，坚持“严”字当头、“安”字兜底、“好”字见效原则，由县食安办牵头，与各乡镇学校签订食品安全目标责任书、与辖区餐饮服务单位签订餐厨废弃物（油脂）规范处理承诺书，建立“基层食药监交流工作微信群”，全面构建食品安全责任体系，落实食品安全监管责任，明确县乡两级监管职责，建立无盲区全覆盖的监管体系，形成社会共治食品药品安全监管格局。

【宣传教育】在重大节日期间加大食品药品安全宣传力度，开展《中华人民共和国新食品安全法》、12331投诉举报、“5·25”护肤日系列主题宣传，期间发放宣传资料35620份、食品安全“温馨提示”15236份、药品宣传手册32156份，食品药品安全宣传品（雨伞、纸杯、围裙、手提袋）26520个，进一步增强群众食品药品安全意识和责任，提高食药监工作效能。

（巴桑普赤）

工商行政管理

【概况】县工商局现有干部4人，均为党员，其中本科学历2人、大专学历2人。全县市场主体1184家，注册资金44375.79万元，从业人员4528人，同比去年分别增长15%、142%、23%。其中个体工商户1098户，注册资金6461.82万元，从业人员2287人；私营企业62家，雇工人数1657人，注册资金31348万元；内资企业12家，员工80人，注册资金6115.97万元；农牧民专业合作社12家，社员504人，注册资金450万元；农牧民经纪人80人，经济业务量260万元。

【商事制度改革】与全国一道步入“多证合一、证照分离”改革新时代，进一步放宽市场准入环境，有力激发市场主体活力和社会创造力。深入落实“一条例、五规章”，高效率完成企业年报信息公示工作，企业年报率为99%，农专和个体工商户年报率达到100%。坚持用制度管理企业，将未按时年报企业列入经营异常名录，充分发挥国家企业信用信息公示系统（西藏）平台作用及时向社会公示，“不敢失信、不能失信”氛围加快形成。落实“双随机、一公开”监管机制，建立抽查事项清单、市场主体名录库和工商执法人员名录库、抽查实施细则等“一单、两库、一细则”。年内共抽查市场主体28户，并依法公示抽查结果。

【服务经济发展】积极服务当地经济发展，加大招商引资企业扶持力度，全年为10户招商引资企业注册登记提供全程服务。高度重视商标培育发展，积极宣传打造品牌产品，申报商标2件，均被国家工商总局商标局批复。进一步完善和规范政务公开制度，把群众普遍关心、涉及群众切身利益的事项作为公开重点，自觉接受社会监督，建设节约型、创新型、服务型机关。进一步提高效能，简化办事程序，提高办事效率，严格单位考勤以及着装制度。制定全年学习计划，严格按照学习计划分配学习任务，每周五下午为学习时间，学习各类文件及业务知识，干部的理论素养和业务能力得到进一步提高。

【监管执法】扎实推进市场监管方式改革，打造法治工商。把好市场准入、市场交易、市场退出三大环节，督促形成“市场自律、工商监管、群众监督”三位一体市场监管模式。进一步加大执法检查力度，联合有关部门开展文化市场专项整治、节日市场专项整治、烟花爆竹市场专项整治、流通领域商品安全专项整治、农资市场专项整治等系列专项整治活动，出动执法人员150人次、车辆20台次，检查市场主体780家次，审批商业广告42条，结办各类案件4件，罚没款0.41万元，积极营造公平有序市场环境及公证权威执法环境。

【消费维权】开展“3·15”国际消费者权益保护日活动，采取悬挂横幅、发放“3·15”宣传资料、粘贴宣传海报、假冒伪劣商品展示、现场解答群众疑问等形式，大力宣传新《中华人民共和国消费者权益保护法》，有效提高广大群众法律及维权意识，增强广大经营者诚信经营、道德经营意识。深入推进12315“四个平台”建设，以市局12315指挥中心为主线，以县乡消费维权联络站为支点，拓展消费维权网络覆盖面，延伸维权触角，“12315”维权站点发展到20个，联络员20人，工商义务监督员8名。年内受理消费者投诉6次、争议金额0.16万元，为消费者挽回经济损失0.16万元，投诉受理率和调解率100%。

【打击传销】高度重视打击传销工作，制定切实可行工作方案，明确工作职责，开展联防联打打击传销工作，建立齐抓共管工作机制。年内开展打击传销专项整治行动4次，出动执法人员14人次，发放宣传材料100余份。

【白色污染治理和环境保护】深入推进和谐文明幸福美丽萨嘎建设，有效治理“白色污染”，提高城乡环境质量，改善城乡居民生活环境。结合县域实际制定并与市场经营主体签订“限塑”协议书；开展环境保护宣传活动，引导有LED显示屏的市场主体播放环保宣传标语80余条，营造“人人参与环保、人人爱护环境”良好社会氛围。积极配合相关部门，对县城219国道、雅江流域、垃圾填埋场、县农贸市场等存在突出环境问题领域进行实地查看，协助清理垃圾死角，对不按规定处理垃圾商户进行批评教育；对国道两旁存在违法占道经营商户，进行限期整顿。开展专项执法行动，开展“白色污染”治理专项检查6次，对使用不可降解塑料袋、塑料餐具的超市、农贸市场、饭店为主要检查场所，共责令下架不合格塑料袋、塑料餐具60余公斤，没收20余公斤，“白色污染”得到有效控制，治理工作取得显著成效，县城环境得到进一步美化。

(赵阳)

财 政

【概况】2017年，县财政局积极优化收支结构，强化预算管理，深化财政改革，为推动改革、促进发展、改善民生、维护稳定提供了可靠的财力保障，财政预算执行情况良好。

【财政收支】财政一般预算总财力为66535万元，比年初预算增加27688万元，增长71.2%。财政一般预算支出完成66535万元，比上年支出增加3279万元，增长5%。政府性基金上级补助收入6万元，政府性基金支出6万元，当年收支平衡。地方财政收入持续稳步增长。县财政一般预算收入完成1467万元，创历史新高，收入规模迈上新台阶。其中税收收入完成765万元，占总收入的52.1%，非税收入完成702万元，占总收入的48%。优化支出结构保障重点支出。不断优化财政支出结构，加大财政八项支出投入力度，新增财力重点向财政八项支出倾斜，合理安排和调度财政资金。八项支出共计58705万元，其中一般公共服务支出35125万元，公共安全支出3980万元，教育支出7849万元，科学技术支出89万元，社会保障和就业支出1693万元，医疗卫生支出2145万元，节能环保支出1887万元，城乡社区事务支出5937万元。八项支出占一般预算总支出的比重达88.2%，支出结构进一步优化，八项支出快速增长。

【财政保障】加强重点支出保障。支持重点项目建设，落实资金340万元，支持边境居民安置房项目建设；落实资金365.5万元，建成加加镇温室蔬菜大棚项目。支持生态文明建设，落实资金3442万元，全面实施草原生态保护补助奖励机制；兑现森林生态效益补偿资金571.52万元，大力推进生态文明建设。支持扶贫开发，落实资金275.4万元，为精准扶贫工作提供财力保障；兑现生态岗位补助资金1096.5万元。助力“三农”发展。加大强农惠农补贴力度，落实资金25.6万元，加大种粮农民补贴力度，提高农民种粮积极性。落实资金34.52万元，大力推广农牧业政策性涉农保险，提高农牧群众抵御各类自然灾害能力。改善和保障民生。支持就业和社会保障，落实资金266万元，用于政府购买公益性岗位109名人员支出；落实城镇低保资金21.9万元；落实农村低保资金110万元；落实“三大节日”期间慰问资金25万元，为困难职工、驻村工作队、城乡低保对象、优抚对象、五保户等发放慰问金；落实资金41.49万元，用于五保集中供养人员补助。支持教育事业优先发展，落实资金6161.7万元，大力改善义务教育阶段薄弱学校改造；本级投入681.9万元，全面实行学前至初中阶段教育农牧民子女补助、“三包”和城镇困难家庭子女助学金政策。三包年人均达到3580元，惠及2571名学生，占在校生总人数的97.4%，为教育事业蓬勃发展提供有力资金保障。支持医疗卫生事业发展，落实资金585.96万元，实施新型农村合作医疗，将合作医疗标准从人均455元提高到498元；落实取消药品加成补助资金107.54万元，有效解决群众看病难问题。支持文化事业发展，落实资金40万元，支持民间艺术团工作；落实资金25万元，确保珠峰文化节顺利开展；落实资金2.69万元，支持电影放映场资补助；落实资金76万元，免费开放县乡公共文化活动站，为群众业余文化生活提供有力资金保障。加大维稳保障力度，促进社会和谐稳定。支持“创先争优、强基惠民”工作，落实驻村工作队办实事经费265万元，生活补助236.9万元。完善维稳经费保障机制，国防支出35万元；落实资金361.8万元用于政法系统2017年度办案（业务）经费和装备经费；建立武警消防、边防部队经费保障机制，落实业务及装备经费216.85万元；落实县本级财政安排的维稳补助资金16万元，着力提高公安机关安保能力。

【服务支持经济发展】发放便民“明白卡”，架起惠民“连心桥。针对惠民政策宣传不到位，农牧民群众对惠民政策了解不深入、易混淆等问题，组织财务人员深入乡村开展惠民政策宣传，收集整理惠民政策并汇编成册，发放至各乡镇，让农牧民群众随时了解掌握国家政策，为群众提供便利，树立“为民服务”良好形象。加强财务检查，规范财务行为。对各乡镇近三年财务进行检查，列出18项整改任务清单，提出整改措施、明确整改期限。特别是为认真贯彻落实中央八项规定精神，进一步规范萨嘎县“三公经费”管理使用情况，成立专项检查领导小组，对加加镇、夏如乡、旦嘎乡、机关财务、卫生局等单位公款出国（境）费用、公务用车购置及运行费用、公务接待费等进行严格排查。及时发现和纠正“三公”经费在审批管理、使用中存在的突出问题，进一步降低行政运行成本，提高行政经费支出透明度。

【财政改革】国库集中支付改革工作顺利完成。在市财政局的大力指导下，我县国库集中支付系统成功上线运行。通过此次改革，进一步规范了财政资金拨付程序和财政资金支出行为，提高了财政资金使用效益和财政资金管理水平、运行效率。

【公示公开】认真做好预决算公开，根据新《中华人民共和国预算法》规定，细化公开内容，全县43家单位2016年度部门决算及2017年度部门预算、“三公经费”预算全部在县政府网站进行公开，公开面达100%。切实做到财政信息公开工作“公开为常态，不公开为例外”，保障公众知情权、参与权、监督权。

（王益东）

国家税务

【概况】县国家税务局共有税务干部9人，平均年龄28岁。2017年，县国家税务局紧紧围绕“组织收入”中心工作，秉持“为国聚财、为民收税”宗旨理念，积极落实国家各项税收政策，深化税制改革、强化税源管理、优化纳税服务，圆满完成全年各项工作任务。

【组织收入】全年累计完成组织收入1561万元，较2016年同比增收157万元，同比增长11%。其中第一季度组织收入409万元，同比减收4万元，同比减少1%；第二季度组织收入339万元，同比增收133万元，同比增长

64.56%；第三季度组织收入508万元，同比增收215万元，同比增长78%；第四季度组织收入305万元，同比减收192万元，同比减少38.7%。主体行业集中于第二产业，组织收入逾千万。第一产业因国家税收政策原因全部免税。第一、第二、第三产业分别完成组织收入0万元、1394万元、161万元，占总体组织收入的0%、89.3%、10.7%。全年税收收入1504万元，同比增收151万元，同比增长11%；增值税收入1169万元，同比增收394万元，同比增长50.8%；企业所得税收入148万元，同比增收7万元，同比增长4.9%；个人所得税收入41万元，同比减收7万元，同比减少14.5%；耕地占用税收入35万元，同比减收15万元，同比减少30%；资源税收入3万元，同比增收2万元，同比增长200%；城市建设维护税收入82万元，同比增收10万元，同比增长13.9%；印花税收入26万元，同比增收12万元，同比增长85.7%。全年非税收入51万元，同比增收6万元，同比增长12%。

【税收法治】强化税源管理。进一步摸底辖区纳税人登记情况，以入户调查为基础，以系统申报数据为依托，全面排查纳税人登记、缴税情况，并向纳税人征求纳税服务。先后清理存量户及新增户疑点数据46户次，下发税务事项通知书58份，查补税款19万元。提高征管水平。在原有税收管理员制度基础上，实行定期核查制，由税收管理员入户进行税务检查，跟踪纳税人经营情况。对纳税人档案进行统一标准化管理，涉税文书一一留档以备检查。落实税收政策。严格进行减免税管理，对申请减免税的企业严格执行减免税审批程序，对符合农牧区相关税收优惠政策的纳税人，严格按照相关规定做到应享尽享。年内累计减免税461万元，政策覆盖面达100%。

【纳税服务】成立营改增大辅导工作组。为确保营改增大辅导工作顺利开展，成立了营改增大辅导工作组，工作组总领营改增辅导工作。开展内部培训辅导。进一步提高税务人员业务水平和纳税服务水平，专门开设内部营改增学堂，集中学习营改增政策与法规，确保工作人员准确对纳税人进行宣传和辅导。开设纳税人课堂。以纳税人课堂为平台，向辖区内主要行业纳税人进行营改增专题政策讲解，对前期收集到的各类问题集中向纳税人进行解答，并向纳税人分发办税流程和各类政策性文件，推行网上申报和增值税发票新系统。共开设纳税人培训班2场次、发放问卷调查40多份，受辅导纳税人涉及辖区内餐饮住宿、建筑业等30余户，受到纳税人一致好评。举办“国税杯”足球比赛。通过举办足球比赛，既有利于税法宣传，也有利于加强部门间税务信息共享和交流，同时更增强了税务部门和纳税人之间沟通交流，为构建新形势下和谐征纳关系创造了极为有利条件。

【税制改革】平稳完成与县环保局关于排污费征收资料接管，为开征环保税打下良好开端。成立环保税征管工作领导小组。为确保环保税开征工作顺利开展，成立环保税征管工作领导小组，领导小组总领环保税开征辅导工作。开展街头宣传。走上街头，到纳税人中去，主动与纳税人沟通交流，分发宣传资料和问卷调查，了解并解决涉税问题。

【内部管理】进一步完善工作机制。年初及时召开会议，研究部署年度税收工作，明确工作目标任务。严格按照“一岗双责”要求，明确干部分工和职责，确保全局各项工作有序开展。严格落实带班领导制。每周安排一名领导干部在办税服务厅协助大厅人员开展各项涉税业务，为纳税人排忧解难、缓解征纳关系，并为可能发生的突发事件做好应急准备。打造学习型团队。建立干部长效学习机制，抓好干部涉税文件和相关业务知识的学习。

（严翔宇）

烟草管理

【概况】 西藏自治区烟草公司日喀则市公司萨嘎配送中心位于县城伦珠街，成立于2009年7月9日，现有3名工作人员，安全员、库管员、送货员、访销员、内管员为兼职岗位，配送中心负责萨嘎、仲巴两县配送业务。

【卷烟销售】 年内卷烟销量3135.3万支，同比增长7.2万支，增幅0.4%；卷烟销售额2103.73万元，同比增长1.8万元，增幅0.5%。其中乡村卷烟销售量637.81万支、占总销量的25%，销售额335.1万元、占总销售额的15.9%。单箱均价3.4万元，同比增长9.8%。萨嘎、仲巴两县采取自行配送6个乡镇、实行定点取货及现卖5个乡镇，共有零售商户125家，较去年新增15家，其中电子结算注册商户78家，电子结算扣款成功率达50%以上。

【市场监管】 以“自主管理、自觉自律、互助友爱、合作共赢、和谐共进”为目标，切实增强卷烟零售户诚信经营意识，提高守法经营自律能力，有效稳定卷烟市场价格，规范和净化卷烟市场，切实维护零售户合法经营利益，进一步提升客户赢利水平，建立平等互利、长期合作、共同发展新型客户关系。以零售户互助合作小组形式进行自我监督、自我约束，营造诚信经营、放心消费、公平竞争市场环境，建立成熟、完善市场价格体系。结合配送中心实际，根据本县零售户总数设置16个自律小组，选取代表性客户与客户经理一同对辖区内卷烟经营户进行引导、宣传，监督、检查片区内卷烟经营户明码标价执行情况，倡导片区内卷烟经营户相互监督，共同履行明码标价义务。加强《中华人民共和国烟草专卖法》宣传，教育和督促小组成员不销售假私非卷烟，不寄售代卖卷烟，不向未成年人售烟；做好卷烟商品陈列，展示良好商业形象；以身作则，模范遵守烟草专卖法律法规，带头执行明码实价，维护价格稳定。

（次旦多吉）

金融服务管理

【概况】 中国农业银行萨嘎县支行服务面为县城及各乡镇和38个村委会，所辖1个县支行、3个营业所，是县域内唯一在乡镇建有网点的金融机构。2017年，有员工25人，其中管理员7人、业务人员16人、后勤人员2人，根据业务性质分设会计、出纳、信贷、联行代理国库业务等，主要经营存款、贷款结算及代理人行、农发行业务。

【存贷业务】 年内，储蓄存款增长较快，超额完成全年任务指标；贷款业务增长较好，呈现“三农”贷款与个人贷款齐头并进势头。年底，各项存款余额106887万元，较年初增加32549万元，其中储蓄存款15854万元，对公存款91033万元。各项贷款余额33751万元，较年初增加4721万元，其中工薪贷款5294万元，较年初净增2451万元；涉农贷款28457万元，较年初净增2248万元；交通贷款余额4008万元。不良贷款余额0万元，无一笔新增不良贷款。累计发放贷款证2593户，颁证面99%，使用率95.8%，其中金卡832张、银卡782张、铜卡685张、钻石卡294张（一星71户、二星126户、三星97户）。精准扶贫小额到户贷款证1058张，扶贫贷款余额1448.3万元；扶贫法人贷款1笔、金额300万元，带动贫困户8户、34人；办理惠农卡2361张。

【服务经济】坚定不移深化“三农”工作，不断提高金融服务水平，努力为农牧民提供普惠制、广覆盖、多功能、可持续的金融服务。与钻石卡户签订帮扶协议（执行扶贫利率），每年带动和帮扶贫困户。教育引导员工带着感情、带着爱心、带着诚心为农牧民服务，积极依托“四卡”，增加对农牧业、农牧民的有效信贷资金投入，对所有乡村开展常态化流动服务，向农牧民宣讲普及金融政策和信贷产品知识，大额资金兑现时为农牧民提供上门服务业务。同时，对广大农牧民开展诚信教育，有力提升整体信用环境；在贷款投向上积极为符合农行信贷相关管理办法规定、符合准入条件的农牧户发放农、林、牧业以及建筑、运输、批发、特色产品、民族手工业等贷款，满足其金融需求。根据“惠农通”工程方案要求，完成24台助农取款机布放，并组织专人认真开展前期政策宣传解释工作。通过强化“三农”金融服务管理、提高风险管控水平、提升“三农”服务能力，不仅涉农信贷资产质量保持较好水平，同时有力支持地方经济发展。

【内部运营】加大运营、会计、信贷、安全保卫等环节规范化、科学化、标准化建设，开展“三化三达标”创建，年内，未出现任何一起大小风险操作事件，确保安全运营。加强安全保卫，严格对照安全保卫工作条例，逐条开展检查对照，及时消除各类隐患，获得2017年度安全保卫工作先进集体奖。强化安防教育，引导员工自觉履行各项安防制度规定，严格相关纪律，层层签订安防责任书，加大所辖网点监督检查力度，对违反安全保卫的行为及时进行制止并进行教育引导。做好基础管理，组织实施员工合规化建设活动，员工整体合规理念、合规意识明显提升；继续实行差异化绩效分配体制，激发员工工作积极性，发挥奖励机制作用。

（晋米桑布）

交通 通信

交通运输管理

【概况】县交通局现有干部职工5人，其中科级干部2人、科员3人。2017年，县交通局不断完善以服务经济发展为核心的公路建设与管理工作，推进全县交通事业又好又快发展。年内，农村公路建设总里程达656.6公里，其中县道198.79公里、专用公路127.87公里、乡道111.67公里、村道218.27公里。8个乡镇、38个行政村、8座寺庙公路实现全部通达，8个乡镇、28个行政村、5座寺庙实现通畅，乡镇通畅率100%、行政村通畅率73.68%、寺庙通畅率62.5%。

【公路建设】年内，开复工项目37个，其中续建项目2个，新建项目35个，投资85601.925万元，完成投资30046.43万元。续建项目2个，分别为国道349线至旦嘎乡改建项目，全长50公里，投资12597.1212万元，项目于2016年开工建设，完成投资7133.72万元；萨昌公路岔口至卓巴布村、唐如村、布扎村改建项目，投资4185.0289万元，全长25公里，完成投资2483.24万元，上述项目法人为日喀则市交通运输局。新建开工项目35个，其中重点项目3个，分别为国道349线17道班至夏如乡项目，全长57.0625公里，投资22894.7191万元，完成投资2603万元；雄如乡至昌果乡公路改建项目，全长72.552公里，投资20528.36万元，完成投资6400万元；国道219线至鲁嘎村项目，全长13.621公里，投资2088.64万元，完成投资1044.32万元。一般项目32个，其中29条自然村公路项目全长236.395公里，投资11124.2856万元，完成投资8626.2312万元；国道219线至帕顿村项目，全长5.032公里，投资861.14万元，完成投资596.9528万元；雄如乡桑亚拉山至卓加项目，全长26.238公里，投资1035.19万元，完成投资703.9292万元；夏如乡坚巴夏村项目，全长9.972公里，投资568.8万元，完成投资455.04万元。

【公路养护】本着“修路为民、养护为民、建养并重”方针，按照《萨嘎县农村公路养护管理工作实施方案》要求，农村公路列养总里程359.2公里，其中县道2条、乡道1条、村道7条，产生养护费用95.933万元。成立一支由建档立卡贫困户21人组成的养护队并进行日常养护。养护过程中，组织乡镇和村“两委”一同对农村公路养护情况进行实地检查和考核，并召开农村公路养护会对检查和考核情况进行通报，有效助推农村公路养护管理工作规范化建设。

【抢险保通】因7月以来持续强降雨极端天气影响，农村公路路基、路面、桥涵及防护设施等不同程度损毁，公路路产损失较大。本着“先保通、后畅通”原则，结合地理位置、灾害险情程度，制定《萨嘎县农村公路抢险保通应急方案》，及时成立抢险保通领导小组，开展公路抢险保通工作。充分发挥农村公路养护队作用，临时组织有关乡镇农牧民施工队参与抢险保通，及时调配机械设备。夏如乡挖掘机作业30小时，装载机作业412小时，投入人力93人次，投入车辆10台次；拉藏乡装载机作业51小时，投入人力3人次，投入车辆3台次；雄如乡装载机作业17小时30分；旦嘎乡装载机作业30小时；如角乡装载机作业26小时，投入人力2人次，投入车辆2台次；达吉岭乡装载机作业11小时。

（卓玛曲珍）

公路养护与管理

【概况】2017年，市交通运输局加加公路段不断加强公路养护管理水平，以路面养护为中心，注重全面养护，对公路顺畅、边沟清理、桥涵疏通、整修路肩以及路面料饱和度进行整治。抓住有利时机对公路进行路面料铺筑，雨季结束后对公路进行整治和全面铺料工作，确保砂土路路面稳定性、饱和度和坚实性。加大“病害”公路整治力度，特别是对出现的路面翻浆、坑槽、沉陷、松散、搓板、波浪等“病害”进行及时处置，有效保证公路使用寿命和运输能力，公路养护质量得到不断提高，好路率稳步上升。

【公路养护】开展省道209线（原205线）公路保养，清理边沟73235米，清雪除冰47218立方米，疏通涵洞28道，清理边坡杂草杂物44158平方米，整修磨耗层24235平方米，清理积沙5083立方米，清理公路边沟1~3米9160平方米，局部改善土路肩材料3390平方米。开展国道219线（原国道216线）公路保养，清理边沟125332米，清雪除冰6219立方米，清理边坡杂草杂物9553平方米，疏通涵洞5道，清理塌方450立方米，整修磨耗层8375平方米，修补路基缺口1760立方米，维修涵洞1道，清理公路边沟1~3米27760平方米，清理积沙1175立方米，局部改善土路肩材料1135平方米。与此同时，完善各项工作制度，加大公路巡查处置力度，做好水毁抢险保通工作，对危险路段增设警示标志，改善公路通行条件和服务水平，在发生水（雪）毁及自然灾害路段，不等、不靠，全力恢复，缩短阻车时间，为司旅人员提供便捷。

【路政管理】做好路政宣传，在路政宣传月期间，以“打造本质安全、共享平安交通”为主题，在全县范围内进行广泛宣传，发放《中华人民共和国公路法》藏汉文宣传册子324份、《公路安全保护条例》341份、《西藏自治区公路条例》193份、播放公路法录音18小时，设立固定咨询点1个，受咨询70人次，出动路政宣传人员24人次。做好路域环境整治，拆除违章建筑2处，清理边沟154公里，清除各类公路沿线垃圾975余方，清理桥头桥底垃圾3143余方，清理边沟内垃圾65公里，修复各类标志78块，清理建筑物垃圾957立方。做好公路巡查，上路巡查135天，查处路政案件1起，收取公路赔补偿费350元。

【安全生产】牢固树立“安全第一、预防为主、防治结合”“防范重于泰山”思想，本着对人民群众生命财产安全高度负责态度，认真学习领会上级安全生产工作会议和有关文件精神，把安全生产工作纳入重要议事日程，做到安全生产与养护生产同管理、同安排、同落实、同检查。按照市交通运输局要求，成立以段长为组长、路政执法人员为副组长、各工区长为成员的安全生产领导小组，本着“谁主管，谁负责”原则，制定《安全生产责任制度》。与各工区第一责任人和直接责任人分别签定安全生产目标责任书，形成层层抓落实工作格局。组织工作人员，对辖区公路防护设施、桥涵、急弯、险路等交通安全设施设置情况和养护维修情况进行全面检查，对存在的安全隐患及时予以维修和处置。

【内部管理】在机务管理方面，加强现有养护机械设备维修、管理、立档建卡工作，机具报废手续和新增机具入账程序严格按照固定资产有关管理办法进行，机械设备完好率和使用率分别达到90%和85%以上。在规范化管理方面，制订《常见公路病害修复相关制度和贯彻落实情况》《公路养护作业区管理的相关制度及贯彻落实情况》《公路养护目标考核及奖优罚劣情况》《向社会公众提供公路路况信息情况》《掌握突发公共事件造成的公路断通情况》《应急保障工作制度及贯彻落实情况》《小修保养质量的考核情况》《机械管理相关制度建卡归档情况》、安全生产目标责任书、精神文明目标责任书、社会综合治理责任书等相关办法、制度。在财务、统计方面，严把财务关口，对公路养护资金进行统筹安排、合理分配，认真执行财务各项制度，不断提高工作质量和办事效率。进行统计报表、图表规范化制作，利用冬季休闲时间组织各工区统计人员进行业务培训，提高知识水平和业务技能，各类报表、固定资产登记、机械设备管理、登记造册进一步得到规范。

（彭海）

邮　政

【概况】萨嘎县邮政分公司现有职工8人，其中支局长1人、B类合同工5人、C类职工1人、保安1人。业务类型主要为代理保险、包裹收寄、人民币存取等。2017年，公司积极应对困难，全力排除市场环境不利因素，圆满完成市分公司下达目标任务。

【金融业务】公司积极秉承“激情、实干、争先”企业精神，本着“客户是衣食父母”服务理念，着力提高员工服务素质，金融业务取得突飞猛进发展。年内，各项存款达1973万元，总收入达2031万元，同比增长41.6%，获得中国邮政集团公司、中国邮政集团工会联合颁发的营销方式劳动竞赛标杆网点奖。

【邮政业务】不断提高寄递通信覆盖率，全年投递党报党刊50多万份，赢得企事业单位和群众一致好评。加大宣传力度，与企事业单位、驻军部队和外来务工人员等就包裹寄递、报刊业务、增值业务等达成良好合作关系。本着检查到位、投递到位、宣传到位服务理念，及时迅速满足客户用邮需求，树立良好邮政形象。大力支持乡镇网点建设，整合人力资源，做好乡邮人员工作分配、提高工作效率、优化人员结构，把邮政业务辐射到广大农牧区，为农牧民群众提供优质服务，诠释“人民邮政为人民”服务宗旨。

【内部管理】在营业厅和邮政院内安装监控设备，放置灭火器等消防设备。定期组织员工开展学习，开展消防应急和地震逃亡演练，提高员工安全意识。在金融办公区安排1名专员守护，切实保障资金安全。每月定期组织安全生产检查，提高安全生产工作的制度化、规范化建设

（嘉措）

电　信

【概况】中国电信萨嘎分公司现有员工17人，其中自有员工3人、合作方员工7人、自招员工5人、传输局驻段员工2人。在分公司举办的“翼起来”创先争优劳动竞赛中荣获“移动业务发展先进单位第三名、ARPU值提升先进单位第二名、翼融合业务发展先进单位第三名、天翼高清业务发展先进单位第二名”等荣誉称号。

【网络建设】围绕“规模效益发展”工作主线，以移动业务、宽带业务、ICT业务、高清业务为主，扎实做好“内强素质、外树形象”基础工作。年内业务总收入800万元，移动用户达7500部、宽带用户达1200部，85%以上用户为4G智能手机，继续保持电信宽带市场主导地位。大力建设“光网城市”，按照中国电信“宽带中国、光网城市”战略建设目标，在以往网络基础上投入大量资金和人员，FTTH覆盖县城所有区域，实现50M以上高速宽带接入，11个行政村开通电信光宽带。

【客户服务】以提升用户满意度为指引，以关键服务环节为切入，以感知测评为手段，切实做到“用户至上、用心服务”。积极参与政风行风建设，不断规范市场、资费及收费行为，全面取消手机长途与漫游费，加强用户信息安全、网络安全，规范用户实名制。规范装维服务，做到“当日修、当日装、慢必赔”。

【内部管理】加强学习教育、强化内部管理、完善规章制度，转变工作作风，狠抓党风廉政建设，切实加强党建工作，提高党员整体素质，扎实推进各项工作。

（欧珠次仁）

移　动

【概况】中国移动通信集团西藏有限公司萨嘎县分公司现有编制人员4人，组织架构为公司总经理、渠道经理、客户经理、全业务技术支撑、综合事务等，乡镇渠道服务站分别为达吉岭乡、如角乡、拉藏乡、昌果乡、旦嘎乡、夏如乡7个服务站。公司主要经营移动电话通讯、短彩信、手机终端等基本通信业务，同时经营信息化集成、党政军数据专线和互联网专线接入与应用、电视电话会议系统搭建运营、家庭宽带运营、魔百盒电视及固定电话等。2017年，公司以成为卓越品质创造者为愿景、以追求客户满意服务为经营宗旨、以沟通从心开始为服务理念、以正德厚生臻于至善为核心价值，全年完成企业运营收入794.3万元。

【通信网络】全县共建设129个通信基站，其中4G基站46个，38个行政村除岗来村外，全部实现通讯信号覆盖，全县无线网络覆盖达到97%以上，光缆通达所有村一级。完成219国道沿线萨嘎段4G信号建设施工，预计2018年上半年全部开通；加大盲区信号覆盖工程，加快推进岗来村4G信号覆盖建设，积极配合县政府开展安全生产工作、维护

稳定及各类通信保障，彰显企业担当，承担社会责任。

【通信服务】公司以“沟通从心开始”为出发点，坚持以“售前、售中、售后”为切入点，以感知测评和绩效考核为手段，强化服务优势，以提升客户感知为目标，开展各项服务。积极响应国家“提速降费”政策，取消长途费及漫游费，降低家庭宽带费用，提高家庭宽带网络速率，降低流量费用，不定期回馈用户，推出宽带免费用、流量买一送一等活动，积极落实国家政策。勇于承担政府工程，实施寺庙信号覆盖、村村通宽带、党员远程教育、农村信息化、农村普遍服务和盲区覆盖等工程，不断提高和改善农牧区通信条件。专门制定“和家庭”“和包”两项优惠政策，以信息化、智能化助力脱贫攻坚战和新农村信息化建设。

【内部管理】坚持党建统领、文化牵引、能力提升、绩效管理，从网络、渠道、服务、销售、客户、4G、家宽、政企等8个方面重点突破，结合“互联网+”模式，开拓思路，紧抓国家发展机遇，实现速度与质量、规模与效益、当前与长远绿色科学发展。严格贯彻落实国家实名制要求，对新入网客户认真做好审核及登记，公司存量及新入网用户实名制达到99%以上；加强网络诈骗防范宣传，坚决防范网络金融犯罪、防范网络诈骗。

（拉平）

农牧业 水利

农牧业

【概况】2017年，县农牧局以“强农惠农”政策为基准，以提高粮食综合生产能力、发展现代农牧产业、促进农牧民增收为首要任务，以加速推进农牧业产业化、加强农牧业基础设施建设、深化农村改革、保障农牧产品质量安全、切实解决民生问题为核心目标，始终把稳定发展粮食生产、稳步提升畜牧产业和振兴农村经济作为工作方向，各项农牧业工作取得良好成效。

【种植业】乡村户数3476户，同比2016年增长53户，农牧业人口数13950人，同比2016年增长179人，农村总劳动力人数7332人，同比去年减少192人。按照“青稞增产行动”任务目标，进一步扩大粮食种植面积，全县农作物播种面积7944.9亩，其中青稞播种面积6000亩，占总播种面积的75.5%，比上一年增加900亩，增长17.5%。继续推广青稞优良品种，引进青稞良种播种面积2448亩，每亩用种量17.5公斤，外调引种42840公斤。计划内化肥70吨（尿素41吨、二胺29吨），市下达缺口化肥20吨；农药0.98吨，其中野麦畏乳油0.5吨、2.4D丁酯0.28吨、速灭杀丁0.2吨。粮食产量1492383.1公斤，其中青稞产量1347743.1公斤，青稞总产量超出目标任务97743.1公斤。

【畜牧业】牲畜存栏总数181160头（只、匹），同比上年增长0.1%。牲畜出栏数64830头（只、匹），同比2016年下降17%。新生仔畜数66058头（只、匹），成活数59773头（只、匹），成畜死亡3506头（只、匹），成畜死亡率控制在1.88%，同比2016年下降0.02%。

【农牧业产业化】霍尔巴羊基地建设。紧紧围绕日喀则市霍尔巴羊经济圈产业发展总体规划，依托区域优势，大力挖掘我县绵羊优势资源，加大养殖规模，实施有机种养加业霍尔巴羊基地建设项目，拟打造“企业+合作社+基地+农户”养殖经营模式。草业基地建设。紧紧围绕县委、县政府提出的在草业上做文章产业发展思路，协调县扶贫办做好人工种草各项工作。

【农牧业项目】农牧业建设项目共9个，其中续建项目3个、新建项目6个。续建项目建设情况。农业技术推广站建设项目，建设地点各乡镇，建设内容为在各乡镇建设农业推广业务用房，配套设施设备，项目总投资640万元；蔬菜温室大棚恢复重建项目，新建蔬菜温室大棚1处，建筑面积1104.56平米，项目总投资75万元；2016年天然草原退牧还草工程，休牧围栏50万亩，人工种草960亩，项目总投资1644万元。新建项目建设情况。重大动物疫情应急物资储备及冷链设施建设项目，建设地点加布村，建设面积200平方米，其中2~8℃疫苗储存库冷库100平方米、应急物资综合仓库一座100平方米，配备冷藏运输等相关设施设备，项目总投资150万元。县级农牧业防抗灾物资储备库，建设地点县城，新建防抗灾物资储备库580平方米及其配套附属设施，总投资180万元；乡级农牧业防抗灾物资储备库，建设地点如角、拉藏、昌果、雄如、加加5个乡镇，每个乡镇新建防抗灾物资储备库300平方米及其配套附属设施，总投资550万元；雄如乡温室大棚项目，建筑面积5248平米，总投资240.8万元。

【强农惠农政策】草原生态保护补助奖励。落实2016年和2017年度草原生态保护补助奖励，下达资金总额7602万元，其中2015年结转资金372.45万元、2016年度草奖资金3787.55万元、2017年度草奖资金3442万元。兑现资金5993.28万元，其中兑现2016年草奖资金3137.57万元、兑现2017年草奖资金2855.71万元。因政策变动，草原生态保护监督员岗位将与精准扶贫进行对接，将于明年年初落实补贴资金。种粮农民补贴。补贴对象主要为旦嘎乡、夏如乡、加加镇农牧民群众，共兑现171391.64元。其中种粮直补面积4594.95亩，直接补贴按15元/亩标准进行补贴，补贴资金68924.25元；农资综合补贴按22.3元/亩标准进行补贴，补贴资金102467.39元。农作物良种推广补贴。推广面积4300亩，每亩补贴标准20元，补贴资金8.6万元。农机补贴。3月至11月之间全县购买农机具449台，其中翻转犁47台、颗粒机36台、背扶式（便携式）收割机359台、不带力160型收割机1台、农用拖拉机（含车厢）3台，落实补贴资金278000元。

【防抗灾工作】汲取往年经验教训，把防抗灾物资储备工作贯穿农牧业生产全过程，按照组织上重视、行动上充分准备、措施上严谨周密要求，提前认真做好防抗灾物资准备工作，真正做到有备无患。购买饲草200吨、饲料90吨、青稞20吨和各类防抗灾兽用药品。

【科技服务保障】采取资金、技术、人才和物资等多种形式，逐步加大科技培训力度，开展牲畜包虫病防治、农牧业科技下乡、基本草原划定、乡镇兽防人员及村级防疫员、农业实用技术、种养殖、草原生态保护补助奖励机制信息录入、涉农性保险、气象人员技术等系列培训活动。举办县级培训班4期、实地培训及各类业务培训30期，发放资料4500余份，培训农牧民8500人次。

【动物疫病免疫】做好防疫工作，将各类疫苗、药品及时分发至乡村，发放各类疫苗400箱。疫苗在领取、运输、分发、储存等各环节做到全程监督，确保防疫工作顺利开展。春季防疫应免数212559（头、只）、实免数210963（头、只），免疫率达99.7%。其中小反刍免疫应免数62017只、实免数61695只，免疫率达99.5%；牛巴氏杆菌应免数39435头、实免数38934头，免疫率达99%。秋季防疫应免数211512（头、只）、实免数211200（头、只），免疫率达99%。同时，按照重大动物疫情防控有关应急预案和防治技术规范要求，在全县范围内开展监测排查工作，安排专人在219国道沿线和边境乡设卡消毒，对过往车辆进行消毒检查，确保不发生任何疫情。

【农牧区改革】加强组织领导。成立县政府主要领导挂帅的确权登记颁证工作领导小组，领导小组下设办公室。制发《关于印发萨嘎县农村土地（耕地）确权登记颁证工作方案的通知》，明确工作目标、基本原则、主要任务、实施步骤和工作要求。县政府与各乡镇签订责任书，将此项工作纳入年度考核范围，并根据工作需要，成立县级领导包乡督导组、县确权办包片工作组、乡政府技术员和村级报点工作组，抽调素质高、责任心强、熟悉政策人员参与工作，特别是各乡镇、村积极动员村民代表、熟悉村情老干部等参加，为登记工作有序开展奠定组织基础。注重政策宣传。采取“三个一”（发放致全县广大农民一封信、一本手册、一幅图画）方式进行广泛宣传，累计发放《致广大农民群众一封信》500余份、《政策宣传手册》300余本、确权登记图画400多幅。同时利用电视、广播、标语、宣传栏、横幅等形式加大宣传力度，充分调动农民群众参与确权工作主动性，为全面铺开确权工作奠定坚实群众基础。圆满完成3个乡镇、11个行政村、906户农户、9256.37亩耕地外业测绘工作。

（李文）

林 业

【概况】2017年，县林业局紧紧围绕生态文明建设，积极开展植树造林、实施生态安全屏障防沙治沙工程、落实林业直补资金，为“美丽萨嘎”建设积极贡献力量。

【造林绿化】高度重视生态保护建设工作，积极争取项目资金，大力开展植树造林。目前，全县人工造林面积达1030亩，造林地点主要位于夏如、旦嘎两乡，造林绿化区域中的班公柳、北京杨、藏青杨、细叶红柳、当地红柳等树苗长势良好，树苗成活率在75%以上。

【城区绿化】实施庭院增绿、拆违建绿、见缝插绿、退地还绿“四绿工程”，广泛组织动员全县干部职工、驻军部队官兵、县中直单位员工开展植树活动，并实行分片包管制。义务植树面积40亩、株树3520株，植树地点主要为县城周边及各机关单位院内，树种选择主要以北京杨及班公柳为主，树苗成活率在75%以上。

【生态效益补偿政策】兑现2017年森林生态效益补偿资金558.26万元，完成各乡镇上报的2018年度享受森林生态效益补偿统计数据审核工作。

【野生动物保护工作】开展野生动物保护、宣传教育、资源可持续利用等各项工作，有效防止私开滥占、乱砍滥伐、乱捕滥猎等现象，一批珍稀濒危物种栖息地和环境得到有效保护。高度重视野生候鸟疫病防控监测，将林地管护与野生动物保护结合起来，做好藏珍稀动物巡护工作，加大野生动物及其栖息地和雅江上游湿地保护和管理力度。

【防沙治沙】县域内昌果乡、拉藏乡、雄如乡草场沙化、退化现象较为严重，为此，重点在沙化严重区域实施防沙治沙工程项目。防沙治沙主要采取封育、草方格沙障、人工点播等措施。财政专项防沙治沙项目总投资255万元，项目实施地位于雄如乡布扎村，建设内容主要包括封育网围栏6867米、草方格沙障25.2公顷、人工点播25.2公顷、1座机井及水利配套设施建设，项目完工率100%；生态安全屏障防沙治沙工程项目总投资376万元，项目实施地位于昌果乡库郁村，建设内容主要包括封育网围栏13579米、草方格沙障41.8公顷、人工点播41.8公顷、1座机井及水利配套设施建设，项目完工率90%。

【“五消除”】根据“五消除”任务量化标准及目标责任书要求，消除无树村4个，消除无树户105户，树苗成活率80%以上。

【湿地保护】湿地保护工程项目总投资400万元，项目实施地位于雄如乡布扎村，建设内容主要包括2座生态厕所、5辆小型垃圾运输车、3个湿地界碑、封育网围栏5000米、防洪堤3800立方米、巡护摩托车等相关设备，项目完工率90%。

【集体林权制度改革】根据国家相关政策及上级业务部门有关工作部署要求，2017年植树造林开始开展集体林权确权登记。县境内牵涉集体林权确权登记面积177.8亩，12月份全市统一邀请有资质测绘单位进行勘界确权，积极协调县不动产登记中心颁发确权登记证。

【资源林政管理】为更好保护林地资源，年初与各乡镇签订重点公益林管护合同，明确各乡镇管护区域与面积、权利与职责。全县现有护林员507人，其中专职护林员200人、兼职护林员307人。公益林管护考核以村为单位进行考核，具体考核内容为萨嘎县公益林管护人员考核事项明细表所列内容。年内，林地资源保存良好无非法侵占等受损情况发生。

（普次）

水 利

【概况】县水利局现有干部职工9人，其中科级干部2人、办事员1人、助理工程师4人、技术员2人。2017年，县水利局扎实开展农田水利基本建设，在加快发展水务经济、狠抓水利基础设施建设、增加水利投入上下功夫，重点突出水利在发展县域经济中的支撑和保障作用。与此同时，根据上级业务部门要求并结合萨嘎县实际，以安全生产、突出效益、维护稳定、强化民生为目标，确保水利各项工作顺利实施。

【重点项目建设】复工项目有，夏如乡拉曲普曲防洪治理工程，投资540万元，已完工；加加镇达桑村、提吾卓那村机井工程，新建2座机井及相关配套设施，投资90万元，已完工；2016年小型农田水利专项县建设项目，投资950.95万元，已完工；夏如乡丁琼水塘水渠工程，投资60.25万元，已完工；夏如乡夏如水塘工程，投资36万元，已完工。开工项目有，小型农田水利专项县建设项目，投资1049万元，已完工；夏如乡拉亚村防洪堤水毁修复建设项目，投资121.01万元，已完工；昌果乡亚卡亚村防洪堤建设项目，投资138.02万元，已完工；雄如乡山洪沟治理建设项目，投资953.54万元，已完工；加加镇甲村人畜饮水安全工程，投资46.43万元，已完工；夏如乡拉亚康来水毁工程，投资149.5万元，已完工；雄如乡卓巴布村水毁工程，投资40万元，已完工；雄如乡查西藏布治理工程，投资721.67万元，完成80%；雄如乡孜康、麻亚村防洪堤工程、投资160万元，完成90%；雄如乡麻亚村人畜饮水工程，投资46万元，完成90%开展前期工作的有，根据日喀则市水利改革发展“十三五”规划，萨嘎县“十三五”规划内共有12个项目，其中330盘子9个、270盘子3个。另外灾后薄弱环节项目2个、青稞增长项目1个、人饮巩固提升工程项目1个，目前除1个330盘子项目外，其余项目基本完成前期工作。

【防灾减灾工作】严格按照“安全第一、常备不懈、以防为主、全力抢险”防汛工作方针和确保“抗旱保饮水、抗旱防火灾、抗旱防疾病、抗旱夺丰收”“四抗”工作目标，认真开展汛前检查和除险工作。在乡镇自查基础上，认真进行复查，重点检查加达电站、加达水库、如角电站等险情险段和防汛责任制落实以及工程开复工情况，对少部分需要维修的水利基础设施，及时落实整改责任单位和整改期限。建立健全防汛组织，落实防汛责任。制定2017年防汛预案及抗旱预案，对县防汛抗旱指挥部组成人员及联系乡镇领导重新进行调整，汛期来临前及时启动县防汛抗旱指挥部24小时防汛值班制度，明确防汛责任制，确保旱季农田灌溉和汛期防洪安全。安排专人管理、专门负责，有序开展防灾减灾工作，切实保障应急物资准备工作。在年初预算中列入25万元专用于开展防汛抗旱工作，另列入25万元专用于开展防汛应急工作。同时针对2017年汛期早、汛期长的实际，加大防汛物资储备，购置雨靴90双、雨衣90套、铁锹90把、十字镐90把、防汛袋30000袋、铅丝笼2550平方米。下发各乡镇铅丝笼120圈、防汛袋60000袋、救生衣24件，雨衣雨鞋80套，铁锹80个。

【工程监督检查】按照水利工程建设项目法人单位法人责任制要求，在每项工程实施之前与各参建单位签订质量与安全目标责任书、廉政承诺书，对一般工程做到建设期间质量、安全方面不定期检查，对于重大工程与易发质量、安全问题工程，派驻工地现场代表，每天监督检查工程施工现场质量、安全情况，避免工程质量、安全问题。成立水利质量监督站，年内对在建工程监督检查16次，对工程建设期间存在的问题进行及时监督整改，确保所建工程质量达到设计要求。对已完工验收工程按照“谁受益、谁管理”原则，移交受益乡镇，负责工程建后管理、维护任务。

【水资源管理】规范水资源管理，严格依法规范采砂，认真实施水土保持方案审批制度和水土保持“三同时”制度。做好河道采砂管理工作，初步形成河道采砂规划，开展河道采砂专项检查，对违规建设企业和个人下发停顿整改通知书1份。认真开展水保监督检查，强化联合执法，严格隐患整治。

【“河长制”】做好河流基本信息收集工作，确定县乡级河流。结合已开展水利普查工作，在收集整理县域100平方公里以上重要河流基本资料基础上，借鉴区市两级河流名目，确定21条县级河流、40条乡级河流名录。结合河流实际情况，分别成立、制定县乡“河长制”领导小组、工作方案，明确各自职责。设立“河长制”办公室，负责开展日常各项工作；制定会议制度、河长巡查工作制度、信息报送制度、部门联动工作制度、“河长制”工作督查督办制度、考核办法等规章制度，

（寻滴滴）

电力工业

【概况】2017年，县供电公司总体运营保持

平稳有序，基础管理稳步提升，各项重点工作顺利推进，较好地完成年初制定的各项目标任务。

【农电体制改革】根据《西藏自治区人民政府国家电网公司关于西藏自治区国家电网覆盖区域农村代管框架协议》《西藏自治区国家电网覆盖区域农电企业代管办法》，做好各项农电代管前期准备工作，并与9月底完成农电代管，农电体制改革工作步入新阶段。

【工程建设】积极上报争取昌果乡、旦嘎乡、加加镇电网延伸改造工程，工程已进入初设可研阶段。有序开展220千伏电网“十三五”规划和配电网规划编制工作，220千伏变电站将作为县内今后主要变电电站。积极与相关部门衔接协调，已完成变电站选址工作，其他工作按序时推进，确保按期开工建设。

【安全生产】认真学习贯彻《中华人民共和国安全生产法》，深入推进“五项主题安全”专项活动，前后召开4次安全生产暨优质服务工作推进会。重点紧抓全员安全意识和素养双提升，紧抓外协标准化现场作业培训，对供电供水、线路维护人员开展现场安全标准化实训等多项安全技能培训。

（巴桑旺堆）

商贸旅游

商 务

【概况】2017年，县商务局强抓机遇、开拓思路、强化措施，加大招商引资力度，促进对外贸易，大力发展商贸流通，加大成品油市场监管，全力推进旅游产业发展，较好地完成了全年各项目标任务。

【市场运行】受外来旅游、务工人员消费拉动，消费品市场保持持续旺盛良好发展态势，社消零总额任务完成较好，实现稳步增长。批发、零售、住宿餐饮、娱乐消费四大板块全年完成社会消费品零售总额1.698亿元，完成年初目标任务1.55亿元的109.55%，同比增长36.93%。

【对外贸易】受吉隆口岸、仲巴边贸市场抢占份额等因素影响，边境贸易出口总额增速放缓，年内活畜出口交易额9100万元，完成年度指标任务的100.1%。出口农畜产品主要集中在活羊等4大类、13个品种，其中出口活羊46170只，出口总额3622万元；活牛5240头，总额4650万元；羊毛、牛皮等畜产品出口总额728万元。

【招商引资】招商引资工作进展顺利，总体保持稳中有升，呈现良好发展势头。已落地项目4家，合同金额10100万元，实到资金9170万元，完成年度指标任务8682.5万元的105.6%。

【市场秩序】继续做好碘盐推广，年内碘盐推广任务数13803人，推广碘盐75916.5公斤，推广率100%。严格执行成品油液化气市场监测月报制度，并指定专人负责将市场运行情况进行及时上报，确保成品油液化气市场平稳运行。高度重视加油加气站监督检查工作，除日常监督检查外，在重大节日和敏感日期间，安排1名值班人员在加油站进行蹲点，执行24小时值班制度，严格落实“零散油购油实名登记制度”“零报告”制度，强化成品油市场监管，确保购油、用油安全。

【成品油监管】狠抓成品油市场监管，制发《萨嘎县商务局关于易燃易爆（成品油）监管整改工作落实方案》，加强属地管理和日常监督，在成品油销售过程中严格执行《西藏自治区零散成品油销售管理办法》要求，严格限制零散购油数量，确保成品油市场安全稳定和群众生产生活安全。对商务领域重点行业坚持实行带班值班制度，加强重点领域特别是成品油市场安全运营管理，对加油站安全生产进行督导检查，严格执行零散油销售申请审核制度，落实实名登记制度，确保成品油市场安全运行。坚持对油气市场和商贸流通领域进行安全生产日、月巡查机制，全年巡查98家次。

【商品监管】 指定专人负责商品市场安全监管、监测，与工商、卫生、食药局等相关职能部门密切配合，进行联合执法检查，保持市场平稳运行。特别是重点加强各类日用商品有无假冒伪劣执法检查，实时对茶、盐、粮、油、蛋、禽、肉等重要商品市场供求情况进行监测，及时掌握重要商品储备信息，做到货源充足、价格稳定，保障广大干部及农牧民群众生产、生活需求。联合工商、食药、安监等多个部门对县城各餐饮、超市、商店、农贸市场、学校附近商家等70余家各类饮食品经营户及经营市场进行81次联合检查，所涉质量问题食品均依法没收，并现场责令各经营户严格执行《中华人民共和国食品安全法》《食品准入制度》，诚信经营、守法经营，共同营造和谐、安全消费市场。

【旅游经济】 充分发挥日喀则市“西部旅游服务驿站”作用，积极争取上级有关部门支持，已批旅游项目3个、总投资445万元，新建旅游基础设施环保厕所1座、旅游服务中心1座、香客服务站1所。强力推进品牌创建。以创建自治区级旅游强县为目标，强力推进旅游驿站、旅游品牌创建工作。业务技能得到提高，组织人员积极参加上级调训，组织致富带头人参加上级旅游技能培训，提高服务技能；整体营销初见成效，年内接待游客78540人次，旅游总收入达1209.04万元，同比增长30%；行业管理初见成效，组织各行业部门进行联合执法检查，规范旅游市场经营秩序，旅游服务质量和安全管理逐步规范。

（何送林）

城建环保

住房和城市建设

【概况】2017年，县住建局以建筑市场管理和安全质量监督为重点，统筹兼顾、多措并举，积极开展城乡规划和建设工作，切实保障各建设项目顺利推进。

【保障房建设】县2015年96套公租房建设项目及其附属设施，建筑面积1713.34平方米，总投资1075.12万元，现已完成全部工程量，等待终验；县2016年132套公租房建设项目，建筑面积6626.44平方米，总投资2275万元，现已完成全部工程量，等待终验；县2016年60套干部职工周转房建设项目，总投资1470万元，完成全部工程量的95%；县棚户区（危旧房）改造项目投资468万元，建设内容为棚户区（危旧房）改造104户，项目与援藏资金整合，对加普村实施小康示范村建设，总投资1200万元，建设内容为对加普村村委会及全村农牧民住房进行重建，完成工程量的30%；县2016年公租房附属项目，总投资259.31万元，建设内容为硬化、供排水、照明等，项目于10月9日招投标；县2016年县直周转房附属项目，总投资179.64万元，建设内容为硬化、供排水、照明等，项目于10月9日招投标。

【城市管理】制定“门前三包制”，拟定《城市管理办法》。县环卫队现有30名工作人员，其中公益性岗位14名、临时工16名。为保持县城清洁卫生，实行环卫人员3组分片包干制，同时申请县政府购置压缩垃圾车，极大地改变了县城环境卫生“脏、乱、差”现象。

【建筑业监管】严格项目管理，实行建设项目法人终身制，严格执行招投标制，聘请有关质检专家和专业技术人员对重点项目进行全面把关，实行监理旁站制。根据施工合同，对施工队伍严格要求、严格管理、严把质量关，在确保工程质量前提下，抢工期、抢进度。严格建材使用，严格按照国家建筑行业有关标准要求进料，严把质量关。所有材料必须有出厂“三证”，并由监理验收签字后方可使用。在施工过程中，完成一道工序，必须有甲方代表和监理签字后方可进行下一道工序，并要求监理和施工单位认真记录每一天进展情况。严格项目验收，验收按照建筑法工程质量评定标准进行，所有工程甲方代表和监理人员签字照相后作为终验和财政评审依据。严格安全生产，强化建筑业安全生产监管，不定期对工程施工质量、安全生产状况进行巡查，发现问题及时下达整改通知书并督促整改，将隐患消除在萌芽状态。

【住房登记管理】对所有房屋进行标注栋号，严格审核新增人员申请书内容。全县现有廉租住房166套，已入住120套，正申请办理9户。城镇低收入家庭符合享受租赁补贴条件34人，2017年正在验证信息阶段。

【“三书一证”】办理施工许可证20个，乡村规划许可证88个，建设用地规划许可证31个，建设工程规划许可证30个，项目选址意见书19个，总共188个。

（巴桑次仁）

环境保护

【概况】县环保局现有干部职工7人，其中科级干部2人、科员5人。2017年，县环保局主要负责环境管理、污染控制、生态保护、环保宣传、排污收费等工作，下设环境监察大队、环境监测站两个事业单位。

【环保宣传】开展多层次、多形式宣传活动，特别是结合迎接中央环保督察，把社会面宣传与网络舆论引导相结合，积极做好环境保护宣传工作。利用LED宣传。充分利用LED显示屏，24小时滚动播放上级下发的32条环保宣传标语和环保专题片，在全县范围营造环境保护人人有责氛围。制作环保宣传标语。安排专人翻译并订制5条环保宣传横幅和20块环保宣传牌，在国道219沿线显眼位置喷绘环保标语120条。利用广播电视媒体宣传。县广播电台于每天早、中时间播放环保宣传录音节目，县电视台自7月份开始每天晚上9：30分播出环保专题片，每次播出时长5分钟。利用新媒体宣传。自8月17日开始，“萨嘎发布”每天及时转发自治区权威媒体发布的有关中央督导检查组活动内容，并在底栏放置、更换藏汉双语环保宣传标语50余条，组织网评员及时跟帖和转发全区迎接中央环保督察组相关报道内容。利用特殊时期宣传。在三月敏感期、“六五”世界环境日、安全生产日等重要时间节点，在主要街道、学校及企业开展大规模宣传活动，大力宣传环境保护法律、法规和环保方面相关知识，累计悬挂各类宣传横幅14条，提供环保咨询400余人次。邀请宣讲员宣传。邀请市环保局宣讲员对中共十九大主题和主要成果、习近平新时代中国特色社会主义思想、生态文明建设等方面进行重点解读。

【监督执法】强化依法监管，严查环境违法行为。严把环境影响评价关。按照《中华人民共和国环境影响评价法》要求，严格审批建设项目环境影响评价登记表46项内容。强化环评后管理，加强建设项目业务指导，检查采砂场、加油站、建设领域等企业环评措施落实情况47次。开展建设工程领域环境影响评价违法项目清理，对存在问题的企业（项目）提出整改意见。强化环境执法监督检查，加强垃圾填埋场、卫生服务中心等监督管理，对县城3家采砂场、加油站、加气站、建设领域等重点企业（项目）进行环境隐患排查和不定期检查，重点检查企业（项目）污染防治设施建设及运行情况，先后对四川中港建设有限公司、萨嘎县昌果乡农牧民施工队、云南白邑建筑工程有限公司等企业（项目）下达限期整改通知书44份，并实时进行整改落实情况督查。加大排污费征收和环境违法行政处罚力度，严格执行《排污费征收使用管理条例》，做到应收尽收。充分发挥“12369”环保热线作用，着力解决侵害群众环境权益信访问题，及时妥善处理环境信访案件，处置率100%。

【环保监测】 聘请并协助四川省核工业辐射测试防护院完成四个季度县城加加镇自来水厂、雅江县城段水质及县城空气监测工作。依据四个季度监测报告，县城空气质量总体优良，县城大气监测4项指标均达到《环境空气质量标准》（GB3095-2012）二级标准限值要求；县城加加镇自来水厂监测的22项指标全部达到Ⅰ类标准限值要求；雅鲁藏布江流经县城上游500米和下游1000米的23项检测指标均符合《地表水环境质量标准》（GB3838-2002）Ⅲ类标准。开展帕顿、孜康、杰村等10个生态村环境质量监测，县中小学校饮用水水源地环境质量监测，旦嘎村、杰村土壤环境质量监测及杰村等2个村农村环境质量监测，环境质量良好。

【项目建设】 续建总投资1770.15万元的雅鲁藏布江源头国家级生态功能保护区（二期）建设工程。

【生态文明建设】 积极创建自治区级生态村，及时监测生态村环境质量，年内申报自治区级生态村10个，获得“自治区级生态村”命名村6个。同时，将饮用水源安全保障作为生态文明建设重点，不断加大饮用水源保护力度。全面完成投资90万元的农村饮用水源点环境保护工程项目，积极争取总投资150万元的农村饮用水源点保护项目，现处招投标阶段。

【迎检工作】 全面做好42项问题整改“回头看”，分级分类抓好重点整治。对自治区提出的雅江源二期生态保护项目施工进度缓慢问题不留余力，全力推进项目实施；对市级指出的9项问题，逐一逐项整改，签订环境保护目标责任书；对自查出的32项问题，及时清运县城建筑垃圾，开展“环境卫生大扫除”活动，彻底淘汰每小时10蒸吨以下燃煤锅炉。

（楚多）

教　育

教育管理

【概况】2017年，县教育系统坚持“优先发展、育人为本、改革创新、促进公平、提高质量”工作方针，以薄弱学科攻坚工作为重点，以全面推进义务教育均衡发展为目标，以全面提高教育教学质量为核心，以立德树人为根本，强化师资队伍管理、逐步改善办学条件，教育各项事业不断进步。全县现有12所学校，其中初中1所，完小8所（1所县完小、7所乡完小），幼儿园3所（1所县幼儿园、2所乡幼儿园）。在校学生共2639名，其中初中682名、小学1566名、学前391名，小学净入学率达99.87%、巩固率达98.05%，初中净入学率达98.77%、巩固率达96.13%，学前儿童净入园率达42.22%。现有专任教师227人，其中初中教师66名、小学教师139名、幼儿园教师8名、教研室14名；临时工65名（11名公益性）。教师平均年龄28岁。

【招生考试】小考成绩情况：内地西藏初中班参考人数34人，其中260分以上16人，比去年多10人；300分以上6人，比2016年多6人；最高分339分，比2016年提高41分。边境名额和政策名额共3人已录取到内地西藏班。中考成绩情况：中考参考人数207人，其中34人录取到重点高中（区外3人、区内31人），比去年多24人；75人录取到普通高中，比去年多35人。初中升学率68%，在全市排名中提升1个名次，在全区排名中提升10个名次。4名学生成绩突破600分，最高分622分，比2016年提高45分。中考平均分提高70.31分，在全市所有中学中平均分提高最多。六年级学业水平检测成绩情况：年内市教育局对全市213所小学毕业班进行学业水平测试。我县各所完小总评及排名有所提升，具体为，如角乡完小总平均分比2016年提高55.32分，全市排名中提升75个名次；县完小总平均分比去年提高28.62分，全市排名中提升46个名次；达吉岭乡完小总平均分比2016年提高42.8分，全市排名提升38个名次；夏如乡完小总平均比2016年提高31分，全市排名提升27个名次；昌果乡完小总平均分比2016年提高23.25分，全市排名中提升17个名次；雄如乡完小总平均分比去年提高35.46分，全市排名中提升15个名次；旦嘎乡完小总平均分比2016年提高1.7分，全市排名中下降4个名次；拉藏乡完小总平均分比2016年提高6.8分，全市排名中下降4个名次。全县统考成绩情况：在全县统考中各学校总平均成绩比往年稳步提升，县完小比2016年提高2.67分，县域内名次排在第1名；旦嘎乡完小比2016年提高4.61分，县域内名次排在第2名；拉藏乡完小比2016年提高2.41分，县域内名次排在第3名；夏如乡完小比2016年提高6.07分，县域内名次排在第4名；雄如乡完小比2016年提高6.54分，县域内名次排在第5名；昌果乡完小比2016年提高4.66分，县域内名次排在第6名；如角乡完小比2016年提高1.94分，县域内名次排在第7名；达吉岭乡完小比2016年提高4.09分，县域内名次排在第8名。与此同时，按照全力推进九年义务教育和提高三年高中、中职入学率有关要求，制发《萨嘎县未考上高中的初中生继续接受中职教育通知》，与各乡镇签订初中升学目标责任书，大力开展继续接受教育宣传工作，在群众中大力宣传中职班的政策及职业技术重要性，加大对未考上普通高中学生思想教育力度。年内，区外中职班录取学生9名、区内中职班录取学生51名。

【教育投入】把教育工作摆在优先发展突出位置，纳入重要议事日程。加快教育改革发展步伐，加大投入力度，年内本级财配资金投入达到26%，比2016年提高4%，经费达369.2万元；援藏教育投入910.88万元，占援藏总盘资金的29.7%。实行县级领导定点联系学校机制，实施包学校、联系学困生和贫困生制度，实现检查指导常态化，解决实际问题多样化。根据精准扶贫教育脱贫一批要求，在成立“教育圆梦基金”基础上，制定《萨嘎县“教育圆梦基金”实施方案》《实施细则》相关文件，制作《萨嘎县“教育圆梦基金”奖励金申报表》。于9月3日举行2017年“教育圆梦基金”助学金发放仪式，发放标准为建档立卡贫困户学生及低保户大学生在大学期间所产生学费、书杂费、交通费、食宿费、服装费，区外大学生每人发放5000元奖励金，区内大学生每人发放3000元奖励基金，共向62名学生发放63.845万元（待发放29.5148万元）。为充分调动广大教师的工作积极性，进一步完善补充奖励机制，以“重奖轻罚”为原则，县财政每年预算50万元作为教师奖励资金。

【基础设施建设】年内完成投资144万元的达吉岭乡完小薄改项目、投资603万元的雄如乡完小薄改项目、投资86万元的旦嘎乡完小薄改项目、投资823万元的拉藏乡完小薄改项目、投资186万元的夏如乡完小薄改项目、投资850.21万元的如角乡完小薄改项目、投资210万元的拉藏乡完小学生宿舍建设项目、投资120万元的雄如乡完小学生宿舍建设项目、投资570万元的三个村级幼儿园建设项目，开工建设投资1400万元的五个乡完小附设幼儿园项目，完成投资541.37万元的县完小塑胶运动场、投资623万元的县全民健身活动中心、投资193.3万元的加加镇达琼村幼儿园项目招投标工作。

【学前教育】积极协调沟通上级部门，争取乡村幼儿园建设项目资金，及时完成旦嘎乡幼儿园等4所乡村幼儿园建设项目。考虑原有县幼儿园规模小，适龄入园人数较多等诸多因素，加大请示汇报力度，争取县幼儿园改扩建地皮。组织教研员等局工作人员，加大各幼儿园作业、备课及常规管理检查力度。

【教学与科研】高度重视教研教改工作，结合特色教研创设年活动，开展短期培训、教研蹲点、督导检查。教师技能提升培训覆盖10所学校70名教师，累计培训40个学时；教师业务考试面向8所完小、158名教师。教研员先后对8所完小累计蹲点督促80个工作日，全面检查学校教育教学常规工作、特色教研创设年活动开展情况，听评课60节。同时，针对各年级学生学习中薄弱环节，坚持开展一天一道应用题、一天几道计算题、一天一个名词扩展练习、一周一个应用文、一周一篇作文、一月一次质量检测等多种活动，创建学校教研品牌。每学期召开薄弱学科攻坚专题会议和部分薄弱学校片区会议，完善《萨嘎县中小学薄弱学科攻坚工作实施方案》，成立薄弱学科攻坚领导小组，明确薄弱攻坚职责，严格落实校级领导包薄弱学科工作制度，形成从学校到个人，一层管一层、一级抓一级管理模式。开展教师全员赛课、学科带头教师“送课上门”活动，提升教师理论素养、专业水平和教学实践能力，加强教师轮岗交流，充分发挥骨干教师、学科带头人引领和辐射作用。以考促学、以考促研、以考促改、以考促教，组织实施全县小学、幼儿园教师业务考试，激发广大教师业务学习热情。加强听课评课工作，教育局局长听课次数11次、副局长听课次数、15次、校领导听课次数最多的达到60次，教研人员平均每学期听课评课次数达50次。根据各学校教育教学实际情况与教育局签订教学质量提升目标责任书，坚决落实教育教学质量“一把手”工作责任制，确保年度教学目标顺利完成。

【教育惠民】年内全县享受“三包”政策学生数2571人，“三包”预算总额851.59万元；享受“营养改善”计划学生数2162人，“营养改善”计划预算总额175.12万元。“三包”和“营养改善”计划物资实行政府统一采购，其中粮食、蔬菜和营养改善类食品由商家直接配送至学校，并由学校校长和后勤工作人员当场清点验收。进一步完善“三包”经费财务会计管理制度，规范财务会计行为，资金使用上严格执行收支两条线管理，“不克扣、不截留、不挤占、不挪用”，专款专用。组织局财务专职人员定期不定期赴各学校检查“三包”和“营养改善”计划落实情况。

【教学安全】牢固树立“珍爱生命、安全第一”意识，建立健全学校安全稳定工作机制，坚持24小时值班带班制、门卫登记制、定时巡查制和每天“零报告”等制度，加大校舍、教学设备、体育设施、用电和消防设备、学校在建工地检查力度，排查安全隐患，及时修缮和添置学校安全防护设施。开展校园及周边环境治安综合治理工作，开展交通、消防、网络、食品卫生等多方面安全教育活动以及防灾、防震紧急疏散、逃生自救等演练活动，加强学生在校、出行安全管理。

（尼次）

县中学

【概况】2017年，县中学各项工作在学校领导班子及全体师生的共同努力下，在各位家长和社会各界的大力支持下，取得了可喜成绩。

【队伍建设】加强领导班子建设。进一步明确领导班子职责分工，充分调动班子成员工作积极性和创造性，做到既分工又合作、领导班子团结协作、各项工作有条不紊。加强教师职业道德建设。认真学习宣传贯彻党的十九大精神，借助优秀教师评选活动、“师德师风”演讲比赛等平台，广泛宣传、大力学习优秀教师先进事迹、管理办法、教学方法，着力提高教师思想政治素养和职业道德水平，打造互相合作、共同提升团队精神。健全制度管理。根据教育发展新变化，用规章制度严格约束、引导、修正、规范教师教育行为，变规章制度为教师职业自觉，保证学校正常教育教学秩序。加强德育队伍建设。全力打造专业化班主任、辅导员队伍，以评选优秀班主任、优秀班级、优秀宿舍为抓手，鼓励、促进、加强班主任和班集体德育学习，努力造就一支胸怀育人理想、掌握现代德育理论、富有德育实践经验的班主任、辅导员队伍。同时，定期召开班主任例会，共同探讨德育教育过程中的好做法及遇到的困难、困惑，有效提高工作热情和班级管理水平。

【学生管理】抓好学生常规教育和习惯养成教育。通过校团支部、德育办公室、学生会全方位抓好学生常规管理，特别是狠抓学生集队、两操和课间行为规范等，促进学生养成良好品质。特别是针对学生日常行为中存在的乱丢垃圾、不讲究个人卫生、购买垃圾食品等问题，进行长期宣传和思想教育。开展优秀班级、文明之星、文明班级等评选活动，将活动内容落实到学生实际行动中，取得良好教育效果。开展“三联三进”主题活动，全体教师走进宿舍、走进食堂，联系家长、联系学生，共同抓好学生教育工作，有效提高教育效果。加强阵地建设。开展“我们的节日——三．二八、五四、十一”等重大节日系列主题教育活动，让学生了解西藏历史，使其更好地感悟民族文化的博大精深，提高学生爱国意识。大力开展“传统文化进校园”主题教育活动，开展甲谐舞蹈、书画、美术、藏文书法、健美操等比赛活动，丰富学生课余生活。开展安全教育。结合学校实情，利用橱窗、板报等广泛宣传“安全教育”重要意义，努力营造良好安全氛围。加强学生乘车、饮食、交通、防火、防溺水、用电等安全教育，开展生命安全教育主题班会活动。邀请县禁毒大队干警，为全校师生作“珍爱生命、远离毒品”系列讲座；邀请县交警大队干警，为全校师生作交通安全有关知识专题培训。有序开展“教研活动”。开展特色教研活动，搭建特长青少年、品学兼优和进步较大学生自我展示舞台，受到学生、家长和老师普遍欢迎。

【教学管理】严格课程设置，强化教学常规细节管理。严格执行教育法律法规和素质教育基本要求，按规定办理入学、转学、毕业等手续。学籍管理档案齐全规范、真实准确，并实行电子化管理。严格执行《课程计划》，开齐课程、开足课时，认真落实《中小学管理规范》，教学常规工作进一步规范化、制度化。每月教导处采取定期检查和随机检查相结合办法，将备课、上课、听课纪律、作业批改、课后辅导、教后反思等作为检查重点，并将检查结果及时反馈给教师，督促教师及时改进；每周对各教研组开展的教研活动进行跟踪检查，做到定时间、定地点、定人员，切实保证每位教师能深入参与活动。加强教学质量监控，努力提高学生学习质量。在期中、期末、中考学业情况检测的同时，针对学生学习现状和普遍存在问题，在教学中加以重视并针对性地采取有效措施予以纠正，有效提高学生学业水平。毕业考试中，毕业班七门科目总分平均分达到283分，比往届提高71分，全市排名提高1个名次，各项单科成绩创校历史之最，相对薄弱学科数学、物理、化学、英语、汉语文等均有提高。

【教师培训】加强业务培训，提高教学业务水平。积极组织各学科教师外出学习、培训，做到培训有记录，回校有反馈，开阔教师视野、拓宽知识面、提高个人业务水平。强化校本培训，抓实教师专业理论与新课程理念学习。组织各学科教师深入学习课程标准，领悟课改精神，转变教育教学观念，用理论指导实践，解决教育教学中的实际问题。组织教师自主学习各学科《课型范式和实施策略》，树立全新课改意识、科研意识、发展意识，争做学习型和研究型教师。开展多种形式的课堂教学研讨活动，安排公开课、推门听课、常规教研课、随堂课等多种形式的教研课，并全程参与指导，做到有评语、有交流、有不同的声音，确保活动质量。

【后勤管理】提高后勤保障能力，严格执行《中华人民共和国食品卫生法》《学生集体用餐管理办法》，做好食品、原料定点采购、索证索照、检查留样、清洁卫生等工作，并要求食堂工作人员必须持健康证上岗、搞好个人卫生，杜绝带病、带伤工作。建立健全食品卫生制度，严防“病从口入”，并对食堂进行随机检查督促与指导，保证食品卫生和饮食安全。

（格桑朗杰）

县完小

【概况】县完小占地面积18560平方米，建筑面积11500平方米，现有九个教学班，在校生336人，教职工34人，其中本科学历27人、大专学历7人。

【安全工作】把安全工作作为学校基本保障工作、常规重要工作，高度重视、抓细抓实，制订安全目标责任书、《萨嘎县完小师生交通应急预案》、教学事故目标责任书，在学校开学前学校与班主任、班主任与家长签订安全目标责任书，实行校长带班、教职工24小时值班制度，彻底排查安全隐患。

【教育教学】进一步加强教师队伍管理，加强教师理论学习和教学研究，不断提高教师队伍整体素质。举行教师业务考试，积极参加市教育局组织的业务考试，促进教师专业化成长，以考促学、以考促教，全面提升教师业务素质，努力提高教育教学质量。

【文化生活】重视学生业余文化生活，积极培养学生德智体美学习兴趣，促进学生全面健康成长。利用周六时间播放爱国主义教育片，周日向学生发放体育器材，认真组织开展校内运动会、书法比赛、歌咏比赛、诗歌朗诵等活动，坚持开展“俩操”“阳光一小时”等丰富多彩业余生活。不定期开展社会实践活动，“清扫母亲河”，到敬老院打扫卫生。

（平措桑珠）

文 化

文化管理

【概况】2017年，县文化广播电影电视局坚持“贴近实际、贴近生活、贴近群众”原则，不断强化文化阵地建设，积极开展各类群众文化活动，努力满足人民群众日益增长的精神文化需求，为文化强县打下坚实基础、提供坚强精神文化支撑。

【文化活动】紧紧围绕维护稳定、脱贫攻坚、灾后重建、产业发展、民生改善等重点工作，紧密结合“四讲四爱”主题教育实践活动，积极为文化服务搭平台、推精品、育人才，提升创新力、增强服务力、扩大影响力，制发《萨嘎县加快推进公共文化服务体系实施方案》，全力做好文艺创作生产、文化开放交流等各项工作，将文化工作推向深入。文化活动中心免费开放，年内接纳42135人次，举办联谊舞会和青年联欢活动3场次，并多次组织乒乓球、台球、棋牌等比赛活动。同时，为确保文化活动中心各项工作正常运转，保证文化活动中心工作有人管、有人抓、有人干，投入20多万元更换县文化活动中心设施设备，投入资金3.1万元订购军事、文学、写作、娱乐、法律、医疗、养殖等方面书籍，丰富群众业余文化生活。

【艺术创作】围绕甲谐文化、结合农牧区特色，加强农牧区题材文艺作品创作、创新力度，用人民群众喜闻乐见的生态牧歌、劳动歌、格萨尔王说唱等艺术形式和富有创意、想象力的表现手法，创作文艺作品、培育文艺精品，创作歌舞6个。充分发挥县民间艺术团平台，在“元旦”“春节”“藏历新年”“后藏藏历新年”“3·28”“5·4”等重大节日期间开展文艺会演活动86场次，观看人数24000余人次，不断丰富农牧民群众和广大干部职工精神文化生活。

【文化遗产】完成20个非遗普查认定和登记工作，开展非遗进校园、进乡村、进机关“三进”活动。积极对接、申报珠峰旅游创意产业园区非物质文化遗产展示展销中心入驻事宜，完成市级非遗“格萨尔王”说唱申报、自治区级非遗名录申报工作。扎实做好“格萨尔王说唱”县级非物质文化遗产保护与传承工作，在有关活动中安排“格萨尔王说唱”节目，让更多人了解“格萨尔王说唱”历史价值，做好非物质文化遗产保护、传承和发扬。积极配合市文化局，深入开展调查，积极做好甲谐人文、历史、建筑、音乐、舞蹈、民俗、文物等相关内容材料收集与整理工作。注重对优秀传统文化的挖掘、保护与合理利用，积极与市文化部门对接，开展高原“铁姑娘”红色文化旅游教育基地项目及爱国主义教育基地申报工作。在县文化广场，采取LED屏播放非遗音视频、文字、图片等形式立体展示和宣传非物质文化遗产资源和保护成果，广泛宣传《中华人民共和国非遗物质文化遗产法》《西藏自治区实施〈中华人民共和国非物质文化遗产法〉办法》，采取举行非遗演出、参观非遗展示厅等多种形式宣传非物质文化遗产重要性，提升非物质文化遗产知名度和影响力，提高保护认知度和自觉意识。

【新闻出版管理】 开展“扫黄打非”大宣传活动，在县广播电视台“黄金时间”播出滚动字幕及“扫黄打非”公益广告，引导群众自觉抵制各类非法出版物和文化垃圾，提倡健康文明的文化娱乐活动，远离黄、赌、毒，树立良好的社会风尚。组织7乡1镇26名文化站工作人员，举办“扫黄打非”业务培训；组织召开17名文化经营单位参加的管理法规及安全生产等为主要内容的培训会议，全面提升“扫黄打非”工作凝聚力和向心力。认真开展“清源”“固边”“净网”“秋风”“护苗”行动，持续保持“扫黄打非”高压态势。开展“清源、固边”专项行动，坚决打击政治性非法出版物和有害信息，坚决打击境内外联手编写出版政治性非法出版物行为，坚决打击利用出版、印刷、复制、发行、进口等环节从事政治性非法出版活动；严管邮政物流，开展非法出版物及宣传品寄运环节专项整治；重点检查打字复印店是否持有营业执照，重点查堵扰乱社会思想、鼓吹“藏独”政治性有害出版物及“法轮功”等邪教组织反动宣传品，做到禁止境外流入、禁止境内出版、禁止媒体炒作，净化出版物经营秩序。开展“净网”“秋风”“护苗”专项行动，不定期检查并明确专职人员网吧监管责任，不定期对网吧服务器、电脑磁盘和网页浏览进行检查，坚决杜绝未成年学生在周末或假期期间进入网吧现象，严密防范网上网下涉藏违禁和淫秽色情有害信息，依法打击有害青少年身心健康出版物及涉藏违禁非法书报刊、“三假”，确保网络和市场可管可控。对外来演职人员进行严格登记，详细记录表演曲目及内容、时间等信息，全面禁止禁播歌曲、表演。不定期对歌舞娱乐场所进行突击检查，对娱乐场所演职人员、光盘、表演曲目、未成年人是否进入等情况进行摸底并登记造册，确保演出市场安全稳定，娱乐场所歌舞表演市场健康。

【广播电影电视】 数字电视网络建设方面，投入资金23.7万元对县广播电视台有线数字电视进行改造，已完成前端设备安装、调试和主线网络架设工作。电影事业方面，在国家投资新建县数字电影院基础上县本级财政预算10万元，用于完善数字电影院附属建设。目前县数字电影院整体完成设备安装调试、售票室装修、相关手续办理、内部设备采购等，工作进度处于全市第一名，并于2017年11月正式售票放映。与此同时，将电影放映工作重点放在农牧区，先后放映《孔繁森》《先遣连》《雪山泪》等爱国主义教育影片、科普宣传片等920场达，近41000人次观看。“舍舍通”工程方面，争取到29套广播电视电源设备，从专项经费中列支10万余元投入“舍舍通”建设，向各宗教活动场所发放安装40多套“舍舍通”设备。“户户通”工程方面，认真做好清流设备更换安装、调试、录入、造册等工作，在2080套清流设备的基础上积极争取500套新增直播卫星，录入完成3010户，“户户通”基本实现全覆盖，得到广大群众一致好评。新闻报道方面，上传西藏电视台新闻稿件4条、采用4条，上传日喀则市电视台新闻稿件320条、采用108条，自办频道播出新闻463条，专题片17部。开展培训方面，联合县委宣传部组织各乡镇文化站30多名工作人员开展为期2个月的集中业务培训，培训内容主要涉及“村村通”维修维护、直播卫星安装调试、电影放映等，有效提升乡镇文化站工作人员业务素质和专业技能，同时督促乡镇文化站积极协助县电影队完成电影放映任务。广播自办频道方面，从专项经费列支31万余元，及时筹备自办广播频道开播事宜，并与7月17日顺利完成萨嘎县广播栏目《驿站之声》开播任务。《驿站之声》共设立6套广播节目，可保证在转播西藏汉语广播基础上，保障6个小时的在办节目，工作进度处于全区第1名。农家书屋发挥作用方面，在“3·28”等组织农牧民群众观看爱国教育片、参观新旧西藏对比展、发放双语宣传单，进一步认识旧西藏的黑暗、珍惜新西藏的美好。

（云旦措姆）

科技管理

【概况】县科技局现有干部职工5人，其中行政在编人员2人（正科级1人、副科级1人），事业在编人员3人。

【项目建设】吉拉牦牛繁育科技示范点建设项目，投资10万元，从仲巴县引进优质吉拉种公牛2头和当地基础母牛10头，建立以“科技特派员+贫困户”模式吉拉牦牛创业养殖基地，由擦让村科技特派员进行集中饲养，并带动当地4户贫困户，辐射引领周边4个行政村；旦嘎乡枸杞试种项目，投资5万元，在旦嘎乡旦嘎村分别在野外和室内试种黑红枸杞，野外试种失败，室内试种长势较好、成活率70%以上；康来村奶牛养殖创业项目，投资5万元，从白朗县引进优质娟珊奶牛4头、公种牛1头，在夏如乡康来村进行集中饲养，已繁育优质牛犊2头；昌果乡太阳能源技术示范集成项目，投资20万元，向昌果乡亚卡亚村贫困群户发放17套家用太阳能，解决群众用电难题，该项目实施对昌果乡节能减排、保护自然生态环境、促进社会主义新农村建设发挥了较好作用；磨刀石科技创业示范项目，投资5万元，在旦嘎乡旦嘎村建立小型磨刀石加工厂，对原材料进行工艺加工、开采、生产，成品磨刀石在拉孜县、日喀则市物资交流会等进行销售，已销售225公斤左右；为进一步提高雄如乡牧民群众科学素质，给当地农牧民科技特派员提供学习、交流平台，在日喀则市科学技术协会大力支持和关心下，争取6万元科普活动站建设资金，建立科普活动站。同时，积极做好项目立项。霍尔巴羊养殖技术培训项目，投资5万元；霍尔巴羊高效养殖技术项目，投资50万元；天然草场免耕补播项目，投资111.7万元；新区科技支撑项目，投资50万元。

【科技精准扶贫】把科技精准扶贫作为工作重中之重，统一思想认识，强化组织领导，深入调研贫困户基本情况、致贫原因等，并制定帮扶措施。利用科普活动日、科普活动周、科技下乡、五下乡等时机，深入各乡镇发放9种科普宣传资料，1000余份，无偿发放3110袋菜种子。

【科技成果转化】开展“三区”人才下乡活动，把先进农牧业技术送到农牧区、把实用农牧业科技成果转化到行政村、把农牧业产业化发展新理念传授给农牧民群众。年内培训农牧民群众320人次，培养36名懂技术、善经营的基层骨干人。特别是围绕畜种改良、优质牧草等特色产业，深入基层，指导农牧业实用技术，解决种养殖中遇到的各类问题，为打造竞争力强、综合效益高的现代农牧业特色产业提供强有力科技人才支持和智力服务。

【科技交流与合作】深入贯彻实施《全民科学素质行动计划纲要》，扎实推进科普资源共享，推动未成年人及公民科学素质提升。实施科普大篷车行动，在县中小学、文化广场开展宣传活动，激发学生爱科学、学科学、用科学热情，培养学生勤动手、善动脑、乐创造科学素养和实践能力。

【科技特派员】按照《西藏自治区科技特派员管理办法》《西藏自治区科技特派员考核通知》要求，深入各乡镇，对76名科技特派员进行全面考核。根据工作成绩、贡献大小，实行优留劣汰，解聘超龄人员11名，评选8名优秀特派员。10月份，在各乡镇积极配合下，及时发放2015年、2016年科技特派员生活补助，兑现资金83.6万元。其中2015年按照5000元/人标准发放，兑现资金38万元；2016年按照6000元/人标准发放，兑现资金45.6万元。

【安装地震烈度仪】联合日喀则市地震局在旦嘎、雄如两乡人员密集场所安装地震烈度仪和报警器，并对2016年在其余6个乡镇安装的仪器进行检修。

（索朗曲珍）

卫 生

卫 生

【概况】全县2017年有1所县卫生服务中心，8所乡镇卫生院，38个村卫生室，1家民营诊所。县卫生服务中心编制人数39名（含藏医和疾控中心）、在编40人，各乡镇卫生院编制人数72人、在编45人，村医编制人数76名、在编77人。县卫生服务中心床位40张，乡镇卫生院41张。县乡村三级卫生服务网络基本健全，逐步向规范化管理迈进。

【卫生服务体系】实施乡村一体化管理，乡镇卫生院负责对村医进行业务指导和考核，年初与村医签订目标责任书，按照《乡村服务一体化管理办法》，进一步强化乡镇卫生院对村卫生室的管理，加大考核力度、加强业务指导，不断提升村医服务水平，村医报酬提高到每月1000元。巩固县级医院建设成果，在通过一级甲等基础上，继续巩固现有建设成果，完善科室布局、强化服务能力、扩大辐射范围，拓宽服务项目、建立健全制度，做到科学管理、优质服务、文明行医。在医疗质量方面，重点抓好三级医师查房、典型疑难病例讨论、术前术后病例讨论等基本制度落实，确保安全行医。全面实施国家基本药物制度，取消基本药物和非基本药物加成，全部实行“零差率”销售，减轻群众看病负担。实施新技术准入制度，从满足患者需求出发，深钻业务知识，现可开展钢板取出术、DR影像学诊断等业务。

【疾病控制】建立疫苗接种日，保证疫苗质量，提高疫苗免疫接种效果，每月10—13日为县免疫规划接种日，24—26日为乡镇免疫规划接种日。根据各乡镇接种时间定期配送疫苗，及时进行免疫规划接种。年内常规免疫接种351人，接种率98%。加大传染病防治宣传力度，充分利用“3·24”“4·25”等传染病防治宣传日，在全县开展防治宣传活动，深入乡村向群众讲解相关知识，重点加强青少年学生及高危人群宣传教育，让广大农牧民群众认识传染病发病起因、传播途径，并进行有效防范。开展艾滋病自愿咨询，发放艾滋病问卷调查，在县城公共场所免费发放安全套，营造传染病防治良好局面。加强鼠疫防控监测，以路线法调查旱獭密度，调查面积1266公顷，投药堵洞291个、堵废弃洞178个、用药1728粒。加强卫生监督检查，多次深入中小学校进行卫生监督检查，讲解卫生、饮用水安全知识，做好鼠防、食品防潮霉变等工作。对全县宾馆经营单位进行严格卫生审查，统一对从业人员进行健康体检，办理卫生许可证46家、注销卫生许可证2家，健康体检229人、发放健康证229本。完成居民健康体检14136人，体检率96%，建立城镇居民健康档案、老年人健康管理档案、高血压患者管理档案和2型糖尿病患者档案。发放包虫病、先心病、结核病、大骨节病等宣传资料30000多份。组织开展义诊、健康管理及出院随访，强化应急演练，全面提升应急能力。

【基层卫生工作】制定《萨嘎县新型农牧区医疗管理办法实施细则（2017年）》，进一步提高农牧区医疗保障水平，防止“因病致贫、因病返贫”现象发生。农牧区医疗参合人数达13684人，参合率达99.1%。医疗补助标准提高到478元，县级配套资金由原来2元/人/年提高到5元/人/年，个人筹资20元，基金划分比例为大病统筹67%、门诊统筹5%、家庭账户28%，在乡县市及以上医疗机构住院报销比例分别为90%、85%和75%，健康扶贫对象患者、重大疾病患者在上述报销基础上分别提高5%和10%，特殊门诊从门诊统筹基金中报销70%，剩余从家庭账户基金中报销，未缴纳个人筹资部分报销比例在上述报销基础上下降20%。在市级卫生医疗机构、县卫生服务中心、乡镇卫生院实行即时结算，对超过6万元的实施大病补充医疗保险赔付，有效解决群众看病报销难题。外出务工人员凭收据和相关证明材料在合作医疗基金中报销。

【妇幼卫生】开展计生服务下村活动，深入农牧区为广大妇女儿童送上优质妇幼保健服务。大力宣传农牧区“一孩双女”、困难家庭特殊扶助制度政策和流动人口管理制度等法律法规及计划生育、优生优育、生殖健康知识，推进妇幼卫生工作全面开展。做好免费孕前检查，对87对夫妻进行孕前检查，并建立检查档案，实行一对一检查结果反馈。积极落实计生惠民政策，深入38个行政村统计符合三项扶助人员141人，扶助对象人员信息进行县乡村三级公示，资金按照政策要求及时准确兑现。落实住院分娩补贴政策，不断提高住院分娩率，不断提高乡级卫生院接生能力，住院分娩率达98%。实施儿童营养改善项目，确保营养包发放到位，290名儿童从中受益。开展并完成全县1047名儿童先心病筛查，发现疑似病例84人、确诊2人。

【包虫病筛查救治】按照《全国包虫病等重点寄生虫病防治规划（2016-2020）》《西藏自治区人民政府办公厅关于印发西藏自治区包虫病综合防治工作方案（2017-2020年）的通知》要求，制定包虫病综合防治方案，成立包虫病防治综合协调指挥部，明确有关单位包虫病防治工作职责。5月12日—9月26日，以走村入户方式，对8个乡镇、38个行政村的13719人进行包虫病流行病学调查，抽送血清8157例、血浆8101例、B超筛查12359人，查出阳性188例，其中囊型患者187人、泡型患者1人，阳性患者最小6岁、最大74岁。188名阳性患者中，药物治疗93名、手术治疗95名，其中8名患者已完成手术治疗。

【全民健康体检】制定全民健康体检暨重大疾病筛查工作方案，把全民健康体检与结核病、骨关节疾病、先心病筛查，出生缺陷干预、孕前健康检查等工作整合，同步开展、统筹安排、分类登记、分类救治，全面推进健康体检和重大疾病筛查救治工作。利用全民健康体检时机，积极会同村委会、驻村工作队，通过发放宣传单、宣传册子，向广大群众广泛宣传重大疾病相关知识和防治措施。

【健康精准扶贫】 按照“医疗救助脱贫一批”总体要求，制定《萨嘎县2017年健康扶贫实施方案》，成立分管县长为组长、卫计委主任和县卫生服务中心主任为副组长，局院副职领导及各乡镇卫生院负责人为成员的县健康扶贫工作领导小组，并下设健康扶贫办公室。加强统筹协调，政府主导、部门联动、社会参与，推动医疗卫生事业快速发展，缩小城乡医疗服务差距，提高贫困人口医疗保障能力，逐步消除因病致贫问题。结合健康扶贫体检，对健康扶贫医疗救助对象体检结果进行病种式分类，针对慢性病，实行“一对一、多对一”模式进行跟踪管理服务，以便及早得到救治和康复。

【家庭签约服务】 根据《关于印发推进家庭医生签约服务指导意见的通知》《关于印发日喀则市推进家庭医生签约服务实施细则的通知》要求，制定《萨嘎县开展家庭医生签约服务实施方案》，建立“基层首诊、双相转诊、慢急分治、上下联动”就医秩序。组建家庭医生团队8个，常住人口签约3500人，0~6岁儿童签约数780人，65岁及以上常住居民签约480人，辖区孕产妇357人、在管高血压患者950人、糖尿病患者4人、肺结核患者4人、严重精神障碍患者31人、计划生育特殊家庭9人、建档立卡贫困人口75人全部签约，残疾人士635人中签约12人，城乡低保五保人口1780人中签约920人。

【项目建设】 藏医院建设项目完工10%，妇幼保健院项目前期工作基本完成。

（白珍）

医 疗

【概况】 县卫生服务中心牢固树立“以病人为中心”服务理念，坚持以人为本、提高服务质量、规范医疗行为、保证医疗安全，优化诊疗环境、加快建设发展、加强科学管理、提高两个效益，努力为群众提供安全、有效、方便的医疗服务。深入开展“医疗质量万里行”、医院平安建设先进单位创建、构建和谐医患关系、护理知识竞赛和业务技术操作比武、医疗质量评比、医疗秩序整顿等系列活动。全院现有职工40人，床位40张。2017年，门急诊21229人次、同比增加2279人次、增幅7%，手术78人次、同比减少15人次，入院病人517人次、同比增加70人次、增幅12.6%，圆满完成全年工作目标任务。

【综合服务】 制定“三好一满意”活动实施方案，贯彻落实“安全第一、预防为主、综合治理”“质量好、服务好、医德好，让群众满意”方针，大力开展卫生法律法规、医疗安全宣传教育活动，开展患者对医院、医务人员、医院环境、服务满意度调查活动，不断强化“三基三严”培训和考核工作，不断提高医务人员理论水平和业务素质，增强医务人员法律、责任、质量、安全意识，全面提升医院质量安全管理能力。医院管理水平、医疗服务质量、医疗技术水平同步得到提高，管理更加贴近实际、服务更加贴近百姓、技术更加贴近需求，“看病难、看病贵”问题得到解决

【学科建设】 强化“三基三严”训练，有计

划、有目的对医护人员进行“三基三严”训练和考核，组织业务学习、训练业务技能。紧紧围绕加强“三基三严”训练，开展理论知识学习与考试、业务技术训练与比武活动，营造重学习、重安全、重质量、重技术、重服务、重实效良好氛围。加强感染控制，开展感控知识培训，采取分散与集中、理论与实际、共性与个性相结合的办法举办各类培训班，有效预防院内感染。规范药品采购，严格执行政府机构有关药品器械集中采购政策规定，严把进药“入口关”，不用假劣药品、不用无批准文号药品及针剂。坚持抗菌药物分级管理制度，保证合理用药，定期对临床用药情况进行分析、评价、监督、检查，保证临床用药安全、有效、合理。加强医技科室管理，严格贯彻落实有关规定和制度，制定质量管理方案，建立质量管理小组，完善相关制度和操作规程，为临床提供可靠诊断依据，以安全、准确、快捷、负责原则做好临床服务，坚持做到管理严格、操作规范、结果准确、报告及时，满足临床业务工作需要。

【妇幼保健】 严格按照人口计生委工作安排部署，将免费孕前优生健康检查作为优生优育工作重要内容，与出生缺陷干预工作同步推进，取得良好效果。实行输卵管结扎术61例，皮埋52例，孕前优生免费检查107对，出生缺陷干预70对。

【基础建设】 积极贯彻落实公立医院建设相关规定，规范学科建设，整合人才、设备资源，投资275万余元重点建立妇产科为主的四大科室，改善各科室设备及办公条件。按照县级医院规范化建设标准，新建消毒供应室，扩建病房及住院部医生办公室，改建手术室、产房等重点科室。

【对口帮扶】 与通化市中心医院结成友好关系，采取临床诊疗指导培训与管理模式，定期对我院内科、外科、辅助科等临床科室医师进行业务指导；开展教学查房、疑难病例会诊、专题讲座、技术培训、手术示教、医疗安全防范等医教、医务管理运行规范培训活动。协助完成9例手术（上腹部手术2例），包虫病筛查工作中B超医师检查1200余人次，门诊住院患者500余人次，期间开展心脏及乳腺彩超项目，完善产科超声测量项目和超声报告模板；心内科医师在先天性心脏病筛查中，完成心肺听诊等内科体检及心电图检查等1000余人次；协助征兵入伍体检，完成内科项目体检、心电图检查等40余人次。

（罗布）

社会民生

人力资源和社会保障

【概况】县人社局行政编制10人，领导职数5人，现有人数12人，其中正科级2人、副科级3人、科员6人、公益性岗位1人。

【社会保障】认真贯彻落实《中华人民共和国社会保险法》，按照广覆盖、保基本、多层次、可持续原则，着力消除盲点，加快构建覆盖城乡居民的社会保障体系。做好医疗、养老、工伤、生育、失业五大保险工作，广泛宣传社会保障政策法规，增强单位和个人参加社会保险意识，提高参保缴费积极性。全民参保登记方面，全民参保实际登记人数15559人（目标任务15000人），其中城乡居民登记人数14061人，机关、企事业单位职工、公益性工作人员登记人数1498人，户籍、身份证电子版信息采集人数15559人，城乡居民信息完成录入14061人。机关事业、城乡居民养老保险方面，机关事业养老保险统筹1100人、基金征缴56592921.14元，企业养老保险参保人员187人、基金征缴2529281.16元，城乡居民基本养老保险年度目标任务为8067人，实际参保人数为8898人（含60岁享受待遇人828人）、基金征缴990176元。医疗保险方面，职工医疗保险统筹1319人、上缴总金额17979057.84元，城镇居民参保人数935人、基金征缴36000元，生育保险参保人数1166人、基金征缴833260.39元。失业保险方面，参保人数739人、基金征缴1199025.33元。工伤保险方面，参保人数1278人、基金征缴68.7万元。医疗及生育报销方面，城镇居民医疗报销47人、金额316915.2元，城镇职工医疗保险报销人数23人、金额266089.11元，特殊病报销1人、金额5775.98元，职工生育报销48人、金额509460.28元。

【技能培训】深入贯彻落实市委、市政府《关于扎实推进精准扶贫工作的意见》，及时开展精准脱贫攻坚工作，进一步提高建档立卡贫困户就业创业能力，发挥职业技能培训对就业和服务经济发展的促进作用，促进转移就业，提高农牧民生产生活水平。加速农村劳动力转移培训，举办装载机、挖掘机、羊毛编织、电焊工、厨师、钢筋工、混凝土工、机动车驾驶等培训班，全面落实就业困难对象免费就业再就业培训扶持政策。年内投入资金72.3万元，培训460人，其中建档立卡贫困户369人，增强就业创业意识、转变就业创业观念，促进农牧区富裕劳动力转移，进一步提高贫困农牧民实用技术水平，增强贫困农牧民增收本领，为发展农牧区经济、有效提高贫困农牧民生活水平创造有利条件。

【劳务输出】加大农牧区富裕劳动力转移就业力度，坚持城乡统筹、培训服务齐抓共管和需求供给对接、就业创业并举思路，以提高就业能力为前提，以维权服务为保障，以转移就业为目的，将促进就业作为服务民生和推动经济社会和谐发展战略任务来抓，做大做强劳务经济，拓宽农牧民增收渠道，加大劳务输出力度，千方百计为农牧民增收、创收。年内劳务输出5076人，创收2354.2万元。

【大学生（中职生）就业创业工作】贯彻落实自治区人民政府《关于促进高校毕业生就业创业的若干意见》和市委、政府《关于开展大学生（中职生）就业动态清零工作的实施方案》，结合实际，成立县“双创”工作暨大学生（中职生）就业动态清零工作领导小组办公室，制定《萨嘎县未就业大学生（中职生）“321”结对帮扶工作实施方案》《萨嘎县大学生（中职生）就业创业工作计划》，对全县未就业大学生（中职生）进行结对帮扶，实施就业动态清零行动。全县未就业大学生现有76人，已就业48人、未就业28人。

【工资福利】年内机关事业正常晋升444人（机关正常晋升工资档次增资207人、事业正常晋升薪级工资237人），公务员正常晋升级别工资增资76人，增资额101562元。符合藏政发〔2012〕64号文件机关人数54人、事业人数20人，申报机关单位14人、事业单位3人。合同工按照64号文件退休3人，正常退休4人，病退2人。干部任免工资审批69人，取消乡镇补贴29人，取消农林一线补贴6人，取消警衔津贴2人，取得较高学历落实学历工资待遇44人，套初级职称工资待遇41人、中级职称工资待遇5人、工人取得高级工职称待遇2人，五年浮动107人，学历固定39人，15年固定3人，办事员转科员28人，执行教师10%补贴4人。落实安全生产监管岗位补贴3人，落实工龄折算补贴增资811人，增资额91647.5元。落实住房补贴增资836人。

【政策宣传】为提高务工人员懂法、用法意识，确保劳动权益不受侵害，组织劳动监察、社会保险、就业服务等工作人员在县城文化广场开展“普及法律知识、构建和谐劳动关系”主题法制宣传日活动，发放劳动保障法律、就业人事政策、城乡居民养老保险、就业技能培训等宣传材料2000余份，接受200余名群众关于劳动合同、就业培训、社会保险方面法律政策咨询。帮助农牧民群众学习法律知识，引导群众自觉运用法律解决问题，维护自身合法权益，促进全社会形成自觉学法、知法、懂法、守法、用法良好氛围。

【劳务监督】对各项目建设点签订劳动合同情况、工资支付情况、农牧民工参加社会保险缴纳情况、有无设立劳动者维权公告牌、是否及时拨付工程款、是否按法律规定支付民工工资及最低工资标准执行情况等进行检查，对存在违反劳动保障法律法规的用人单位下达整改通知书，责令限期整改，进一步规范劳动用工管理、维护劳动者合法权益。签订承诺书，强化施工企业主体责任。与各项目工程建设施工企业签订萨嘎县进一步规范建设领域劳动用工和农牧民工资支付工作承诺书，进一步明确施工企业预防治理农牧民工工资拖欠问题主体责任。建立农民工工资保证金制度。加强与工资保证金监督管理委员会成员单位间沟通与协调，做好开复工建设项目统计，确保各建设项目准时、足额缴存民工工资保证金。对67家单位征缴民工工资保证金11164230.81元，对15家单位退还农民工工资保证金748200元。

【劳动维权】年内接待来信来访投诉案件7起，涉及劳动者107人，解决民工工资1199001.8元。

【平台建设】按照统筹城乡、整体推进总体要求，加强服务平台基层建设，提升服务水平，保证各项工作顺利开展。在各乡镇配备2名专干和1名联络员基础上，从未就业大学生（中职生）中为各乡镇各招录1名基层平台工作人员。

（刘陶）

民族与宗教事务

【概况】全县2017年有5座寺庙、2座拉康、2座日追，现有僧人45名，设立寺管会、专职特派员机构6个，现有驻寺干部20人。民族宗教工作以“扎实做好民族工作、促进民族团结进步、依法管理宗教事务、促进社会和谐稳定”为总体目标，团结和引导全县各族干部群众和信教群众积极投身到“美丽萨嘎、幸福家园”建设之中。

【民族工作】以维护团结稳定和实现各民族共同繁荣发展为主线，以“加强民族团结、建设美丽西藏”为指导，不断加大民族团结事业投入力度，大力倡导“三个离不开”思想，民族团结进步事业呈现健康有序、蓬勃发展良好势头。

加强组织领导，形成民族团结大格局。成立县委书记任组长的县民族团结创建活动领导小组，建立健全民族团结创建工作领导体制和工作机制，形成党委统一领导、党政齐抓共管、统战民宗部门综合协调、各单位各司其职工作格局。制定《萨嘎县关于日喀则市创建全国民族团结进步示范市活动》实施方案，明确测评指标，将创建经费纳入财政预算，提供坚强有力组织保障、人员保障、经费保障。

加强宣传教育，营造民族团结浓氛围。把民族团结宣传教育作为做好民族工作、促进民族团结重要内容，干部职工倾情奉献、农牧民群众积极参与、全县上下同心协力，形成人人知晓民族团结、人人谋求进步发展良好氛围。干群互动大宣讲。以“四四”“五五”主题教育活动为抓手，以“6·2”民族团结进步日为载体，深入乡镇、村组、寺庙、学校、机关、部队、企业大力开展民族团结“七进”宣传活动，将宣讲融入乡规民约、行业规范、学生守则、学校教育、寺庙管理，唱响民族团结主旋律。年内开展民族团结进步宣传教育活动167场次，受益人数1.5万余人次。点面结合广宣传。投资15万元，将格桑街打造成民族团结一条街，设立宣传文化墙2处、制作户外大型宣传栏6幅、宣传展板200余幅、悬挂宣传横幅100余条、张贴宣传海报700余张、宣传标语300余条、发放宣传帽600顶、发放宣传手提袋600余个、领袖像1.5万余张、宣传册1万余册。形式多样活宣传。结合“四讲四爱”主题教育实践活动，因人施教、因地制宜，针对不同教育对象，采取分众化、人性化、个性化宣讲方式，成立“高僧大德、帐篷、少年、马背”四支“宣讲队”，以集中宣讲、问答宣讲、流动宣讲、手机宣讲等方式重点在弱势群体、流动人口、重点人员中讲解党的民族政策和民族自治法等，宣讲10场次，受益人数1657人次。

树立先进典型，树立民族团结真标杆。发挥模范典型示范引领作用，严格按照评选办法，采取自下而上、逐级推荐、好中选优、综合平衡办法评选模范集体和个人，表彰县级模范集体10个、模范个人15名，发放表彰奖金11万元，并推荐区市两级模范集体2家、个人2名。按照日喀则市创建全国民族团结进步示范市方案要求，打造一批基础设施显著改善、民风民俗淳朴、干部职工作风过硬、校园民族文化氛围浓郁、寺庙僧尼爱国爱教的8个民族团结进步示范点，形成学先进、赶先进、促团结、谋发展浓厚氛围。

深化创新载体，形成民族团结实效果。积极实践创新、丰富特色载体，开展“十个一”活动（一次民族团结主题班会、一次民族团结演讲比赛、一次民族团结书法比赛、一次民族团结文艺演出、一次民族团结联谊聚会、一次民族团结签名活动、一篇民族团结手抄报、一段民族团结小故事、一次民族团结座谈会、一部民族团结专题片），做到“十个结合”。（与社会经济发展结合起来、与完成灾后恢复重建工作结合起来、与落实党的惠民政策结合起来、与社会管理综合治理结合起来、与保护生态建设结合起来、与脱贫工作工作结合起来、与文化教育事业结合起来、与公共卫生服务结合起来、与驻村驻寺结合起来、与干部队伍建设结合起来）。

【宗教工作】年内，着重从依法管理宗教事务、深入开展“四讲四爱”主题教育实践活动、寺庙法制宣传教育、加大社会流动从教人员管控、维护宗教领域社会稳定、落实宗教政策等方面狠抓宗教领域各项工作。

开展法制教育，打牢宗教工作思想基础。把爱国法规宣传教育贯穿宗教工作全过程，分层次、有针对性地开展宣传教育活动。在3月综治宣传月、“12·4”法制宣传日及各敏感节点，特别是结合“四讲四爱”主题教育实践活动，组建县乡两级法制宣讲组深入各寺庙，采取召开宣讲会、现身说法、观看教育片等多种形式，广泛开展党的民族宗教政策、有关法律法规和新旧西藏对比以及各项惠僧利僧政策宣讲活动。累计举办各类宣讲活动150余场次，发放宣传材料1.2万余份，特别是开展反自焚宣传活动14场次，发放宣传资料250份，受教僧人46人，受教育率100%。与此同时，制定僧人每周二、五集中学习党的民族宗教政策、科学文化和政策理论制度，促进爱国守戒。

落实相关政策，打牢宗教工作感情基础。本着“宗教工作无小事”理念，下大力气解决宗教领域各类困难。本级财政垫资100多万元及时为达吉岭寺实施寺庙饮水工程，解决饮水困难；投入寺庙维修补助资金13.69万元，解决达吉岭乡平送日追年久失修问题；投资21万为9座寺庙实施电路改造工程，消除安全隐患。按照市委、政府《关于加强和改进新形式下宗教工作的意见》，本级财政安排4.5万元寺庙“六个一”专项活动经费，开展形式多样、内容丰富的送温暖交心交友活动，与僧人、僧人家属交心交友。开展寺庙僧人免费健康体检和包虫病筛查，建立僧人健康档案。开展“三大节日”送温暖慰问活动，发放慰问金2.2万余元。对4名已教育转化学经人员解决转化安置服务资金2万元。

健全体制机制，打牢宗教工作组织基础。认真贯彻落实领导干部联系寺庙僧人有关制度，制定《萨嘎县县级领导干部联系寺庙僧人制度》，根据人事变动情况和工作需要及时调整充实人员。实行“1+1”工作模式、采取“123”工作措施，明细涉宗干部与寺庙僧人结对帮扶表，熟记所联系僧人基本情况，及时解决僧人在生活中遇到的各类困难。深入开展宗教领域专项整治排查，建立完善寺庙僧人“两迹两证六表”档案信息及社会流动从事宗教人员基本信息。认真抓好宗教领域巡视整改问题，按照“即知即改、立行立改、照单全收、主动认领、全面整改”要求，召开专题会议、细化分解任务、明确整改措施，建立完善各类制度台账，对宗教领域四项问题逐项研究分析整改。

切实维护稳定，打牢宗教工作社会基础。始终把宗教领域维稳工作作为各项工作头等大事来抓，始终绷紧维护稳定工作这根弦，在节假日、重要敏感时间节点、大型宗教活动期间做好维护社会稳定和维护宗教领域稳定系列工作，与县委统战部、县宗教办通力协作，先后召开宗教领域维稳工作专题部署会议5次，转发上级文件10份，研究制定方案预案6套，下发宗教领域维稳通知15份，开展宗教活动场所明察暗访3次。对驻寺干部在岗情况、僧人请销假制度执行情况、寺庙安全隐患排查情况等工作深入细致了解，积极落实上级交办的各项维稳措施，确保宗教领域和谐稳定，实现宗教领域“三不出”目标，圆满完成“三大节日”“传统佛事活动”“三月敏感期”“萨嘎达瓦”“迎接党的十九大”期间各项维稳安保工作。加强社会流动从事宗教活动人员管理，根据《中共日喀则市委、市人民政府关于进一步加强四省藏区等学经返回人员教育安置管控工作的意见》《萨嘎县四省藏区学经返回人员教育管控安置工作的实施方案》，按照属地管理、分级负责原则，与各乡镇签订《萨嘎县民宗局社会流动从事宗教活动人员目标责任书》，进一步明确任务、细化责任，确保平安。

（多杰群培）

民　政

【概况】县民政局现有干部职工11人，其中正科级1人、副科级4人、科员1人、事业人员6人。主要负责全县城乡低保、城乡医疗救助、五保户、老龄和孤儿管理、双拥优抚安置、残疾人事业、救灾救济、婚姻登记管理、基层政权建设、勘界、区域地名管理等。

【应急救灾】加大灾害核查力度，实行随报随查，确保各类灾害信息准确上报、妥善处理。年内，因气候影响，先后发生雪灾、风雹、洪涝等自然灾害，8个乡镇全部受到影响，受灾人口9623人、紧急转移安置人口158人。农作物受灾面积74.58公顷，其中农作物成灾面积45.193公顷、绝收面积29.257公顷；草场受灾面积1835.77公顷；因灾死亡大牲畜766只、死亡羊3987只；严重损坏房屋10户、10间，一般损坏房屋43户、43间。积极应对、妥善处置，灾情发生后，第一时间组织人员赶赴现场核灾救灾，紧急转移安置群众，妥善安置受灾群众生产生活，及时汇报灾情信息，确保受灾群众基本生活得到保障。先后为受灾群众发放衣被2362套，帐篷65顶，其它生活类物资折价68.66万元，有效保障受灾群众基本生活。加大救灾物资储备和受灾群众安置力度，对各边境乡镇防灾抗灾物资储备需求进行核查，由县级财政提供专项资金，确保物资储备数量和质量。储备物资发放至各乡镇及部分偏远村代储，签署代储协议，做好交接物资账目并留档保存。同时为解决受灾群众过冬问题，采取分散安置与集中安置相结合方式，保证群众安全过冬。加强物资筹备供应，采取向上级申请以及自筹等方式，及时采购和储备群众过冬所需物资。积极开展防灾减灾宣传，提高广大群众防灾减灾意识。从县级应急救灾资金拨付125.08万元购买应急救灾物资，购买毛雨鞋2400双、糌粑12500公斤、大米2800袋、面粉2800袋、砖茶900捆、食盐1900袋、藏被200床、迷彩军用雪地靴500双。

【社会救助和社会福利】 城乡医疗救助方面，进一步规范城乡医疗救助工作程序，健全工作机制，加强医疗救助与新型农村合作医疗及城镇居民医保衔接，强化医疗救助的及时性和有效性。年内对城乡低保对象和困难群众实施医疗救助588人次，发放城乡医疗救助金25万元，其中门诊救助553人次、救助资金10万元，住院救助35人次、救助资金15万元，有效缓解困难群众看病难、看病贵问题。临时救助方面，坚持“先救助、后手续”主动救助原则，加大特困人员家庭救助力度，对因家庭成员突发重大疾病等原因导致基本生活暂时出现困难的家庭给予临时救助。年内救助困难家庭17户，发放救助资金51086元；救助流浪乞讨人员2人，发放救助资金400元；救助困难学生9人，发放救助资金23656元。残疾人福利方面，加强残疾人社会福利保障，尽力解决残疾人生活自理及家庭经济困难问题。主动上门，向残疾人家庭介绍残疾人“两项补贴”申请程序、核实办法及补贴标准。对符合条件的残疾人，由乡镇民政工作人员及村委会办理申请，对于行动不便的残疾人，由工作人员主动上门为其办理，确保“两项补贴”专项资金落实到位。年内共发放困难残疾人生活补贴351780元，重度残疾人护理补贴172920元，有效提高残疾人家庭生活质量。

【双拥优抚安置】 八一建军节期间深入各驻军部队开展慰问活动，发放慰问金2.6万元。加强双拥宣传，通过张贴标语、悬挂横幅、印发宣传单等方式加强双拥工作宣传力度，形成浓厚双拥宣传氛围。严格落实各项优待抚恤政策，做好退役士兵安置接收工作，及时发放因公致残抚恤金，发放农村户籍60岁以上退役士兵老年生活补助，在重大节日期间慰问优抚对象。年内接收萨嘎籍退役士兵14名，发放2016年退役士兵家庭优待金及自主就业一次性经济补助114.4万元。积极落实各项安置政策，大力化解安置矛盾，着力强化退役士兵技能培训，拓宽退役士兵安置渠道，自主就业人数占符合安置人数的90%以上。

【城乡低保】 农村低保A类标准每年2931元、B类标准每年2327元、C类标准每年1613元，农村低保对象488户、1670人；城市低保标准每月700元，城市低保对象25户、33人。年内共发放农村低保资金3504200元，城市低保金249120元。进一步规范低保工作，按照自治区《关于对城乡低保对象身份信息及家庭收入和财产状况进行核查清退的紧急通知》（藏民发〔2017〕161号）文件要求，完善核查方法、规范核查程序，开展并完成2017年城乡低保家庭财产及经济状况核查，清退不符合标准城乡低保户230户、684人，切实做到应保尽保、应退尽退，动态管理、阳光操作。

【“双集中”工作】及时发放高龄老人健康补贴，在三大节日期间对寿星老人进行慰问，并对80岁以上老人发放寿星老人健康补贴，其中80岁以上共69人、每人300元；90岁以上共12人、每人500元。在“三大节日”期间对特困人员进行慰问并发放慰问金45600元，让其切身感受到党和政府对他们的深切关怀。进一步规范五保集中供养工作，严格按照区市县关于做好特困人员供养工作系列部署要求，结合养老工作实际，做好集中供养、分散供养特困人员相关工作。根据五保对象个人意愿，由其自主选择供养方式，有意愿入住敬老院且符合集中供养条件的及时办理入院手续；对选择分散供养的，不做强制要求，灵活解决特困人员生活保障问题。全县特困人员121人，其中集中供养60人、分散供养61人，特困人员供养标准从每人每年4740人提高到每人每年4940元，比去年增加200元。农村低保中高龄失能老人共计103人，发放老年人两项补贴61800元。

【基层政权建设】坚持工作上周密部署、操作上程序规范、选举上依法依规，确保村民委员会换届选举工作有条不紊进行和圆满完成。加强村级监督委员会管理，夯实基层民主自治基础，完善基层权力运行公开制度。进一步明确村务监督委员会工作职能，制定严格年度考评制度，实行奖励机制，着实提高村务监督委员工作积极性。全县村务监督委员114人，发放务工补贴74万余元，切实保障委员权益，充分调动工作积极性。

【婚姻登记】进一步规范婚姻登记程序，推行文明用语、杜绝服务忌语，不断完善登记窗口规范化管理，对前来办理登记群众实行一次性告知，各项办事流程上墙公布，群众办事明明白白、一目了然。年内办理结婚登记208对，离婚登记10对，补办结婚证23对，撤销结婚登记1对。加强婚姻登记员业务培训，安排参加上级业务部门组织的各类业务培训，让其熟悉婚姻法律法规及相关政策，提高办事效率和服务质量。开展形式多样婚姻法律法规宣传，提高《中华人民共和国婚姻法》《婚姻登记条例》等相关政策法规普及率。

（郭凯歌）

强基惠民

【概况】自第六批驻村工作开展以来，全县38个驻村工作队、152名驻村队员紧紧围绕“5+3”工作任务，创新思路、健全机制，搭建平台、找好载体，坚守一线强基础，聚精会神谋发展，真心实意惠民生，凝心聚力保稳定，有力推进强基惠民工作。

【注重宣传教育】县强基办汇编3本藏汉双语十八届六中全会、自治区党代会、“四讲四爱”主题教育实践活动宣传册下发各驻村工作队，组织驻村干部、村干部及县乡干部组成宣讲团，深入田间牧场、登门入户，宣讲系列会议精神1132场次，受众12万余人次；宣讲中央扶贫开发工作会议精神和全区、全市经济工作会议、扶贫开发工作会议精神69场次，受众23000余人次。

【建强基层组织】各驻村工作队“以乡音传党声、以村情释国策”，举办座谈会120余场次，上党课100余场次，举办党员培训班82期，培训党员1200余人次，牢固树立核心意识，做到对党绝对忠诚。采取驻村帮教等形式，狠抓村干部文化素质能力提升，定期不定期举办测试、常态安排作业。扎实做好发展党员工作，常态坚持“三会一课”、民主评议、“三个培养”等日常工作，实现工作流程化、考核指标化、管理动态化。全县驻村工作队中有3名正式党员的17个工作队成立临时党支部，其余工作队采取就近就便原则，与邻近村驻村工作队联合成立8个临时党支部，不断提高驻村干部责任心和进取心。严格执行村干部坐班轮班制度，村干部干事创业、履职尽责主动性明显提高。驻村干部与152户贫困户、老党员结成“亲戚”，在“三大节日”期间，自掏腰包送去5万余元慰问品。结合灾后重建、易地扶贫搬迁等项目，重点打造杰村等8个村委会标准化建设，密切党群关系，提升基层党组织形象。继续深化感党恩教育，把感党恩教育和“四讲四爱”宣传有机结合，利用播放爱国影片、新旧对比、老干部现身说法等多种方式，让群众真正明白惠从何来、惠在何处，发自内心感党恩、听党话，决心跟党走。

【强化维稳措施】各驻村工作队高度重视三月敏感期间维稳工作，全面贯彻区党委、市委及县委部署要求，狠抓自治区维稳十项措施落实。大力开展反分裂斗争教育，教育引导农牧民群众自觉与十四世达赖集团划清界限，筑牢反对分裂、维护稳定思想基础。构建常态维稳机制，充分发挥双联户长、护村队、联防队、民兵、治保组织、调解组织等基层综治队伍作用，建立村组联动、村民联防工作机制。制定敏感节点维稳安保方案、应急处突预案、驻村干部与村干部值班带班制度，落实外来人员登记、流动人员登记以及矛盾纠纷排查登记等，坚持每月把所驻村逐家逐户走访一遍，每月召开一次反映村情民意群众代表会议，全面掌握村情社情、掌握群众思想动态，切实把各种不稳定因素化解在萌芽状态、处理在基层。严格落实敏感时期全员全时在岗、巡逻、零报告制度，建立健全维稳工作机制20余条，召开维稳会70余场次，开展矛盾纠纷排查活动100余次。

【办实事解难事】各驻村工作队依托派驻单位支持、驻村工作队协调争取等多种方式，竭尽所能为驻村点群众办实事、解难事。切实做好迎接中央环境保护督查工作，大力开展“讲文明、爱清洁”宣讲活动，组织本村农牧民群众开展卫生清理工作，营造“人人讲卫生、家家树新风”良好氛围。各村环境更加整洁优美、卫生面貌得到大幅提升，农牧民群众环卫意识明显增强。年内开展环保宣讲活动96场次，开展环境整治100余次。在“三大节日”期间，通过自筹等方式为农牧民群众送去80万余元慰问品。组织本村中小学生开办“寒假补习班”，由驻村工作队成员担任辅导老师，“一对一”辅导讲解，并自掏腰包购买学习用品，丰富学生假期生活。发放包虫病防治宣传资料10000余份，协助县乡卫生院开展知识讲座115场次，培训62场次。

【拓宽致富门路】各驻村工作队把谋发展促发展作为驻村工作核心使命，创新进取、因地制宜、精准施策，帮助村“两委”理清发展思路112条，找准发展路子39个，制定完善经济发展规划38项，拓宽群众致富门路。

积极协调施工队，组织500余名农牧民群众到施工队就业，收入300万元以上，逐步实现脱贫由“输血”向“造血”转变。

【落实惠民政策】各驻村工作队及时将3600多本优惠政策“明白卡”发放到每户群众手中，专门组织农牧民群众召开大会，对相关政策内容进行详细解读。同时，通过“送教上门”等形式进行广泛宣讲，对各类惠民资金落实情况进行跟踪，督促相关部门及时落实，确保自治区出台的80多项优惠政策和提高18项民生补助标准决策部署家喻户晓、人尽皆知。

【助力脱贫攻坚】各驻村工作队围绕精准扶贫工作，进村入户、挨家走访，全面掌握贫困人口数量、分布、贫困程度、致贫原因等，并撰写底数清、问题明的调研报告，做到一家一户调研摸底、一家一户一本台帐、一家一户一个扶贫计划、一家一户结对帮扶、一家一户回头跟踪扶贫效果。特别是针对农牧民群众中存在的“等靠要”思想，及时修订完善《村规民约》，提供制度保障。开展150余次“移风易俗”大讨论活动，引导农牧民群众破除迷信，改变陈规陋习。进一步完善帮扶方式，采取“一帮一导”即驻村干部帮扶1至2户贫困户，每月至少开展1次监督、1次思想教育，为贫困户如期脱贫献计献策。

（德吉）

扶贫开发

【概况】“扶贫开发贵在精准，重在精准，成败之举在于精准”，建档立卡贫困户动态调整后共1062户、3702人，贫困发生率为26.6%。广泛组织动员全县各级党政组织和全社会力量，用绣花功夫做好脱贫工作，发展优势产业脱贫、抓好易地搬迁脱贫、依靠生态发展脱贫、推进教育健康脱贫、促进转移就业脱贫，做到脱真贫、真脱贫，全年脱贫187户、644人。

【易地搬迁】将易地搬迁与边境小康村建设相结合，坚持集中为主、分散为辅，将“搬”和“富”作为重点来抓，抓好宣传教育、多做群众工作，让群众心甘情愿地搬，按时完成398户、1392人的易地搬迁任务，努力让搬迁户搬得出、稳得住、有事做、能致富。

【产业项目】结合县域资源禀赋、区位特点、交通状况及产业基础，重点发展见效快、效益好的“短平快”产业项目。投资605万元新建23座温室大棚，投资5300万元实施“有机种养加业产业链”建设，分两批实施投资1600万元的新建贫困户运输供应合作社（商砼搅拌站）项目，扩大羊毛加工厂、编织合作社等现有规模。投资5000万元，实施霍尔巴羊生态恢复及人工种草项目。

【结对帮扶】加大结对帮扶力度，送温暖、送政策、送技术，“扶智”与“扶志”结合，教育引导群众“惠民资金不要刻在玛尼石上”“救命钱不要花在求神拜佛上”，淡化宗教消极影响，把更多精力用在发展生产、改善生活，过好和谐文明幸福今生上。建立“3211”结对帮扶机制，1136名干部职工及全县农牧民建筑施工队参与结对认亲交朋友活动，开展帮扶活动1600余次，帮扶物资折合人民币50万元左右。建立以村两委班子成员、村民监督委员会成员、党代表为主的一对一贫困户监督机制，对贫困户实行全面监督，帮助贫困户脱贫。开展党员帮穷行动，建立党员与贫困户结对帮扶机制，以思想教育为主、物资帮扶为辅，落实谈心交心制度，引导贫困户改变“等靠要”思想，解决贫困户燃眉之急，发挥党员在脱贫攻坚工作中的先锋模范作用。解决困难问题62件，帮扶物资折合人民币9万余元。

【培训创业】加大贫困人口职业技能培训和就业服务力度，推进就地就近转移就业，促进已就业贫困人口稳定就业，帮助有劳动技能和就业意愿未就业贫困人口实现就业。充分发挥“西部驿站”区位优势，大力发展旅游服务业等第三产业，鼓励贫困户进城务工、经商，“不离乡不离土”就近就业创业。与此同时，积极开展社会帮扶，建立健全社会组织参与扶贫开发协调服务机制，鼓励和支持社会组织参与扶贫资源开发。年内建档立卡贫困人口转移就业708人，完成目标任务700人的101%，创收720.03万元。按照市人社局劳动就业培训计划要求，坚持以市场为主导，培养成熟度高、市场需求大的技术工种，积极组织开展各类培训，通过项目带动、企业吸纳等形式，形成就业扶贫长效机制，提高贫困家庭劳务收入，真正实现“就业一人、脱贫一户”目标。重点开展钢筋混凝土、厨师技能、装载机和挖掘机驾驶等培训，输送51名贫困人口到日喀则市参加培训，依托2016年夏如乡拉亚村编织技能培训成果，拓宽思路，举办如角乡擦让村妇女编织合作社培训，举办夏如乡拉亚村妇女编织技能培训，实现建档立卡贫困人口培训369人，完成目标任务350人的105%。利用去年扶贫日捐款的22万余元资金在县城内对30名贫困户劳动力进行焊接培训，培训成果400多张钢床分发给建档立卡贫困户。

【社保兜底】全县共有兜底保障对象53户、103人，其中一般贫困户39人，低保户47人，五保户17人。对保障对象实行建档立卡，建立动态管理机制，严格执行政策规定，按照最低生活保障解决基本生活，做到应保尽保。制定定期审查制度，对低保对象进行定期复查，及时清理不符合低保标准对象，坚决杜绝“人情保”“关系保”等问题发生，真正将党的惠民政策惠及困难群众，确保将有限社会救助资源落到实处。年内全面完成低保兜底对象识别工作，结合实际情况，针对兜底保障对象家庭情况，调整完善相关政策。提高低保救助标准，根据兜底保障对象实际家庭经济状况，在低保金基础上县政府每人每年增发500元社会保障兜底生活补贴；与医疗救助、临时救助等其它救助政策相结合，为兜底保障对象提供全方位救助。

【教育医疗】加大教育资金投入力度，落实好“十五年”免费教育、学前教育阶段农牧民子女补助、贫困家庭子女高等教育“三免一补”等政策，解决6名贫困大学生和低保户大学生全额学杂费，落实477户、712人教育脱贫对象扶贫资金25.81万元，从根本上解决贫困学生家庭后顾之忧；改善医疗卫生机构服务条件，加强医疗卫生服务体系建设。扩大重特大疾病医疗救助病种和救助对象范围，建立医疗救助基金、提高贫困户医疗救助补贴标准，对75户、75人建档立卡贫困户实施医疗救助，减轻患者负担，从源头上杜绝因病致贫、因病返贫。

【生态补偿】通过多方争取，全县生态岗位达到4794个，其中具备劳动能力的建档立卡1608名生态岗位实现全覆盖，并重点将生态岗位与贫困户参与生态环境保护建设紧密结合起来，加强对生态岗位人员的管理、监督、考核，确保生态岗位人员想做事、有事做、能做事，确保生态环境在得到很好保护的同时实现贫困户增收致富，让贫困户感受到劳有所得、有尊严有幸福感的脱贫。

【“百企帮百村”】 日喀则市高新雪莲水泥有限公司帮助解决8名建档立卡贫困户青年就业问题，8名就业人员每月工资5000元，年收入6万元。在4个行政村实施产业及基础设施项目4个，解决24户建档立卡贫困户就业问题。

【监督管理】 制定贫困户监督人员日志，制定贫困户“十不准”制度，开展争创“十荣”活动，对监督员制定“五个一”“五个脱贫”工作目标及考核办法，实行贫困户一对一监督管理。制定《萨嘎县脱贫攻坚考核办法》《萨嘎县贫困村、贫困户退出考核办法》，严格按照考核标准进行考核，并实行年终奖惩制度。

（唐杰）

对口援藏

【概况】 2016年7月，四平市委、市政府选派7名干部不远万里，从“白山黑水”到“雪域之巅”。援藏工作队一班人大力弘扬“红船精神”“长征精神”“老西藏精神”“珠峰精神”，有苦不怕苦、有苦不言苦、有苦不叫苦，从英雄之城到甲谐之乡，带着组织的殷殷重托，以建设萨嘎、发展萨嘎、稳定萨嘎、造福萨嘎为己任，与全县各族干部群众同甘共苦、并肩战斗，展现出绝对忠诚的政治品格、攻坚克难的可贵品质、改革创新的杰出能力、扎实过硬的工作作风、严于律己的良好形象。为萨嘎带来了新思路、新观念，带来了大项目、好项目，带来了大机遇、大发展，为建设“美丽萨嘎、幸福建设”添注了浓墨重彩的一笔。

【抓班子带队伍】 作为援藏工作队，自觉把忠诚干净担当落实到抓班子、带队伍中，切实打造一支忠心对党、纯洁无瑕、立志高原、奉献边疆的“高原红”援藏干部队伍。带头讲政治，在反分裂斗争任务重、责任大的考验面前，始终保持清醒的政治头脑，坚定政治立场，自觉维护祖国统一和民族团结。带头讲纪律，不贪一时之功、不图一时之名，甘施铺垫之力、善抓利远之事，以“咬定青山不放松的韧劲、不达目的不罢休的狠劲”，以善作善成的工作实效坚决贯彻落实各级党委、政府决策部署。带头讲团结，无论是在工作还是生活中都充分尊重萨嘎当地的民族风俗习惯，与当地干部结下深厚友谊，促进民族交流交往交融，增进民族团结。带头讲感情，经常为困难群众购置大米、面粉、酥油、砖茶等生活用品，积极联系内地爱心人士，争取物资等援助。

【补短板破难题】 立足萨嘎教育事业发展现状实际，主动深入基层开展调查研究，发扬民主、集思广益，列出问题清单、深刻剖析原因，切实找准找实“短板”和“瓶颈”。加大教育投入力度，援藏资金预算投入达到1450万元，其中义务教育均衡发展专项资金总投资1300万元，主要对全县义务教育均衡发展项目进行配套；村级幼儿园建设项目总投资150万元，主要建设达琼村幼儿园、购置设备等。开展教育扶贫，带头向“教育圆梦基金”进行捐款，多方奔走、积极协调，向县中学和小学贫困生捐赠书包、学习用品、服装等物资折合人民币20多万元。

【重实际惠民生】 始终把协调落实好援藏项目作为各项工作的重中之重，贴近实际、着眼长远谋划项目，使谋划的项目既符合援藏资金投向，又符合萨嘎县情实际，积极为“美丽萨嘎、幸福家园”建设添注重彩。城建环卫设施项目总投资40万元、公益浴池项目总投资120万元、人才交流交往交融项目总投资60万元、基层组织及政权建设项目总投资161万元、供氧建设项目总投资150万元、村级组织活动场所标椎化建设项目总投资610万元、太阳能光伏电站项目总投资320万元。特别是对总投资1200万元的加布村整村改造项目，进行了精心的谋划、做了大量细致的工作，紧张有序地开展了总体规划、建设选址、环评、民房设计、安置补偿、群众工作等各项前期工作，项目整体推进顺利，各项步骤稳步扎实，力争把项目建设成标杆项目，造福加布村村民。

乡 镇

加加镇

【概况】加加镇距县政府驻地0.5公里，总面积3700平方公里，平均海拔4500米左右，东与旦嘎乡接壤、南与吉隆县折巴乡相接、西与雄如乡相连、北与达杰岭乡毗邻，境内219国道横贯东西，是拉萨市通往阿里地区的交通要道。全镇辖加普村、杰村、达琼村、提吾卓纳村、达桑村5个行政村，共544户1899人，其中加普村108户346人、杰村179户657人、达琼村90户294人、提吾卓纳村97户326人、达桑村70户276人。镇领导班子成员13名，共设10个基层党支部和17个党小组，党员164名（正式党员153名、预备党员11名），其中农牧民党员115名、预备党员6名；核定行政编制19名，事业编制27名，平均年龄31岁；县级人大代表6名，镇级人大代表31名，其中妇女代表7名。现有村级幼儿园1所，教师1名，在校生35名，学龄儿童入学率100%，巩固率100%；卫生院1所，工作人员4人。

【"两学一做"】推进"两学一做"学习教育常态化制度化，全年组织学习《党章》、习近平总书记系列重要讲话精神、社会主义核心价值观、《准则》《条例》、中共十九大精神等内容30场次。

【队伍建设】按照党员发展"控制总量、优化结构、提高质量、发挥作用"十六字方针，认真做好党员发展工作，不断壮大党员队伍，提高党员发展质量。加强入党积极分子教育培养，按照党员发展5大环节54个程序，认真履行入党程序。针对5个行政村的23名村干部制定完善村干部考核实施细则，采取召开村民大会和走访群众等形式了解村干部德、能、勤、绩、廉等方面情况，对村干部进行严格考核。将奖惩和考核相挂钩，有效调动村干部工作主动性和积极性。举办村干部素质能力提升一对一结对帮教培训活动，由镇党群办编制藏汉数六套试卷，现场闭卷考试、现场打分、现场点评。

【村组织换届】制定村组织换届选举工作方案，全镇5个行政村党支部换届后选举产生支部委员22名，其中书记5名、副书记5名、委员12名，其中男性委员21名、女性委员1名。全镇新任村"两委"班子成员25人，其中30岁以下3人、占11.5%；30岁至40岁9人、占34.6%；41岁至55岁14人、占53.9%，平均年龄41.8岁，比上届降低1.5岁。

【“四讲四爱”】积极落实“书记带头宣讲”、开展“党的恩情人人报、民族团结靠大家”镇村两级演讲比赛、“新旧西藏对比故事会”“遵法学法守法用法从我做起”“升国旗唱国歌”“向道德模范人物学习”在内的12项“规定动作”，树立文化墙6面、制作宣传栏9个、悬挂横幅21条、绘制黑板报5块、制作宣传单2600余份，利用LED电子屏滚动播放主题活动宣传标语，做到了“广播响起来”“红旗飘起来”“领袖像挂起来”“新风树起来”。镇级层面开展“四讲四爱”四个专题宣讲活动100余场次，各村同步开展宣讲活动140余场次，各驻村工作队同步开展宣讲活动70余场次。开展“新旧西藏对比故事会”24场次，开展“党的恩情人人报、民族团结靠大家”镇村两级演讲比赛1场次，开展“基层党员重温入党誓词宣誓仪式”6场次，开展“爱国歌曲大家唱”活动1场次，开展“美丽乡村人人有责”清洁环保行动45场次，开展“手拉手”结对帮扶活动28场次，开展“遵法学法守法用法从我做起”活动15场次，开展“过好今生最幸福”参观学习活动2场次，开展“脱贫致富靠双手、技能培训进万家”活动4场次，开展“民族团结榜样”推选活动4场次。

【党风廉政】年初，签订党风廉政建设与反腐败工作目标责任书和廉政承诺书。加强学习宣传，以镇党委理论学习中心组、干部职工集中学习会议、“夜间课堂”和镇党委书记、纪委书记、班子成员讲廉政党课为平台，传达学习有关会议文件精神和领导讲话5余场次、讲授廉政党课3余场次、观看廉政教育片1场次、入村入户宣传2场次。抓好规范干部从政行为制度建设，制定基层党员干部党风廉政教育制度、农村基层党风廉政建设工作目标、镇村两级干部述职述廉制度、镇村公务接待等制度；抓好财务监督制度建设，建立专项资金使用发放监督机制；抓好民主监督制度建设，全面监督党务、政务、村务公开，做到每季度公开1次；加大执纪力度，对支农惠农政策落实和新农村建设资金、基础设施建设资金、惠民资金落实情况进行监督检查。

【作风建设】规范办事程序，对前来办事群众做到热情接待、认真办理，对不属于职责范围内或不能办理事项做到耐心解释；实施阳光操作，将镇内各项收费和补助款项目统一公示上墙，做到服务内容、办事程序、收费标准、工作人员情况全公开；严格考勤制度，对干部职工上下班进行严格考勤。

【群团建设】从团员队伍建设入手，年内新增团员7人，超龄退团2人。组织团员志愿者开展卫生清扫活动4次，出动志愿者128余人次，清扫各类垃圾70余袋。妇女人数968人，其中党员47人、双联户长5人、乡级人大代表7人。工会会员315人，工会委员27人。

【教育卫生】大力实施“教育强镇”战略，现有幼儿园1所，入学儿童32人，适龄儿童入学率达100%，小学在校生巩固率100%，初中在校生巩固率100%，青壮年文盲率控制在0.1%以内。成立“教育发展基金”，有效解决部分贫困户学生生活费紧缺问题。开展健康教育宣传活动，提高群众健康知识水平。深入牧区，克服工作量大、路途遥远、居住分散、交通不便等困难，圆满完成全民健康体检。包虫病筛查人数1672人，阳性患者24人，其中药物治疗4人、手术治疗2人。免费产检检查182人次。发放住院分娩奖励补助人数15人，发放奖励金18270元。

【农牧林业】 顺利通过2016至2017年草原生态保护补助奖励机制自治区级终验，草奖资金以一卡通形式全部兑现群众。年内牲畜存栏总数25925头（只、匹），出栏9785头（只），新生仔畜8066头（只、匹），成活率88.9%。五个行政村每个草组配备1名兽医人员，共18名，按“村不漏户、户不漏畜、畜不漏针”防疫原则，开展春季口蹄疫等各种牲畜疫病疫苗接种工作、小反刍疫苗防控工作、秋季牲畜疫苗接种工作，免疫率达100%。加强林业资源管护，强化巡山管护，加强森林防火宣传，坚持巡山护林、望山守护。

【脱贫攻坚】 建档立卡贫困户184户、661人，清退2户、3人，生态岗位292户、520人，定向补助179人，易地搬迁41户、125人。

【社会保障】 新型农村社会养老保险方面，适龄参保人数1094人，实际参保人数1055人，死亡10人。2017年转移就业方面，职业技能培训85人，转移就业48人，劳务输出348人。民政工作方面，目前低保户35户、131人，2017年发放低保金603380元，并对困难残疾、重度残疾人员进行入户需求调查，发放残疾人两项补贴62700元。

（王耀）

达吉岭乡

【概况】 达吉岭乡位于县城西北部，国道219沿线，距县城30公里，全乡平均海拔4650米，高海拔气候形成冬季长、暖季短、风沙大、干旱、强降雪、寒冷自然环境。达吉岭乡属高海拔纯牧业乡，特殊的地质、地理环境形成高山多、平原少地理结构。全乡共有5个行政村、9个党支部，共367户、1317人，劳动力806人，牲畜存栏总数13507头（只、匹），全乡人均收入8272元。

【干部队伍】 实际在编行政编制16人，事业编制17人。派驻驻村干部8名，其中热嘎村4名、萨嘎村1名、帕顿村1名、萨拉村1名、鲁嘎村1名。

【政权建设】 乡党委下属9个党支部、党员192名，其中预备党员7名。全乡农牧民党员154名，占全乡农牧民总人数的11%。村“两委”班子成员25人，其中热嘎村5人、鲁嘎村5人、萨拉村5人、帕顿村5人、萨嘎村5人，班了成员均为党员。选拔培养30名思想政治素质高、带富能力强、协调能力好的村级后备干部队伍，进一步加强村级后备干部队伍建设。

【基层党建】 及时召开党建工作部署会议，积极谋划全年各项重点工作。开展各类政策宣传，推进“两学一做”学习教育常态化制度化，开展每周一升国旗仪式，严格落实上下班制度、学习制度等。严格发展党员程序，把好质量关，提高党员质量。

【作风建设】 牢固树立“以人为本、执政为民”思想和全心全意为人民服务宗旨，加强学习教育，大力弘扬求真务实作风，打牢作风建设思想基础。认真落实党风廉政建设责任制，深入学习《准则》《条例》，开展反腐倡廉教育活动，有针对性地制订完善有关制度，规范廉洁从政行为，强化党员干部监督，筑牢拒腐防变思想防线，有效预防违规违纪行为发生。抓牢党员干部党性、党风、党纪教育，建立健全党员干部学习教育制度。组织党员干部集中观看党风廉政建设电教片，用典型案例警示教育身边人，增强党员干部遵规守纪自觉性。进一步规范完善《党务政务公开制度》《村务公开制度》等。

【脱贫攻坚】按照“六个精准”“九个一批”要求，围绕八个到位（组织保障到位、宣传引领到位、贫困识别到位、易地搬迁到位、劳务输出到位、产业扶持到位、生态岗位到位、自选动作到位），举全乡之力，苦干实干，脱贫攻坚工作取得显著成效。全乡动态调整后建档立卡贫困户117户、375人，含教育扶持39户、58人，产业脱贫79户、265人，社保兜底10户、18人，转移就业25户、29人，易地搬迁89户、289人，生态脱贫117户、375人，微型基建90户、289人，医疗救助5户、7人，信贷扶持77户、236人。年内脱贫39户、126人，计划2018年脱贫47户、140人，2019年实现100%脱贫。与此同时，积极争取市扶贫办65万元互助资金，成立互助社，对热嘎、帕顿、萨嘎三村进行帮扶，按照一户两担保原则，给予1000元至10000元贷款，拓宽群众增收空间。

【农林】结合当前市场需求，重点实施短期育肥、人工种草项目。短期育肥利润达21万元，在短期育肥基础上，实施人工种草项目。由县政府投资450万元，人工种草1400亩，为短期育肥项目提供饲草保障。年内，牲畜存栏13507头（只、匹），新生仔畜成活率90%，成畜死亡率控制在8%以内。划定草原面积1634447亩，全面完成基本草原划定工作。

【安全生产】大力宣传安全生产和加强安全生产工作重大举措，强化全面安全意识，营造良好舆论氛围。落实安全生产责任制，重点抓好安全防范工作，形成一级抓一级安全生产责任制。开展安全隐患排查整治，针对容易出现问题的道路交通、食品卫生安全等重点领域，集中开展整治工作，消除安全生产漏点、盲点。特别是在乡完小开学之即，联合开展学校食堂、宿舍安全大检查活动。

【教育文化】年内，学校办学条件、教学水平大幅提高，教学质量明显改善，素质教育进一步加强。充分利用国家配套资金，改善教育基础设施条件，加强师德建设，强化教师考评管理，教学水平和质量进一步提高。围绕构建社会主义核心价值体系，弘扬社会主义先进文化，营造良好舆论氛围。积极协调县文广局争取文化站相应设备，丰富干部职工业余生活。

【社会事业】着力解决看病难、看病远等问题，配强配齐村医和村委医疗室医疗设备，力争做到小病不出村。每季度组织乡卫生院医务人员，对学校饮食和全乡商户、茶馆等进行卫生大检查，确保学校师生和广大群众生命健康。积极落实城乡居民养老保险、社会最低保障、五保户、残疾人生活补助等政策，参保率达100%、基础保障发放率达100%，巩固和发展农村新型合作医保，群众参保率达100%。

【干部驻村】年内，各驻村工作队为群众排忧解难500余次，投资16万元实施牧道等基础设施建设，投资8万余元解决各村办公设备，充分利用驻村10万元办实事经费解决部分群众生产生活必需品，提高群众生产生活质量，树立为民务实良好形象。

【群团工作】妇联工作方面，大力宣传《中华人民共和国婚姻法》《中华人民共和国妇女权益保障法》等法律法规，增强妇女维权意识，在妇女节期间开展各项活动，在机关支部开展《巾帼志愿者》活动。团委工作方面，加强青少年教育培养，表彰先进团务工作者，结合五四青年节开展系列活动，积极推优入党，始终保持团支部的先锋模范作用。

（彭宏彬）

如角乡

【概况】如角乡位于萨嘎县西北部，东连达吉岭乡、西邻拉藏乡、北靠措勤县江让乡、南与仲巴县布多乡毗邻，乡政府距县城驻地65公里，平均海拔4600米，总面积1836平方公里，是典型的纯牧业乡。全乡国民生产总值完成1065.23万元，其中一产320.23万元、二产186.65万元、三产558.35万元，农牧民人均纯收入8054.6元。如角乡下辖4个行政村、16个草组，其中嘎琼村7个草组、贡热村2个草组、卡库村4个草组、擦让村3个草组，草场总面积174.6万亩。全乡共288户、1058人，其中女性506人，男性552人。全乡设7个党支部、134名党员，其中机关党员35人，农牧民党员99人。

【机构编制】设有业务办公室8个，共有机关干部职工34人，其中藏族干部职工29名、汉族干部职工5名；行政编制10人、事业编制24人。事业编制中乡农牧综合服务中心12人，乡文化综合服务中心9人。乡派出所5人，其中正式干警4人、辅警1人。乡卫生院医务人员4人，其中临床1名、药师1名、藏医1名、藏药1名。乡完小教职工23人，其中专任教师18人、工勤人员5人。

【基层党建】坚持“四议两公开”制度，重大事项、重要事务做到集体研究、民主决策。建立一户一卡一台账、开展一户一走访，摸清群众所想所需所求，拉近党群干群关系。年内，为群众解决困难诉求50余起，化解矛盾纠纷17起。设立“365民情接待日”服务窗口，安排班子成员在民情接待室坐班为民解忧排难，提高服务群众能力与水平。精心组织开展“村干部素质能力提升行动”，开办“村干部素质能力提升培训班”，大力提升村干部业务水平和整体素质。坚持以知促行，制定《如角乡“两学一做”实施方案》，“抓学习、上党课，亮牌子、作承诺，践行动、促成效”，乡党委书记带头讲党课，提高党员干部思想认识。党员干部撰写学习笔记人均15000字左右，支部书记讲党课10余场次，组织集中观看“镜鉴”“榜样”“长征”等影片10场次，党员党性修养、综合素质明显提升。制定完善《如角乡党委议事决策制度》《如角乡机关会议制度》《如角乡考勤制度》《如角乡干部职工行为规范准则》《如角乡处置不合格党员管理办法》等10余项制度。严格按照“标准不降、步骤不减”原则，切实做好村组织换届选举各项工作。

【人大工作】先后组织召集人大代表集中开展学习培训和视察观摩等活动，不断提高代表综合素质和履职能力。组织开展食品、药品安全等专项检查活动，专项检查食品、药品、商品质量及有无过保质期等情况，特别是对学校学生“三包”政策落实、学校食堂安全管理、卫生院药品管理进行检查，并对检查中发现的问题，提出具体整改要求，为广大群众生命财产安全提供有力保障。

【四讲四爱】召开工作部署会议4次，制作宣传横幅7条，文化墙36面，发放宣传挂历280余份。针对学生、农牧民群众、寺庙僧人等群体不同情况，分类施策，突出主题主线，制定不同的主题活动宣传方案，筑牢各族群众团结奋斗思想基础。定期下村开展形式多样宣讲活动，形成定期宣讲制度，营造全乡学生、农牧民群众、寺庙僧人共同参与主题教育实践活动浓厚氛围。开展法制宣传教育活动，教育引导群众提高法律意识、增强法制观念，形成知法、懂法、守法、用法浓厚社会氛围。组建“夕阳红”老年宣讲志愿队，深入各村、草组，用“身边事”“百姓话”解读各项政策精神，用“小故事”折射“大道理”，以“贡献如角小家园”映射“热爱祖国大家庭”，累计宣讲343场次，受教群众5960余人次。

【党风廉政】积极落实党风廉玫建设和反腐败工作主体责任，召开党风廉政专题会议2次、专题学习会议8次，“把好用权‘方向盘’，系好廉洁‘安全带’”。乡纪委工作人员深入干部职工中，与干部职工进行交心谈心8次，组织全乡干部职工集中观看廉政警示教育片《管好身边人》《卡住公款送礼》《狠刹浪费之风》《饭局》《天上不会摔馅饼》《成由节俭败由奢》《有人辛苦才有人幸福》《村换届十项禁令》等8部影视作品。集中学习《中国共产党党员领导干部廉洁从政若干准则》《中国共产党纪律处分条例》《习近平关于党风廉政建设和反腐败斗争述摘编》等相关文件精神7次、典型案件5起，召开村务监督员培训会1次。同时为保障村组织换届选举工作顺利进行，充分发挥纪委监督职能，全程监督换届选举工作，保障换届工作顺利进行。

【教育工作】始终把教育工作放在重要位置，特别重视乡完小薄弱学科攻坚工作，全乡适龄儿童入学率和在校生巩固率均达100%。创新教育特色，开展“结对帮扶”活动，引进先进教育技术，利用电子白板教学，大力推进素质教育。

【畜牧业】牲畜存栏总数18163头（只、匹），适龄母畜6997头（只、匹），适龄母畜率38.5%；短期育肥1206个绵羊单位；牲畜成活率90%；出栏牲畜6023头（只、匹），出栏率31%；成畜死亡339头（只、匹)，死亡率1.7%；奶产量164.28吨，毛产量10.13吨，绒产量3.16吨，肉产量177.22吨，饲草产量26325斤；冬圈夏草429.3亩，草原灭鼠6万亩，五号病防治率100%；农牧民科技培训467人次；草场面积1746378亩，草畜平衡面积1456378亩，禁牧面积250000亩，牲畜控制在37344.4个绵羊单位。扎实开展春秋两季防疫工作，对全乡牲畜进行监控预防、定期防疫检测，严防动物疾病发生。及时建立免疫卡、免疫档案，准确统计牲畜意外死亡和大型猛兽伤害情况及时上报保险公司做到应保尽保。春季疫苗免疫牲畜9349头(只、匹)，秋季疫苗免疫牲畜17341头（只、匹)，注射率100%。

【脱贫攻坚】对全乡124户、441人贫困人口进行精准识别确认，以实体经济、外出务工、技能培训、结对帮扶、资金扶持等多种载体帮助贫困户脱贫。年内57户、210人建档立卡贫困户脱贫。

【社会事业】劳务输出方面，劳务输出1530人次、收入218.02万元。派送76名农牧民群众到市人社局下属的8家培训机构参加农机维修、装载机、挖掘机、钢筋工、厨师等技能培训。新型农村社会养老保险方面，参保人数1058人，适龄参保人数592人、实际参保人数592人，新增参保12人，死亡6人。民政工作方面，高度关注弱势群体和救灾工作，不断强化民政保障和救助力度，积极组织人员对全乡81名残疾人基本信息进行登记造册，及时发放残疾人两项补贴70650元。

深入各村调查核实低保人员基本信息及申请救助工作，确定低保户51户、161人。医疗卫生方面，乡卫生院共有医务人员4人，其中临床1名、药师1名、藏医1名、藏药1名。村医8名，其中女性2名、男性6名。新型农村合作医疗参保率达100%，乡卫生院住院治疗实行90%和住院分娩100%报销制度。年内乡卫生院门诊2396人次，住院66人次。全乡0到6岁儿童总数166人，儿童保健管理人数166人，管理率100%。产妇50人，其中建卡49人，建卡率98%；产后访视32人，访视率96%；住院分娩46人，住院分娩率92%。

（王法文）

拉藏乡

【概况】拉藏乡位于萨嘎县西北部，距县城92公里，东连达吉岭乡，西临仲巴县塔玛乡，北靠如角乡，南与雄如乡毗邻，是三个边境乡之一，219国道贯穿全乡。平均海拔4670米，国土面积1200.8平方公里，下辖5个行政村、21个草组。拉藏乡为纯牧业乡，主要经济以畜牧业为主。全乡共462户、1668人，其中劳动力924人（女性447人）。现有干部职工40名（含乡卫生院），班子成员8名，乡完小共有教职员工14名。

【经济发展】年内完成国内生产总值1805.9309万元，同比增长2.4%，其中一产1259.6454万元、二产221.135万元、三产289.151万元。农牧民人均纯收入8120.19元，其中现金收入5111.4元。

【牧业生产】牲畜存栏总数20662头（只、匹），适龄母畜11039头（只、匹）；新生仔畜6195头（只、匹），成活5814头（只、匹），成活率98.16%；成畜死亡381头（只、匹），死亡率控制在1.84%以内。加大牲畜出栏力度，牲畜出栏7239头（只、匹），其中活畜出口6849只。狠抓牲畜防疫工作，五号病、小反刍病免疫率达100%。

【教育工作】把教育工作放在优先发展战略位置，以提高入学率为抓手，加大“控辍保学”力度，狠抓师资队伍建设、狠抓教育教学质量、狠抓薄弱学科攻坚，教育工作不断取得新进展。乡完小共292名学生，适龄儿童入学率100%。认真贯彻落实教育“三包”政策，强化督促检查，乡完小学生饮食条件得到明显改善。

【社会事业】卫生工作方面，狠抓疾病预防控制、医疗救治和卫生执法监督，加大传染病、地方病防治，定期组织医务人员深入各村开展巡回就诊，群众看病难问题得到有效解决。加大村医培训力度，卫生队伍整体素质得到不断提升。进一步加强农牧区医疗制度规范化管理，新型农牧区医疗制度覆盖全乡农牧民，参合率100%。民政工作方面，认真落实低保各项政策，实现应保尽保。为全乡5个行政村及时发放防抗灾物资。新型农村医疗保险方面，养老保险覆盖面不断扩大，新型农牧区养老保险覆盖率达100%。

【脱贫攻坚】把脱贫攻坚工作作为头等大事和第一民生工程，开展建档立卡回头看，建立健全贫困档案，确定建档立卡内贫困户130户、448人。采取生态岗位补助、易地扶贫搬迁、短期育肥、技能培训、思想教育引导等措施脱贫11户，27人。为每名贫困户指派1名村级监督员，村级监督人员严格按照“贫困户十不准”要求，监督指导贫困户生产生活。针对群众中存在的政策认识不深刻、理解不准确等问题，开展政策宣传28场次，发放宣传单385份，切实做到精准扶贫政策人人知晓。开展“3211”结对帮扶，乡干部每人每年至少开展2次以上结对帮扶活动，帮扶以物资帮扶为辅、以思想教育引导为主。

【产业项目】现有亚曲村山羊养殖基地、玛奇村霍尔巴羊繁育基地、吉拉牦牛畜种改良项目、白绒山羊繁育项目。亚曲村山羊养殖基地于2014年开始投入使用，现有山羊180只，山羊羔80只，其中2017年新生山羊羔65只；玛奇村霍尔巴羊繁育基地于2016年6月开始投入运行，2017年有绵羊232只，正积极协调引进种羊。

【安全生产】毫不动摇强化安全生产工作，成立以政府乡长为组长的安全生产工作领导小组，与各村委会签订目标责任书，指派1名安全生产工作专干，对施工场地、超市、餐饮服务点等多次进行安全生产排查，始终紧绷安全生产这根弦。先后开展安全生产检查10余次，协同县安监局、县食药局检查3次。

【党建工作】健全规章制度，将党建工作列入7个党支部考核重要内容，探索党建工作新思路、新举措；切实发挥各村“第一书记”、党建指导员作用，以一对一、一对多形式选派6名党建指导员负责指导各党支部党建工作；建立分级负责责任体制，年初乡党委与各村党支部签订党建工作目标责任书，明确工作职责；建立健全《党员公开承诺制度》《“三会一课”制度》等制度，形成上下联动、组合出击，层层抓落实良好格局；以开展“四讲四爱”“两学一做”学习教育活动为契机，完善党员干部学习机制，努力创建学习型党组织；严格执行民主集中制，坚持民主议事，党委班子集体研究讨论重大事项25件；切实发挥基层党组织战斗堡垒作用，按正职1：2和副职1：1比例，选配村级后备干部33名，圆满完成村“两委”换届工作；认真落实村级管理经费，落实“三会一课”“四议两公开”制度，落实村民监督委员会“跟踪督查”和村级班子绩效考核“述职评议”机制。强化队伍建设，开展党员、村“两委”班子成员、驻村干部、机关干部民主评测，将考核结果与年终评先评优直接挂钩，激励干部开拓创新、务实工作；坚持和完善民主集中制原则，建立健全党风廉政建设21项工作制度，用制度管事管人；实行干部上班签到制，出差、请假事前登记制；做好发展党员工作，保证发展党员规范性、合理性、严肃性、民主性，培训入党积极分子7名，新发展党员8名；建立健全“服务、帮扶、管理、教育”四位一体党员服务管理机制，规范党员入党相关资料，对党员进行动态信息化管理；逐步规范“党务、政务、村务”公开工作法，着力规范村级民主管理工作；严格执行村干部24小时轮流坐班制度，实事求是填写村干部《出勤登记册》；采取集中学习、以会代训、个人自学等形式，以基础教育、村务管理、思想引导为切入点，组织村干部和村后备干部集中学习2次32天，安排布置学习内容30余项，组织6次集中考试，深入开展村干部素质能力提升工程。狠抓主题活动，将“两学一做”学习教育活动作为重点工作来抓，采取集中学习和个人自学等形式，开展专题研讨4次，撰写研讨搞26份，撰写心得体会80篇，每名党员抄写学习笔记3万字以上。

【党风廉政】加强反腐倡廉宣传教育，丰富教育内容、创新教育形式、增强教育效果。

进一步落实以民主集中制为重点的各项制度，规范党委议事规则和决策程序，重大事项均经集体研究讨论决定，严格执行党内民主各项规定，从源头上遏制和预防腐败现象发生。

【精神文明】采取召开村民大会、开展“3·28”西藏百万农奴解放纪念日活动、新旧西藏对比、设立宣传点宣讲和发放宣传单等多种宣传方式对广大牧民群众开展宣传教育。大力开展“文明户”“文明村”评选活动，引导干部群众在遵守基本行为准则基础上，追求更高思想道德目标。持续开展“六提倡、六反对”活动，破除封建迷信、革除大操大办等陋习。积极组织群众开展打扫卫生、义务劳动等活动。开展拔河、跳绳、跳舞等文化体育活动，丰富干部职工、牧民群众文化生活。为各村农家书屋设立专门管理人员，做到经常开放。

（次仁平措）

雄如乡

【概况】雄如乡位于萨嘎县西南部，距县城33公里，面积1760平方公里，平均海拔4511米，辖布扎、孜康、唐如、卓巴布、嘎康、麻亚6个行政村，共533户、2127人。现有干部职工40名，教职工17名，在校生225名，入学率98.8%。全乡设66个联户单位、共66名双联户长，民兵57人，联防队员27名，护村队60人，治保会24人，人民调委会30名。

【脱贫攻坚】完善管理机制，转变盲目消费、不理性消费观念，将贫困户全年享受政策性补助资金的40%发放给贫困户，作为平时生活开支，剩余60%存放至享受对象存折账户，作为2020年以后生产支出，存折由乡政府统一保管。加强生态岗位人员管理，制定护林、公路养护、卫生保洁、草原监督、地质灾害群防群测5个生态岗位369人职责内容和“3+1”生态岗位人员考核机制，将生态岗位全部落实到贫困户，并及时兑现每人每年3000元生态岗位补助资金。积极创造就业岗位，加强与乡边防派出所协调，壮大充实联防队员队伍力量，解决12名贫困户剩余劳动力就业和增收问题。加大产业扶持，高效利用县政府下拨的73万元扶贫短期育肥周转资金和35万元藏系绵羊育肥周转资金，将两项资金整合，与各村签订两年周转合同。将羊毛加工合作社承包收入15万元，对30户、120人按照每人1250元标准进行分红。加大劳务输出力度，拓宽增收渠道，转变“等靠要”思想，贫困户劳务输出114人，创收613838元。

【畜牧业】做好草奖工作，年内兑现奖励资金355万元。具体工作中，严格按照“乡不漏村、村不漏组、组不漏户、户不漏畜”要求，牲畜存栏27278头（只、匹），折羊绵羊数40124.9，其中牦牛5225头、绵羊16116只、山羊5857只、马80匹，草畜平衡率100%。做好防抗灾工作，组建6支村级突击队，突击队人数120人。年内因灾死亡牲畜535头（只、匹），其中牦牛2头、绵羊60只、绵羊羔334只、山羊27只、山羊羔112只，及时将因灾受损情况报送县农牧局申请保险赔偿，将群众损失降到最低。做好防疫工作，春季防疫牦牛应免4910头、实免4910头，犊牛应免1285头、实免1285头，绵羊应免12595只、实免12595只，羊羔应免6846只、实免6846只，山羊应免4549只、实免4549只，山羊羔应免1854只、实免1854只，高致病性禽流感疫苗应免鸡35只、实免35

只，春防注射疫苗密度100%。小反刍疫苗注射羊羔应免7306只、实免7306只，山羊羔应免2136只、实免2136只，小反刍注射疫苗密度100%。秋季牲畜防疫牦牛应免7014头、实免7014头，绵羊应免20444只、实免20444只，山羊应免5244只、实免5244只，秋防注射疫苗密度100%。

【基建项目】积极争取上级投资4亿多元，建设萨昌公路和8条乡村公路、转场牧道。实施乡驻地市政设施、乡完小改扩建、乡幼儿园、乡农技推广中心、乡农牧仓库、乡村山洪治理、地质灾害防治、湿地保护、防沙治沙、现代农业示范温室大棚、母亲水窖项目等30多个项目，进一步改善基础设施条件。

【基层党建】全乡正式党员179名，其中牧民党员131名、机关党员48名。强基固本壮大力量，开展党员信息采集工作，完整统计、登记造册。狠抓入党积极分子队伍建设，健全完善各项教育培养措施。开展农牧民无职党员“设岗定责”工作，按照“按需设岗、因事设岗、以岗定责、责任到人”原则，设置政策法规宣传岗、矛盾纠纷排查岗、控辍保学岗、劳务输出岗、环境卫生岗、科技致富岗、民生工程岗、计划生育岗、党务村务监督岗、文明新风岗、民意调查反馈岗等11个岗位，61名无职党员领岗、上岗，实现年初认岗承诺、年中履职践诺、年底考核评比常态化，并与每名无职党员签订无职党员设岗定责目标管理责任书。狠抓队伍配强班子，加强村级后备干部培养，按照正职1职2备、副职1职1备，着重从返乡初高中毕业生、致富能人、外出务工返乡青年和复员退伍军人等优秀人员中选拔培养后备干部，扩大村级后备干部来源。建立健全村后备干部档案，实行一人一档，做到培训、工作、特长等情况一目了然。建立非党员村后备干部名册，把发展村后备干部入党作为农牧区发展党员重点，专人培养、重点教育。分期分批选派后备干部参加各类实用技术培训班，拓宽致富门路、提高致富能力，目前已建立一支42人村级后备干部队伍，为新型农牧区建设储备充足人才。深入开展村干部素质能力提升工程，按村干部文化程度高低分高班、中班、低班三个班，从乡干部职工中抽调9人，给每班配备3名任各班教师，于每周一、三、五进行授课。加大投入保障力度，督促乡财务工作人员及时落实村干部工资报酬待遇和村委会各项经费，无挪用、截留、挤占等现象发生，做到足额发放。积极发展壮大村办集体经济，孜康村嘉盛超市实现年纯收入7万多元、麻亚村扶贫超市实现年纯收入2万元、卓巴布村藏面茶馆实现年纯收入3万多元、嘎康村粮油直销店实现年纯收入6万元。加大劳务输出力度，协调施工单位商定民工投劳人数，投劳5000多人次，收入524万元，车辆运输收入300多万元。抓党建促脱贫，充分发挥基层党组织战斗堡垒和党员先锋模范作用，为打赢脱贫攻坚战提供坚强组织保证。每名党员干部结对认亲1至2户贫困户，为结对户脱贫出法子、点思路，平均每人开展3次结对认亲活动，实现联系帮扶全覆盖。

【人大工作】充分运用法律赋予职权，认真履行监督职责。组织代表视察惠民资金落实情况，先后对乡村财务管理使用和乡完小、个体工商户开展视察活动，拓宽工作视野，提高代表参政议政积极性。加强基层民主建设，对代表们提出的30多条建议、意见进行整理、归类，抓好代表议案督办，并按相关政策和法律法规及时给予代表答复。

【教育工作】乡党委、政府高度重视教育事业各项工作，2017年乡党委、政府组织召开教育专题会议4次（家长会2次），组织乡党政班子成员深入课堂听课20余场，参与评课3次，并对提高教育教学质量提出意见建议12条。组织综治办和乡卫生院人员到学校食堂开展食品安全监管38次，宣传安全知识4场次。认真落实安全隐患排查和问责制，定期组织人员开展安全检查与排查20次，及时消除安全隐患。主动发挥政府主导作用，积极调动社会各界力量，共整合3.5万元资金帮助学校发展。鼓励优秀学生“走出门、读大学”，向考上大学和高中学生发放助学金43000元。

【医疗卫生】着重解决牧民群众看病难、看病贵等问题，凡在乡医院住院治疗的实行90%报销制。年内门诊核销金额154518.86元，现金24203.86元；门诊4189人次，住院46人，住院分娩8人；建立居民健康档案2109份，建档率98%以上，乙肝首针接种率96%以上，常规疫苗接种率98%以上，卡痕形成率95%以上，卡证符合率99%以上；产妇44人、新生儿42人，0~6岁儿童245人，疑似精神病患者9人，35岁以上高血压患者194人，其中65岁以上94人；访视新生儿42人，新生儿访视率100%，孕产妇系统管理56人，管理率97%，无糖尿病患者、无确诊重性精神病患者。

【国土资源】开展自救防抗灾应急演习，提高广大群众防灾减灾意识，深入9处地质灾害点进行调查核实，建立健全地质灾害应急预案、群防群治等相关工作机制，确定9名贫困户为地质灾害检测监测人员，岗位补助每人每年7000元。积极争取上级国土部门的地质灾害治理项目资金，共投资500万元，实施布扎村地质灾害治理项目，切实保证广大群众生命财产安全。

【商务工作】以2016年国民经济统计人数2147人为基准，按照每人5袋标准，发放10635袋碘盐，碘盐推广率100%。向县商务局申报60万元周转资金，解决6个村壮大发展村办实体经济资金紧缺问题。

【民政工作】深入开展政策宣传，对全乡低收入牧户进行家庭经济状况核查，确保低保对象基本数据准确无误，完善低保户台账资料，确定低保户56户、254人。做好高龄、失能、残疾人信息更新工作，确保两项补贴发放到位，切实保证弱势群体生活。做好防抗灾准备工作，制定一系列防抗灾措施，储备防抗灾物资帐篷140顶、燃料359900公斤、饲料387500公斤、饲草10.595万公斤、糌粑36162.5公斤、铁锹4134把、眼镜2077副、冬衣2077件、冬鞋2077双。

（张显能）

昌果乡

【概况】昌果乡位于萨嘎县西南部，东与雄如乡相交，南与吉隆县贡当乡相连，西南面与尼泊尔接壤，西北面与仲巴县亚热乡相交，东北相连拉藏乡。乡政府驻地距萨嘎县城108公里，全乡行政面积3370平方公里，平均海拔5370米，边境线长105公里，有国境界碑2个（32#—33#），通外山口5处。昌果乡下辖昌果村、亚卡亚村、日拉村、古郁村4个行政村，21个草组，草场面积2429104亩，牲畜存栏41477头（只、匹），出栏数14043头（只、匹）。全乡共414户、1581人，其中低保户19户、57人，残疾人33人，五保户11户，建档立卡贫困户113户、369人；干部职工26名，公益性2名，聘用人员2名，平均年龄27岁；村“两委”班子成员22名，村务监督委员会成员12名。农牧民人均可支配收入8486元。

【党风廉政】认真贯彻落实“党委主体责任、纪委监督责任”，围绕乡党委、政府中心工作，以党员干部为重点，以完善制度为抓手，以强化监督为保证，明确反腐倡廉责任，推进廉政文化建设。加强廉政教育，从源头上预防腐败，保证党员干部高效廉洁；加强制度建设，制定党风廉政建设工作分工责任制，进一步完善各项规章制度，坚持以制度管人、管事、管钱，保证权力运行阳光透明；签订昌果乡2017年党风廉政建设责任书，层层传导压力、层层落实责任；强化风险防控，以权力运行为主线，分析岗位职责、业务流程、制度机制等方面存在风险，对风险防控实施系统化、科学化管理，逐步形成内部管理有制度、岗位操守有标准、事前预防有举措、综合考核有依据风险防控管理体系，构建廉政风险综合防控机制；建立完善村干部管理监督机制，充分发挥村务监督员作用，促进村务工作规范化运行。

【基础党建】抓班子带队伍，强化责任、落实任务，及时成立党建工作领导小组，层层签订目标责任书，明确工作任务和职责；落实任务，研究制定党建工作计划、党员发展计划、党员学习计划，做到早部署、早安排；规范干部管理，完善设岗定责，明确工作分工和职责，确保各项工作有条不紊运转；继续开展藏汉“双语”培训，消除藏汉干部及群众之间语言交流障碍，提高办事效率，巩固党群干部关系；开展党员志愿服务活动，结对帮教、助残扶弱，践行为人民服务宗旨；每月按时为全乡8名“三老”人员发放补贴，全年发放“三老”人员补贴58200元；全乡党员 142名，其中牧民党员104名，发展预备党员7名，按期转正5名，吸收积极分子6名；圆满完成4个行政村村级组织换届选举工作，选举村“两委”干部22名，其中继续当选14名、新当选6名、下派干部1名；推进“两学一做”学习教育常态化制度化，并与“四讲四爱”主题教育实践活动相结合。

【统战民宗】现有寺庙1座，僧人6名，驻寺干部3人，加强寺庙管理和僧人教育引导，结合“四讲四爱”主题教育实践活动，开展爱党爱国爱教教育，全年无一起非法佛事活动。

【文化宣传】以服务基层，丰富广大人民群众业余文化生活为目标，自加压力，扎实开展文化工作。加强阵地建设，购买文化设备，建成会议室、健身房，丰富文化生活；组织开展文娱活动，利用节假日和业余时间，组织文化站工作人员、牧民群众，开展文体娱乐活动；加强宣传教育，开展强农惠农、换届前期、精准扶贫、禁止家庭暴力等相关知识内容宣传；组织文化站工作人员，利用业余时间，开展“一对三”帮教活动，帮助学生提高学习成绩；实施村干部文化素质能力提升工程，对村干部进行辅导和补习，提高村干部汉语水平、综合文化素质和处事能力；传承保护优秀民族文化，成功举办“昌果乡加加孜民俗文化节”；开展党的“十九大”和各项惠民利民政策宣传活动，组建昌果乡摩托车巡逻宣讲队。

【脱贫攻坚】建档立卡贫困户113户、369人，贫困发生率23.3%，已脱贫99户、332人，未脱贫14户、37人（社会兜底2户、2人），易地搬迁92户，生态岗位361名，定向补贴187名。分门别类精准施策，找准对象，确定好扶持谁。从找准对象为切入口，把握精准识别贫困、规范建档立卡、实施动态管理、推行挂图作业四个关键环节，把好群众推选关、实地调查关、民主评议关、公示监督关、确认审核关五个关口，实现扶贫工作底数清。找准问题，确定好扶什么。因地制宜、因户施策，深入分析贫困村、贫困户致贫原因，将全乡贫困户按照因病、因残、因学、因缺乏劳力、因牲畜少等致贫原因分类别建档立卡，实行“一户一册”“一人一卡”，做到信息准确、明了，实现扶贫工作问题清。精准施策，确定好怎么扶。紧紧抓住转变方式、强化“造血”功能、加大投入力度、整合工作力量四个关键，“一村一策、一户一法”，着力推进“九个一批”，逐村逐户量身定制帮扶措施，确保帮扶到最需要帮扶的群众、帮扶到群众最需要扶持的地方，实现扶贫工作对策清。全力抓好易地搬迁，定期不定期深入易地搬迁点，对工程质量和施工进度进行监督检查，确保易地搬迁房屋建设按时保质保量完成。针对距离县城路途较远、贫困户购买家具和进行房屋装修装饰不便等问题困难，由乡党委政府引导、村“两委”组织、群众自发自筹，统一到日喀则市购买藏式家具和安装窗帘、藏式装修，为92户易地搬迁户节约资金20万余元。加大思想教育引导，加大宣传力度，确保政策入脑人心。组织乡文化站和乡扶贫专干成立专项宣讲小组，采取定期不定期方式，走村入户开展精准扶贫相关政策宣传讲解工作，扶贫政策知晓率达100%。加强教育管理，提高群众思想认识。修改完善村规民约，教育引导广大群众“惠民资金不要刻在玛尼石上”“救命钱不要花在求神拜佛上”，把更多精力用在发展生产、改善生活，过好和谐文明幸福今生上，将“要我脱贫”逐步转变为“我要脱贫”。加强制度建设，增强群众聚财能力。加强惠民资金使用监管，实行贫困户惠民资金“存五取五”、贫困户外家庭“存三取七”制度，逐步提高群众聚财意识和能力。抓好产业扶贫发展，加快产业发展步伐。积极围绕“草畜”做文章，短期育肥基地为贫困户分红462只小绵羊，人工种草基地为贫困群众分红草料折合人民币10.8万元。加快推进边境贸易。积极推进土巴荣边贸市场建设工作。加强实用技能培训。积极引导群众转变思路，开展集中放牧、统一劳务输出，劳务输出300余人次，贫困人口劳务输出现金收入108万余元。

【农牧工作】严格按照要求，开展动物疫病注苗工作，做到“乡不漏村、村不漏户、户不漏畜、畜不漏针”，确保不发生动物疫情；牲畜存栏数41477头（只、匹），出栏14043头（只、匹），人工种草面积2030亩。

【教育工作】在校生217人，教师16名，其中小学生178人、学前生39人，入学率100%、巩固率100%。考上高中8名、大专与本科4名。

【群团工作】组建巾帼志愿服务队，开展慰问、义务劳动等活动，圆满完成妇代会换届选举，各村选举1名妇代会主任、2名成员。团员69名，年内发展团员6名、推优入党1名，圆满完成团组织换届选举，每村选举1名书记、2名成员。

【民生保障】低保人口19户、57人，为群众发放低保金及大米、衣物等各类物资折合人民币24万元；开展各类劳动技能培训，培训人数44人。乡卫生院医务人员8名，其中藏医2名、护士2名、临床1名、药剂1名、防疫1名、聘用1名，村医8名。孕产妇65人，乡卫生院分娩18人，发放住院分娩生活补贴25200元；积极开展各类疾病尤其是包虫病宣传防治工作，建立完善各类健康医疗档案，深入牧区草组和学校开展健康体检工作，完成1499人健康体检工作。

【村实体经济】扩大亚卡亚村人工种草基地和5700藏葱种植基地规模，建设亚卡亚村惠民砖厂，在昌果村霍尔巴羊繁育基地基础上，建设昌果乡藏系绵羊改良基地。

（拉罗）

夏如乡

【概况】夏如乡位于萨嘎县东南部，乡政府坐落在达孜村，距县城150公里，平均海拔4430米，北接昂仁县切热乡，南与聂拉木县琐作乡相邻，西与旦嘎乡接壤，东南与昂仁县日吾其乡毗邻，东西窄、南北长。乡下辖6个行政村（拉亚村、夏如村、岗拉村、达孜村、赤姆村、坚巴夏村）和1个自然村（吴久）。全乡共6个村民委员会，村“两委”班子成员34人，其中下派支部书记2人。全乡共有14个村民草组或作业组。全乡总面积1210平方公里，其中耕地面积5141.3亩，林地面积26万亩，可利用草场面积90.63万亩，禁牧面积25万亩，载畜量为29081个折羊单位，年末牲畜存栏21421头（只、匹），人均年收入8200元。全乡共586户、2728人，11个党支部、177名党员；乡人大代表43人、县人大代表16人、政协委员7人、党代表12人。在编干部职工52人，驻寺干部4人，在职教职工19人，在校学生240人。全乡贫困户138户、500人，低保户55户、153人，五保户23人，三老人员7人，残疾人70人。

【队伍建设】加强入党积极分子教育培养，坚持党员发展标准，认真履行入党手续，全乡现有11个党支部、177名党员，其中群众党员129人。加强村级班子队伍建设，制定完善村干部考核实施细则，采取测评、谈话、走访群众等方式对村干部进行德、能、勤、绩、廉五个方面考核。将奖惩与考核结果挂钩，充分调动村干部工作积极性与主动性。加强机关干部作风建设，严格执行考勤制度，严格遵守上下班制度，并将全年考核情况作为干部职工年终考评重要依据。

【脱贫攻坚】建档立卡贫困户138户、500人，易地搬迁80户（坚巴夏村6户、岗拉村9户、拉亚村31户、夏如村34户）、受益286人；产业扶持19户、受益78人；医疗救助10户、受益10人；生态就业岗位1259人；信贷扶持14户、受益23人；社保兜底29户、54人。同时为帮助贫困户家庭解决越冬口粮问题，组织开展贫困户慰问活动，给6个行政村36户贫困户家庭送去72袋大米、36袋青稞、72袋糌粑。

【主题活动】做到规定动作不漏、规定程序不减、规定步骤不少，扎实有效开展“四讲四爱”主题教育实践活动各项工作。开展宣讲250余场次，受教人数2.1万余人次；开展“移风易俗、破迷信、改陋习”大讨论24场次，开展“党的恩情怎么报”演讲比赛2场次，举办新旧西藏对比老前辈现身说法6场次，办实事、解难事50件，每天播放2小时广播。制作“四四”手机铃声，下载到群众手机上，确保“四讲四爱”主题教育实践活动随处可听、随处可学。

【村集体经济】以发展壮大村集体经济为突

破口，促进农牧民增收。村集体经济主要为达孜村集体沙石场合作社、年效益20万余元；拉亚妇女编制合作社、年销售额22万余元。新开发土庆寺藏香，并已全面推广市场。

【群团工作】十分重视团员发展和教育工作，将共青团工作制度化、经常化、规范化。现有团员91人，年内新增团员13人、退团1人。做好妇联工作，在“三八”妇女节期间为各村拨付6000元活动经费，开展妇女维权法宣传活动6次，参与人数678人次。

【党风廉政】成立党风廉政建设工作领导小组、制定工作计划、确定工作目标，层层签订目标责任书，组织干部职工集中观看各类反腐教育片。严格坚持民主集中制原则，杜绝重大事务和财务“一言堂”现象。各项重大党务工作，坚持民主、公开、公示，增强各项惠民利民政策透明度，在公示栏进行公示。分别与6个行政村签订党风廉政目标责任书，将各村党风廉政目标任务细化到个人。

【农牧业】大力发展特色农牧业，稳步推进农业结构调整，播种良种青稞3774.3亩（喜马拉雅19号、藏青2000、320）、豌豆806亩、经济作物561亩；种植蔬菜127亩、饲草料99亩。青稞产量82.3万公斤、豌豆产量12.9万公斤、油菜产量3.85万公斤、蔬菜产量9.3万公斤，饲草料产量22.15万公斤；使用化肥48吨、农家肥150吨。新生仔畜7959头（只、匹），成活率90%；牲畜出栏8978头（只、匹），出栏率43%；牲畜存栏20905头（只、匹）；口蹄疫O型、亚洲I型三价灭活疫苗牲畜27715头（只），实免数27705头（只），接种率99.9%；冬圈夏草种植面积50亩。

【环境整治】制定《夏如乡环境整治督查工作方案》，划分片区、落实责任，将环境卫生整治作为长效机制来抓，组织群众对村周边环境进行打扫。不定期对各村开展督查，对整改不到位的下发整改任务通知单、限期整改。定期组织干部职工和群众学习环境保护法律法规知识，开展环保知识宣传，增强群众爱护环境、爱护家园意识。

【劳务输出】年内劳务输出1271人次，实现经济收入450.2万元。派送40名农牧民群众到市人社局下属的培训机构参加太阳能设备维修、创业、装载机、挖掘机、钢筋工、混泥土工、农机维修、藏餐厨师等技能培训。举办本级驾驶培训班1次，培训农牧民群众130多人。

【社会事业】教育工作方面，将教育工作作为一把手工程，配备专干工作人员，经常性检查教育教学计划、教师请销假情况、学生吃住学等情况，完善薄弱环节、提高教育质量。乡完小在校生240人，初中在校生136人，入学率100%。卫生工作方面，严格建立卫生工作台账，实施村医包村和考评制度，确保村医管理和用药安全。全乡农牧民参合2146人，参合率96%，疫苗接种率98%，门诊人数2041人次，住院78人，住院分娩60人。加强医疗卫生队伍建设，提高诊疗水平，不定期组织村医在乡卫生院进行培训，让广大群众能够就近就医、安心就医。巩固完善基本药物制度，排查过期药物，保证农牧民放心用药。充分利用民族医药特色优势，提升藏医药服务能力。强化妇幼卫生和优生优育工作，保证孕妇在分娩期间得到有效保障。大力开展健康教育宣传工作，提高群众健康意识。新型农村社会养老保险16~59岁应参保人数1434人、实际参保人数1434人。民政工作方面，现有低保户55户、153人。五保户23户，高龄老人28人，困难残疾人70人，其中重度残疾人28人，发放重度残疾人补助金36960元、高龄老人补助金9200元、困难残疾人补助金46200元。

（李华波）

旦嘎乡

【概况】旦嘎乡位于萨嘎县东南部，距离县城105公里，平均海拔4500米，全乡总面积850平方公里，全年无霜期约150天，高寒缺氧，是典型高原气候，冻土层为1.7米，下辖三个行政村（旦嘎村、萨当村、坚巴奴村）和1个自然村（奴贡村）。2017年年末，全乡共有374户1640人，其中男性823人、女性817人、劳动力895人。全乡耕地面积2470亩，可利用草场面积153.6万亩（其中禁牧25万亩、草畜平衡面积128.6万亩），核定年末草畜平衡载畜量21363个绵羊单位，牲畜存栏13466头（只、匹）。乡机关干部职工39名其中行政12人、事业23人、公益性岗位2人、临时工2人，其中女性16人、男性22人。乡班子成员9人，平均年龄36岁。完全小学1所，教职工16人，在校学生176人。卫生院1所，医护人员4人，其中医生1人、护士2人、公益性1人。派出所1座，民警3人，辅警4人。宗教场所2处，一座寺庙奴贡寺，现有在编僧人10人，驻寺正特派员1名，驻寺干部3人；一座拉康旦嘎拉康，1名在编僧人。辖区共有7个党支部、142名党员，其中男性105名、女性37名。

【经济发展】经济总收入1922.07万元，其中一产653.65万元，二产186.09万元，三产1082.34元，农牧民人均收入8367元。

【农牧林业】青稞产量50.125万公斤，油菜产量1.225万公斤，豌豆产量1.56万公斤，蔬菜产量11.8万公斤，其他农产品产量11.375万公斤。牲畜存栏13466头（只、匹），出栏5676头（只、匹），死亡率1.5%。牛奶产量4.495万公斤，羊奶产量8.745万公斤，牛肉产量9.655万公斤，羊肉产量10.65万公斤，绵羊毛产量0.85万公斤，山羊绒0.09万公斤，奶渣产量0.19万公斤。种植苗木15175棵、171多亩。

【民生事业】符合条件享受最低生活保障待遇困难家庭76户、271人，残疾人40人，寿星老人7人，优抚对象9人，五保户11人，留守儿童7人，困难儿童102人，兑现2017年社会兜底生活补贴7500元、养老保险资金201477元、困难残疾人护理补贴23760元、重度残疾人护理补贴11880元、低保户补贴517937元。年内选送22名农牧民群众到日喀则参加技能培训，本级对26人进行施工及装载机技能培训。乡卫生院门诊1523人次，住院18人次。

【道路交通】协同乡派出所在辖区范围内开展道路交通安全整治4场次，宣传交通安全6场次，动员农牧民群众开展道路交通治理3次。年内完成投资1.2亿元349国道道路施工及通车，开工旦嘎村达龙牧道、萨当村齐果牧道项目，对比玛线（22一级检查站—旦嘎乡）公路进行养护维修，申报4条牧道新建工程。

【村级集体经济】集体经济收入4.24万元，其中坚巴奴村村集体经济收入2.8万元、旦嘎村集体经济收入9200元、萨当村集体经济收入5200元。

【脱贫攻坚】全乡建档立卡贫困户133户512

人。严格落实“九个一批”要求，针对无技能无劳动能力、体弱多病弱势贫困群体实行政策兜底帮扶，兜底9户、17人；将坚巴奴村26户建档立卡贫困户全部加入互助社，帮助发展产业，提高现金收入，每户增收1000元；加大生态保护力度，鼓励和引导贫困人口参与生态保护工作，安排467名生态岗位，同时为切实加强岗位履职监管，研究制定《旦嘎乡生态岗位管理暂行办法》；认真监督易地搬迁房屋建设，完成84户、354人易地搬迁任务；加强医疗救助，切实让贫困群众看得上病、看得起病、看得好病，防止因病致贫、因病返贫；教育脱贫3户、14人。制定《3211精准扶贫帮扶实施方案》，建档立卡贫困户每户安排1名干部结对帮扶。

【基层党建】认真履行党建工作第一责任人职责，牢固树立第一责任人意识，认真研究谋划党建工作，召开党建工作会议、安排部署党建重点工作、与各村签订目标责任书，促进党建主体责任全面落实；定期组织召开党建工作专题会议，针对重点、难点、阶段性工作召集党建领导小组成员，及时进行研究部署，传导压力和责任、明确目标要求；坚持周列会制度，听取各办公室负责人工作汇报；建立书记谈心谈话制度，把谈心谈话与解决思想问题和解决实际问题结合起来，有针对性地加强和改进干部教育培训、监督管理等各项工作，提高干部履职能力和工作积极性。高标准、严程序抓好村组织换届选举，严格按照“六个凡是”“三个十条”“六种情形”，高标准选举产生新一届村组织班子成员。把发展党员工作与“三培”“乡村人才队伍建设”活动结合，推出规范发展党员“四册一薄”，做到成熟一个、发展一个。抓党建促脱贫，制定《关于开展“送思想、抓监督、促脱贫、防返贫、近关系”党建促脱贫攻坚活动实施方案》，充分发挥党员引领作用，以“一对一或多对一”模式结对贫困户，做贫困群众脱贫路上的引路人、做贫困群众创收路上的参谋人、做贫困群众生活上的一家人。深入推进“两学一做”学习教育常态化制度化。加强集中学习，每周五下午组织全乡干部进行集中学习，组织集中学习39次、开展专题讨论会5次、撰写各类心得体会12类；做好党政班子成员、党支部书记上党课工作，开展党课活动5场次；落实常规制度，指导基层党支部健全“三会一课”、党员活动日等制度，促进组织活动规范化、标准化、常态化。

【妇联工作】坚持党建带妇建，以村组织换届选举为契机，选优配强各村妇代会成员，为基层妇联工作打下坚强有力基础，并以“3·8”“3·28”“5·1”“5·4”“7·1”“10·1”等节日为契机，组织宣讲团，赴各村开展政策、妇女儿童健康和婚姻法等宣讲，维护妇女、儿童身心健康和合法权益。年内开展巾帼志愿活动8次，开展“最美家庭”“婆媳和睦家庭”评选活动。

【团委工作】组建39名青年为成员的青年志愿服务队，开展环境美化、志愿服务等形式多样活动，充分展示青少年群体乐观、向上、积极、活泼时代接班人风采。协调乡派出所开展“法律进校园”活动，广泛宣传《中华人民共和国未成年人保护法》等法律、法规，有效预防和减少青少年违法犯罪，为青少年成长创造良好环境。年内发展团员6名，推优入党4名。

【工会工作】进一步健全工会相关工作，建立工会会员档案，及时缴纳会费，单独建立工会办公室及工会会员活动中心，开展形式多样会员活动，2017年有工会会员42人。

【党风廉政】落实“两个责任”，组织有关学习30余次，组织观看廉政教育视频片，撰写了心得体会。乡纪委书记对班子成员进行6次廉政谈话，对公务车辆使用情况进行4次检查，严格落实禁酒、禁赌要求，对辖区各茶馆、商店进行18次检查。进一步完善党委议事决策机制，对“三重一大”事项进行民主决策；完善信访服务体制，建立领导干部接访日，反映问题当场给予答复并解决。完善党务政务公开制度，在乡政府和各村设立公开栏，确保群众知情权。

【宣传思想】开展“四讲四爱”主题教育实践活动。在第一阶段“讲党恩爱核心”中，组织巡回宣讲，以新旧西藏对比图片展、故事会、算算政策账、讲述历代核心功勋等方式推进教育实践活动。在第二阶段“讲团结爱祖国”中，开展“国歌人人会唱”活动，坚持每周一升国旗仪式，增进了团结意识。在第三阶段“讲贡献爱家园”中，评选“优秀勤劳致富典典型户”以典型促宣讲，以典型树榜样，充分发挥典型带动作用。在第四阶段“讲文明爱生活”中，以社会主义核心价值为主要宣讲内容，在农牧民群众中树立积极乐观价值取向。

【精神文明】开展了文明村、文明户评选活动，大力开展村容村貌和环境卫生整治，开展村容村貌整治10次、环境卫生整治24次。利用乡文化活动中心，组织6场文体活动，丰富群众精神文化生活；利用春节、藏历新年、赛马节等节日，开展跳甲谐、跳藏戏等形式多样活动，引导和促进群众养成良好文明习惯。

（次仁多布拉）

先进名录

受市级（含）以上表彰先进集体名录

国家级奖励：

萨嘎县司法局荣获“全国司法行政系统先进集体”；

萨嘎县检察院荣获“第五届全国文明单位”。

自治区级奖励：

萨嘎县综治办荣获“全区‘先进双联户’创建活动先进县（区）”；

萨嘎县昌果乡荣获“全区‘先进双联户’创建活动先进乡镇”；

萨嘎县卫生服务中心荣获“自治区民族团结进步模范集体”；

萨嘎县昌果乡亚卡亚村荣获“2017年度全区‘先进双联户，创建活动先进集体”；

萨嘎县强基办荣获“自治区深入开展创先争优强基础惠民生活动第六批驻村工作先进单位”；

萨嘎县网信办荣获“全区各市（地）县（区）政府新闻网站先进集体”；

萨嘎县民政局荣获“全区第二次全国地名普查试点先进集体”；

萨嘎县总工会荣获“全区县（区）工会规范化建设‘六有’达标单位”。

市级奖励：

萨嘎县委、县政府荣获“2017年日喀则市民族团结进步模范集体”；

萨嘎县昌果乡亚卡亚村荣获“2017年度日喀则市级‘先进双联户’创建评选工作先进集体”；

萨嘎县雄如乡党委荣获“2017年度日喀则市级‘先进双联户’创建评选工作先进乡镇”；

萨嘎县达吉岭乡萨拉村荣获“2017年度日喀则市级‘先进双联户’创建评选工作先进集体”；

萨嘎县公安局荣获“日喀则市创先争优强基础惠民生活动优秀组织单位”；

萨嘎县民间艺术团荣获“第十五届珠峰文化旅游节18县（区）主题日文艺展演三等奖”；

萨嘎县旅游局荣获“日喀则市旅游统计工作先进单位”；

萨嘎县教育局荣获“2017年日喀则市‘特色教研’先进单位”；

萨嘎县教育局荣获“基层党建工作先进单位”；

萨嘎县教育局荣获“安全维稳先进单位”；

萨嘎县教育局教研室荣获“教研教改工作先进单位”。

人　物

县政权机关、群众团体、垂直领导单位、直属事业单位及乡镇领导（负责人）

中共萨嘎县委员会

书记：顿　珠
常务副书记：张　崇（吉林援藏）
副书记：郭光成　卢百超（吉林援藏）
常委：阳　艺　赵元一（12月任）
　　侯　荣
巴　多　米　玛　多布杰　次仁旺拉
韩若文（吉林援藏）边　巴（11月免）
犹国辉（11月任）

萨嘎县人民代表大会常务委员会

主任：阳　艺
副主任：多　吉　巴桑次仁　平　措

萨嘎县人民政府

县长：郭光成
常务副县长：卢百超（吉林援藏）
副县长：次仁旺拉　韩若文（吉林援藏）
李志涛（9月免）张　斌　边巴罗杰
潘克祥（11月免）普布旦增
贡桑曲珍（女）

中国人民政治协商会议萨嘎县委员会

主　席：吴　顿
副主席：次　朗　普琼扎西
　　边巴次仁

中共萨嘎县纪律检查委员会（与监委合署办公）

书记、监察委员会主任：多布杰

萨嘎县人民法院

院长：扎西次仁

萨嘎县人民检察院

检察长：尼　琼

萨嘎县主要群众团体

总工会　主席　达宗（女）
团县委　副书记　德吉白姆（女）
德西娜姆（女）
县妇联　主席　央吉（女）

县机关各部门、乡镇及直属事业单位

县委系统

县委办公室　主任：董　行

县委组织部　部长：边　巴（11月免）

犹国辉（11月任）

常务副部长：高志平

县委统战部　部长：巴　多

常务副部长：普　多

县委政法委员会　书记：侯　荣

常务副书记：顿　珠

维稳办主任：欧坚桑珠

综治办副主任：次　旦（女）

县委老干部局　局长：其　美

中共萨嘎县委党校　常务副校长　索朗德吉（7月任）

人民武装部部长：张先平

政委：文平学（7月免）赵元一（9月任）

县机构编制委员会主任：索朗曲珍（女，7月任）

县人大常委会机关

办公室主任：巴桑次仁（7月任）

政府系统

县政府办主任：巴桑罗布（9月任）

县商务局局长：巴桑次仁（7月免）

达娃次仁（9月任）

县教育局局长：尼玛罗布（11月免）

县民政局局长：措　姆（女）

县司法局局长：白　珍（女，9月免）

扎　西（9月任）

县财政局局长：米玛其美（女）

县交通局局 长：贡布次仁

县农牧局（农牧综合服务中心）局长

加　布　主任：扎西（8月免）

普布扎西（9月任）

县人社局局长：扎西顿珠

县住建局局长：宋晓飞

县卫计委主任：扎　西（9月免）

白　珍（女，9月任）

卫生服务中心主任：扎　西

县发改委主任：普　布

县安监局局长：边　巴（7月任）

县环保局局长：阿　琼

县统计局局长：次仁卓玛（女）

县水利局局长：普达瓦

县民宗局局长：贵　桑

县信访局局长：次　旦（女）

县文广局局长：斯朗卓玛（女）

县科技局局长：普　琼

县扶贫办主任：达瓦次仁（8月免）

边巴罗杰（8月任）

县林业局局长：普　次

县藏语委办主任：普　扎

县食药局局长：尼玛扎西

县公安局局长、督察长：侯　荣

22道班公安一级检查站站长兼公安局政委　次旺扎西

县国土局负责人：安兴华

县后勤机关服务中心副主任：扎西顿珠

县政协机关

办公室主任：格　桑（女）

垂直领导单位

县公安边防大队队长：边巴吉律

政委:李克兵（11月免）

县公安消防大队教导员：薛安（6月免）陈恒心（6月任）副队长：杨庆森（7

月免）

洛桑加央（6月任）

县工商局局长：朗　加

县国税局局长：顿珠平措

乡镇

加加镇　党委书记　普琼扎西　镇长　王银桂

昌果乡　党委书记　边巴次仁　乡长　王锡奎

旦嘎乡　党委书记　旦增欧珠　乡长　薛云锋

拉藏乡　党委书记　黄光权　乡长　普布扎西

如角乡　党委书记　唐世可　乡长　巴桑

夏如乡　党委书记　拉巴次仁　乡长　李华波

雄如乡　党委书记　洛桑南加　乡长　马军

达吉岭乡　党委书记　李先栋　乡长　米玛次仁

企事业单位

县中学校长：格桑朗杰（9月任）

中国电信集团公司日喀则分公司萨嘎县电信局局长：欧珠次仁

萨嘎县电力有限公司总经理：巴桑次仁

日喀则市交通运输局加加公路段段长：彭　海

中国农业银行股份有限公司萨嘎县支行行长　尼　玛

西藏自治区烟草公司日喀则市公司萨嘎配送中心主任：次旦多吉

中国邮政集团公司西藏自治区萨嘎县分公司　局长：普　扎

中国移动通信集团西藏有限公司萨嘎县分公司总经理：田俊文

附　录

萨嘎县县委领导班子年度工作总结

2017年，县委班子团结带领全县上下各族干部群众，紧紧围绕建设和谐文明幸福美丽日喀则奋斗目标，紧扣市委“6677”工作思路，紧跟市委提速跨越、弯道超车、争先进位要求，全力推动各项工作换挡提速。经济发展稳中加速、快中见好，社会大局安全和谐、持续稳定，民生事业明显进步、温暖人心，党的建设统筹推进、守正出新，生态保护全面加强、成效显著，人民群众团结协作、积极向上，美丽萨嘎、幸福家园建设迈上新台阶。

一、立足新起点、瞄准新目标，经济建设和社会发展实现新跨越

2017年，县委班子紧紧围绕市委“6677”工作思路，深入贯彻新发展理念，坚持以人民为中心，坚持质量第一、效益优先，以供给侧结构性改革为主线，以创新驱动为引领，正确认识和处理好“十三对关系”，紧扣社会主要矛盾新变化，重点解决发展不平衡不充分的问题，大力推进乡村振兴战略，统筹城乡和区域协调发展，提高保障和改善民生水平，推动经济质量变革、效率变革、动力变革，加快建设现代化经济体系，让改革发展成果更多更公平惠及全体人民。

回顾总结一年来的工作，最显著的变化是民生改善、最鲜明的特点是提速发展、最强大的力量是感恩奋进、最宝贵的收获是群众满意，“美丽萨嘎、幸福家园”建设迈上新台阶，人民群众日益增长的美好生活需要得到不断满足，人民群众的“三感一度”（幸福感、获得感、安全感、满意度）显著提升。

经济发展态势喜人，预计实现地区生产总值45622万元，同比增长27.7%，完成指标任务的103%。固定资产投资增速加快，开复工项目127个（新建104个、续建23个），完成固定资产投资83900万元，同比增长56%，完成指标任务的105%。市场经济繁荣稳定，消费品市场保持持续旺盛良好态势，社会消费品零售总额达16980万元，同比增长37%，完成指标任务的109%。农牧民收入稳步提高，农村居民人均可支配收入达到8235元，同比增长23%，完成指标任务的102%。

二、乘提速之势、谋跨越之策，抓牢抓实抓细抓紧全年各项既定目标任务

虽然在2016年度的目标绩效争先进位考核中萨嘎的排名很不理想，但我们切实把思想和行动统一到市委的决策部署上来，统一到市委“6677”工作思路上来，咬定青山不放松、瞄准目标提速干，不忘初心、牢记使命，团结奋进、砥砺前行，一步接一步，保持各项工作、政策、措施的连续性和前瞻性。结合萨嘎实际、体现地域特色推进“党建珠峰”“生态珠峰”“文化珠峰”“产业珠峰”“幸福珠峰”“法治珠峰”六大战略；用新思路、新战略、新举措推进改革发展稳定各项工作，全力以赴把经济社会发展好、把深化改革推进好、把边境国门守护好、把民计民生改善好、把党建任务落实好；千方百计解决发展不平衡不充分问题，更好地满足全县各族群众在经济、政治、文化、社会、安全、生态等方面日益增长的需要，确保市委决策部署在萨嘎落地生根、开花结果。

（一）抓好思想政治建设，旗帜鲜明讲政治。“政治问题任何时候都是根本性的大问题”。当前，萨嘎正处于加快推进灾后重建、脱贫攻坚、产业发展，全面建成小康的决胜阶段，巩固发展良好政治生态需要持续用力，进一步加强思想政治建设至关重要。深刻领会、坚决贯彻习近平总书记治国理政新理念新思想新战略特别是治边稳藏方略，采取多项措施，对党的十八届六中全会明确习近平同志在党中央和全党的核心地位、中央经济工作会议确定的供给侧结构性改革工作主线、中央第六次西藏工作座谈会提出的“治国必治边、治边先稳藏”重要战略思想、自治区第九次党代会确定的“四个坚定不移”部署要求、区党委九届三次全会审议通过的加快全面建设社会主义现代化西藏的意见、市委一届五次全会提出的“6677”工作思路，特别是十九大报告作出的“中国特色社会主义进入新时代”重大判断进行认真学习、广泛宣传，使会议精神真正深入基层、深入群众、深入人心。教育引导各族党员干部群众知党恩、明白“惠在何处、惠从何来”，感党恩、永远铭记党的恩情，报党恩、坚定不移跟党走，在思想上政治上行动上始终同以习近平同志为核心的党中央保持高度一致。自觉带头、广泛激励党员干部职工始终保持强烈的政治责任感和历史使命感，增强“四个意识”，坚定“四个自信”，大力弘扬“红船精神”“长征精神”“老西藏精神”“两路精神”和“珠峰精神”，登高望远、居安思危，勇于变革、勇于创新，引导全县广大党员干部在贯彻落实区党委“四个坚定不移”、市委“6677”工作总体思路、建设“美丽萨嘎、幸福家园”中提振精神、主动作为、敢于担当、争先进位，放大“与其苦熬消耗生命、不如苦干燃烧青春”的正能量，做神圣国土的守护者、幸福家园的建设者。提高认识、牢牢掌握思想工作领导权和主动权，全心全力、真情真意抓好“四讲四爱”主题教育实践活动，创新打造“马背宣讲队”“边境摩托车联防宣讲队”“夕阳红老党员宣讲员”“致富能手宣讲员”等特色宣讲法，入牧场、入草组、入牧户、入机关、入学校、入军营、入寺庙、入企业，切实解决宣讲教育“最后一公里”问题，服务“最远一家人”。认真学习、宣传、贯彻党的十九大精神。11月9日，邀请西藏自治区藏语委办（编译局）主任（局长）洛布同志来县作党的十九大和自治区九届三次全会精神专题辅导讲座；11月18日，自治区副主席、市委书记张延清同志深入县22道班公安一级检查站、道班工人驻地，宣讲党的十九大精神，看望慰问基层干部群众；11月20至21日，区高级人民法院院长索达同志和市委常委、统战部长巴桑同志分别深入我县部分乡村开展党的十九大精神宣讲。目前，全县各级各部门先后以各种形式组织学习、宣传党的十九大精神400余场次，实现全覆盖、无死角。

（二）抓好党的建设工作，从严治党固根基。大力实施“党建珠峰”战略，坚持“三个牢固树立”，以加强党的长期执政能力建设、先进性和纯洁性建设为主线，以党的政治建设为统领，以坚定理想信念宗旨为根基，全面调动各级党组织和广大党员的积极性、主动性、创造性，坚决做到对党绝对忠诚、坚决巩固党的执政基础、坚决打造过硬队伍、坚决抓好从严治党，夯实基层党建工作。始终不忘思想建设这个根本，推进“两学一做”不松劲。严格落实市委营造灯火通明学习氛围要求，坚持个人自学与集中学习相结合，理论学习中心组学习每月不少于2次，党支部每周至少学习1次。结合巡视整改工作，修改完善全县38个行政村村规民约，教育引导群众“惠民资金不要刻在玛尼石上”“救命钱不要花在求神拜佛上”，淡化宗教消极影响，把更多精力用在发展生产、改善生活，过好和谐文明幸福今生上。始终不忘组织建设这个重点，推进规范化建设不僵化。找准“工学矛盾突出”、机关党建“灯下黑”和党组织活动流于形式等问题根源，严格党组织“改、组、建”程序，设立或调整150个基层党组织。精心制定“三会一课”、组织生活、民主评议党员、谈心谈话、党员志愿服务活动等时间、任务、制度清单。每月安排“主题党日”活动和“党员活动日”，规范党费收缴、使用和管理，每月第一周的星期五固定为党费收缴日。始终不忘队伍建设这个关键，推进高素质队伍建设不停滞。采取现场督导等方式，重点查找个别党组织党员发展程序倒置、环节缺失、突击发展、入口把关不严等问题。编印《萨嘎县发展党员工作手册》，明确发展党员程序步骤、材料要素、时间节点，全年发展80名党员。规范和完善党员组织关系接转手续，从源头上杜绝“口袋党员”“失联党员”。开展党员信息采集工作，强化党员档案和个人信息管理。深化党员志愿服务活动，做到每月有主题、每个支部有活动。始终不忘基层基础这个前提，推进党建保障水平不断档。完善村“两委”班子争先进位考核奖励办法，严格落实村干部坐班考勤制度，稳步提高村干部报酬待遇。坚持“一村一策”“一村一图纸”，高水平高标准建好8个村级组织活动场所。采取村级夜校、短期集训、结对帮教、驻村工作队带学、集中测试等方式，稳步提升村干部文化素质能力水平。规范驻村干部考勤与请销假制度和驻村工作周抽查、月普查、季考核制度，列出整改任务180余条。探索“帐篷驻村点”“临时帐篷驻村办公点”等驻村工作新模式，在各草组、放牧点搞调研、做宣讲、办培训、送温暖。始终不忘村级组织这个基础，推进执政基础巩固不动摇。严格按照自治区“六个凡是”、市委“三个十条”和我县“六种情形”标准，精心研究制定村组织换届选举工作方案，坚决落实区党委、市委既定环节、程序、步骤，县乡村三级方案做到统筹推进。成立整治“村霸”“蝇贪”问题排查工作领导小组，认真清查村级财务和固定资产，健全和落实村务财务公开制度，对班子成员进行离任审查，开展村组织班子及成员民主推荐、民主评议和考核工作。从县乡机关选派8名优秀年轻干部到村任职，选配村“两委”班子成员203名、村监委成员111名。始终不忘精准扶贫这个中心，推进抓党建促脱贫不懈怠。大力扶持壮大达吉岭乡鲁嘎采石场、加普村温室大棚、旦嘎乡腌菜等原有村集体经济规模，运用“支部+合作社”“支部+贫困党员”“支部+贫困户”等多种模式，整合资金、技术、力量，创办32家村办集体经济实体，辐射带动72名贫困群众脱贫。组织农牧民富裕户党员与贫困户党员结成帮扶对子，思想教育与物资帮扶并重，引导贫困户改变“等靠要”思想。

（三）抓好经济发展，因地制宜做产业。发展产业，可以培养一批能人、带动一方发展、搞活一方经济、富裕一方群众；发展产业，可以产生后发赶超、弯道超车、争先进位的“蝴蝶效应”；发展产业，可以解决发展中面临的各种困难和问题，为建设和谐文明幸福美丽日喀则、建设“美丽萨嘎、幸福家园”提供强大正能量。突破资金资源瓶颈、突破思想理念藩篱，坚持有所为有所不为，坚持宜农则农、宜牧则牧、宜工则工、宜商则商、宜游则游，梯次发展带动能力强、技术含量高、产品附加值高、市场占有率高的产业项目，推动经济发展。做好产业规划编制。不搞大水漫灌、不搞遍地开花、不搞“大而全、小而散”，重点发展有机种养加业、特色文化旅游业，并将灾后重建、易地扶贫搬迁和边境小康村建设与产业布局有机结合，让广大群众不离乡不离土就近创业就业。重点发展有机种养加业。投资605万元新建23座温室大棚，发展小白菜、白萝卜、西红柿、黄瓜等蔬菜种植，缓解干部群众吃菜难、吃菜贵问题；投资5300万元实施“有机种养加业产业链”建设，力争到2018年9月全面建成集人工种草、牲畜繁育、活畜出口、短期育肥、产品加工、商品销售“六位一体”有机种养加业霍尔巴羊产业链，实现养殖5000只、年销售3万只规模。重点发展特色文化旅游业。推进旅游服务业与伦布岗日神山、如角温泉等自然景观和“甲谐”非遗文化、“铁姑娘”发源地文化产业联动发展，打响“甲谐之乡、西部驿站”品牌，打造“观雅江、赏甲谐、品羊肉、宿驿站”文化旅游发展格局。同步发展天然饮用水产业。对拉藏乡、达吉岭乡流量大、交通位置便利、能源条件好、具有开发价值的2处泉水，及时列入招商引资项目，力争早日实现开发利用、投产增收。同步发展特色手工业。扩大雄如乡羊毛加工厂、夏如乡拉亚村编织合作社、如角乡擦让村妇女编织合作社、达吉岭乡氆氇编织合作社等现有民族手工业合作社规模。同步发展南亚物流产业。投资3000万元保障“萨嘎县西部建材物流中心项目”周转；分两批实施投资1600万元的新建萨嘎县贫困户运输供应合作社（商砼搅拌站）项目。

（四）抓好文化建设，萨嘎甲谐舞吉祥。坚守中华文化立场，深刻认识藏民族文化是中华文化不可分割的一部分，切实增强对中华文化的认同，坚定文化自信，牢牢掌握意识形态工作领导权，培育和践行社会主义核心价值观，推动文艺繁荣发展，推动文化事业和文化产业发展。保护好利用好甲谐等非遗文化。甲谐作为中华璀璨民族文化中的杰出代表之一，不仅是一种舞蹈，更是一部史诗，是一个时代的符号，是藏汉人民友好、团结的象征。加强研究甲谐文化等文化遗产、文物和自然遗产的历史价值、科学价值和社会价值，加大保护力度。不断激发甲谐文化内在活力，深度挖掘其中蕴藏的历史文化、宗教文化、服饰文化、饮食文化、教育文化等，对其进行全方位宣传、展示，借助“珠峰文化节”等平台，打响甲谐文化品牌，拓展文化旅游业，为文化扶贫提供强大动力。成功申报达吉岭寺、布扎寺列入第七批自治区文化保护单位。坚持文化惠民。“村村通”“户户通”“舍舍通”工程有序开展。实现全县38个行政村3561户的“户户通”直播卫星覆盖，全县9座寺庙“舍舍通”全覆盖，广播和电视覆盖率分别达到99.7%和99.8%，农村电影放映800场次。全国文化信息资源共享工程推进顺利。建设“农家书屋”38家、寺庙书屋9家，补充书屋图书4000多册，其中藏文出版物占98%以上，大力开展“书香萨嘎、全民阅读”活动。健全服务体系。大力推进文化志愿者服务，招募119名县乡村三级文化志愿者。开展优秀传统文化进校园、进机关、进牧区，推进送文艺、送图书、送电影下乡活动。建设基础设施。建设完成并投入使用民间艺术团排练场所，完成数字影院基础设施建设，完成有线数字电视整体转换工程前期准备工作。完善公共服务。积极为文化服务搭平台、推精品、育人才，提升创新力、增强服务力、扩大影响力，全力做好文艺创作生产、文化开放交流等各项工作。提供突发事件应急广播服务，通过直播卫星提供54套电视节目。在各中小学播放80余部爱国主义教育影片，开展送文艺下乡活动78场次。免费开放“五室一厅一基地”（图书阅览室、文化信息资源共享室、棋牌室、体育活动室、健身室、多功能厅、爱国主义教育基地）公共文化设施，开展文化遗产日免费参观等活动。规范文化市场。加大文化市场监管力度，举办文化经营者培训班，联合开展文化市场检查27场次。

（五）抓好民生改善，社会事业齐发展。始终坚持以人民为中心的工作导向，谋民生之利、办民生之事、解民生之忧，坚持把主要精力、主要时间、主要资金、主要资源用于改善民生上，不断满足人民日益增长的美好生活需要，使广大农牧民群众拥有更好的教育、更稳定的工作、更满意的收入、更可靠的社会保障、更高水平的医疗卫生服务、更舒适的居住条件、更优美的环境、更丰富的精神文化生活。全力推进灾后重建。灾后重建项目开工15个，项目总投资31290万元，已完成投资21848万元。其中民房重建724户（自筹4户），总投资10860万元，已搬迁入住509户；整村推进项目6个，总投资5151万元，完成投资3604万元；特色小城镇建设项目2个，拉藏乡特色小城镇建设项目总投资3321万元，完成投资2490万元。加加镇特色小城镇建设项目总投资8764万元，完成投资7449万元。在摸清灾损情况、充分尊重民众意愿基础上，因地制宜、注重结合，凸显特色、打造亮点，突出3个结合，努力把6个重建点打造成率先建成全面小康示范区。其中，与打造“西部驿站”相结合，将加加镇杰村、加普村215户统一安置在“西部驿站”新区，重建民房结构使用实体砖混（现浇），对D户型（133㎡）在国家投资15万元基础上超出部分每户自筹3.5万元；与打造社会主义新农村相结合，将达吉岭乡萨嘎村、加加镇达琼村、提吾卓那村集中安置在村委会所在地周边，注重体现民族风；与小城镇建设相结合，将拉藏乡溪果村、加加镇加普村集中安置在乡镇所在地或国道219沿线人口集中地，注重扶持小型旅游服务业，推动城镇化建设步伐。

在项目开工前从县本级财政预支938万元，为720户重建群众提前购买重建所需水泥12200吨，节省建设成本300万元。全力推进脱贫攻坚。广泛组织动员全县各级党政组织和全社会力量，用绣花功夫做好脱贫工作，抓好易地搬迁脱贫、发展优势产业脱贫、推进教育健康脱贫、依靠援藏帮扶脱贫、落实责任推动脱贫，做到脱真贫、真脱贫。抓好扶贫产业，加快产业项目落地建设，积极同银行对接，确保产业资金尽早落地。在保护好生态环境的前提下，推动特色产业发展，着力打造“霍尔巴羊”经济圈。抓好易地搬迁，坚持集中为主、分散为辅，合理规划迁入地配套设施及产业依托，确保按时完成398户、1392人的易地搬迁任务，努力实现搬迁户搬得出、稳得住、有事做、能致富。抓好生态补偿，通过多方争取及上级业务部门倾斜照顾，全县生态岗位达到4846个，其中具备劳动能力的建档立卡1834名生态岗位实现全覆盖。将生态岗位与贫困户参与生态环境保护建设紧密结合，加强对生态岗位人员的管理、监督、考核，确保生态岗位人员想做事、有事做、能做事，确保生态环境在得到很好保护的同时实现贫困户增收致富，让贫困户感受到劳有所得、有尊严有幸福感的脱贫。抓好教育医疗，重点实施好“圆梦助学活动实施方案”“健康扶贫实施方案”，提高贫困户医疗救助补贴标准、建立医疗救助基金，从根本上解决贫困学生家庭后顾之忧，从源头上杜绝因病致贫、因病返贫。抓好转移就业，积极争取更多扶贫资金、扶贫项目，积极组织贫困户就近参与工程项目建设，增加劳务收入。加大技能培训和资金扶持力度，充分发挥“西部驿站”区位优势，大力发展旅游服务业等第三产业，鼓励贫困户进城务工、经商，“不离乡不离土”就近就业创业。抓好多方帮扶，加大结对帮扶力度，在送温暖、送政策、送技术同时，从思想上筑牢脱贫致富意识，树立以贫困为耻、以致富为荣思想观念。加强基础设施建设。建设重点项目，紧盯并入藏中电网、萨昌公路、G349线至夏如乡公路和县中学前期工作；加快推进农村公路、整村推进、特色小城镇、村级组织活动场所标准化建设、市政道路和加布村整村改造项目（援藏）。加强城市建设，先后对格桑街、德吉路市政道路等主干街道进行改造，硬化路面、绿化两侧、安装路灯，4.5公里的“三纵一横”市政道路体系初步形成。完善公共设施建设，改扩建县卫生服务中心、加油站，完成县城内河加布河改造，建成县城垃圾填埋场。实施县城街景改造项目，规范临街店铺招牌，对临街单位、居民区外立面进行改造。提升驿站城市形象，定期对县城主要街道特别是219国道占道、违规停车等现象进行治理，严格整治乱摆乱放、乱贴乱挂、乱泼乱倒、店外店等现象。加强教育教学。加大投入力度，2017年本级财配资金达到26%，比去年提高4%，经费预算达369万元，改善办学条件资金单列预算120万元，援藏资金预算投入910万元。解决临时工工资及中职毕业生学前教育岗位工资，临时工每月工资从1400元提升到2000元、中职毕业生每月工资从1400元提升到3000元。不断提高教师待遇，及时足额兑现乡村教师生活补贴，缩小四类与三类乡村补助差额，补贴三类区乡村教师生活补助每人每月300元。设立50万元专项教育奖励资金，表彰优秀毕业生、优秀教师、优秀班主任和优秀教育工作者。在符合条件基础上，教师职称评比向乡镇教师和条件较艰苦教师进行倾斜照顾。开展教育扶贫，设立教育圆梦基金，解决建档立卡贫困大学生和低保户大学生全额学杂费、生活费等，今年共发放教育扶贫资金25.81万元。优先发展教育项目，完成达吉岭等5个乡完小附设幼儿园、昌果乡完小灾后重建、拉藏等5个乡完小改扩建项目，投资共计4599万元。重视学前教育，建设提布卓纳村、杰村、萨当木村、达琼村（援藏）4所村级幼儿园，投资共计763.3万元。做好医疗卫生服务。重点做好医疗卫生服务、妇幼保健、重大疾病筛查、健康精准扶贫等多项重点工作，有效解决老百姓看病报销难等问题。做好全民健康体检、重大疾病筛查，把全民健康体检与包虫病、结核病、骨关节疾病、先心病筛查和出生缺陷干预、孕前健康检查等同步开展，共筛查12359人，检查出包虫病阳性188例，其中药物治疗93例、手术治疗95例。建立城镇居民、老年人健康档案和高血压、2型糖尿病患者档案。及时落实住院分娩补贴等各项计生惠民政策，乡级卫生院接生能力不断提高，住院分娩率达98%。开展帮扶、救助为主要内容的健康扶贫，逐步消除因病致贫。

（六）抓好生态保护，环境治理上水平。坚决贯彻落实总书记关于第二次青藏高原综合科考和那曲依靠科技种树的重要指示精神，实行最严格的生态环境制度，坚定不移推进绿色发展，以迎接中央环保督察为契机，着力打造绿色家园，为建设美丽西藏、美丽日喀则和美丽萨嘎注入生机和活力。强化依法监管，严查违法行为。严把环境影响评价关，依据《环境影响评价法》严格审批建设项目环境影响评价登记表46项内容。强化环评后管理，加强建设项目业务指导，检查采砂点、加油站、建设领域等企业环评措施落实情况47次。开展建设工程领域环境影响评价违法项目清理工作，对四川中港建设有限公司、昌果乡农牧民施工队、云南白邑建筑工程有限公司等企业（项目）下达限期整改通知书44份，并实时进行整改落实情况督查。加大排污费征收和环境违法行政处罚力度，严格执行《排污费征收使用管理条例》，做到应收尽收。着力解决侵害群众环境权益的信访问题，充分发挥“12369”环保热线作用，及时妥善处理环境信访案件，处置率达100%。提升监测能力，改善环境状况。聘请第三方公司完成全年四个季度县城自来水厂、雅江县城段水质及县城空气监测工作。多次对县城内各娱乐场所开展噪声监督性监测并对噪声超标经营场所负责人提出整改要求。环境质量保持持续良好，县城空气质量总体优良，大气监测4项指标均达到《环境空气质量标准》（GB3838-2002）一级标准；县城自来水厂监测的22项指标全部达到Ⅰ类标准限值要求；雅鲁藏布江流经县城上游500米和下游1000米的23项检测指标中的21项指标达到《地表水环境质量标准》（GB3838-2002）Ⅰ类标准。做好迎检准备，重点查漏补缺。坚持问题导向，全面做好42项问题整改“回头看”，按照及时整改、就地销号原则，强化组织领导、强化进度管理、强化工作保障、强化监督管理，分级分类抓好重点整治。对自治区提出的雅江源二期生态保护项目施工进度缓慢问题不留余力，全力推进项目实施，已完成工程总量的84%；对市级指出的9项问题，严格落实迎检中央环境保护督察工作实施方案、“白色污染”专项整治实施方案、环境保护督察实施方案等系列文件，签订环境保护目标责任书；对自查出的32项问题，及时清运县城建筑垃圾，新增植树3200株，集中开展“县城环境卫生大扫除”活动，生活垃圾处理能力达8.7吨/日，化学需氧量、氨氮、二氧化硫和氮氧化物排放总量分别控制在41.8吨、4.6吨、1.4吨和20.2吨，彻底淘汰每小时10蒸吨以下燃煤锅炉，完成加加镇自来水厂集中式饮用水源保护区保护项目和饮用水源点环境保护工程项目。全面推行河长制，完善水治理体系。县乡及时成立河长制领导小组、制定完善工作方案、明确各自具体分工，列入县级“河长制”管理主要河流18条，并对各河流形成初步档案。逐步在各河流流域设立河长公示牌，公开河流基本信息及河长职责。

（七）抓好维护稳定，平安建设促和谐。牢牢把握西藏社会的特殊矛盾，坚持总体国家安全观，坚持国家利益至上，围绕维护祖国统一、加强民族团结这个着眼点和着力点，以人民安全为宗旨、以政治安全为根本、以防患于未然为原则、以防止出大事为基础，创新完善社会治理，切实维护边境安全，推动社会治理由“要我稳定”向“我要稳定”转变，确保持续稳定、长期稳定、全面稳定。强化宗教领域管控。制定《萨嘎县宗教领域排查整治行动方案》，成立工作专班和涉宗领域督导检查组，采取明察暗访、突击检查等方式，不间断、全方位对辖区内各寺庙值班带班、在岗履职、僧人在位等情况进行督导检查。强化社会面管控。充分发挥3个便民警务站、5个公安派出所和3个边防派出所职能作用，强化全天候视频监控，加强对重点场所、重点区域车巡、步巡，做到“白天见警察、晚上见警灯”，震慑各类违法犯罪、捣乱破坏活动，维持良好社会治安秩序。强化公共安全管控。在全县范围内对加油（气）站、建筑施工、道路交通、食品药品、人员密集场所消防安全等重点行业和领域安全生产隐患进行不间断排查整治，重点防范易发事故类型，集中治理影响安全生产的突出问题。强化信访源头预防。召开3次信访联席会议，建立完善《萨嘎县2017年信访矛盾纠纷排查调处工作机制》，充分发挥人民调解作用，开展各类矛盾纠纷大排查、大调处。加大规范办理初访力度，按照“三到位一处”要求，及时妥善处理群众合理诉求，维护群众合法权益，防止矛盾上交、信访上行。先后排查化解矛盾纠纷32起，接待办理群众来访件14批（件）次。强化边境一线维稳管控。严格落实各项既定维稳措施，县维稳指挥部边境防控组、公安国保、3个边境乡、边防大队等部门严格执行“两个一律”，结合各自辖区防控特点，严密监控五个通外山口为主的105公里边境沿线一举一动。充分发挥联防队员、“双联户”等基层维稳力量，深入边境一线、通外山口不间断进行巡逻并及时上报有关情况。22公安一级检查站、边防检查站在重要路段防控区加大盘查力度，按照“四必查、五不分”要求，加大对过往车辆、人员、物品检查力度。强化维稳督导检查。严格落实县级干部包乡、乡镇领导包村、乡镇干部驻村队员“双联户长”包户包人工作机制，全时蹲守各自所联系乡镇、村、寺庙。全面推进依法治县各项工作，加强党对法治建设的领导，做到党保证执法、支持司法、带头守法；信仰法律、敬畏法律，带头尊法学法守法用法，确保各项工作在宪法和法律框架内规范运行。重点对危害食品药品安全、影响安全生产、损害生态环境等问题依法治理，强化法律在维护群众权益、化解社会矛盾中的权威地位。依法严厉打击一切损害人民利益、扰乱社会秩序的违法犯罪行为，依法处理民族宗教问题，深入揭批十四世达赖集团政治上的反动性、宗教上的虚伪性、手法上的欺骗性，教育引导各族干部群众自觉与十四世达赖集团划清界限，严密防范和依法打击十四世达赖集团各种分裂渗透干扰破坏活动。

（八）抓好安全生产，防范风险保平安。始终以对人民极端负责的精神抓好安全生产工作，站在人民群众的角度想问题，把风险隐患当成事故来对待，守土有责、敢于担当、完善体制、严格监管，全县安全生产形势保持总体平稳态势，未发生安全生产事故。加强组织领导。成立政府县长任主任，分管安全生产的党政领导任副主任，相关单位主要负责人为成员的安全生产委员会。按照党政同责、属地管理原则，安委会统一组织领导全县安全生产监督管理工作，定期不定期召开安全生产工作会议，研究解决安全生产工作领域突出问题，安排部署阶段性重点工作任务。加强隐患排查。组织开展重点行业和重点领域安全生产隐患大排查，加大隐患整治力度，加强对重大危险源单位的安全监管。在国道沿线危险路段设立13个大型安全警示牌、1个交通安全事故警示台、16个爆闪灯；开展危险化学品及烟花爆竹领域检查25次，严格检查输气输油管道、报警器械监控器材、安全警示标志、单位日常管理、24小时值班制度等落实情况，发现安全隐患8处，整改完成7处；开展建筑施工领域检查30次，发现安全隐患35处，下发整改文书18份并全部整改完成；开展非煤矿山领域检查1次，发现隐患1处，当场整改1处；开展公共场所领域检查30次，下发整改文书6份并全部整改完成。加强职业病防治。统筹协调全县职业病防治工作，督促落实职业病防治各项规定，研究制定《萨嘎县职业病防治工作联席会议制度》，全面落实作业场所职业病危害监管和职业病防治政策措施，做好用人单位职业病危害项目申报工作。加强宣传教育。组织县城内重点场所作业人员举办安全生产培训班，开展“安全生产咨询日”“安全生产月”“安康杯知识竞赛”等活动。

（九）抓好反腐倡廉，廉政建设不松劲。持之以恒正风肃纪，以钉钉子精神落实各项任务，做到全面从严管党治党。强化体制机制、完善目标责任。进一步完善党风廉政建设和反腐败工作责任机制，及时安排部署全年党风廉政建设和反腐败工作重点任务，与全县7乡1镇负责人、县直机关各部门主要负责人签订《党风廉政建设目标责任书》。强化正风肃纪、狠抓作风建设。着眼抓早抓小抓常，严格落实中央“八项规定”、区党委“约法十章”“九项要求”，坚决反对“四风”，严禁公款吃喝、公款旅游、公车私用，禁赌禁酒，强化日常教育、提醒、警示。加强监督检查、严格责任追究。进一步健全查办案件组织协调机制，通过自查自纠、明查暗访、专项检查和重点抽查等方式深入开展监督检查，规范财务管理，严肃财经纪律，确保惠民资金落实到位。强化纪律审查、严肃查办案件。设置举报箱、开通举报电话、下访询问干部群众，拓展和畅通信访举报渠道，多途径挖掘和捕捉案件线索。先后受理群众来信来电来访举报4

件，自办2件，转办3件，了结处理3件。践行“四种形态”、强化纪律审查。转变理念、改进方式，把握运用监督执纪“四种形态”，特别是立足抓早抓小，对党员干部一般性、苗头性和轻微违纪问题，按照干部管理权限，进行谈话提醒、教育诫勉，把问题消除在破纪之初、违法之前。2017年1月至11月，开展约谈21人、通报批评34人、谈话函询1人、诫勉谈话1人、党内警告处分2人，党内严重警告1人，其中轻处分占99%。落实巡察制度、着力发现问题。建立健全县委巡察工作党政“一把手”负总责制度机制，巡察利剑作用得到有效发挥，形成强力震慑。今年共完成对32家单位的政治巡察，其中涵盖4个县直单位、4个乡镇、22个行政村、2个寺管会。其中，县委第一轮巡察发现党的领导弱化问题9个，党的建设缺失问题10个，全面从严治党不力问题14个，向县纪委移交问题线索5个，立案1件，正在初核审查1件。强化巡视整改、落实两个责任。抓牢抓实巡视整改工作，着重抓好党的领导弱化、党的建设缺失、从严治党不力三个方面30项整改事项，完善规章制度，用制度固化巡视整改成效。

（十）抓好统战民宗，团结一心共进步。依法管理宗教事务，不断巩固发展民族团结，着力促进长治久安。健全组织领导机构。成立由县委书记任组长，其他县级领导任副组长，相关职能部门负责人为成员的县委统一战线工作领导小组和宗教工作领导小组，明确各职能部门工作职责，形成统一战线、民族宗教工作齐抓共管良好格局。设立专门办公室，抽调精兵强将，从活动经费、人员配备等方面全力保障工作正常开展。多次深入辖区9座寺庙，慰问驻寺干部、僧人，特别是有针对性地对“四讲四爱”主题活动、基层党建、寺庙维稳安保、汛期应急、“三防”措施、消防安全、卫生免疫等工作经常性地开展督导检查，并责成有关职能部门提供大力帮助和协助。落实寺庙管理责任。先后召开2次县委常委会，传达学习有关统一战线工作会议及文件精神，听取统一战线工作领导小组工作情况汇报，研究部署统一战线、民族宗教工作中的重大问题。把统战民宗工作与发展、稳定、生态工作同部署、同检查、同考核，把统战民宗工作纳入乡镇年度目标考核内容，实行县级领导包寺责任追究制。健全联系寺庙机制。制定《萨嘎县县级领导干部联系寺庙僧尼制度》，根据人事变动情况和工作需要及时调整充实人员。实行“1+1”工作模式，采取“123”工作措施，明细涉宗干部与寺庙僧人结对帮扶表，熟记所联系僧人基本情况，及时解决僧人在生活中遇到的各类困难，细化干部联系寺庙制度。深入开展宗教领域专项整治排查工作，建立完善寺庙僧人“两迹两证六表”档案信息及社会流动从事宗教人员的基本信息。深化法制宣传教育。把爱国法规宣传教育贯穿统战民宗工作全过程，分层次、有针对性地开展宣传教育活动。在民族团结进步宣传月、3月综治宣传月、“12·4”法制宣传日及各敏感节点，特别是结合“四讲四爱”主题教育活动，组建县、乡两级法制宣讲组深入各寺庙，采取召开宣讲会、现身说法、观看教育片等多种形式，广泛开展党的民族宗教政策、有关法律法规和新旧西藏对比以及各项惠僧利僧政策宣讲活动。先后举办各类宣讲活动150余场次，发放宣传材料1.2万余份。特别是开展反自焚宣传活动14场次，发放宣传资料250份，受教僧人46人，受教育率100%。制定僧人每周二、五集中学习党的民族宗教政策、科学文化和政策理论制度，促进爱国守戒。配齐配强涉宗干部。从县直部门、各乡镇骨干人员中选派一批政治素质好、工作能力突出、善于处理复杂问题、有一定宗教知识的干部充实到各寺庙管理机构中。调整充实驻寺干部7名，提拔重用3名，目前各寺庙管理机构共有编制18名，实有驻寺干部20名，配齐率达100%。研究解决近两年已退休但因工作需要返聘的4名驻寺干部返聘费。落实转化安置政策。全面落实学经回流人员特殊安置帮扶政策，尽力解决他们在生产生活中的实际困难问题，及时发放转化安置服务补助，使他们切身感受到党和政府温暖，确保“安得稳、留得住、不回流”。鼓励学经人员转化身份，把更多精力放在发展生产，改善生活上来，更好地融入社会大家庭，过好今生幸福生活。解决寺庙实际困难。本着“宗教工作无小事”理念，下大力气解决宗教领域各类困难。由本级财政垫资100多万及时为达吉岭寺实施寺庙饮水工程，解决饮水困难；投入寺庙维修补助资金13.69万元，解决达吉岭乡平松日追年久失修问题；投资21万为9座寺庙实施电路改造工程，消除安全隐患。按照市委、市政府《关于加强和改进新形式下宗教工作的意见》，每年本级财政安排4.8万元寺庙“六个一”专项活动经费，开展形式多样、内容丰富的送温暖交心交友活动，与僧人、僧人家属交心交友。扎实开展创建活动。及时成立民族团结创建活动领导小组，建立健全领导体制和工作机制，制定实施方案，将创建经费纳入财政预算。不断丰富宣传教育方式，采取“干群互动大宣讲、点面结合广宣传、形式多样活宣传”等方式，融入乡规民约、行业规范、学生守则、学校教育、寺庙管理，大力开展民族团结“七进”宣传活动。累计开展民族团结进步宣传教育活动167场次，受益人数达1.5万余人次，累计投入经费15万元。树立先进典型，召开民族团结表彰大会，精心选定8个民族团结进步示范点。创新活动载体，开展“十个一”活动，基本做到“十个结合”。

（十一）抓好选人用人，事业发展有保障。以“提高素质、优化结构、改进作风、严肃纪律”为重点，认真学习贯彻执行《党政领导干部选拔任用工作条例》，紧紧围绕全县社会局势稳定和经济社会发展大局配班子、选干部、建队伍。始终坚持“信念坚定、为民服务、勤政务实、敢于担当、清正廉洁”的好干部标准和民族地区干部“三个特别”、区党委“六个绝不使用”“四用四不用”要求，把想干事、能干事、干成事、不出事的优秀干部选拔上来，注重对干部在特殊时期的政治态度、宗旨意识、工作作风、工作能力和群众评价的考察，坚持在维护稳定中检验干部、在急难险重一线考察干部、在解决民生问题中识别干部、在脱贫攻坚中发现干部、在基层一线培养干部，在驻村驻寺工作中锻炼干部，努力为优秀干部脱颖而出搭建平台。今年先后调整2批次干部，县委常委会讨论研究任免科级干部77人，消化超职数配备干部5人。坚持“五湖四海、任人唯贤，德才兼备、以德为先，注重实绩、群众公认”原则，将民主推荐与平时考核、年度考核、一贯表现和人岗相适等情况综合考虑，充分酝酿，防止把推荐票等同于选举票，简单以票取人。注重优化科级领导班子和干部队伍结构，积极选拔使用优秀汉族干部，不断提高汉族科级干部比例，着力补齐干部民族结构比例失调这一短板。全县8个乡镇中有3个乡党委书记由汉族干部担任，乡镇党政正职继续保持“一藏一汉”配备，乡镇领导班子中汉族干部比例达到29%。扩大民主、严把关口，不断完善干部选拔任用机制。严把动议酝酿、初始提名、民主推荐、基础考察、讨论决定等关口，严格执行考察预告和任前公示制度，注重听取各方面的意见。建立健全新提任领导干部任前廉政教育、廉政谈话等制度。加强横向协调监督。建立纪检和组织部门监督工作联系通报制度。

过去一年，在市委的坚强领导下，在吉林省四平市的无私援助下，县委常委会团结带领全县各族干部群众，以迎接、学习、宣传、贯彻党的十九大精神为主线，深入贯彻以习近平同志为核心的党中央治边稳藏重要战略思想，贯彻落实新发展理念，正确处理“十三对”关系，迎难而上、开拓进取，大力贯彻实施“6677”总体工作思路，大力弘扬坚韧不拔、巍峨不屈、感恩向上、敢为人先的“珠峰精神”，各项事业不断开创新局面，和谐文明幸福美丽日喀则、“美丽萨嘎、幸福家园”建设不断取得新成就，抖擞出新的强盛朝气活力。

三、正视不足找差距、凝神聚力补短板，为和谐文明幸福美丽日喀则、“美丽萨嘎、幸福家园”建设添注新动力

我们清醒看到，工作还存在许多不足，也面临不少困难和挑战。主要是：发展不平衡不充分问题还长期存在，城乡统筹发展缓慢，城镇化率较低，基础设施承载能力不足，交通、水利、能源、环保等基础设施落后，现有“水电路讯网、教科文卫保”远不能满足群众生产生活需求；民生领域还有不少短板，总体经济实力较弱，财源匮乏、财政增收乏力，自我积累、自我发展能力弱。经济发展方式粗放，缺乏资源能源，产业结构单一，可持续发展能力严重不足，一产水平不高、二产规模太小、三产经营分散，对财政贡献率低。精准脱贫难度大，贫困面广，贫困程度较深，发展基础条件差，推进精准扶贫、打赢扶贫攻坚战任务十分艰巨；党的建设方面还有不少薄弱环节，党建工作基础薄弱，村级“两委”班子履职能力有待提升，个别基层组织软弱涣散，战斗堡垒和党员先锋作用发挥不好。

下一步，我们将按照市委一届八次全会要求，把目光聚焦在能力提升上，把标杆定位在奋发有为上，把成效锁定在群众满意上，坚定“换挡不减速”的信心和决心，拧紧发条、铆足干劲，紧盯目标提速干、着眼收官提速干、振奋精神提速干、脚踏实地提速干。始终把增强本领作为立身之本，把提升能力作为成事之基，全面增强学习本领、政治领导本领、改革创新本领、科学发展本领、依法执政本领、群众工作本领、狠抓落实本领、驾驭风险本领，不辱使命、不负重托，为建设社会主义现代化国家、社会主义现代化西藏、和谐文明幸福美丽日喀则，担当萨嘎使命、贡献萨嘎力量、交出萨嘎答卷。

萨嘎县人大领导班子年度工作总结

2017年，县人大常委会在县委的领导下和“一府两院”的积极配合下，在全体代表的支持、监督下，坚持邓小平理论和“三个代表”重要思想为指导，全面贯彻党的十八大，十八届历次会议和十九大和十九届一次全会、中央第六次西藏工作座谈会精神，认真贯彻《监督法》《选举法》《代表法》及《组织法》等法律法规执行落实工作。以科学发展为统领，以促进经济社会又好又快发展为第一要务，以维护人民根本利益为出发点，以加强社会主义法制民主建设为己任，仅仅围绕市委“6677”和县委“12345”发展工作思路，认真履行宪法和法律赋予的各项职权，努力发挥地方国家权力机关的作用。

一、回顾总结2017年工作

一年来，共召开常委会议8次，主任会议12次，听取和审议专项工作报告9个，组织代表视察4次，开展专题调研5次，开展执法检查3次，任免国家机关工作人员10名。较好的完成了县第十三届人民代表大会第二次会议确定的各项工作任务，为全县经济社会发展稳定工作做出了积极贡献。

紧扣大局，围绕中心，全面落实发展稳定各项重点工作职责。2017年，县人大常委会紧紧围绕全县经济社会发展稳定大局，议大事、助发展、促和谐，为推动全县深化改革、人民安居乐业尽职尽责。发挥人大优势，切实履行社会稳定工作职责。一年来，人大常委会及其党组，认真贯彻落实以习近平同志为核心的党中央治边稳藏重要战略思想，坚持“依法治藏、富民兴藏、长期建藏、凝聚人心、夯实基础”重要原则，始终坚持稳定压倒一切、维稳没有局外人思想，充分发挥自身优势，把反对分裂、维护祖国统一和社会稳定作为人大工作的重要职责，深入基层、联系群众、服务中心、服务大局，认真落实各项维稳措施。2017年人大常委会党组成员深入基层开展“深化五项教育、增进五个意识”“四讲四爱”等主题教育宣讲活动，向广大群众宣讲党的各项惠民政策、社会主义核心价值观、以习近平主席“加强民族团结、建设美丽西藏”精神，教育人民群众“团结稳定是福，分裂动乱是祸”道理，树立“三个离不开”思想，自觉维护祖国统一，自觉维护民族团结，自觉坚决反对分裂。密切联系群众。一年来，县人大常委会以“脚底多粘泥”“群众利益无小事”的原则，通过多形式针对惠民政策、环境保护、易地搬迁、灾后重建、扶贫攻坚等重大民生领域工程的事前、事中、事后全程跟踪监督工作。对行政领路依法审议专项报告，依法批准重大预算安排，依法按照相关程序任免干部，监督“一府两院”的依法行政、公正司法等工作贯彻执行情况开展了调研工作，在履职过程中对存在和发现的问题提出限时整改意见，特别是向政府职能部门提出强化责任担当，严把材料关，确保项目质量的具体要求等，为推进全县跨越式发展和长治久安奠定更加坚实的群众基础。

丰富行政内容，强化平台，充分发挥人大代表代表作用。2017年，人大常委会及其党组不断提升代表履职能力、不断完善服务保障机制、不断创新服务载体，充分发挥人大代表主体作用，切实加强和改进代表工作。充分发挥人大代表代表作用。积极邀请人大代表参加县人大常委会组织的各项执法检查调研等活动，全年共邀请24名人大代表列席县人大常委会会议，30余名代表参加常委会组织开展的执法检查和专题调研，开展代表向选民述职评议活动，提高代表履职水平。同时，坚持把办理代表建议、批评和意见作为支持和保障代表依法履职的重要环节，安排专人专班梳理代表议案，及时做好建议、批评和意见的整理工作，并及时转交给县人民政府，确保相关建议、批评和意见得到答复和落实。一年来，全县人大代表共提出建议意见202件，办理答复率达100%。充分发挥“人大代表之家”载体作用。不断巩固和拓展“人大代表之家”功能作用，积极为人大代表履职、学习培训、联系群众等搭建平台。制定“人大代表之家”“人大代表小组”学习计划方案，有效的促使了“人大代表之家”的作用发挥，在“3·28”组织基层人大代表46人召开“西藏百万农奴解放纪念日”座谈会，回顾旧西藏的专治、黑暗、残暴，感恩现在生活的自由、幸福、美好。组织代表学习培训。经市人大常委会、县委批准，常委会组织21名萨嘎县第十三届县级基层人大代表到拉萨市堆龙德庆区、曲水县、达孜县、当雄县羊八井镇所属产业项目、“人大代表之家”、易地搬迁情况以及拉萨市空港新区和教育城发展现状进行了考察学习；组织48名县级党政机关代表学习了《守好纪律底线当好人民公仆》《依法履职做一名称职的人大代表》，同时就人大代表是什么、人大代表应该干什么、人大代表应该怎么干进行了深入的探讨；组织新一届45名农牧民代表学习《党的十九大精神》《应用农牧业政策解读》《提高人大代表履职能力》及《高原生态与生态保护农牧民健康三高症注意事项》《高原生态与生态保护》等相关知识，扩宽基层群众的知识面。充分发挥乡镇代表联系基础作用。各乡镇人大主席团按照县人大常委会安排，积极组织乡镇人大代表开展对环境保护、易地搬迁、灾后重建等项目建设情况的视察，开展符合各自乡镇实际情况的监督视察和法律宣传工作。相关工作涉及学校教育、学生生活卫生情况视察，惠民资金兑现情况监督、农村环境保护工作、相关法律法规宣传等多方面。

强化学习，转变作风，着力加强自身素质建设。2017年，按照“视学习为政治、视学习为大局、视学习为常态”的要求，常委会及其党组引导代表不断加强政治理论学习，加强对习近平总书记系列讲话，特别是治国理政新理念新思想新战略的学习，加强对党的十八大、十八届历次全会和中央第六次西藏工作座谈会以及党的十九大、十九届一次全会精神的学习，牢固树立“四个意识”特别是核心意识、看齐意识，坚定不移维护以习近平同志为核心的党中央权威，坚定不移贯彻落实习近平总书记治边稳藏重要战略思想，坚持以习近平新时代中国特色社会主义思想为指导，坚持把党的领导贯穿于人大工作始终，做到忠诚于党、忠诚于核心。扎实开展“两学一做”学习教育和“深化五项教育、增进五个意识”“四讲四爱”主题活动，全面系统学习《党章》、“两准则四条例”等党纪党规，进一步统一思想，不断强化责任意识、担当意识，积极履行党风廉政建设责任制，不断严肃党内政治生活，锤炼广大党员党性修养，筑牢拒腐防变的思想防线，促进了人大机关纪律作风的转变。

把握工作重心，全力抓好十三届二次会议精神贯彻落实。2017年3月24日，萨嘎县第十三届人民代表大会第二次会议顺利召开，代表们以饱满的政治热情和高度的责任感，忠实履行宪法和法律赋予的职责，会上代表们又围绕全县大局，充分反映社情民意，共商改革发展大计；会后同心同德、开拓创新、勤政务实、奋力有为，为推进萨嘎县跨越式发展和全面开创新局面做出了新的成就。通过全体代表和与会同志的共同努力，听取和审议并批准了政府工作报告等6项工作报告，圆满完成了大会各项任务。会上，代表共提出意见建议205件，经县人大常委会主任会议研究梳理后，有效代表意见建议202件，并严格履行了责任交办工作。

二、存在问题

即将过去的一年里，县人大常委会各项工作取得了一定的成绩，但同市委、县委的要求，同时代发展的要求相比仍存在很多需要克服的地方：一是创新监督举措，扩大监督范围，形成人人依法履职意识；二是人大常委会在实践中自身优势发挥作用不明显；三是人大代表在地方经济发展，社会和谐稳定等方面作用空间未能得到很好提升；三是对乡镇人大工作的指导不够深入、针对性不强；四是对代表建议、批评和意见的跟踪督办力度还应进一步加大；五是缺乏带头学习党的方针政策，相关法律法规，特别是钻研党的十九大精神，实现“学懂弄通做实”上下功夫意识不强；这些问题我们将在今后工作中认真研究、加以解决。

三、2018年工作计划

2018年是全面贯彻落实党的十九大精神的开局之年，也是我县向着全面建设小康社会砥砺奋进的一年。新的一年县人大常委会工作的总体思路是：高举中国特色社会主义伟大旗帜，以邓小平理论、“三个代表”重要思想、科学发展观、习近平新时代中国特色社会主义思想为指导，全面落实十九大做出的重要战略部署，统筹推进“五位一体”总体布局和协调推进“四个全面”战略布局，增强“四个意识”、坚定“四个自信”，不忘初心、牢记使命，以区、市两级人大工作会议和县委相关会议精神为依据，紧紧围绕“十三五”的总体目标，紧抓发展大局、紧贴民生需求、紧扣公平正义，履行法定监督职责，为全面推进依法治县、建设幸福美丽萨嘎而共同努力、再展新作为。

坚定政治方向，把党的方针政策贯彻落实好。全面贯彻落实十九大精神是当前和今后一个时期全党的首要政治任务。我们要原原本本的学习十九大报告和党章，深入学习领会习近平新时代中国特色社会主义思想，准确把握十九大确立的重要判断、重大战略、重大任务，把思想和行动统一到十九大精神上来。深入领会并贯彻自治区第九次党代会、市委一届五次全委会精神，扎实开展“两学一做”学习教育和“四讲四爱”主题活动，把“两学一做”学习教育和“四讲四爱”主题活动的目标任务落实好、践行好。树牢核心意识，做到绝对忠诚以习近平同志为核心的党中央，坚决维护党中央的权威和集中统一领导，做到在思想上拥戴核心、政治上信赖核心、组织上忠诚核心、行动上捍卫核心，用对以习近平同志为核心的党中央绝对忠诚的实际行动，带头依法行权、依法履职，弘扬法治精神，全面落实依法治国基本方略。

坚定履职理念，把各项法定职权监督好。工作监督抓重点。常委会将坚持“围绕县委中心工作转、围绕经济建设干”的工作原则，把握人大工作和全局工作的最佳结合点，抓住全县经济社会中的重大事项、重点工作和人民群众普遍关注的热点、难点问题，切实加强监督工作。法律监督求实效。常委会将围绕全县工作大局，突出重点，积极探索和完善新的监督方式，持续加强对“一府两院”的法律监督和工作监督。运用开展司法监督、宣传宪法法规、专题视察、执法检查等形式，推动依法治县进程。人事任免抓规范，常委会将始终把人事任免工作作为一项基础性工作，认真贯彻组织法，总结经验，研究和探索新时期人事任免工作的方法和途径，通过规范人事任免程序，推动人事任免工作的创新开展，进一步促进干部队伍建设。

坚持以“人”为基础，抓好维护稳定和反分裂斗争工作。坚持高举维护社会稳定、维护社会主义法制、维护人民根本利益的旗帜，深入贯彻落实中央和区党委治藏方略的重要思想，引导人大干部、人民群众做到：一是彻底揭穿达赖集团打着“和平”“非暴力”旗号分裂祖国，破坏祖国统一的丑恶嘴脸，把达赖集团制造的种种罪行暴露于天下，使广大人民群众进一步认清达赖政治上的反动性、宗教上的虚伪性，手段上的欺骗性。二是进一步激发人民群众爱党、爱国，维护社会稳定、维护民族团结，反对分裂、揭批达赖的政治热情。三是教育引导人大干部始终保持清醒的政治头脑，坚定政治立场。四是引导广大人民群众进一步懂得团结稳定是福，分裂动乱是祸的深刻道理，进一步夯实各民族共同团结奋斗、共同繁荣发展的思想基础和群众基础。

坚守主体地位，把代表作用充分发挥好。坚持为人大代表发挥主体作用完善机制，搭建平台，保障代表依法行使权力。探索建立代表议案建议考核机制，提高办理质量。拓展代表履职新途径，开展人大代表向选民述职活动，通过代表真实有效的“述”，选民恰如其分的“评”，实现代表与群众的双向互动。强化“代表之家”硬件建设，规范代表小组活动，确保代表就近参加视察、检查和各种履职活动，真正让代表“动”起来、作用发挥出来。进一步活跃闭会期间代表工作，组织人大代表进行多方面多领域的视察工作，认真开展对“一府两院”的法定监督，为萨嘎县的长足发展和长治久安，出好谋、建好言、献好策。努力争取县人大“一室三委”创建落实工作。加强对乡镇人大工作的指导，完善乡镇人大主席汇报机制，进一步提升全县人大工作的整体水平。

加强自身建设，把人大各项工作开展好。县人大常委会将以高昂饱满的精神状态，贯彻落实好区、市人大工作会议精神，组织召开好2018年县十三届人民代表大会第三次会议，深入开展好“两学一做”学习教育和“四讲四爱”主题活动，全面加强人大自身建设。抓学习。常委会将在闭会期间组织人大代表继续对党的十九大精神、习近平总书记系列重要讲话、从严治党、廉洁自律等课题进行深入系统地学习培训，全面提升人大代表履职尽责的工作能力。强自身。常委会将继续组织人大代表及机关工作人员进行异地视察学习，更多的参与市区两级人大组织的专项培训，为提高代表水平提供保障。重调研。扑下身子，深入基层，调查研究，听民声问民情，纳忠言汇民智，惠民生促发展。不断跟踪调研惠民政策落实情况，推动惠民政策更加完善。严作风。全面落实从严治党，深入推进党风廉政建设，坚持把纪律规矩挺在前面，进一步严肃党内政治生活，严格落实中央和区、市、县委各项规定，切实将人大的权力置于阳光透明的氛围当中，持之以恒抓作风建设，使好作风成为人大工作新常态。

萨嘎县政协领导班子年度工作总结

2017年以来，在中共萨嘎县委的坚强领导下，在市政协的精心指导下，在县人民政府的大力支持下，萨嘎县政协牢牢把握团结民主两大主题，充分发挥人民政协协商民主重要渠道作用，认真履行政治协商、民主监督、参政议政职能，为萨嘎县同全国全区一道实现全面建成小康社会做出了积极贡献。

一、2017年工作回顾

（一）围绕中心，服务大局，积极开展多层次协商活动

认真履行政治协商职能，不断丰富协商内容，创新协商形式，完善协商程序，就全县发展的重大问题积极开展多层次协商，确保政治协商出实绩。

全委会整体协商。二届二次全会期间，全体委员围绕“一府两院”工作报告，计划、财政报告等事关全县发展的重大问题和重要工作，通过小组会议、撰写提案等形式开展协商议政，献计献策，提出11条意见和建议，提交75件提案，为县委、县政府决策和推进工作提供了重要参考。一年来，政协班子带领政协委员，积极履行三大职能，先后组织召开2次常委会、3次主席会议，10次党组会议，切实推进政协各项工作再上新台阶。

各界委员专题协商。2017年6月23日，县政协组织部分机关委员联合县食药局、工商局及县中学，对学校及周边的食品安全隐患进行了排查，召开了协商座谈会，梳理出委员提出的关于食品安全的意见建议9条，及时上报县委、县政府，为我县进一步做好食品安全工作提供了参考。在各乡镇“基层政协委员联络办”的带头组织下，各辖区内的政协委员积极履行委员职责，积极参加各项视察、调研、学习等活动。

基层政协广泛协商。为顺利完成设立基层“政协委员联络办”各项工作，萨嘎县政协一是根据《中共日喀则市委办公室印发〈关于贯彻落实中共西藏自治区委员会办公厅关于加强西藏人民政协协商民主建设的实施意见〉的意见的通知》（日党办发〔2016〕17号）文件精神，根据我县政协工作和委员人数构成等情况立即召开党组会议研究制定《政协萨嘎县委员会关于加强萨嘎县人民政协协商民主建设的意见（草案）》呈送县委主要领导批示，经县委研究同意后以县委红头文件形式印发给各个乡镇和单位；二是召开党组会议，专题研究讨论《萨嘎县设立“基层政协委员联络办”工作的实施方案》和《萨嘎县各乡镇政协委员联络办人员安排情况》，按照“设立‘基层政协委员联络办’，联络办挂靠于各乡镇党群办、联络办由主任1名、副主任1名、成员1~2名组成。主任由乡镇党政领导班子中1名正科级领导兼职，副主任由1名乡镇副科级人员兼任，成员由驻本乡镇县政协委员兼职”的要求，结合我县政协工作实际，经

过主席班子深入研究讨论，初步确定人选，并及时上报县委组织部研究。县委组织部高度重视，专门下发《关于设立基层政协委员联络办的通知》（萨党组〔2017〕16号）文件，配齐配强基层“政协委员联络办”干部队伍，为顺利开展各项工作提供组织保障；三是向县长办公会议提交《萨嘎县政协关于解决各乡镇基层政协委员联络办设备和工作经费的请示》的请示，县府的关心支持下，解决了15.32万元的办公设备和2017年下半年工作经费，为顺利开展各项工作提供了经费保障；四是为基层“政协委员联络办”各工作逐步进入科学化规范化制度化，县政协党组班子成员多次深入各个乡镇，与基层政协联络办负责人探索讨论如何做好下一步基层政协委员联络办各项工作，并提出意见建议，进一步完善制定了各项规章制度和各种台账；五是政协党组班子成员多次深入各个乡镇检查指导联络办成立和具体工作，并按照上级要求从我办公室共用经费中拿出720元重新制定“政协委员联络办”办公室牌子发放给各个乡镇。各乡镇政协联络办成立以来，立足当地实际，发挥直面群众、掌握实情的优势，围绕党委、政府中心工作和人民群众关心的热点难点问题，积极走访座谈，开展协商，提出意见建议，在群众和党委政府之间切实架起了连心桥，为基层党委政府决策提供了有力支持，发挥了基层政协组织的积极作用。截止目前，各乡镇“政协委员联络办”上报学习会议、专题民主协商会、视察调研活动等各类简报20余份。

（二）履职为民，民主监督职能发挥良好

县政协围绕群众普遍关注的热点、难点问题，积极探索民主监督的有效途径，进一步加大监督力度，切实履行民主监督职能，取得了良好效果。一是组织委员，开展视察活动。为了使基层政协委员开阔视野、增长见识、丰富经验、促进工作，学习外地经济社会发展中的好经验、好方法，更好地履行政治协商、民主监督、参政议政职能。县政协召开政协党组会议，讨论政协委员视察学习各项工作，确定考察学习组成人员、考察地点以及考察内容，制定可行性方案，及时与县委、县政府主要领导汇报沟通考察学习事宜。向县委提出《政协萨嘎县委员会关于组织政协委员赴拉萨市考察学习的请示》的请示，向县政府提出《关于解决政协萨嘎县委员会组织政协委员赴拉萨考察学习经费的请示》的请示，得到县委、县府的大力支持。通过为期10天的考察学习，委员们通过现场观摩、访谈、召开座谈会、听取汇报等形式，学习拉萨市城关区、堆龙德庆区、达孜县、曲水县、当雄县等县（区）好经验好做法。视察主要围绕拉萨市各县的产业发展、异地搬迁、维护社会稳定、创新寺庙管理、大学生创业、教育城发展等内容，通过这次视察，委员们纷纷表示，开拓了视野、理清了思路、取得了预期效果。考察结束后县政协召开了“政协委员谈视察体会”会议，专题听取了委员们的考察情况汇报，并形成《萨嘎县政协关于组织委员赴拉萨市考察学习的情况报告》的报告呈送县委、县府。二是发挥民主监督职能，确保村“两委”换届工作圆满完成。为充分发挥政协的参政议政、民主监督功能，萨嘎县政协党组成员主动参与萨嘎县村两委换届选举工作，全程参与换届选举工作的重点环节，进一步加大村“两委”换届各项环节的民主监督力度，在村委会干部选人用人上做到了监督到位，主动监督的要求。三是扎实推进提案办理。政协二届二次会议期间，委员们提出提案79件，按照相关规定审查立案75件。政协党组召开专题会议，研究确定2017年重点提案《关于加强学校及周边食品安全隐患排查力度的提案》，由政协党组成员、副主席带队，组织部分政协委员、县食药局负责人、学校和教育局负责人，对学校及学校周边进行食品安全隐患大排查活动，并召开了2次专题协商民主座谈会。为充分发挥提案在参政议政中的重要作用，县政协常委会不断完善制度规范提案工作，采取县委牵头政府承办政协参与的提案办理工作形式，县政协不断加大提案督办力度，切实提高办理实效。各乡镇积极发挥“政协委员联络办”作用，专门组织各自辖区内的政协委员召开专题会议，征询提案答复满意率，截止目前，提案办复率100%，满意率达到96%。四是进一步加强社情民意信息反馈。今年以来，县政协把反映社会民意信息工作作为政协履行职能的一个重要基础性工作来抓。按照市政协“四讲四爱”主题教育实践活动实施方案要求，共收集社情民意10条。

（三）深入调研，广泛协商，参政建言促进发展

今年以来，县政协把开展专题调研视察作为参政议政的重要基础。积极广泛协商，努力维护社会和谐稳定，发挥政协职能作用，为县委、县府分担减压。一是积极配合区、市两级政协完成调研工作任务。按照《关于协助开展2017年度视察调研工作的通知》（日政协办发电〔2017〕14号）文件精神，政协党组高度重视，为充分发挥人民政协政治协商、民主监督、参政议政的作用，圆满完成视察调研工作，由政协主席亲自带队，政协副主席次朗同志和部分政协委员参与，深入达吉岭乡、拉藏乡、如角乡和雄如乡充分调动辖区内的政协委员开展了专题视察活动。2017年7月17日，县政协按照相关文件要求，及时组织县扶贫办、民政局、食药局及商务局，围绕“易地搬迁扶贫工作推进情况”“产业发展情况”“城镇居民生活情况”“食品药品监督职能履行情况”“农牧民购买家电家具补贴惠农政策落实情况”内容召开了《萨嘎县政协专题协商民主座谈会》，会上与会委员和相关部门负责同志针对各自领域存在的问题和下一步如何做好各项工作提出了意见建议。会后，萨嘎县政协办及时整理汇总各项内容形成5份调研报告上报上级业务部门。县政协党组成员，以2017年市政协文史资料工作任务，深入各个乡镇温泉点进行调研撰写了《偏远地区如何合理利用好温泉资源的调研报告》，围绕我县政协委员队伍建设现状，深入思考存在的困难和现实问题撰写了《新时期如何加强政协委员队伍建设的调研报告》。在扎实开展专题调研视察的同时，县政协积极配合自治区政协党组成员、副主席、区总工会主席洛桑久美一行调研组视察调研我县藏医药传承和发展情况工作；配合日喀则市政协副主席边巴一行调研我县昌果乡政府、古郁寺、驻村点对社会稳定、环境保护、“四讲四爱”以及“五五”主题教育活动开展情况工作。二是以主人翁姿态，为全县生态环保献计出力。2017年以来，按照县委、县政府工作安排部署，县政协党组成员先后多次深入夏如乡、旦嘎乡、如角乡、昌果乡和加加镇督导检查环境保护工作，对四乡一镇的水源保护点、垃圾

填埋场、采石场、采沙场以及施工现场等地进行了深入的督导检查，并对环保工作中存在的突出问题提出了具体的整改要求。政协党组成员每到一处不忘为农牧民群众宣传生态环保知识，并先后发放《日喀则市市容和环境卫生管理条例》60余册，进一步提高了群众的生态环保理念。通过积极参政议政，为县委决策更加科学、政府工作更具成效提供了重要依据，为党委和政府分担减压。

（四）强化政治责任，维护社会和谐稳定

按照县委、县政府的工作安排部署，县政协班子成员坚持把维护社会和谐稳定作为第一政治责任，全面贯彻落实党的治藏方略和区党委“十项”维稳措施、市委、县委维稳决策部署。一是加强维稳督导工作。在3月份和重要敏感时段，十九大维稳安保期间，班子成员认真落实县级干部维稳包乡责任制，深入联系点乡、学校、寺庙、驻村点全程督导各项维稳措施落实情况，并进一步安排部署维稳工作，与乡镇同志同吃同住，深入贫困户家中，分析致贫原因，树立脱贫信心，找出致富路子，在群众中树立了政协领导良好形象，为全县的维护稳定工作贡献了自己的绵薄之力。二是进行维稳专题调研。2017年3月，政协党组班子成员深入全县各个寺庙，围绕我县涉宗领域维护稳定工作、寺庙基本情况、机构建设、人员配置、寺庙文物保护等内容进行专题调研，形成了《关于萨嘎县涉宗领域的调研报告》。三是召开宗教界政协委员座谈会。在二届二次会议期间，政协班子组织召开了宗教界委员座谈会，详细了解和掌握各寺庙僧人思想动态，并强调了作为宗教界委员的责任和担当，鼓励他们以一名委员的身份做好当前僧人思想教育工作，争做一名遵纪守法，爱国爱教的好僧人，为创造和谐稳定的寺庙和社会和谐稳定做出应有的贡献。四是加强强基惠民工作。政协党组高度重视强基惠民工作，注重驻村干部的推荐工作，把工作能力强会做群众工作的骨干力量安排驻村，为做好各项驻村工作奠定了良好的基础。在2017年“三大节日”、3月份以及十九大维稳安保期间，政协党组领导多次深入驻村点，检查督导各项维稳安保工作的同时听取驻村各项工作开展情况，针对存在的问题提出具有可操作性的意见建议，为驻村工作队做好各项工作指明了方向。一年内为驻村点干部送去慰问金和物资共计3000余元。

（五）把握主题，创新机制，重点工作取得新成效

一是有效推进我县精准扶贫工作。政协常委会和广大政协委员围绕县委、县府的重点工作，认真履行政协职能，深入学习贯彻中央、自治区、市委提出的精准扶贫各项政策，把各项政策落实到开展精准扶贫工作具体措施上。政协党组按照上级安排的调研课题外，针对我县精准扶贫工作开展专题调研、专题协商民主座谈会以及考察学习等活动，为我县精准扶贫工作建言献策，发挥党委、政府的参谋助手作用。2017年，县政协全体党员干部深入帮扶户家中，了解帮扶户生产生活情况，并送去了23100元的慰问金和物资，切实帮助他们解决了生活上的困难。同时，努力做好帮扶户思想教育工作，充分体现了扶贫先扶志的工作理念，为萨嘎县全国全区一道实现全面建成小康社会贡献力量。二是积极开展“四讲四爱”主题教育实践活动。按照市委和县

委的总体工作安排要求，萨嘎县政协积极响应，立足当前政协工作实际，制定了《政协萨嘎县委员会关于农牧民群众中开展“讲党恩爱核心、讲团结爱祖国、讲贡献爱家园、讲文明爱生活”喜迎党的十九大主题教育实践活动和“深化五项教育增进五个意识”主题活动工作方案》，由政协主席吴顿、副主席次朗、普琼扎西、边巴次仁带头，县政协办工作人员积极参与，组织群众中有较高威望的中共界、农牧界、宗教界共8名政协委员，深入旦嘎乡、夏如乡、拉藏乡、昌果乡、加加镇及驻村点开展了“政协委员深入基层开展‘四讲四爱’主题教育实践活动”为题的宣讲活动。2017年共开展宣传12次，受教育群众达6000余人。三是完成文史资料整理编辑工作。按照市政协2017年《后藏温泉》文史资料征编工作要求，由政协党组书记、主席吴顿亲自带队，政协班子成员参与，组织办公室工作人员与部分当地政协委员，利用7天的时间深入夏如乡、旦嘎乡以及如角乡开展了收集、整理我县温泉资源资料，通过实地查看温泉地理位置、规模、分布情况，深入了解各温泉疗效，同时上门拜访对当地温泉历史比较了解的长辈，收集了一些相关的历史背景和传说。通过20余天加班加点圆满完成了2017年《后藏温泉》（双语版）文史资料征编工作，得到了市政协有关领导的充分肯定。按照《关于做好市政协文史资料〈正见〉征编工作的通知》（日政协文史委〔2017〕6号）文件精神，萨嘎县政协党组书记、主席吴顿同志积极响应，高度重视，围绕民族团结、民族宗教、人与自然、生态保护、精神文明、公民道德、感恩教育、法制西藏、党的建设、发展稳定十个社会事业，以诗歌的形式提出了自己的观点（正见），积极建言献策，为日喀则政协成立58周年献礼。

（六）落实主责，从严管理，不断加强自身建设

一是加强理论学习。对中央、区委、市委、县委的重要会议精神和重大决策部署，县政协第一时间组织党组班子成员和机关党员干部及政协委员学习贯彻，认真领会精神实质。深入学习贯彻党的十八届三中、四中、五中、六中全会精神，学习习近平总书记系列重要讲话精神，学习政协统战理论。积极参加党组、党支部、县委理论学习中心组学习各项重要会议。组织政协委员和机关党员干部学习自治区、市“两会精神”、党风廉政建设、“四讲四爱”主题教育活动等。认真学习贯彻党的十九大精神。为扎实学习贯彻党的十九大精神，结合政协工作实际，科学制定了学习贯彻十九大精神方案，积极参加集中观看十九大开幕会，收看直播现场学；采取支部集中学习和个人自学相结合的方式学习了党的十九大报告、新修订《中国共产党章程》、党章修正案决议以及区党委书记吴英杰同志和市委书记张延清同志在十九大期间西藏代表团研讨会上发表的重要讲话等，实时跟进学；充分利用县委办和县委宣传部印发的关于十九大报告相关文件，逐章逐句通读报告全文，带领大家精读重点内容、导读主要词汇、解读精神热点，特别深入学习领会了十九大报告的新提法新举措40个等，通读原文系统学，努力做到学透弄懂做实。2017年党组成员和机关干部人均记学习笔记2万字，心得体会20余篇，政协领导干部的思想素质和履职能力得到进一步提升。二是扎实完成巡视反馈整改各项工作。按照市、县

两级党委关于九届区党委巡视一组反馈意见整改工作的部署要求和《市政协党组书记、主席普布同志在市政协两级党组巡视反馈意见整改工作动员部署会上的讲话》和《市政协两级党组关于区党委巡视一组反馈意见整改落实方案》文件精神，于9月26日，政协党组召开专题会议，部署安排各项巡视整改工作，并结合政协工作实际制定了《萨嘎县政协关于日喀则市九届区党委巡视一组反馈意见整改方案》，进一步提高了思想认识，强化了工作意识，明确了责任分工。政协党组始终坚持统一领导、分级负责，坚持政治标准、把握关键，坚持问题导向、全面整改，坚持强基固本、全面务求实效，认认真真，扎扎实实、落地生根做好了巡视反馈整改工作。向县委巡视办、县委组织部、县纪检委上报《萨嘎县政协巡视整改动态》10期，上报各类情况汇报和自查报告6篇。按照市委和县委的统一安排，于10月26日上午，县政协党组召开了《中共政协萨嘎县委员会党组关于巡视整改专题民主生活会》。为开好民主生活会议，确保取得实实在在的效果，萨嘎县政协党组高度重视，对照党的领导弱化、党的建设缺失、全面从严治党不力等方面广泛征求意见建议，深入谈心交心，查摆自身存在的问题，深刻剖析思想根源，认真撰写对照检查材料，边查边改，立行立改，形成了党组班子和个人对照检查材料，为开好民主生活会奠定了坚实基础。会上，按照区党委巡视工作要求，对照区党委巡视一组反馈意见和县委各项巡视整改工作要求，聚焦党的领导弱化、党的建设缺失、全面从严治党不力三个方面问题，逐步作了党组班子和个人对照检查，开展了批评与自我批评，真正做到了红脸、出出汗，达到了团结—批评—团结的目的。三是以全面落实主体责任为抓手，切实加强机关的建设。始终坚持一把手负总责，分管领导各负其责，把主体责任落到实处，党风廉政建设责任制得到全面落实。年初，政协党组召开《政协党组2017年党风廉政建设专题部署》会议，总结2016年党风廉政建设工作并安排部署2017年党风廉政建设各项工作，并于党组成员和机关党员之间签订了《中共政协萨嘎县委员会党组2017年度党风廉洁建设目标责任书》。同时，党组会议、主席会议、机关支委会等会议上，深入学习各级纪委的重要文件精神，不断筑牢政协领导干部防腐拒变的思想道德底线。认真贯彻中央“八项规定”、区党委“约法十章”“九项要求”，反对“四风”，在改进视察调研、精简各类会议、控制文件简报、规范公务活动、简约接待工作、厉行勤俭节约以及加强监督检查等方面都做了严格规定落实，从源头上预防了违纪违规问题的发生。

二、存在的主要问题

2017年，在县委、县府的正确领导和大力支持下，县政协工作取得了一定的成绩，但与上级和县委、县府的要求还存在一定的差距，主要表现在：政协办公室和机关，围绕中心、服务大局履职能力有待加强，建言献策力度不够，质量有待提高；委员发挥主题作用有待强化，委员主动参与民主监督的积极性和主动性不够高，民主监督工作有待进一步拓展；提案办理工作的力度和广度不够；履职成果转化有待进一步推进；政协工作宣传不够，尚未形成全社会关心关注的良好氛围。工作中也存在诸多困难：虽然党内主席班子已配齐，但两位副主席兼职乡镇党委书记，乡里工作千头万绪任务繁重，无法把更多的精力放在政协工作上。平时经常由于人员不齐导致无法及时召开党组会议、常委会、主席会议等，无法正常开展其他各项工作。

2017年以来，我们在履行政协职能，服务县委、县政府工作大局方面做了一定的工作，取得了一定的成绩，但也存在着许多问题和不足，我们决心在今后的工作中，不断学习先进经验，切实改进工作方法，充分发挥政协在全县工作大局中协调关系、汇聚力量、建言献策、服务大局的重要作用，努力开创政协工作新局面，为建设“美丽萨嘎，幸福家园”、为建设社会主义现代化国家、社会主义现代化西藏、和谐文明幸福美丽日喀则，担当萨嘎使命、贡献萨嘎力量、交出萨嘎答卷。

萨嘎县2017年目标绩效争先进位考核汇报材料

中共萨嘎县委　萨嘎县人民政府

（2017年12月29日）

2017年，县“四套班子”团结带领全县上下各族干部群众，紧紧围绕建设和谐文明幸福美丽日喀则奋斗目标，紧扣市委“6677”工作思路，紧跟提速跨越、弯道超车、争先进位要求，深入贯彻新发展理念，坚持以人民为中心，坚持质量第一、效益优先，以供给侧结构性改革为主线，以创新驱动为引领，正确认识和处理好“十三对关系”，紧扣社会主要矛盾新变化，重点解决发展不平衡不充分的问题，大力推进乡村振兴战略，统筹城乡和区域协调发展，提高保障和改善民生水平，推动经济质量变革、效率变革、动力变革，加快建设现代化经济体系，让改革发展成果更多更公平惠及广大人民。经济发展稳中加速、快中见好，社会大局安全和谐、持续稳定，民生事业明显进步、温暖人心，党的建设统筹推进、守正出新，生态保护全面加强、成效显著，人民群众团结协作、积极向上，美丽萨嘎、幸福家园建设迈上新台阶。

一、始终坚持经济发展第一要务，综合实力不断攀升

“不以海拔高而降低标准，不以气压低而放松要求”。紧紧抓住争先进位、提速发展的大好机遇，以“功成不必在我、功成一定有我”的境界，以“抓铁有痕、踏石留印”的劲头，以“行百里路半九十”的清醒，绵绵用力、久久为功。积极引导全县上下在实现弯道超车、加速发展的实践中，始终保持敢于争先、懂得感恩、顽强拼搏的冲劲，始终保持吃苦耐劳、勇于奉献、孜孜不倦的干劲，始终保持勤俭节约、艰苦奋斗、朴实无华的韧劲，广大党员干部忠诚干事、科学干事、依法干事、团结干事、务实干事、担当干事、创新干事、干净干事，你追我赶、竞相提速、百舸争流、千帆竞发的良好态势已然形成。经济发展态势喜人，预计实现地区生产总值4.56亿元，同比增长27%，完成指标任务的103%。固定资产投资增速加快，开复工项目127个，完成固定资产投资8.43亿元，同比增长58%，完成指标任务的105%。市场经济繁荣稳定，消费品市场保持持续旺盛良好态势，社会消费品零售总额1.69亿元，同比增长37%，完成指标任务的109%。农牧民收入稳步提高，农村居民人均可支配收入达到8227元，同比增长23%，完成指标任务的102%。

二、始终坚持维护稳定第一责任，社会建设更加和谐

牢牢把握西藏社会的特殊矛盾，坚持总体国家安全观，坚持国家利益至上，围绕维护祖国统一、加强民族团结这个着眼点

和着力点，以人民安全为宗旨、以政治安全为根本、以防患于未然为原则、以防止出大事为基础，创新完善社会治理，切实维护边境安全，推动社会治理由“要我稳定”向“我要稳定”转变，确保持续稳定、长期稳定、全面稳定。全面推进依法治县，政协协商民主建设不断加强，基层群众自治制度不断健全，司法维护社会公平正义功能充分发挥，依法严厉打击一切损害人民利益、扰乱社会秩序的违法犯罪行为，依法处理民族宗教问题。社会大局和谐稳定，全面落实维稳“十项措施”，认真落实宗教“十导”工作法，不断细化信访“八化机制’’，创新实践民族团结“十个一”“十个结合”特色载体，丰富完善“平安萨嘎”建设内容，狠抓安全生产事故隐患排查整治，深入开展双拥共建活动，忠诚履职、强化措施，坚决打赢了十九大维稳安保攻坚战。主题教育实践活动有声有色，全心全力、真情真意抓好“四讲四爱”主题教育实践活动，创新打造“马背宣讲队”等特色宣讲法，服务“最后一公里”、温暖“最远一家人”，以人性化、亲情化、公仆化服务赢得支持，全县齐心协力保稳定、促和谐的人心基础更加牢固。

三、始终坚持生态保护第一底线，环境卫生保持良好

坚决贯彻落实习近平总书记关于第二次青藏高原综合科考和那曲依靠科技种树的重要指示精神，实行最严格的生态环境制度，坚定不移推进绿色发展，着力打造绿色家园，为建设美丽萨嘎注入生机和活力。坚守生态环保底线，严格项目准入，严把生态环境关、产业政策关、资源消耗关，严格落实“环保第一审批权”，加大环境保护督查力度。积极创建自治区级生态村，完成雅鲁藏布江源头国家级生态功能保护区（二期）建设工程、完成加加镇自来水厂集中饮用水源保护区和饮用水源点环境保护工程项目。全力做好迎检中央环境保护督察工作，完成42项问题整改和“回头看”，实现环境督察零举报。加强公益林管护、森林防火与病虫害防治，及时兑现草原生态保护补助奖励机制、森林生态效益补偿资金，顺利通过自治区级草奖验收，大力实施封山育林、防沙治沙项目。

四、始终坚持党的建设第一支撑，基层基础全面加强

严格落实党建工作责任制，印制党组织书记抓基层党建工作责任清单，构建党建工作“明责、亮责、查责、述责、评责、问责”的责任落实链条。推进党组织标准化建设，严格党组织“改、组、建”程序。加强基层干部队伍建设，高标准高质量完成村组织换届选举。加强党员队伍建设，培养和发展97名党员。完善党风廉政建设和反腐败工作责任机制，严格落实中央“八项规定”、区党委“约法十章”“九项要求”，坚决反对“四风”，强化日常教育、提醒、警示。多途径挖掘和捕捉案件线索，正确运用监督执纪“四种形态”，把问题消除在破纪之初、违法之前。建立健全县委巡察工作党政“一把手”负总责制度机制，抓牢抓实区党委巡视一组反馈意见整改工作。认真学习宣传、贯彻落实党的十九大精神，强化党的十九大召开前社会氛围营造，做好党的十九大开幕式盛况收听收看，编撰党的十九大精神学习宣传读本，大力开展党的十九大精神系列宣讲，邀请专家学者开展专题辅导讲座等。规范驻村干部考勤与请销假制度和驻村工作周抽查、月普查、季考核制度，探索“帐篷驻村点”“临时帐篷驻村办公点”等驻村工作新模式，在各草组、放牧点搞调研、做宣讲、办培训、送温暖。

五、始终坚持民生改善第一使命，社会保障健全完善

始终坚持以人民为中心的工作导向，谋民生之利、办民生之事、解民生之忧，坚持把主要精力、主要时间、主要资金、主要资源用于改善民生上，不断满足人民日益增长的美好生活需要，使广大农牧民群众拥有更好的教育、更稳定的工作、更满意的收入、更可靠的社会保障、更高水平的医疗卫生服务、更舒适的居住条件、更优美的环境、更丰富的精神文化生活。开展劳动技能培训，加大劳务输出力度。实施就业动态清零行动，对未就业大学生进行结对帮扶。及时足额发放城镇低保金、农村低保金、五保金，开展城乡医疗救助。养老、医疗、失业、工伤、生育五大保险参保人数稳步提升，基金征缴率达100%。做好医疗卫生服务、妇幼保健、重大疾病筛查、健康精准扶贫等多项工作，有效解决群众看病报销难等问题。开展全民健康体检、重大疾病筛查，把全民健康体检与包虫病、结核病、骨关节疾病、先心病筛查和出生缺陷干预、孕前健康检查等同步开展。及时落实住院分娩补贴等各项计生惠民政策，乡级卫生院接生能力不断提高。开展帮扶、救助为主要内容的健康扶贫，逐步消除因病致贫。

六、始终坚持改革创新第一动力，深化改革蹄疾步稳

深化经济体制改革，推进扶贫领域改革，制定《萨嘎县统筹整合涉农资金推进精准扶贫的实施方案》；开展土地制度改革，制定《萨嘎县开展农村土地（耕地）承包经营权确权登记颁证工作的实施方案》。深化文化体制改革，加强民族团结，制定《萨嘎县喜迎日喀则市首届“民族团结进步日”活动实施方案》；强化公共文化服务，制定《萨嘎县加快构建公共文化服务体系建设实施方案》；深化社会体制改革，开展医疗卫生体制改革，制定《萨嘎县新型农牧区医疗管理办法实施细则（2017年）》《萨嘎县包虫病综合防治工实施方案（2017—2020年）》《萨嘎县家畜包虫病防治工作方案（2017年—2020年）》。深化生态文明体制改革，加强环境综合整治，制定《萨嘎县2017年环境综合整治工作方案》《萨嘎县全面推行河长制工作方案》；加强地质灾害防治，制定《萨嘎县2017年地质灾害防治工作方案》；强化生态奖励机制，制定《萨嘎县建立草原生态保护补助奖励机制政策实施方案》。深化民主法治领域改革，加强普法教育，制定《2017年普法依法治理工作要点》。深化纪律检查体制改革，推进监督体制改革，制定《中共萨嘎县委巡视工作五年规划》。深化党的建设制度改革，加强基层党建工作，制定《萨嘎县关于贯彻落实“党建珠峰”战略加强和改进基层党建工作的意见》；加强党员思想教育，制定《萨嘎县关于进一步加强干部职工政治理论和业务知识学习的意见》。

七、始终坚持依法行政第一准则，塑造权威透明政府

加强顶层设计，调整充实法治政府建设工作领导小组，制定《萨嘎县贯彻落实〈法治政府建设实施纲要（2016—2020年）〉实施方案》，印发《萨嘎县人民政府办公室关于印发〈萨嘎县2017年度依法行政工作要点〉的通知》《萨嘎县2017年度法治政府建设工作考核方案》。严格报告制度，依法按程序逐级进行报告，召开依法行政工作专题会议，专题研究部署全面推进法治政府建设具体任务措施，及时报送推进法治政府建设工作信息。科学民主决策，对政府重大行政决策的具体事项和量化标准进行细化，依法做好公众参与、专家论证、社会稳定风险评估和合法性审查；严格遵守重大行政决策程序，制定规范性文件、签署重大合同等一律坚持合法性审查制度；落实政府法律顾问制度，充分听取法律顾问法律意见。公正文明执法，强化对行政执法人员资格审查，没有取得执法资格的人员一律不准上岗执法。加强对重点领域执法工作的领导，对不作为、乱作为的行政执法行为加大教育惩处力度。建立健全并严格执行重大行政执法决定法制审核制度和集体讨论决定制度。

一年来，最显著的变化是民生改善、最鲜明的特点是提速发展、最强大的力量是感恩奋进、最宝贵的收获是群众满意，人民群众日益增长的美好生活需要得到不断满足，人民群众的“三感一度”（幸福感、获得感、安全感、满意度）显著提升。在总结成绩的同时，我们清醒地看到，工作还存在许多不足，也面临不少困难和挑战。主要是：发展不平衡不充分问题还长期存在，城乡统筹发展缓慢，城镇化率较低，基础设施承载能力不足，交通、水利、能源、环保等基础设施落后，现有“水电路讯网”远不能满足群众生产生活需求；民生领域还有不少短板，总体经济实力较弱，财源匮乏、财政增收乏力，自我积累、自我发展能力弱。经济发展方式粗放，缺乏资源能源，产业结构单一，可持续发展能力严重不足，一产水平不高、二产规模太小、三产经营分散，对财政贡献率低。精准扶贫难度大，贫困面广，贫困程度较深，发展基础条件差，打赢扶贫攻坚战任务十分艰巨；党的建设方面还有不少薄弱环节，党建工作基础薄弱，村“两委”班子履职能力有待提升，个别基层组织软弱涣散，战斗堡垒和党员先锋作用发挥不好。

2018年，我们将按照市委一届八次全会要求，把目光聚焦在能力提升上，把标杆定位在奋发有为上，把成效锁定在群众满意上，坚定“换挡不减速”的信心和决心，拧紧发条、铆足干劲，紧盯目标提速干、着眼收官提速干、振奋精神提速干、脚踏实地提速干。始终把增强本领作为立身之本，把提升能力作为成事之基，全面增强学习本领、政治领导本领、改革创新本领、科学发展本领、依法执政本领、群众工作本领、狠抓落实本领、驾驭风险本领，不辱使命、不负重托，为建设社会主义现代化国家、社会主义现代化西藏、和谐文明幸福美丽日喀则，担当萨嘎使命、贡献萨嘎力量、交出萨嘎答卷。

萨嘎县2017年目标绩效争先进位考核自查报告

中共萨嘎县委　萨嘎县人民政府

（2017年12月29日）

虽然在2016年度的目标绩效争先进位考核中萨嘎的排名很不理想，但我们切实把思想和行动统一到市委、市政府的决策部署上来，统一到“6677”工作思路上来，咬定青山不放松、瞄准目标提速干，不忘初心、牢记使命，团结奋进、砥砺前行，蹄疾步稳、一步接一步，保持各项工作、政策、措施的连续性和前瞻性。结合萨嘎实际、体现地域特色推进“党建珠峰”“生态珠峰”“文化珠峰”“产业珠峰”“幸福珠峰”“法治珠峰”六大战略；用新思路、新战略、新举措推进改革发展稳定各项工作，全力以赴把经济社会发展好、把深化改革推进好、把边境国门守护好、把民计民生改善好、把党建任务落实好；千方百计解决发展不平衡不充分问题，更好地满足全县各族群众在经济、政治、文化、社会、安全、生态等方面日益增长的需要，确保市委、市政府决策部署在萨嘎落地生根、开花结果。

一、经济发展稳中加速、快中见好

（一）主要指标抓“进度”。经济发展态势喜人，预计实现地区生产总值4.56亿元，同比增长27%，完成指标任务的103%。固定资产投资增速加快，开复工项目127个，完成固定资产投资8.43亿元，同比增长58%，完成指标任务的105%。市场经济繁荣稳定，消费品市场保持持续旺盛良好态势，社会消费品零售总额1.69亿元，同比增长37%，完成指标任务的109%。农牧民收入稳步提高，农村居民人均可支配收入达到8227元，同比增长23%，完成指标任务的102%。

（二）脱贫攻坚抓“精准”。“扶贫开发贵在精准，重在精准，成败之举在于精准”，建档立卡贫困户动态调整后共1058户、3652人，贫困发生率为26.6%。广泛组织动员全县各级党政组织和全社会力量，用绣花功夫做好脱贫工作，发展优势产业脱贫、抓好易地搬迁脱贫、依靠生态发展脱贫、推进教育健康脱贫、促进转移就业脱贫，做到脱真贫、真脱贫，全年脱贫240户、826人（自愿脱贫53户、184人）。抓好扶贫产业，结合县域资源禀赋、区位特点、交通状况及产业基础，重点发展见效快、效益好的“短平快”产业项目。投资605万元新建23座温室大棚，投资5300万元实施“有机种养加业产业链”建设，投资3000万元保障“西部建材物流中心项目”周转，分两批实施投资1600万元的新建贫困户运输供应合作社（商砼搅拌站）项目，扩大羊毛加工厂、编织合作社等现有规模。抓好易地搬迁，将易地搬迁与边境小康村建设相结合，坚持集中为主、分散为辅，将“搬”和“富”作为重点来抓，抓好宣传教育、多做群众工作，让群众心甘情愿地搬，按时完成398户、1392人的易地搬迁任务，努力让搬迁户搬得出、稳得住、有事做、能致富。抓好生态补偿，通过多方争取，全县生态岗位达到4846个，其中具备劳动能力的建档立卡1834名生态岗位实现全覆盖，并重点将生态岗位与贫困户参与生态环境保护建设紧密结合起来，加强对生态岗位人员的管理、监督、考核，确保生态岗位人员想做事、有事做、能做事，确保生态环境在得到很好保护的同时实现贫困户增收致富，让贫困户感受到劳有所得、有尊严有幸福感的脱贫。抓好教育医疗，加大教育资金投入力度，落实好“十五年”免费教育、学前教育阶段农牧民子女补助、贫困家庭子女高等教育“三免一补”等政策，解决10名贫困大学生和低保户大学生全额学杂费，落实477户、712人教育脱贫对象扶贫资金25.81万元，从根本上解决贫困学生家庭后顾之忧；改善医疗卫生机构服务条件，加强医疗卫生服务体系建设。扩大重特大疾病医疗救助病种和救助对象范围，建立医疗救助基金、提高贫困户医疗救助补贴标准，对92户、97人建档立卡贫困户实施医疗救助，减轻患者负担，从源头上杜绝因病致贫、因病返贫。抓好转移就业，加大贫困人口职业技能培训和就业服务力度，推进就地就近转移就业，促进已就业贫困人口稳定就业，帮助有劳动技能和就业意愿未就业贫困人口实现就业。充分发挥“西部驿站”区位优势，大力发展旅游服务业等第三产业，鼓励贫困户进城务工、经商，“不离乡不离土”就近就业创业。与此同时，积极开展社会帮扶，建立健全社会组织参与扶贫开发协调服务机制，鼓励和支持社会组织参与扶贫资源开发；加大结对帮扶力度，送温暖、送政策、送技术，“扶智”与“扶志”结合，教育引导群众“惠民资金不要刻在玛尼石上”“救命钱不要花在求神拜佛上”，淡化宗教消极影响，把更多精力用在发展生产、改善生活，过好和谐文明幸福今生上。

（三）恢复重建抓“质量”。灾后重建项目开工17个，项目总投资3.34亿元，完成投资3.243亿元。其中民房重建724户（自筹4户），总投资1.09亿元，已全部搬迁入住；整村推进项目6个，总投资5151万元，完成率100%；加加镇、拉藏乡特色小城镇项目2个，总投资1.208亿元，完成投资1.121亿元。在摸清灾损情况、充分尊重民众意愿基础上，因地制宜、注重结合，凸显特色、打造亮点，大力实施基础设施及公共服务建设项目，坚持三个结合，努力把6个重建点打造成率先建成全面小康示范区。其中，与打造“西部驿站”相结合，将杰村、加普村215户安置在拓展区，重建民房结构使用实体砖混（现浇）；与打造社会主义新农村相结合，将萨嘎村、达琼村和提吾卓那村安置在村委会所在地周边，注重体现民族风情；与小城镇建设相结合，将溪果村、加普村安置在乡镇所在地或国道219沿线人口集中地，注重扶持小型旅游服务业，加快城镇化步伐。特别是为顺利推进项目建设，在项目开工前从县本级财政预支938万元，为720户重建群众提前购买重建所需水泥12200吨，节省建设成本300万元。

（四）产业发展抓“突破”。充分认识发展产业可以培养一批能人、带动一方发展、搞活一方经济、富裕一方群众，发展产业可以产生后发赶超、弯道超车、争先进位的“蝴蝶效应”，发展产业可以解决发展中面临的多种困难和问题、为建设和谐文明幸福美丽日喀则、建设“美丽萨嘎、幸福家园”提供强大正能量的重大意义。目前，三次产业产值分别达到0.79亿元、1.92亿元、1.85亿元，同比增长27%、55%、7%，三产结构更趋合理。特别是突破资金资源瓶颈、突破思想理念藩篱，坚持有所为有所不为，坚持宜农则农、宜牧则牧、宜工则工、宜商则商、宜游则游，梯次发展带动能力强、技术含量高、产品附加值高、市场占有率高的产业项目，推动经济发展。做好产业规划编制，不搞大水漫灌、不搞遍地开花、不搞“大而全、小而散”，重点发展有机种养加业、特色文化旅游业，并将灾后重建、易地搬迁和边境小康村建设与产业布局有机结合。重点发展有机种养加业，投资605万元新建23座温室大棚，发展小白菜、白萝卜、西红柿、黄瓜等蔬菜种植，缓解干部群众吃菜难、吃菜贵问题；投资5300万元实施“有机种养加业产业链”建设，力争到2018年9月全面建成集人工种草、牲畜繁育、活畜出口、短期育肥、产品加工、商品销售“六位一体”有机种养加业霍尔巴羊产业链，实现养殖5000只、年销售3万只规模。重点发展特色文化旅游业，推进旅游服务业与伦布岗日神山、如角温泉等自然景观和“甲谐”非遗文化、“铁姑娘”发源地文化产业联动发展，打响“甲谐之乡、西部驿站”品牌，打造“观雅江、赏甲谐、品羊肉、宿驿站”文化旅游发展格局。农牧业基础地位不断巩固，实施“青稞增产行动”，实现粮食产量299万斤、青稞产量269万斤，完成指标任务的103%、108%，圆满完成“青稞增产行动”；牲畜存栏总数181164头（只、匹）、出栏64830头（只、匹）。第三产业快速发展，接待过往游客7.9万人次，实现旅游总收入1295万元；边境贸易平稳增长，进出口总额9689多万元；非公经济加快发展，市场主体发展到1184家、注册资金4.43亿元、从业人员4528人，同比分别增长15%、142%、23%。

（五）招商引资抓“落地”。高规格成立办事机构，成立招商引资工作专班，明确工作职责，做到专人专职。高度关切关注招商引资工作，先后召开4次招商引资项目专项会议，全力推动项目签约入驻、落地生根。高起点储备发展项目，结合经济发展规划、产业结构模式，积极谋划招商引资项目，对相关项目进行详细策划、论证，建立招商引资项目库，特别是对拉藏乡、达吉岭乡流量大、交通位置便利、能源条件好、具有开发价值的2处泉水，及时列入招商引资项目库，积极推动意向企业入驻，力争早日实现开发利用、投产增收。高标准强化办公保障，年初安排招商引资专项经费，并列入财政预算。印制招商引资服务指南、办事流程等相关资料，积极参加“央企助力活动”“招商引资洽谈会”等各类招商引资活动。根据落地项目建设推进情况，按月、季、年及时报送工作信息、统计报表。高质量签定投资协议，年内签约项目4家。重点围绕霍尔巴羊产业，引进养殖、畜产品加工和饲草种植项目；围绕易地搬迁和边境小康村建设，引进建筑建材项目；围绕改善服务民生，引进民用加气站项目。高效率推动资金落地，高速、优质推动项目落地、见效，项目资金落地金额总体保持稳中有升、持续向好。项目合同金额1.01亿元，实际到位资金0.92亿元，完成指标任务的106%。

二、社会大局安全和谐、持续稳定

（六）维稳综治抓“久安”。强化宗教领域管控，制定宗教领域排查整治行动方案，成立工作专班和涉宗领域督导检查组，采取明察暗访、突击检查等方式，不间断、全方位对辖区内各寺庙值班带班、在岗履职、僧人在位等情况进行督导检查。强化社会面管控，强化全天候视频监控，加强对重点场所重点区域车巡、步巡，做到“白天见警察、晚上见警灯”，震慑各类违法犯罪、捣乱破坏活动，维持良好社会治安秩序。强化公共安全管控，对加油（气）站、建筑施工、道路交通、食品药品、人员密集场所消防安全等重点行业和领域安全生产隐患进行不间断排查整治，重点防范易发事故类型，集中治理影响安全生产的突出问题。强化一线维稳管控，严格落实各项既定维稳措施，充分发挥联防队员、“双联户”等基层维稳力量，深入边境一线、通外山口不间断进行巡逻并及时上报有关情况，严密监控五个通外山口为主的105公里边境沿线一举一动。强化重点人群管控，坚持属地管理和异地联管相结合，依法加强对11类59种重点人员的分级分类管控和属地联保帮教，严密掌控各类重点人员活动轨迹和行动动向，及时通报预警、果断防范处置异动迹象，真正做到心中有数、全部管住。认真做好矛盾纠纷调处，始终保持各类矛盾纠纷隐患排查化解不放松，特别重视利用敏感时段、重要会议择机上访和进京上访问题，对可能引发群体性事件、越级上访、进京上访等矛盾纠纷隐患和可能引发社会炒作、形成热点的敏感问题，逐一落实工作专班和专项化解稳控措施，严防敌对势力插手利用，最大限度减少社会不和谐因素、降低矛盾纠纷对社会稳定影响。

（七）统战民宗抓“团结”。依法管理宗教事务，不断巩固发展民族团结，着力促进长治久安。健全组织领导机构，成立县委统一战线工作领导小组和宗教工作领导小组，明确各职能部门工作职责，形成统一战线、民族宗教工作齐抓共管良好格局。积极落实主体责任，召开县委理论学习中心组、县委常委会等会议，传达学习有关统一战线会议及文件精神，听取统一战线工作情况汇报，研究部署统一战线、民族宗教工作中的重大问题，把统战民宗工作与发展、稳定、生态工作同部署、同检查、同考核。健全联系寺庙机制，制定县级领导干部联系寺庙僧尼制度，实行“1+1”模式，采取“123”措施，深入开展宗教领域专项排查整治，建立完善寺庙僧人“两迹两证六表”档案信息及社会流动从事宗教人员基本信息。深化法制宣传教育，把爱国法规宣传教育贯穿统战民宗工作全过程，分层次、有针对性地开展宣传教育活动。特别是结合“四讲四爱”主题教育实践活动，广泛开展党的民族宗教政策、有关法律法规和新旧西藏对比以及各项惠僧利僧政策宣讲活动，促进爱国守戒。配齐配强涉宗干部，从县直部门、乡镇骨干人员中选派一批政治素质好、工作能力突出、善于处理复杂问题、有一定宗教知识的干部充实到寺庙管理机构。调整充实驻寺干部7名，提拔重用3名，驻寺干部配齐率100%。落实转化安置政策，全面落实学经回流人员特殊安置帮扶政策，尽力解决他们在生产生活中的实际困难和问题，及时发放转化安置服务补助，确保“安得稳、留得住、不回流”。解决寺庙实际困难，本着“宗教工作无小事”理念，由县本级财政出资135万元解决寺庙饮水、消防、维修等困难，足额安排“六个一”专项活动经费。扎实开展创建活动，建立健全领导体制和工作机制，制定创建活动实施方案，将创建经费纳入财政预算，丰富宣传教育方式，召开民族团结表彰大会，拓展活动内容、创新活动载体、突出活动特色。

（八）安全生产抓“防范”。始终以对人民极端负责的态度抓好安全生产工作，站在人民群众的角度想问题，把风险隐患当成事故来对待，守土有责、敢于担当、完善体制、严格监管，全县安全生产形势保持总体平稳态势，未发生安全生产事故。加强组织领导，成立政府县长任主任，分管安全生产的党政领导任副主任，相关单位主要负责人为成员的安全生产委员会。按照党政同责、属地管理原则，安委会统一组织领导全县安全生产监督管理工作，定期不定期召开安全生产工作会议。加强隐患排查，组织开展重点行业和重点领域安全生产隐患大排查，加大隐患整治力度，加强对重大危险源单位的安全监管。在国道沿线危险路段设立13个大型安全警示牌、1个交通安全事故警示台、16个爆闪灯；开展危险化学品及烟花爆竹领域检查，严格检查输气输油管道、报警器械监控器材、安全警示标志、单位日常管理、24小时值班制度等落实情况；开展建筑施工领域检查30次，发现安全隐患35处并全部整改完成；开展非煤矿山领域检查1次，发现隐患1处，当场整改1处；开展公共场所领域检查31次，下发整改文书6份并全部整改完成。加强职业病防治，统筹协调全县职业病防治工作，督促落实职业病防治有关规定，制定职业病防治工作联席会议制度，全面落实作业场所职业病危害监管和职业病防治政策措施，做好用人单位职业病危害项目申报工作。加强宣传教育，组织县城内重点场所作业人员举办安全生产培训班，开展“安全生产咨询日”“安全生产月”“安康杯知识竞赛”等活动。

（九）信访工作抓“预防”。以抓源头、常预防为重点，以强化服务意识、确立“群众利益无小事”为工作思路，实现2个月以内信访事项“零搁置”。健全体制机制，按照“三到位一处理”要求和“防盯疏复”原则，坚持一手抓信访事项解决，一手抓源头性、基础性工作，逐步推动信访工作步入规范化、制度化、法治化轨道。规范来访办理，年内共接待办理群众来访14批（件）次、47人次（集体访4批、25人次，个体访10件、22人次），无来信件。信访事项均在首办环节得到及时妥善有效解决，初访办结率达100%，杜绝信访事项“空转”“初转重”现象。加强源头治理，建立健全县乡村三级矛盾纠纷排查调处联动机制，建立矛盾纠纷排查化解动态台帐，坚持重大节日期间定期排查和日常不定期排查相结合、重点领域与全面排查相结合，对排查出的矛盾纠纷，明确责任领导和化解措施，坚决把矛盾纠纷解决在基层、消除在萌芽，切实做到各类矛盾纠纷发现在早、处置在小。先后开展矛盾纠纷集中排查53次，尤其突出工程建筑领域“双拖欠”隐患，排查矛盾纠纷31起，化解31起。

（十）人民防线抓“安全”。健全制度机制，制订年度国家安全工作计划，纳入社会治安综合治理责任书，层层分解落实责任；制订工作领导小组职责制度、信息联络员工作职责制度，各单位明确1名信息联络员。营造宣传氛围，利用板报等媒介，用群众喜闻乐见的形式广泛宣传国家安全知识，印发反邪教、反非法宗教等宣传资料7000多份；对重点人员进行国安知识教育，增强爱国意识、安全责任意识。研究重点工作，工作领导小组定期召开例会，专题研究重大重要节日特别是重要敏感日期安全保卫和防范工作，加强对有关单位日常督查，确保辖区安全。严格执行规范，制订完善四省藏区学经回流人员管控工作方案，开展月排查、季回访；严格信息上报、领导小组例会制度，建立“五防”工作预案，做到组织、人员、制度、保障措施全到位。

三、党的建设统筹推进、守正出新

（十一）基层党建抓“基础”。大力实施“党建珠峰”战略，坚持“三个牢固树立”，以加强党的长期执政能力建设、先进性和纯洁性建设为主线，以党的政治建设为统领，以坚定理想信念宗旨为根基，全面调动各级党组织和广大党员的积极性、主动性、创造性，坚决做到对党绝对忠诚、坚决巩固党的执政基础、坚决打造过硬队伍、坚决抓好从严治党，夯实基层党建基础。始终不忘组织建设这个重点，找准“工学矛盾突出”、机关党建“灯下黑”和党组织活动流于形式等问题根源，严格党组织“改、组、建”程序，设立或调整93个基层党组织。精心制定“三会一课”、组织生活、民主评议党员、谈心谈话、党员志愿服务活动等时间、任务、制度清单。每月安排“主题党日”活动和“党员活动日”，规范党费收缴、使用和管理，每月第一周的星期五固定为党费收缴日。始终不忘队伍建设这个关键，采取现场督导等方式，重点查找个别党组织党员发展程序倒置、环节缺失、突击发展、入口把关不严等问题。编印党员发展工作手册，明确发展党员程序步骤、材料要素、时间节点，全年培养和发展97名党员。规范和完善党员组织关系接转手续，从源头上杜绝“口袋党员”“失联党员”。开展党员信息采集工作，强化党员档案和个人信息管理。深化党员志愿服务活动，做到每月有主题、每个支部有活动。始终不忘基层基础这个前提，完善村“两委”班子争先进位考核奖励办法，严格落实村干部坐班考勤制度，稳步提高村干部报酬待遇。坚持“一村一策”“一村一图纸”，高水平高标准建好8个村级组织活动场所。采取村级夜校等方式，稳步提升村干部文化素质能力水平。始终不忘村级组织这个基础，严格按照自治区“六个凡是”、市委“三个十条”和我县“六种情形”标准，坚决落实区党委、市委既定环节、程序、步骤，县乡村三级方案做到统筹推进。从县乡机关选派8名优秀年轻干部到村任职，选配村“两委”班子成员203名、村监委成员111名。

（十二）党风廉政抓“关键”。持之以恒正风肃纪，以钉钉子精神落实各项任务，做到全面从严管党治党。强化体制机制，完善党风廉政建设和反腐败工作责任机制，及时安排部署全年党风廉政建设和反腐败工作重点任务，与全县7乡1镇负责人、县直机关各部门主要负责人签订《党风廉政建设目标责任书》。强化正风肃纪，着眼抓早抓小抓常，严格落实中央“八项规定”、区党委“约法十章”“九项要求”，坚决反对“四风”，严禁公款吃喝、公款旅游、公车私用，禁赌禁酒，强化日常教育、提醒、警示。加强监督检查，健全查办案件组织协调机制，采取自查自纠、明查暗访、专项检查和重点抽查等方式深入开展监督检查，规范财务管理，严肃财经纪律。严肃查办案件，设置举报箱、开通举报电话、下访询问干部群众，拓展和畅通信访举报渠道，多途径挖掘和捕捉案件线索。先后受理群众来信来电来访举报3件，自办4件，转办4件，其中了结5件、立案5件。强化纪律审查，转变理念、改进方式，正确运用监督执纪“四种形态”，特别是立足抓早抓小，对党员干部一般性、苗头性和轻微违纪问题，按照干部管理权限，进行谈话提醒、教育诫勉，把问题消除在破纪之初、违法之前，先后约谈5人、通报批评10人、谈话函询1人、诫勉谈话1人、党内警告处分3人。落实巡察制度，建立健全县委巡察工作党政“一把手”负总责制度机制，完成32家单位的政治巡察，巡察利剑作用得到有效发挥。强化巡视整改，抓牢抓实区党委巡视一组反馈意见整改工作，着重抓好党的领导弱化、党的建设缺失、从严治党不力三个方面30项整改事项，完善规章制度，用制度固化巡视整改成效。

（十三）意识形态抓“宣传”。充分认识进一步加强思想政治建设的至关重要。深刻领会、坚决贯彻习近平总书记治国理政新理念新思想新战略特别是治边稳藏方略，对区党委九届三次全会审议通过的加快全面建设社会主义现代化西藏的意见、市委一届五次全会提出的“6677”工作思路，特别是十九大报告作出的“中国特色社会主义进入新时代”重大判断进行认真学习、广泛宣传，使会议精神真正深入基层、深入群众、深入人心，教育引导各族党员干部群众知党恩、明白“惠在何处、惠从何来”，感党恩、永远铭记党的恩情，报党恩、坚定不移跟党走，在思想上政治上行动上始终同以习近平同志为核心的党中央保持高度一致。年内县委理论学习中心组开展集中学习30次。自觉带头、广泛激励党员干部职工始终保持强烈的政治责任感和历史使命感，增强“四个意识”，坚定“四个自信”，大力弘扬“红船精神”“长征精神”“老西藏精神”“两路精神”和“珠峰精神”，登高望远、居安思危，勇于变革、勇于创新，在贯彻落实区党委“四个坚定不移”、市委“6677”工作总体思路、建设“美丽萨嘎、幸福家园”中提振精神、主动作为、敢于担当、争先进位，放大“与其苦熬消耗生命、不如苦干燃烧青春”的正能量，做神圣国土的守护者、幸福家园的建设者。提高认识、牢牢掌握思想工作领导权和主动权，全心全力、真情真意抓好“四讲四爱”主题教育实践活动、文明创建、对外宣传、文化队伍阵地建设等各项工作，创新打造“马背宣讲队”“边境摩托车联防宣讲队”“夕阳红老党员宣讲员”“致富能手宣讲员”等特色宣讲法，服务“最后一公里”、温暖“最远一家人”。学习宣传、贯彻落实党的十九大精神，强化党的十九大召开前社会氛围营造，做好党的十九大开幕式盛况收听收看，编撰党的十九大精神学习宣传读本，大力开展党的十九大精神系列宣讲，邀请专家学者开展专题辅导讲座。十九大代表、自治区副主席、市委书记张延清同志，区高法院长索达同志，市委常委、统战部长巴桑同志，市政府副市长李玉建同志等省厅级领导先后到我县开展党的十九大精神宣讲。目前，全县各级各部门先后以各种形式组织学习、宣传党的十九大精神400余场次，实现全覆盖、无死角。

（十四）强基惠民抓“管理”。严格队

员管理，规范驻村干部考勤与请销假制度和驻村工作周抽查、月普查、季考核制度，下发《关于进一步规范驻村干部轮休休假有关事宜的通知》《萨嘎县驻村干部纪律要求》，制定《驻村干部考勤与请销假制度》《驻村工作周抽查、月普查、季考核制度》。年内周抽查37次、182个（次）驻村工作队；月普查10次、380个（次）驻村工作队；季考核3次、列出整改任务106条并全部整完完成。打造特色载体，探索“帐篷驻村点”“临时帐篷驻村办公点”等驻村工作新模式，每月定期不定期到各草组和放牧点搞调研、做宣讲、办培训、送温暖。工作成绩突出，县强基办荣获2017年度“自治区级先进单位”荣誉称号。

四、民生事业明显进步、温暖人心

（十五）教育教学抓“质量”。加大投入力度，年度本级财配资金达到26%，比去年提高4%，经费预算达369万元，改善办学条件资金单列预算120万元，援藏资金预算投入921万元。提高教师待遇，提高临时工工资及中职毕业生学前教育岗位工资，临时工每月工资从1400元提升到2000元、中职毕业生每月工资从1400元提升到3000元。及时足额兑现乡村教师生活补贴，缩小四类与三类乡村补助差额，补贴三类区乡村教师生活补助每人每月300元。设立50万元专项教育奖励资金，表彰优秀毕业生、优秀教师、优秀班主任和优秀教育工作者。在符合条件基础上，教师职称评比向乡镇教师和条件艰苦学校教师进行倾斜照顾。开展教育扶贫，设立教育圆梦基金，解决建档立卡贫困大学生和低保户大学生全额学杂费、生活费等，发放教育扶贫资金25.81万元。完善基础设施，完成达吉岭乡等5个乡完小附设幼儿园、昌果乡完小灾后重建、拉藏乡等5个乡完小改扩建项目，建设提布卓纳村、杰村、萨当木村、达琼村（援藏）4所村级幼儿园。巩固入学成果，小学、初中巩固率分别达到98%、96%，学前教育入园率、中考升学率分别达到42%、68%。

（十六）文化建设抓“特色”。保护利用好甲谐等非遗文化，甲谐作为中华璀璨民族文化中的杰出代表之一，不仅是一种舞蹈，更是一部史诗，是一个时代的符号，是藏汉人民友好、团结的象征。加强研究甲谐文化等文化遗产、文物和自然遗产的历史价值、科学价值和社会价值，加大保护力度，不断激发甲谐文化内在活力，深度挖掘其中蕴藏的历史文化、宗教文化、服饰文化、饮食文化、教育文化等，对其进行全方位宣传、展示，借助“珠峰文化节”等平台，打响甲谐文化品牌，发展文化旅游业，为文化扶贫提供强大动力。成功申报达吉岭寺、布扎寺列入第七批自治区文化保护单位。坚持文化惠民，“村村通”“户户通”“舍舍通”工程有序开展。实现全县38个行政村3561户的“户户通”直播卫星覆盖，全县9座寺庙“舍舍通”全覆盖，广播和电视覆盖率分别达到99.7%和99.8%。建设“农家书屋”38家、寺庙书屋5家，补充书屋图书4000多册，其中藏文出版物占98%以上，大力开展“书香萨嘎、全民阅读”活动。健全服务体系，大力推进文化志愿者服务，招募119名县乡村三级文化志愿者。开展优秀传统文化进校园、进机关、进牧区，推进送文艺、送电影下乡活动。建设基础设施，建设完成并投入使用民间艺术团排练场所，完成数字影院基础设施建设并投入使用。完成有线数字电视整体主光缆、前端设备的安装，目前正逐一安装入户机顶盒。免费开放“五室一厅一基地”公共文化设施，开展文化遗产日免费参观等活动。规范文化市场，加大文化市场监管力度，举办文化经营者培训班，联合开展文化市场大检查。

（十七）社会事业抓“民生”。始终坚持以人民为中心的工作导向，谋民生之利、办民生之事、解民生之忧，坚持把主要精力、主要时间、主要资金、主要资源用于改善民生上，不断满足人民日益增长的美好生活需要，使广大农牧民群众拥有更好的教育、更稳定的工作、更满意的收入、更可靠的社会保障、更高水平的医疗卫生服务、更舒适的居住条件、更优美的环境、更丰富的精神文化生活。投入培训资金123.9万元，开展劳动技能培训460人次，实现劳务输出8511人次，创收2354.2万元。完成15559名城乡居民、干部职工的电子信息录入登记工作，完成率100%。对53名未就业大学生（中职生）进行结对帮扶，实施就业动态清零行动。累计为25户、33人城镇低保对象发放低保金27.56万元，为488户、1670人农村低保对象发放低保金350.42万元，为98名“五保”对象发放五保资金48.41万元。城乡医疗救助1156人次，累计支出救助资金50万元。养老、医疗、失业、工伤、生育五大保险参保人数分别达9085人、2254人、739人、1278人、1166人，基金征缴率达100%。做好医疗卫生服务、妇幼保健、重大疾病筛查、健康精准扶贫等多项工作，有效解决群众看病报销难等问题。开展全民健康体检、重大疾病筛查，把全民健康体检与包虫病、结核病、骨关节疾病、先心病筛查和出生缺陷干预、孕前健康检查等同步开展，筛查13719人，检查出包虫病阳性188例，药物治疗93例、手术治疗95例。建立城镇居民、老年人健康档案和高血压、2型糖尿病患者档案。及时落实住院分娩补贴等各项计生惠民政策，乡级卫生院接生能力不断提高，住院分娩率达98%。开展帮扶、救助为主要内容的健康扶贫，逐步消除因病致贫。

五、生态保护全面加强、成效显著

（十八）造林绿化抓“管护”。大力植树造林，加快拉萨周边防护林、防沙治沙、湿地保护等项目建设，实施庭院增绿、拆违建绿、见缝插绿、退地还绿“四绿工程”，广泛组织动员全县干部职工、驻军部队、县中直单位开展植树活动，当年植树造林177.8亩、新增植树15000余株，并实行分片包管制，江孜沙棘、北京杨、细叶红柳等长势良好。落实惠民政策，及时兑现2016年森林生态效益补偿资558.26万元，并全程督导核查各乡镇补偿资金兑现情况，做到补偿资金及时足额兑现给群众。管护好动植物，开展野生动物保护区保护、宣传教育、资源可持续利用等各项工作，有效防止私开滥占、乱砍滥伐、乱捕滥猎等现象，一批珍稀濒危物种栖息地和环境得到有效保护。高度重视野生候鸟疫病防控监测，将林地管护与野生动物保护结合起来，做好藏珍稀动物巡护工作，加大野生动物及其栖息地和雅江上游湿地保护和管理力度。

（十九）环境保护抓“整治”。坚持重典治乱、铁规治污，驰而不息打好“治脏”“治乱”“治差”“白色污染”“黑臭水体”等环境治理组合拳，严格执行禁绝一次性塑料袋行政命令，重点整治交通要道、人口聚居区、河道沿岸白色垃圾、建筑垃圾，珍惜好萨嘎的每一座山、每一条河、每一块湿地、每一片草原，努力打造“绿意盈野、生机勃勃”的农区美景、“一碧千里、牧歌悠扬”的草原美景。强化依法监管，严把环境影响评价关，严格审批建设项目环境影响评价登记表46项内容，开展建设工程领域环境影响评价违法项目清理工作，对有关企业（项目）下达限期整改通知书。提升监测能力，完成全年四个季度县城自来水厂、雅江县城段水质及县城空气监测，环境质量保持持续良好，县城空气质量总体优良。做好迎检准备，全面做好42项问题整改“回头看”，分级分类抓好重点整治。对自治区提出的雅江源二期生态保护项目施工进度缓慢问题不留余力，全力推进项目实施；对市级指出的9项问题，逐一逐项整改，签订环境保护目标责任书；对自查出的32项问题，及时清运县城建筑垃圾，开展“环境卫生大扫除”活动，彻底淘汰每小时10蒸吨以下燃煤锅炉。全面推行河长制，县乡及时成立河长制领导小组、制定完善工作方案、明确各自具体分工，确保水净、岸绿、景美、河畅。

六、深化改革闯关夺隘、蹄疾步稳

（二十）深化改革抓“创新”。加强组织领导，及时调整充实深化改革工作领导小组和专项小组；加强调查研究，形成6篇调研报告；强化任务落实，制定《中共萨嘎县委全面深化改革领导小组2017年工作要点》，承接上级改革成果55项、本级成果13项；加强信息报送，报送改革信息62期、月报9期、季报3期、（半）年报2期，深化经济体制改革，推进扶贫领域改革，制定《萨嘎县统筹整合涉农资金推进精准扶贫的实施方案》《萨嘎县2017年财政涉农资金统筹整合使用实施方案》；开展土地制度改革，制定《萨嘎县开展农村土地（耕地）承包经营权确权登记颁证工作的实施方案》。深化文化体制改革，加强群众思想教育，制定《萨嘎县“讲党恩爱核心、讲团结爱祖国、讲贡献爱家园、讲文明爱生活”喜迎党的十九大主题教育实践活动社会面宣传工作方案》《萨嘎县开展“讲党恩爱核心、讲团结爱祖国、讲贡献爱家园、讲文明爱生活”喜迎党的十九大主题教育实践活动农牧民群众工作实施方案》。加强民族团结，制定《萨嘎县喜迎日喀则市首届“民族团结进步日”活动实施方案》。加强公共文化服务，制定《萨嘎县加快构建公共文化服务体系建设实施方案》。深化社会体制改革，开展医疗卫生体制改革，制定《萨嘎县新型农牧区医疗管理办法实施细则（2017年）》《萨嘎县包虫病综合防治工实施方案（2017—2020年）》《萨嘎县家畜包虫病防治工作方案（2017年—2020年）》。深化生态文明体制改革，加强环境综合整治，制定《萨嘎县2017年环境综合整治工作方案》《萨嘎县“白色污染”专项整治实施方案》《萨嘎县全面推行河长制工作方案》《萨嘎县关于推动形成绿色发展方式和生活方式宣传报道方案》。加强地质灾害防治，制定《萨嘎县2017年地质灾害防治工作方案》。强化生态奖励机制，制定《萨嘎县建立草原生态保护补助奖励机制政策实施方案（2016-2020年）》。深化民主法治领域改革，加强普法教育，制定《2017年普法依法治理工作要点》《萨嘎县普法办关于进一步加强领导干部学法用法工作的实施方案》。深化纪律检查体制改革，推进监督体制改革，制定《中共萨嘎县委巡视工作五年规划》。深化党的建设制度改革，加强基层党建工作，制定《萨嘎县关于贯彻落实“党建珠峰”战略加强和改进基层党建工作的意见》。加强党员思想教育，制定《萨嘎县关于进一步加强干部职工政治理论和业务知识学习的意见》。

七、法治政府全面推进、步伐加快

（二十一）*法治政府抓“建设”*。加强顶层设计，调整充实法治政府建设工作领导小组，制定《萨嘎县贯彻落实〈法治政府建设实施纲要（2016—2020年）〉实施方案》，印发《萨嘎县人民政府办公室关于印发〈萨嘎县2017年度依法行政工作要点〉的通知》《萨嘎县2017年度法治政府建设工作考核方案》。严格报告制度，依法按程序逐级进行报告，召开依法行政工作专题会议，专题研究部署全面推进法治政府建设具体任务措施，及时报送推进法治政府建设工作信息。科学民主决策，对政府重大行政决策的具体事项和量化标准进行细化，依法做好公众参与、专家论证、社会稳定风险评估和合法性审查；严格遵守重大行政决策程序，制定规范性文件、签署重大合同等一律坚持合法性审查制度；落实政府法律顾问制度，充分听取法律顾问法律意见。公正文明执法，强化对行政执法人员资格审查，没有取得执法资格的人员一律不准上岗执法。加强对重点领域执法工作的领导，对不作为、乱作为的行政执法行为加大教育惩处力度。建立健全并严格执行重大行政执法决定法制审核制度和集体讨论决定制度。

八、贯彻要求不折不扣、严肃认真

（二十二）*贯彻要求抓“落实”*。对市委、市政府的一系列决策部署坚决做到学习领会好、贯彻落实好、请示报告好、整改反馈好、总结汇报好，学习领会市委、市政府所发文件纪要决不“走马观花”、贯彻落实市委、市政府所提措施决不“缺斤短两”、请示报告市委、市政府所讲事项决不“先斩后奏”、整改反馈市委、市政府所点问题决不“掩耳盗铃”、总结汇报市委、市政府所作要求绝不“欺上瞒下”，始终保持奋发有为的精神状态，让人民群众有更多获得感。

一年来，在市委、市政府的坚强领导下，在吉林省四平市的无私援助下，县“四套班子”团结带领全县各族干部群众，以迎接、学习、宣传、贯彻党的十九大精神为主线，深入学习贯彻以习近平同志为核心的党中央治边稳藏重要战略思想，学习贯彻新发展理念，迎难而上、开拓进取，大力弘扬坚韧不拔、巍峨不屈、感恩向上、敢为人先的“珠峰精神”，各项事业不断开创新局面，和谐文明幸福美丽日喀则、“美丽萨嘎、幸福家园”建设不断取得新成就，抖擞出新的强盛朝气活力。

索 引

说 明

一、本索引采用主题分析方法，款目按汉语拼音字母（同音字按声调）顺序排列，若首字拼音相同则按第二字音序排列，以此类推。

二、文中的类目、分目用黑体字标明。

三、索引款目后的数字表示内容所在的页码，数字后的英文字母（A、B）表示栏别(即版面的1、2栏)。

四、同一主题的内容在文中多处出现的，在其款目后用不同的页码标明。

A

安全工作 126b
安全管理 89b
安全生产 70a 108a 116b 151a 155a
安全生产监督管理 97a
安全生产宣传教育 98b
安置帮教 86b
安装地震烈度仪 130b

B

8月 41a
白色污染治理和环境保护 100b
“百企帮百村” 145a
办实事解难事 142b
帮扶救助 76a
包虫病筛查救治 132b
保障房建设 119a
边防巡逻 90b
边境管控 91a
边境管控 91b
编译工作 72b
补短板破难题 146b
部队管理 92a
不忘初心 牢记使命 高举习近平新时代中国特色社会主义思想伟大旗帜加快建设美丽萨嘎幸福家园 11

C

财政 101a
财政保障 101b

财政改革 102b
财政收支 101a
参谋服务 93a
产业项目 143b 155a
产业发展 49b
昌果乡 158b
成品油监管 117b
城区绿化 113b
城市管理 119b
城乡低保 140b
从优待警 83a
村级集体经济 163b
村集体经济 161b
村实体经济 161a
村组织换届 148b
存贷业务 104b

D

达吉岭乡 150a
打击传销 100b
大学生（中职生）就业创业工作 136a
代表工作 65b
代表之家 66b
旦嘎乡 163a
党风廉政 52a 149a 153a 155b 159a 162a 165a
党建带团建 78a
党建工作 155a
党外代表人士队伍建设 64a
党员队伍建设 56a
道路交通 163b
砥砺奋进 铿锵前行 开启美丽萨嘎幸福家园建设新征程 1
地理概况 46a
地质环境工作 97a
电力工业 115b
电信 109a
调查研究 74a
动物疫病免疫 112b
督办代表建议 67b
对口帮扶 134b
对口援助 78a
对外贸易 117a
队伍建设 63a 78a 85b 89a 124b 148b 161b

E

2 月 33b

F

发展用地保障 96b
发展与改革 93a
法律服务 86b
“法律七进” 86b
法院 84b
法治政府 70b
防抗灾工作 112b
防沙治沙 113b
防灾减灾工作 115a
非公经济人士培养 65a
扶贫开发 143a
服务经济 105a
服务经济发展 63b 100a
服务青少年工作 77b
服务支持经济发展 102a
妇联工作 164b
妇女工作 78b
妇女维权 78b
妇幼保健 134a
妇幼卫生 132a

G

改革开放 94b
概况 48a 53a 55a 58b 61a 63b 65b 67a 67b 71a 72b 73a 74b 76a 77a 78b 80a 81b 83b 84b 86a 88a 91b 93a 95b 96a 97a 98b 99b 101a 102b 104a 104b 106a 107a 108b 109a 109b 111a 113a 114b 115b 117a 119a 120a 122a 124b 126a 127a 129a 131a 133b 135a 137a 139b 141b 143a 146a 148a 150a 152a 154a 156a 158b 161a 163a
干部队伍 150b
干部队伍建设 55b
干部驻村 151b
耕地保护 96a
公安 81b
工程监督检查 115a
工程建设 116a
公共服务 68b
工会工作 76a
工会工作 164b
工会经费收缴管理 76b
公路建设 106a
公路养护 106b 107b
公路养护与管理 107a
工商行政管理 99b
公示公开 102b
工资福利 136a
共青团工作 77a
广播电影电视 128b
规范藏语文社会用字 72b
国家级奖励 166a
国家税务 102b
国土资源 158a
国土资源管理 96a

H

"河长制" 115b
后勤保障 92a
后勤管理 126a
后装保障 90a
环保监测 121a
环保宣传 120a
环境保护 120a
环境整治 162b
"会改联" 79a
会务工作 67a
婚姻登记 141b

J

基层党建 51a 150b 152a 157a 164a
基层卫生工作 132a
基层政权建设 141a
基层组织建设 55b
基础党建 159a
基础建设 134b
基础设施建设 85b 123b
机构编制 152a
基建项目 157a
机关事务管理 72a
机要保密工作 53a 72a
疾病控制 131b
集体林权制度改革 114a
纪律检查 61a
技能培训 135b
加加镇 148a
家庭签约服务 133a

监督管理 95b 145b
监督执法 120b
监管场所管理 82b
监管执法 100a
检察 83b
健康精准扶贫 133a
建强基层组织 142a
建筑业监管 119b
交通管理 82b
交通运输管理 106a
教师培训 126a
教学安全 124b
教学管理 125b
教学与科研 123b
教育工作 153a 154b 158a 160b
教育管理 122a
教育惠民 124a
教育教学 126b
教育投入 123a
教育卫生 149b
教育文化 151b
教育医疗 144b
结对帮扶 74b 143b
金融服务管理 104b
金融业务 108b
经费管理 78a
经济调节 93b
经济发展 154a 163a
精神文明 156a 165b
精神文明建设 60a
9月 42a
卷烟销售 104a
军事训练 92a

K

开展“四讲四爱”主题教育实践活动 59a
科技成果转化 130a
科技管理 129a
科技服务保障 112b
科技交流与合作 130a
科技精准扶贫 129b
科技特派员 130b
客户服务 109a
矿产资源 47a
矿产资源管理 96b

L

拉藏乡 154a
劳动维权 137a
劳务监督 136b
劳务输出 136a 162b
理论宣传 58b
历史沿革 46a
廉政教育 62b
“两限一警” 82b
“两学一做” 148a
林业 113a
6月 38a
路政管理 107b
落实“两个责任” 61b
落实惠民政策 143a
旅游经济 118b
旅游资源 47b

M

民兵训练 90b
民兵组织调整 90b
民风民俗、风土人情 47b
民生保障 160b

民生事业 95a 163b
民生项目 78b
民政 139b
民政工作 158b
民主监督 72b
民族工作 137a
民族与人口 47a
民族与宗教事务 137a
牧业生产 154a

N

纳税服务 103b
内部管理 95b 103b 108a 109a 109b 110b
内部运营 105b
农电体制改革 116a
农林 151a
农牧工作 160b
农牧林业 150a 163b
农牧区改革 113a
农牧业 111a
农牧业 162a
农牧业产业化 111b
农牧业项目 111b

P

培训创业 144a
培训指导 72b
配合上级部门 67b
平台建设 137a

Q

“七五”普法 87b
7月 39b
强化维稳措施 142a
强基惠民 141b
强基惠民工作 56a
强农惠农政策 112a
抢险保通 107a
青年志愿者服务 77b
青少年思想工作 77a
全口径大稽查制 99a
全民健康体检 132b
群团工作 151b 160b 162a
群团建设 149b
群众工作 92b

R

人大办公室工作 67a
人大工作 152b 157b
人力资源和社会保障 135a
人民调解 86a
人民武装 88a
如角乡 152a

S

萨嘎县2017年目标绩效争先进位考核汇报材料 194a
萨嘎县2017年目标绩效争先进位考核自查报告 198a
萨嘎县人大领导班子年度工作总结 182a
萨嘎县人民代表大会 65b
萨嘎县人民政府 67b
萨嘎县县委领导班子年度工作总结 170a
萨嘎县政协领导班子年度工作总结 187a
“三书一证” 120a
3月 34a
商品监管 118a
商事制度改革 99b
商务工作 158b

商务 117a
社保兜底 144a
社会保障 135a 150a
社会救助和社会福利 140a
社会事业 151b 153b 154b 162b
社会治安防控 82a
社区矫正 86a
深化改革 53b
审判管理 85a
审判执行 84b
生态补偿 144b
生态建设 69a
生态文明建设 121b
生态效益补偿政策 113b
湿地保护 114a
12月 44b
食品安全监管 98b
食品药品监管 98b
11月 44a
10月 43a
史志工作 54b
市场监管 104a
市场运行 117a
市场秩序 117b
市级奖励 166b
“双集中”工作 141a
双拥优抚安置 140b
水利 114b
水利资源 47a
水资源管理 115b
税收法治 103a
税制改革 103b
受市级（含）以上表彰先进集体名录 166a
司法改革 85b
司法行政 86a
司法责任制改革 84a
“四讲四爱” 149a
四讲四爱 152b
寺庙管理工作 64b
“四项建设” 82b
4月 35b
诉讼检察 84a

T

体制改革 63a
通信服务 110a
通信网络 109b
统计 95b
统计服务 95b
统一战线 63b
统战民宗 50b 159b
土地资源 47a
土地制度改革 96b
团委工作 164b
推进“两学一做”学习教育常态化制度化 56b
脱贫攻坚 48b 68a 150a 151a 153b 154b 156a 159b 161b 163b
拓宽致富门路 142b

W

完成村组织换届选举 57b
网络管控 82a
网络建设 109a
维护社会稳定 80a
维护职工权益 76b
维稳综治 50a
卫生 131a
卫生服务体系 131a
文稿起草 67a

文化发展　59b

文化管理　127a

文化活动　127a

文化生活　126b

文化宣传　159b

文化遗产　127b

文史资料　74b

文体活动　77a

“五消除”　114a

5月　36b

X

系列活动　79b

夏如乡　161a

县情概述　46a

县完小　126a

县委办公室工作　53a

县政权机关、群众团体、垂直领导　单位、直属事业单位及乡镇领导（负责人）167a

县中学　124b

项目建设　93b　121a　129b　133a

消防　83b

消费维权　100b

小康村建设　94b

新的社会阶层人士　65a

新闻出版管理　128a

信访工作　70b

信息工作　53b　71b

刑事检察　83b

刑事侦查　81b

行政区划　47a

雄如乡　156a

畜牧业　111b　153b　156b

宣传工作　58b

宣传教育　99b

宣传思想　165a

选举任免　66a

学科建设　133b

学前教育　123b

学生管理　125a

巡察工作　63a

Y

烟草管理　104a

药品医疗器械监管　99a

野生动物保护工作　113b

依法监督　65b

医疗　133b

医疗卫生　158a

“一院一品”　84b

1月　33a

移动　109b

易地搬迁　143b

意识形态　52b

艺术创作　127b

隐患排查　97a

迎检工作　121b

应急管理　98a

应急救灾　139b

油品管理　82a

邮政　108b

邮政业务　108b

舆论引导　58b

预防未成年人犯罪　78a

预防职务犯罪　84a

Z

灾后重建　68a　94a

藏胞工作　65a

藏语言及编译工作　72b

造林绿化　113b
战备演练　89a
招商引资　69b　117a
招生考试　122a
征兵工作　90a
政策宣传　136b
政法委与综治工作　80a
政府办公室工作　71a
政府工作报告　22a
政权建设　150b
政务督查　71b
政务服务　71a
政务工作　53a
政协办公室工作　74b
政治建设　88b
政治协商　73a
支持地方建设　91a
值班备勤　83b
执法服务　82b
职工之家　77a
执纪审查　62a
职业健康监管　98a
治安管理　82a
中共十九大精神宣讲　60a
中国共产党萨嘎县委员会　48a
中国人民政治协商会议萨嘎县委员会　73a
重点领域监管　97b
重点项目建设　114b
重实际惠民生　146b
重要会议　73a
重要会议述要　65b
重要决定　66b
种植业　111a
抓班子带队伍　146a
抓党建促脱贫　58a
壮大党务工作者队伍力量　58a
主题活动　75b　161b
主要物产　47b
住房登记管理　120a
住房和城市建设　119a
助力脱贫攻坚　143a
注重宣传教育　141b
资源林政管理　114a
自身建设　66b　74a　75a　84b
自治区级奖励　166a
综合服务　74b　133b
宗教工作　138b
宗教领域工作　64a
宗教情况　47b
综治双联户工作　81a
组织工作　55a
组织建设　76a　78a　91b
组织收入　102b
作风检查　61b
作风建设　149b　150b

2017年3月28日，县委书记顿珠主持召开“四讲四爱”主题教育实践活动动员部署会议

2017年6月21日，县委副书记、政府县长郭光成带队检查灾后重建项目建设情况

2017年6月26日，吉林省四平市援藏工作队向县中小学贫困生捐赠物资

2017年6月30日，县委副书记、政府常务副县长卢百超深入布扎寺检查指导工作

2017年1月16日，县委常委、统战部长巴多深入基层开展走访慰问

2017年11月23日，县委常委、宣传部长米玛以普通党员身份参加支部学习

萨嘎县人民代表大会常务委员会

2017年3月26日，县第十三届人民代表大会第二次全体会议隆重开幕

2017年6月27日，组织县级人大代表集中视察灾后重建易地搬迁民房建设工作开展情况

2017年11月21日，组织基层人大代表赴拉萨考察学习

2017年5月26日，组织部分人大代表旁听法庭庭审

2017年6月7日，召开组织县级人大代表开展集中视察环保工作安排会

2017年7月18日，人大常委会组成人员深入乡镇宣讲“四讲四爱”

2017年8月30日，县委副书记、政府县长郭光成深入昌果乡人工种草基地查看长势情况

2018年8月1日，县委副书记、政府县长郭光成看望慰问昌果乡边防派出所官兵

2017年8月17日，县委副书记、政府县长郭光成看望慰问昌果乡库郁寺僧人

2017年5月17日，县委常委、政府副县长次仁旺拉深入提吾卓那村查看灾后重建民房入住情况

2017年7月8日，县委常委、政府副县长李志涛主持召开县城规划修编专题研讨会

2017年7月20日，政府副县长张斌带队检查加加镇泥石流治理工程施工情况

中国人民政治协商会议萨嘎县委员会

2017年3月24日，中国人民政治协商会议第二届萨嘎县委员会第二次会议隆重开幕

2017年11月8日，召开县政协党组会议

2017年9月25日，县政协党组书记、主席吴顿深入拉藏乡检查指导基层政协委员联络办工作开展情况

2017年7月7日，县政协党组成员、副主席次朗深入旦嘎乡调研易地搬迁工作开展情况

2017年6月23日，县政协党组成员、副主席兼加加镇党委书记普琼扎西带队对学校及周边商铺进行食品安全隐患排查

2017年11月3日，县政协委员考察拉萨市堆龙德庆区羊达乡政协委员之家

2017年12月18日，组织政协委员集中传达学习十九大精神

中共萨嘎县纪律检查委员会（监委）

2017年3月27日，组织召开乡镇纪委书记交流研讨暨乡镇纪委工作汇报会

2017年6月23日，组织召开乡镇纪委书记培训会暨工作汇报会

2017年8月26日，联合县公安局等有关单位开展禁赌整治工作

2017年9月17日，组织有关单位负责人参观日喀则市反腐倡廉警示教育基地

2017年9月3日，组织召开监督执纪工作学习交流会

2017年10月4日，召开座谈会专题研讨学习《中国共产党问责条例》

中共萨嘎县委办公室

2017年2月9日，召开2017年度第三次集中学习会暨党风廉政建设工作部署会议

2017年3月14日，组织开展党员志愿服务活动

2017年11月20日，召开2017年全面深化改革工作推进会

2017年11月20日，召开《萨嘎年鉴（2017）》终审会

2017年12月10日，深入结对帮扶对象家中开展慰问活动

2017年12月23日，驻村工作队进行牲畜清点统计

萨嘎县人民代表大会常务委员会办公室

2017年3月25日，组织医务人员为人大代表检查身体

2017年9月6日，办公室工作人员走访慰问结对帮扶对象

2017年10月20日，召开支部学习会议

2017年10月20日，召开支部组织生活会

2017年12月16日，办公室工作人员记录常委会会议内容

2017年12月19日，组织人大代表参观工作展板

萨嘎县人民政府办公室

2017年1月13日，召开专题组织生活会

2017年3月31日，组织干部职工观看《我不是潘金莲》

2017年9月8日，组织党员干部观看教育片

2017年12月，召开第五次集中学习会

2017年12月12日，组织党员干部集中学习十九大精神

中国人民政治协商会议萨嘎县委员会办公室

2017年3月26日，召开宗教界委员座谈会

2017年6月23日，组织县城部分委员对县城商铺进行食品安全隐患排查

2017年8月1日，组织观看党员电教片

2017年8月29日，工作人员陪同次朗副主席深入旦嘎乡检查指导联络办工作开展情况

2017年10月19日，召开2017年度专题组织生活会

2017年11月17日，召开党支部集中学习会议

中共萨嘎县委组织部（编办）

2017年4月15日，举办党务工作人员集中培训班

2017年5月2日，召开县直机关党建工作专题会议

2017年7月23日，开展组织员业务知识培训

2017年8月1日，县远教办工作人员现场教授远程教育站点使用方法

2017年10月1日，开展升国旗唱国歌活动

2017年11月16日，参加夏如乡坚巴夏村村组织换届选举大会

中共萨嘎县委宣传部

2017年2月3日，为建档立卡贫困户发放电视机

2017年2月9日，走访看望慰问结对帮扶对象

2017年4月26日，召开2017年度宣传思想文化工作会议暨精神文明建设表彰大会

2017年6月18日，协助有关单位拍摄旅游文化宣传片

2017年10月18日，组织党员干部集中观看十九大开幕盛况

2017年11月23日，召开支部学习会

中共萨嘎县委统战部

2017年1月11日，深入夏如乡组织开展学经返回人员现身说法

2017年1月29日，驻寺干部与寺庙僧人一起欢度“古突”之夜

2017年4月21日，召开统战民宗工作暨创建民族团结进步示范县推进会

2017年5月26日，开展“四讲四爱”主题教育实践活动宣讲

2017年6月8日，市宗教领域“四讲四爱”主题教育实践活动巡回宣讲团在县召开宣讲大会

2017年6月28日，深入驻村点宣传党的惠民政策

中共萨嘎县委政法委员会

2017年3月，联合有关单位组织开展街面巡逻

2017年8月15日，联户单位带头致富增收点蔬菜温室大棚

2017年8月16日，开展重点领域排查整治

2017年9月26日，联合有关单位举行十九大维稳安保誓师动员大会暨实战演练

2017年9月26日，联合有关单位举行十九大维稳安保誓师动员大会暨实战演练

2017年10月18日，摩托车联防队员开展边境巡逻

2017年10月19日，群防群治队员开展治安巡逻

萨嘎县人民法院

举行首批入额法官宣誓仪式

开展党员干警"爱心助学"捐款活动

开展军警民慰问活动

开展应急处突演练

开展主题党日活动

驻村工作队发挥自身优势为群众解决拖欠民工工资问题

萨嘎县人民检察院

2017年3月8日，开展“三八”妇女节法制宣传活动

2017年3月14日，开展综治宣传月集中宣传活动

2017年10月20日，召开支部选举会议

2017年10月26日，召开巡视整改专题民主生活会

2017年11月17日，召开十九大精神专题学习研讨会

2017年12月3日，开展宪法宣传活动

萨嘎县总工会

2017年4月5日，深入雄如乡对基层工会规范化建设情况特别是经费收支及资产管理情况进行检查

2017年4月28日，走访慰问干部职工

2017年5月1日，组织企事业单位职工开展“四讲四爱”主题教育实践活动宣讲

2017年6月13日，联合县中学开展“中国梦、教师志”师德师风演讲比赛

2017年6月21日，组织县农电公司员工举行“安康杯”电力业务知识考试

2017年7月8日，组织开展篮球比赛

2017年6月30日，举办“四讲四爱、喜迎党的十九大”安康杯知识竞赛

萨嘎县妇女联合会

2017年3月5日，举办女子篮球比赛

2017年3月8日，走访慰问“铁姑娘”女子道班工人

2017年5月5日，实地检查“母亲水窖”工程进展情况

2017年5月13日，开展“情系五月天、感恩母亲节”家庭教育活动

2017年5月28日，开展“迎‘六一’共‘童乐’”主题巾帼献爱心活动

2017年9月30日，开展“迎国庆、送温暖”主题活动

2017年11月10日，“会改联”试点工作圆满完成

2017年11月23日，召开村妇代会换届选举会议

共青团萨嘎县委员会

2017年5月4日，举行“驿站青年杯”拔河比赛颁奖

2017年5月4日，开展“不忘初心、激扬青春”建团95周年系列活动

2017年6月17日，组织青年志愿者打扫县城环境卫生

2017年6月28日，为县财政局挂牌2017年度“县级青年文明号单位”

2017年6月30日，开展“关爱留守儿童、把爱送到家”主题“小小愿望盒”活动

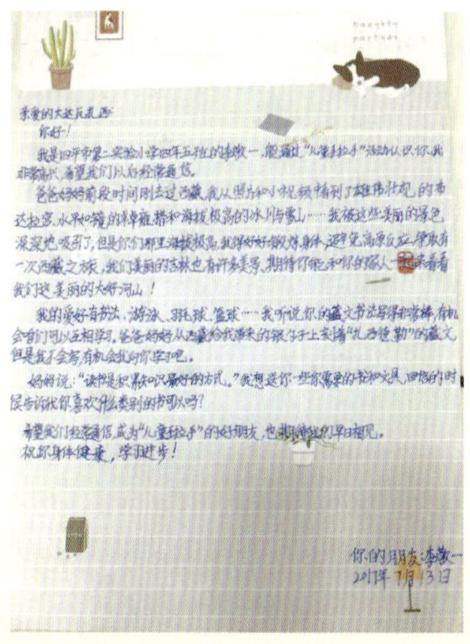

亲爱的[illegible]：

你好！

我是四平市第二实验小学四年五班的[illegible]，能通过“儿童手拉手”活动认识你，我非常高兴，希望我们以后经常通信。

爸爸妈妈前段时间刚去过西藏，我从照片和小视频中看到了雄伟壮观的布达拉宫、水平如镜的[illegible]和海拔极高的冰川与雪山……我被这些美丽的景色深深地吸引了，但是你们那里海拔很高，我得好好锻炼身体，避免高原反应，争取有一次西藏之旅。我们美丽的吉林也有许多美景，期待你能和你的家人一起来看看我们这美丽的大好河山！

我的爱好有书法、游泳、羽毛球、篮球……我听说你的藏文书法写得非常棒，有机会咱们可以互相学习。爸爸妈妈从西藏给我带来的[illegible]上刻着“扎西德勒”的藏文，但是我不会写，有机会我向你学习吧。

妈妈说：“读书是积累知识最好的方式。”我想送你一些你需要的书和文具，回信的时候告诉我你喜欢什么类别的书可以吗？

希望我们经常通信，成为“儿童手拉手”的好朋友，也期待我们早日相见。

祝你身体健康，学习进步！

你的朋友：[illegible]

2017年7月13日

与对口援藏吉林省四平市开展两地校园“儿童书信手拉手”活动

与对口援藏吉林省四平市开展两地校园“儿童书信手拉手”活动

萨嘎县发展和改革委员会

2017年5月10日，召开特色小城镇项目优化设计会

2017年10月5日，召开“五项条例”集中学习会

2017年6月14日，召开项目建设领域质量安全推进会议

2017年11月10日，小康办工作人员实地调研征求意见

2017年12月1日，召开小康村规划意见征求会议

萨嘎县商务局

2017年3月15日，开展县城内市场检查

2017年5月1日，对县城农贸市场进行安全检查

2017年7月1日，组织安委会成员单位对县加油站进行安全检查

2017年8月12日，组织开展支部集中学习活动

2017年8月12日，组织开展支部集中学习活动

2017年3月1日，召开支部年度第一次党员大会

2017年6月19日，组织党员干部职工集中学习新条例、新准则

2017年6月27日，深入拉藏乡门曲村开展“四讲四爱”主题教育实践活动宣讲

2017年6月30日，深入夏如乡走访慰问结对帮扶户

2017年7月1日，组织党员干部开展重温入党誓词、不忘入党初心活动

2017年10月28日，召开学习十九大精神专题会议

萨嘎县交通运输局

2017年5月15日，开始对辖区内列养的县道、乡道、村道养护情况进行检查考核

2017年6月15日，对在建项目进行现场检查指导

2017年7月17日，对2017年第一批农村公路开工项目进行实地技术交底

2017年7月20日，组织养护队治理S303县城至雄如乡公路冲毁路基

2017年9月3日，对2017年农村公路开工项目进行实地检查督导

2017年7月28日，联合乡政府组织群众治理夏东线（夏如大桥至昂仁县界K28+050处）冲毁路基

萨嘎县科学技术局

2017年4月8日，深入旦嘎乡调研磨刀石资源

2017年4月21日，在白朗县旺达娟珊牛繁育基地选购优质娟珊奶牛

2017年7月25日，向亚卡亚村群众发放太阳能光伏设备

2017年10月1日，发放科技特派员生活补助

2017年10月15日，深入基层发放科普宣传书籍

2017年11月12日，在仲巴县选购优质吉拉牦牛

萨嘎县教育（体育）局

2017年9月6日，举行教育圆梦基金发放仪式

2017年9月10日，召开庆祝第三十三个教师节暨表彰大会

2017年9月26日，召开支部组织生活会

2017年10月25日，深入夏如乡完小检查教学情况

2017年10月25日，县教育局负责同志及局教研员深入教学一线开展听课活动

2017年12月14日，召开六年级统考考务会

萨嘎县司法局

2017年5月11日，援藏汤杰律师来县作法治讲座

2017年6月27日，在夏如乡坚巴夏村开展法律知识有奖竞答活动并发放奖品

2017年9月19日，举办基层人民调解工作骨干人员业务培训班

2017年7月19日，深入施工现场开展法律援助进工地维权服务零距离活动

2017年11月13日，交通道路纠纷行业性专业性人民调解员调解交通道路纠纷

2017年8月21日，旦嘎乡完小法治副校长开展开学法治第一课法治宣传活动

萨嘎县公安局

2017年1月23日，开展危爆物品专项督察

2017年3月，联合有关单位开展武装巡逻及反恐演练活动

2017年4月14日，开展义务植树活动

2017年6月12日，自治区公安厅审计处处长措娣到局检查指导审计工作

2017年7月22日，局交警大队开展驾驶证排查工作

2017年8月4日，联合消防大队到昔日达吉岭寺检查指导消防安全工作

萨嘎县民政局

2017年2月27日，与敬老院老人共度藏历新年

2017年3月10日，开展防灾减灾知识宣传

2017年7月9日，召开基层民政专干防灾减灾业务培训会

2017年9月28日，向低保户发放医疗救助资金

2017年11月6日，开展特困人员集中供养摸底排查

2017年10月21日，举行2016年退役士兵自主就业一次性经济补助及优待金发放仪式

萨嘎县民族宗教事务局

2017年4月21日，召开2017年统战民宗业务工作部署会议

2017年4月29日，县创建办工作人员开始赴各乡镇检查指导民族团结创建活动开展情况

2017年6月8日，日喀则市宗教领域宣讲组到我县开展“讲团结爱祖国”宣讲活动

2017年7月31日，召开2017年度民族团结进步模范表彰大会

2017年8月27日，开展民族团结进步签名活动

2017年9月10日，开展民族团结月集中宣传活动

萨嘎县人力资源和社会保障局

2017年5月22日，召开2017年人社工作暨全民参保登记工作推进会

2017年6月18日，召开全民参保工作交流会

2017年6月22日，开展公共职业技能精准扶贫培训宣讲活动

2017年7月13日，组织各乡镇人社专干学习全民参保及城乡居民养老保险操作系统

2017年7月20日，开展全民参保登记宣传活动

2017年7月23日，对施工现场和用人单位进行现场检查

2017年10月9日，开展60周岁以上人员养老金领取资格认证

2017年11月2日，组织建档立卡贫困户进行电焊工培训

萨嘎县 国土资源局

2017年4月22日，开展“世界地球日”地质灾害预防宣传

2017年5月13日，市国土督导组和地质专家到县开展地质灾害排查工作

2017年7月4日，委托作业单位开展集体土地确权工作

2017年7月5日，市国土局副局长王进虎到县开展汛期督察

2017年8月25日，联合有关单位检查项目施工进度

2017年9月3日，政府副县长张斌带队实地勘察地质灾害隐患点

萨嘎县环境保护局

2017年3月4日，自治区环保厅检测中心工作人员复核我县环境质量监测情况

2017年3月14日，联合相关单位开展采砂场集中整顿

2017年4月11日，实地检查雅江二期项目工程进度情况

2017年6月5日，开展“6·5世界环境日”宣传活动

2017年9月27日，对医疗废物处置情况进行现场检查

2017年9月30日，组织开展生态村现场验收工作

萨嘎住房和城乡建设局

2017年8月2日，实地检查供排水工程进展情况

2017年9月1日，环卫队对双拥路周转房周边垃圾进行清理

2017年9月10日，对占道经营进行治理

2017年10月25日，召开专题组织生活会

2017年12月17日，对县城环境卫生进行全面检查

萨嘎县水利局

2017年7月7日，市水利局防洪隐患排查组王学通副局长一行到县检查指导工作

2017年7月20日，市水利局副局长邓永彬一行对县检查指导防汛工作

2017年7月25日，防汛救灾现场

2017年11月10日，市水利局质监站副站长拉巴次仁一行对旦嘎灌区进行检查验收

2017年7月27日，自治区水利厅水政处巴处一行工作组检查排污口情况

萨嘎县农牧局

2017年5月3日，对青稞种植情况进行检查

2017年5月3日，组织人员对在建工程项目进行实地检查

2017年9月30日，实地检查人工种草项目饲草长势情况

2017年10月5日，对土地确权进行第二轮公示

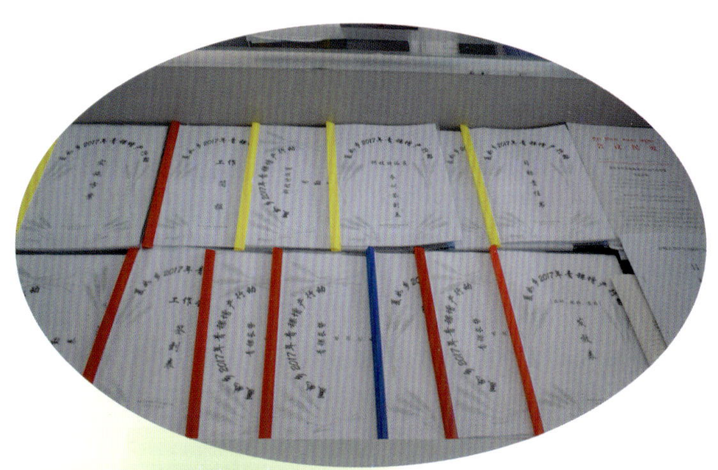

青稞增产行动相关台账

萨嘎县文化广播电影电视局

2017年9月18日，旦嘎藏戏排练现场

2017年9月21日，开展文物保护法、非物质文化遗产法宣传活动

2017年10月21日，组织县民间艺术团成员进行理论知识考试

2017年10月27日，文化活动中心免费开放

2017年10月29日，在县文化广场组织开展文艺汇演

2018年2月21日，联合县安监、消防、民宗等单位检查县辖文物安全生产工作

萨嘎县卫生局

2017年5月28日，举办包虫病乡村级培训班

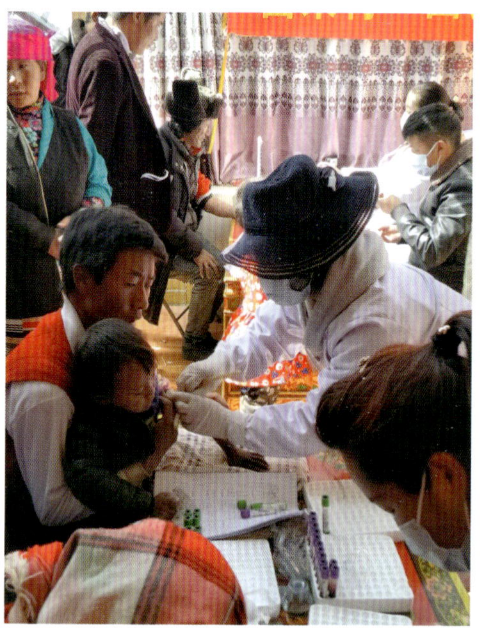

2017年6月1日，县体检组到雄如乡开展全民健康体检暨重大疾病筛查工作

2017年6月14日，县疾控中心工作人员到旦嘎乡宣讲包虫病防治知识

2017年7月13日，市卫生监督所所长格桑罗布（右一）到县开展医疗卫生监督

2017年10月21日，市人民医院体检科长琼琼（二排右二）到昌果乡边防检查站开展十九大维稳安保期间巡诊

2017年11月19日，市卫计委副主任罗布（左一）到达吉岭乡开展年终交叉考评督导

萨嘎县卫生服务中心

2017年5月3日，召开“萨嘎县全民健康体检暨重大疾病筛查工作动员部署”会议

2017年5月3日，组织人员开始在全县范围内开展全民健康体检暨重大疾病筛查

2017年9月10日，政府副县长张斌检查污水处理情况

2017年9月15日，深入驻村点开展“关爱牧民群众、免费医疗救助”喜迎党的十九大义诊活动

2017年10月18日，开展十九大期间巡诊活动

2017年10月21日，上海市质监局、上海市计测院到院开展设备检测工作

萨嘎县食品药品监督管理局

2017年4月11日，开展学校食堂、仓库食品安全大检查

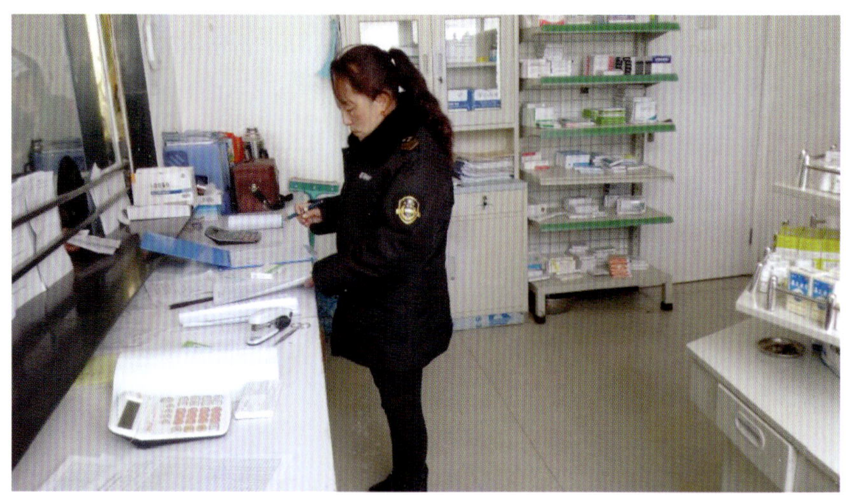

2017年4月25日，检查县卫生服务中心药品入库相关台账

2017年6月21日，牵头组织食安委相关单位开展辖区餐饮业食品安全大检查

2017年10月1日，联合食安委相关单位检查辖区内食品经营单位

2017年10月15日，食药局工作人员药品安全宣传

2017年11月4日，深入夏如村开展结对帮扶活动

2017年12月6日，对辖区各药品经营企业开展药品安全大检查活动

萨嘎县藏语文工作委员会办公室

2017年6月22日，举办藏语文工作人员及“四讲四爱”主题教育实践活动宣讲人员培训会

2017年6月22日，邀请自治区编译局人事处处长讲解相关业务知识

2017年10月8日，上挂整改完后村“两委”门牌

2017年10月25日，组织办公室全体工作人员学习十九大精神

2017年11月20日，组织相关单位召开收集全县山川地名研讨会

萨嘎县安全生产监督管理局

2017年1月22日，联合相关部门对全县烟花爆竹市场进行安全检查

2017年1月22日，对液化气站进行安全检查

2017年2月8日，召开安全生产专题会议

2017年8月22日，举办文化市场经营单位管理法规和安全生产培训班

2017年8月24日，开展安全生产宣传活动

2017年8月24日，开展普法宣传“进工地”活动

2017年8月25日，联合消防公安等单位开展安全生产检查

萨嘎县林业局

2017年4月14日，召开全县义务植树动员部署会

2017年4月15日，组织干部职工开展义务植树活动

2017年6月5日，实地检查拉萨周边造林项目进展情况

2017年7月4日，向护林员宣讲“四讲四爱”主题教育实践活动

2017年8月24日，实地检查防沙治沙项目

2017年10月19日，深入乡村监督林业直补资金落实情况

萨嘎县扶贫开发领导小组办公室

2017年4月27日，输送10名未就业大中专毕业生到日喀则高新雪莲公司参加招生体检

2017年5月26日，县脱贫攻坚指挥部督导小组深入乡镇全面检查建档立卡、易地搬迁、生态岗位等各项数据

2017年6月4日，召开“一证两卡三图四手册”培训暨工作安排部署会

2017年7月23日，深入嘎琼村开展“四讲四爱”主题宣讲活动

2017年10月10日，召开产业项目论证会

2017年10月11日，开展“扶贫日”宣传活动

萨嘎县创先争优强基础惠民生活动

领导小组办公室

2017年1月16日，深入各驻村点进行走访慰问

2017年6月12日，召开2017年度上半年驻村工作考核部署会

2017年6月22日，深入38个驻村工作队进行督导检查

2017年6月23日，召开第六批下半年驻村队长培训会

2017年7月11日，组成考核组对驻村工作队、驻村干部以及乡镇强基办进行考评

2017年12月13日，深入38个行政村检查第六批办实事经费落实情况

萨嘎县

加加镇

2017年10月1日，举行升国旗仪式

2017年10月21日，市委督导组到镇检查指导工作

2017年11月7日，召开村组织换届选举（试点）大会

2017年10月18日，组织党员干部集中观看十九大开幕式

2017年10月27日，召开巡视整改专题组织生活会

2017年12月17日，市委党建交叉考核组到镇考核党建工作

萨嘎县

夏如乡

党委书记讲党课

举办农牧民驾驶培训班

开设村干部文化素质提升课堂

在群众中集中宣传十九大精神

组织干部职工开展文体活动

组织干部职工群众开展义务植树活动

2017年7月1日，举行入党宣誓仪式

组织党员签订不信仰宗教承诺书

萨嘎县

旦嘎乡

2017年7月1日，组织全乡干部职工、群众代表、寺庙僧人及完小师生举行升国旗仪式暨“过好今生最幸福”演讲比赛

2017年7月10日，老党员扎西讲述新旧西藏对比

2017年7月20日，各村先后召开村民大会全面开展精准扶贫动态调整工作

2017年10月1日，组织乡人大代表、政协委员，寺庙僧人及农牧民群众开展“乡域现场观摩活动”

2017年10月18日，组织全乡干部职工集中观看十九大开幕式

2017年11月12日，新当选“两委”班子成员开展就职宣誓

2017年11月12日，召开村组织换届选举大会

萨嘎县

达吉岭乡

召开村组织换届选举工作培训会

隆重举行纪念西藏百万农牧解放58周年庆祝活动

召开“四讲四爱”主题教育实践活动动员部署会

组织乡完小师生开展清明节祭奠烈士活动

组织开展卫生大扫除活动

组织开展升国旗仪式

萨嘎县

如角乡

2017年3月8日，“巾帼志愿者”服务队开展慰问活动

2017年3月28日，组织完小学生参观新旧西藏对比图片

2017年7月1日，开展庆祝建党96周年系列活动

2017年7月10日，组织干部职工开展道路抢修

2017年8月27日，组织干部职工清理各类垃圾

2017年10月8日，自治区副主席、市委书记张延清到乡检查指导工作

萨嘎县

拉藏乡

门曲村奶渣加工现场

抢险保通汛期水毁路段

全乡5个行政村顺利完成村组织换届选举

实地查看门曲村人工种草项目饲草长势情况

召开新任村干部培训会

组织乡村两级科技特派员实地检查冬季防抗灾物资筹备情况

组织开展党员干部不信仰宗教签名活动

萨嘎县

雄如乡

2017年3月13日，赴雪灾一线发放救灾物资

2017年6月1日，乡完小开展“红领巾心系祖国、学习习爷爷讲话”主题“六一”文艺活动

2017年8月1日，组织干部职工进行抗洪抢险

2017年8月2日，抗洪抢险现场

2017年9月24日，孜康村发放惠民物资

2017年10月23日，组织民兵开展义务巡逻保障全乡和谐安宁

萨嘎县

昌果乡

2017年5月18日，乡人社工作人员深入各村发放农村养老保险金

2017年6月12日，组织全乡党员干部开展环境卫生整治活动

2017年6月20日，实地检查易地搬迁点施工进度和质量等情况

2017年7月1日，开展庆祝建党96周年系列活动

2017年9月7日，乡文化站工作人员深入各草组宣讲党的各项惠农政策

2017年10月11日，乡扶贫专干开展贫困户入户调查工作

萨嘎县电力有限公司

工作人员在公司营业大厅办理客户业务

排查县城35千伏变电站故障

巡视记录变电站设备运行情况

2017年5月28日，上级部门检查指导公司工作

组织员工开展现场培训

组织人员对加达电站大坝进行抢险

萨嘎县中学

2017年8月26日，检验初一新生军训成果

2017年9月9日，举办庆祝第33届教师节文艺活动

2017年9月9日，举办喜迎十九大歌颂祖国学生大合唱

2017年10月22日，举办“四讲四爱”主题教育实践活动问题活动

2017年11月2日，组织党员教师集中学习十九大精神

2017年11月3日，举办校第一届冬季运动会

萨嘎县完全小学

2017年7月1日，参加“七一”文艺演出

2017年9月25日，举办优秀作业展

2017年11月21日，开展“争做新时代好队员”主题活动

2017年5月5日，组织党员教师向贫困生捐赠物资

2017年8月19日，开展消防应急演练

2017年11月15日，党员教师向贫困生捐赠物资

20127年8月17日，开展地震逃生演练

萨嘎县公安边防大队

2017年2月22日，走访慰问结对帮扶户

2017年3月28日，向辖区群众开展爱国主义教育

2017年4月15日，组织参加义务植树活动

2017年6月12日，积极开展农副业生产

2017年8月11日，向过往旅客宣讲新《西藏自治区边境管理条例》

2017年10月18日，组织官兵及联防队员观看十九大开幕式

萨嘎县公安消防大队

2017年3月28日，消防官兵在法制宣传月开展消防法律及防火知识宣传

2017年3月29日，对县五保集中供养中心开展消防安全培训及演练

2017年4月18日，对新招录辅警员开展消防业务训练

2017年7月1日，组织官兵开展重温誓词活动

2017年7月3日，组织官兵冲洗暴雨泥沙覆盖的街道

2017年9月26日，参加十九大安保誓师大会并开展灭火救援演练

2017年10月20日，对辖区有关单位开展消防监督检查

萨嘎县国家税务局

2017年9月12日，举办“两学一做”知识竞赛

2017年9月20日，召开12366纳税服务热线研讨会

2017年10月14日，开展“喜迎十九大、送温暖献爱心”活动

2017年10月26日，召开巡视整改专题组织生活会

2017年10月31日，开展结对帮扶活动

2017年12月18日，机关党支部成员在党旗下宣誓

萨嘎县工商行政管理局

2017年5月15日，组织人员开展白色污染宣传工作

2017年4月20日，开展打击网络传销宣传活动

2017年9月3日，工作人员认真检查商品质量

2017年10月25日，开展党员干部志愿服务活动

2017年10月3日，走访慰问结对帮扶户

2017年11月20日，开展学习践行十九大精神、校园送温暖活动

日喀则市交通运输局加加公路段

2017年1月20日，组织保通组对省道205线雪灾路段进行抢险保通

2017年1月25日，组织保通组对国道216线雪灾路段进行夜间抢险保通

2017年2月19日，看望慰问退休职工

2017年3月14日，组织路政执法人员开展法治宣传

2017年7月13日，组织应急队员在国道216线架设钢架桥

2017年8月3日，雨季抢险保通作业现场

2017年8月4日，道班工人救助被困车辆和牧民群众

2017年8月19日，加吉线K0-K3路段进行水毁恢复工作

2017年9月4日，国道216线段职工埋设应急涵洞现场

中国邮政集团公司西藏自治区

萨嘎县分公司

2017年8月24日，中国邮政集团银监会相关领导到公司视察

217年10月16日，公司支局长带头开展厅堂营销活动

2017年11月25日，公司职员在外开展营销

2017年11月10日，开展军包大收寄活动

2017年12月16日，开展客户节活动

中国移动通信集团西藏有限公司
萨嘎县分公司

2017年4月29日，晚间抢修通信光缆

2017年10月15日，开展安全自查

2017年12月15日，组织业务人员参加日喀则技能大比拼活动并获得第二名

2017年11月2日，开展员工集体生日活动

2017年12月20日，在加加镇达琼村开展营销活动

2017年12月30日，开展迎元旦促销活动

中国电信集团公司日喀则分公司

萨嘎县电信局

2017年3月12日，应急通信演练现场

2017年5月17日，“购机盛会”活动现场

2017年7月28日，全体员工合影

2017年11月22日，组织员工学习十九大精神

2017年12月20日，全面开启流量不限量时代

2017年12月25日，走访慰问执勤干警

西藏自治区烟草公司

日喀则市公司萨嘎配送中心

2017年3月17日，帮助零售客户学习跨行结算

2017年5月4日，认真填写客户服务手册

2017年5月17日，开展市场调研

2017年8月9日，了解市场销售情况

2017年10月10日，组织零售客户学习自律互助建设

2017年12月3日，认真检查零售许可证是否过期

中国农业银行股份有限公司

萨嘎县支行

2017年2月4日，信贷人员到村向农户发放“贷款证书”并提供金融服务

2017年2月24日，“春天行动”营销现场

2017年3月8日，开展营销活动

2017年8月5日，达吉岭乡营业所实现电子化转型

2017年11月10日，组织员工集中学习十九大精神

萨嘎机关后勤服务中心

2017年12月15日，为后勤驾驶员制作派车单

打扫县城环境卫生

公务车辆

后勤大院

组织后勤驾驶员集中观看十九大开幕式

西藏军区日喀则市萨嘎县人民武装部

2017年7月12日，对铁巴马龙山口开展武装巡逻

2017年8月1日，开展征兵宣传

2017年8月17日，开展入伍青年现场报名工作

2017年8月17日，开展入伍青年政审工作

2017年9月，欢送新入伍青年

2017年11月27日，对军马进行健康检查

萨嘎县统计局

七乡一镇核算农业报表

人口抽样调查 (1)

人口抽样调查 (3)

人口抽样调查 (2)